特色文化城市研究丛书

主编　张鸿雁

"十三五" 国家重点出版物出版规划项目

特 色 文 化 城 市 研 究 丛 书

落脚乡村与民宿经济

—— 莫干山特色文化重构

邵颖萍　著

江苏凤凰教育出版社
Phoenix Education Publishing, Ltd

图书在版编目(CIP)数据

落脚乡村与民宿经济:莫干山特色文化重构/邵颖萍著. --南京:江苏凤凰教育出版社,2019.2
ISBN 978-7-5499-7329-3

Ⅰ. ①落… Ⅱ. ①邵… Ⅲ. ①旅馆-经营管理-研究-德清县②乡村旅游-旅游业发展-研究-德清县 Ⅳ. ①F726.92②F592.755.4

中国版本图书馆 CIP 数据核字(2019)第 033867 号

书　　名　**落脚乡村与民宿经济——莫干山特色文化重构**
著　　者　邵颖萍
责任编辑　韩宇新
装帧设计　李广玹
责任监制　杨赤民
出版发行　江苏凤凰教育出版社(南京市湖南路 1 号 A 楼　邮编 210009)
苏教网址　http://www.1088.com.cn
照　　排　江苏凤凰制版有限公司
印　　刷　江苏凤凰新华印务有限公司
厂　　址　江苏省南京经济技术开发区尧新大道 399 号(邮编 210038)
开　　本　787 mm×1092 mm　1/16
印　　张　26.25
版　　次　2019 年 4 月第 1 版
2019 年 4 月第 1 次印刷
书　　号　ISBN 978-7-5499-7329-3
定　　价　110.00元
网店地址　http://jsfhjycbs.tmall.com
公 众 号　苏教服务(微信号:jsfhjyfw)
邮购电话　025-85406265,025-85400774,短信 02585420909
盗版举报　025-83658579

目　录

从“城市文化自觉”到“城市文化自为”（总序）

城市是文化的容器，是人类社会、经济、文化进化、发展的“动力因”。人类自从走进城市，社会就进入了加速度状态，5 000—8 000 年的人类文明史，演绎了人类城市进化和城市化的过程。亚里士多德说过：“为了生活，我们来到城市，为了更好地生活，我们留在了城市。”从城市产生那天开始就有了城乡差别，就存在着农村人口向城市流动的现象，而且这种城乡流动一直延续了数千年。最近的 40 年来，在中国广袤的大地上呈现了人类历史上最壮观、最伟大、最悲怆、最生动的城乡人口流动场景——6 亿多农业人口从乡村来到了城市，城市化率从 1949 年的 10.6%，到 1978 年的 17.8%，再到 2018 年的接近 60%，我们用 40 年走完了西方城市化一两百年的发展过程。在这历史性的城市变革之中，城市在发展进化，一些乡村在衰落，另一些乡村以新的面貌在发展……中国城市社会来临了。这一社会巨变，为中国从传统型社会转化为现代型社会奠定了基础。但是，城市化的高速发展也必然带来相应的社会问题，急功近利的城市建设和“千城一面”的发展方式，使整个社会都在反问和反省：我们城市的特色哪去了？不同区域城市的“味道”哪去了？中国式的本土化城市形态哪去了？特色文化城市建设不仅被提升到了现代社会创新发展和现代性建设的高度，也同时被提升到了国际竞争的高度——特色文化已经成为全球城市竞争的必备条件。从城市社会学、城市规划学与城市文化学的三重视角看，特色文化城市研究与建构是现代社会创新发展的一种新需要。

"特色文化城市研究"是国家哲学社会科学重大招标课题的指定题目，也是我以往一直在研究的问题之一。我在城市文化学的理论研究与实践中发现，中国城市发展的特色文化建设几乎被所有的城市所忽视，而发达国家的城市文化特色建设伴随经济的发展，特色文化越来越显性化。将中国置于全球竞争中，越发能感觉到特色文化城市研究和建设的重要性。简而言之，没有特色文化的城市就等于没有生命和灵魂的城市；城市没有特色文化也就没有了"身份识别度"，也就没有了城市能级提升的动力和可持续发展的"文化软实力"。

一、走出城市"特色"危机[①]——打造特色文化城市资本

当下，城市文化发展面临的已经不再是"有"与"无"、"大"与"小"、"多"与"少"的问题，而是品质高不高、特色强不强、创新能力有没有的问题。推动城市建设从外延式扩张向内涵式发展转变，必须走特色文化发展、文化错位发展、文化个性创新发展的道路。那么，如何理解城市特色文化发展的内涵？应当如何推动并建构特色文化城市？

历史性和民族性文化是特色文化城市的核心表达，是特色文化城市打造的基础和前提。城市的"特"应该"特"在哪儿？顾名思义，"特色"就是与众不同，有突出的特点，或是特定的、唯一的城市文化特质和文化模式。根据《辞海》的解释，特色就是一个事物从本质上

① 张鸿雁.走出城市的特色危机.群众，2016(5)

区别于其他事物的外显特征。特色是某种事物所固有的、独特的属性,人们可以根据该种属性来区分和识别这种事物。城市特色文化就是城市的与众不同之处,其在某一方面或某一领域或某一文化要素上表现为具有垄断性、唯一性、可识别性和资本性的文化属性,具有大众文化认同的、历史性的集体记忆价值。历史久远的城市往往都有其固有的特色,或者是因其久远而积淀为特色,或者是因地域空间文化影响演变为结构化特色,或者是两种文化基因碰撞、冲击、融合、叠加形成新的特色文化……这样的文化特色必然成为城市发展的强劲动力。罗马城,一个人人熟知的世界性集体记忆:“条条大路通罗马”(All Roads Lead to Rome),这本是一句出自《罗马典故》的谚语,而作为一种特色,它给罗马以永恒的光环和特色。号称世界四大古都的特色文化的表达有:“不朽之城市西安”“永恒之城市罗马”“众神之城市雅典”和“金字塔之城开罗”。显然,其特色的光芒不仅非常耀眼,而且具有唯一性和可识别性。从最直接的诉求来讲,建构“特色”就是为了追求永恒,追求永恒的城市发展动力。正是这样,追求特色也必然成为形形色色、大大小小不同类型城市的生存和发展之道。一个伟大的城市,一定不是仅仅因为规模大而强大,而是因特色文化的存在而强大。特别是在竞争激烈的全球化城市发展中,特色文化建构已经成为城市发展的前提条件。佛罗伦萨是中世纪西方城市文艺复兴的一个源起城市,芒福德对这个城市评价说:“佛罗伦萨只有 40 万人,但比起那些有几百万人的城市更有力量也更伟大。”之所以这样说,是因为这个城市的建筑文化、文学艺术文化、城市雕塑文化、商业贸易文化以及思想价值文化都具有唯一性、独立性和创新性,引领了一个时代的潮流。

城市特色文化可以从多样态、多角度、多层次加以分类,这也是我们需要解决的问题之一,即提供城市特色分类的文化学、社会学研究视角和方法。第一,城市主体的历史文化特色,这是城市特色的基本要素和底色,是尊重和延续城市历史价值的一种视角。第二,城市自然山水特色,如草原城市、山地城市、滨海城市等,这是尊重城市的自然存在,也是敬畏自然与赞美城市的一种表达。第三,城市风土人情与风俗民情等文化特色，这是具有地方性和地点精神的文化特质，是尊重地方文化习俗的一种方式。除此之外，还有城市的产业特色、制度特色、发展模式特色、生活方式特色、价值取向特色及建筑空间特色，等等，特别是现代化发展中创新形成并具有时代特征的“文化质性意义”，也是必须把握和重点创建的，既要尊重历史，更要把握现实和未来。

城市特色文化是可以建构的。在不同种类的特色中，城市历史文化特色是最基本的，在研究与挖掘、创新与发展中应该放在第一位。在全球城市现代化历史潮流中，很多城市的地方性、民族性文化被荡涤殆尽，我们经常说城市特色文化的丧失，在很大程度上说的就是历史文化特色的丧失，历史文化特色是城市特色的核心表达，现代城市文化特色应该是在继承传统上的创新。当代有一个新词叫“城愁”，它是与“乡愁”对应的。在全球化的进程中，城市的历史文化特色很容易被湮没、被替代甚至被消亡，很多城市难以保留历史中积淀形成的民族性文化，如建筑风格、空间形态及日常生活方式……如今，城市中随处可见的是大面积高密度的西方化建筑群、大面积的水泥玻璃幕墙、大体量相似的街区空间结构……甚至有些空间已经成为很难亲近的“城市水泥森林”……强调城市文化特色，既要加强对历史文化特色的保护与保存，又要注重对历史文化特色的延续和创新。我们都知道，为了保护好、利用好城市的历史地段和文化遗存，现在很多地方进行了一些历史街区的改造和重建，强调空间的历史文化传承。但是，在我看来，在这方面还存在着很严重的问题和历史价值观分歧。一些城市，几乎清一色的仿明清建筑，几乎每座城市都有一定规模的“仿明清一条街”，这也是一个时代符号化的存在，但是显然有些过度了。恢复某些历史文化及建筑是必要的，但不应该仅仅是大规模恢复明清建筑文化，而是要在恢复某些历史文化建筑及空间的基础上，有所创新和发展，这在城市社会学、城市规划学、城市史学和建筑学界等被称为“城市更新与更替”，就是在本土化的意义上，创造出新时代的民族化产品和空间形式。我们要问的是：我们这个时代在城市规划和城市建设上建构、创新了什么样的具有时代意义的特色文化城市？当代城市建设有没有形成民族的、地方的文化特色？我们现在的城市规划、建设的城市空间形态，能不能成为人们未来历史的、民族的集体记忆？我们强调城市历史文化特色与现代创新文化特色相结合，就是一定要在保护、传承、发展中实现创新，在传统城市特色文化基础上进行现代性建构，从而体现具有历史特色的时代性价值。100 年后，人们在分析这个时代城市文化特质的时候会不会这样说：这个时代是一个恢复、模仿明清城市建筑的时代。当然，我们不希望这样，而是希望我们能够创造属于这个时代的城市特色文化，恢复和创新本土化的城市空间形态，创新有时代特色的本土化建筑和景观，在全球城市发展中，能够创造具有人类文化共同意义的多样化、民族化的城市样板和城市空间的集体记忆。

全球工业化以来，几乎所有国家都经历了乡村城市化的过程。现实的经验和城市化的历史规律已经告诉我们，未来的世界将是城市的世界，城市化和城市现代化将是一个世界性主题。当城市已经成为人类生活和生产的主要载体、城市人口超过乡村人口时，世界范围的竞争在本质上就是以城市为主体的经济、文化竞争，世界各国之间的各种竞争，已经从以往的以企业为主体的竞争，转而为以城市为主体、载体的世界性竞争。城市在世界范围内的竞争又直接表现为国家间的竞争，城市是国家地域生产力的集中表现形式，所以才有“全球城市”和“世界城市”概念的提出，才有世界级城市文化影响力霸权的存在。

城市必须有自己的特色竞争力，要么是有综合竞争力，要么是有核心竞争力，要么是有特色竞争力。发展中的城市，至少必须三者有其一。当然，三者皆备，则无疑是“世界性城市”或如萨森所论的“全球城市”。在这其中所展示给世界的城市特色文化竞争力的创新与提升，就是这一课题所要解决的本质问题之一：如何挖掘城市资源，创造城市自己独有的文化内核与独有的 IP，创造特定的国际化政治、经济和文化结构化形式，使城市形成广泛的有市民社会属性的创新文化土壤。如是，城市才会具有永恒的创新能力。

对从“文化转向”到“社会转向”的后现代意义的文化解释是：未来的城市化并不是像有些人认为的那样，所有的人都要到城市里去、到大城市去。丹尼尔·贝尔在《后工业社会的来临》中引用过这样一句话——“未来的城市无底、无形、无边”，社会发展会出现无边界城市和无边界的城市生活方式区域，原农村地带和城市会形成同样的生活方式——城市生活方式、城市文明和市民社会契约型价值取向。无论居住在哪里，人们都会以新型的现代工作方式、新型的现代网络型通信方式、新型的以私家车为主的交通方式、新型的以现代物流媒介为载体的消费方式、新型的以共享经济合作为平台的交往方式、新型的以智慧物联技术支撑的综合互动方式……在空间再生产的意义上，实现城市生活方式的无边界。城市化就是在传播、普及城市生活方式与城市文明，其本质和结果是市民社会的契约型生活方式的普及。

特色文化城市建设和规划不能过度政治化和权力化。近些年来，不少学者疾呼：中国城市已陷入“特色危机”之中，最为人所诟病的就是城市之间的相互抄袭和克隆，这不仅导致城市风格的丧失，而且还过度地进行了非民族化符号的表达。这些问题的出现，首先是因为在现代化进程中，城市建设丧失了对特色文化的把握，城市发展缺少了文化的主心骨。其次，地方政府政绩考核风向标使得城市发展出现偏差，导致城市决策者过度重视工业，盲目追求 GDP 增速，以及过度依赖土地财政形成的城市发展模式。土地财政不仅影响了城市特色文化的生成，也影响了整个城市地方性和民族性的文化建设。再次，部分城市管理者对城市历史文化的把握能力十分欠缺，对城市文化、历史和发展规律缺乏深入了解，盲目照抄西方的城市建设。值得注意的是，在城市空间规划上普遍存在一种文化认识误区，即“洋规划”才是好规划，因此，很多城市以“洋规划”和“洋人”规划为荣。长期以来，我们把西方文化置入中国城市的建设当中，套用了很多西方的城市规划理论和文化理念，没有形成中国化的、个性化的、具有特色文化的城市规划体系，无论在城市历史风貌上，还是在城市空间肌理上，都是用“洋人”的眼光来思考和衡量，缺少了本土化、民族化的文化意识。有西方学者说,很多城市问题是被规划出来的。至今还有些人没有搞清楚谁才是城市的建造者。房地产商号称是“造城运动”的开拓者,他们大规模圈地,使得经济利益成为城市建设的驱动力。开发商在建造城市的过程中很少考虑建筑与城市空间的结构关系,很少考虑城市服务体系和城市社会福利问题,他们主要考虑的是企业效益如何最大化,如何使楼盘的容积率提得更高,如何快速拿地、快速赚钱。这不仅导致一些城市成为“鬼城”“睡城”“单纯的住区楼盘”,而且使城市体系缺少了就业空间、生态空间和公共空间,既占用了大量土地资源,又降低了城市生活品质,同时把城市的一些优质空间变为了少数个人财富增值的价值空间。

西方城市规划已经有一套完整的法律规程、责任和评价体系,而我们更多的是“长官意志”,使得规划过度政治化、权力化和政绩化。世界上有很多城市是值得我们学习的,如巴黎、伦敦、罗马、米兰、佛罗伦萨、京都和奈良,等等,其中最值得学习的是把城市特色规划作为城市进化的制度性手段,在城市规划中明确城市历史空间、公共空间、生态空间及建筑特色、城市色彩、景观风格、创意产业空间和就业空间等要素的文化价值,通过制定城市特色文化建设的专项发展规划,保证城市的有机风格、风貌和历史的延续。同时,很多城市颁布了城市特色建设的法律法规、保护纲领及行动计划,用各种各样的制度指标来确保城市的特色发展。在中国,虽然在很多城市也有类似的针对历史文化空间和遗迹的保护性规划,但是这些规划执行力不足,实施过程中缺少监督,因为没有严格的法律程序,很多城市历史文化空间随意被改变,甚至被消除了。为了保护城市的历史与特色文化,必须运用大数据方法全方位整理、记录、统计城市文化要素,把物化空间要素、非物质文化遗产和精神文化等百分之百地整理归档,对城市建筑、景观、街区、道路、小品、公共空间等所有要素进行跟踪管理,采取高科技手段达到“精准”保护、建设和开发的目的。这里强调的是合理推行“精准保护”与“精准开发”相结合的模式。

城市文化资本构成新的城市发展的“文化动力因”。城市文化资源如果具有了唯一性、垄断性、资本性、历史文化特色性和公共性等要素，就可以创造性地进行城市文化资本再生产。如西安的大雁塔、小雁塔和大唐芙蓉园，北京的故宫和"798"，南京的中山陵和牛首山地宫……这里列举的城市文化资本要素都是一老一新，旨在强调城市特色文化的历史性和创新性所产生的资本性价值，既要挖掘历史文化，又要有现代城市文化创新。人类文化保存、延续与创新的主要载体是城市，城市里有各种各样的博物馆、历史建筑、文学艺术团体、高等学府、图书馆、工业集聚区、银行等，芒福德所论及的城市是"文化容器"就是在这个意义上所表达的概念。进一步说，人类财富与文脉传承的承担者主要是城市，当城市真正能够成为一种"文化容器"的时候，实际上这个城市已经成为人类思想、文化、人才、财富和创新的中心，这种中心性价值如果被毁坏了就很难重生。

"城市文化资本"概念的提出是从布尔迪厄"文化资本"一词衍生而来的。在我的《城市文化资本论》中，"城市文化资本"作为一种新的概念被提出，后被广泛应用。"城市文化资本"大体表现为十个方面的特点和属性：一是城市自然与人文文化资源的垄断性文化属性；二是城市自然和人文文化资源的唯一性文化属性；三是城市制度文化的创新性文化属性；四是城市符号化资源的"集体记忆"性文化属性；五是城市客观物化遗存资源的艺术性文化属性；六是城市优秀思想文化和创新文化的进步性文化属性；七是城市优秀行为文化和生活方式文化资源的样板性文化属性；八是城市公共资源的空间正义与公平性的文化属性；九是城市英雄主义和精英群体的引领性文化属性；十是城市历史文化资源刚性价值的文化属性。这里所强调的是，特色文化要素符号能够在某些条件下转换成城市文化资本价值。仅就中国城市而言，几千年中华文明积淀下来的以北京为代表的"京派文化"；近代中西文化冲突与融合而形成的以上海为代表的"海派文化"和以香港为代表的"港派文化"，均构成巨大的无形资产与"城市文化资本"形式，构成特色文化城市的"样本"，这三个城市的共性是规模大、人口多、文化容量大，且又有其区位上的、政治上的和文化上的特殊性。但是，那些众多的拥有几万人、十几万人和几十万人的中小城市、镇应该如何建构自己的特色文化呢？这就是本课题研究的重点所在。正因为城市等级、能级和规模大小不同，所以才不能仅仅拼规模、拼综合实力、拼人口数量来发展城市，而是要强调创造特色文化、创造特色竞争力来发展城市并参与全球竞争，即使很小的城市，在巨型城市面前，在“世界城市”面前，也能够有自己的话语权，也能够展现自己的“世界身份”。

城市文化资本也是一种公共财富。一些让人引以为豪的城市文化资本要素都是世界瞩目的公共财富，具有公共文化资本的属性。那么，一般意义上的城市文化资本对推动特色文化城市建设有哪些意义和价值呢？简单说，城市文化资本创新能够引起物品和服务的不断流动与增值，城市文化资本构成了城市发展新的“文化动力因”。

首先，城市文化资本积累的过程也是城市环境改造、城市更新和城市创新发展的过程。世界上形象良好、文化活力强的城市，无不具有特定的文化构成关系和城市文化特色。比如，巴黎是公认的“服装之都”“文化艺术之都”“浪漫之都”；维也纳的标签是“音乐之乡”；伦敦是“充满选择机会的城市”和“奢侈品品牌之都”；香港是“世界最自由和最安全的城市”……这些城市的整体形象为城市创造了无穷的魅力，这些要素本身构成了城市文化资本价值，既能够吸引人才，又能够吸引资本，还能够因为城市独有的魅力而成为世界旅游目的地。

其次，城市文化资本再生产本身就是在建构市民社会的文化场域。城市的作用在于改造人，缔造和改造人类自身，正是城市的主要功能。城市文化资本创新与“中国式城市文艺复兴”异曲同工，既能带来法律、规范和契约型社会的建设，形成市民社会的法理关系，又能表达市民社会文化价值观的普遍性，还能塑造新的城市文化和完成文化自觉的启蒙，如市民的举止风度、道德标准、服装文化、建筑风格、生活品位、健康生活方式等，在此基础上，还会有一个很好的社会文化选择机制。因为，在这样的城市里一定会有一个社会认同的样板阶层，他们是这个城市文化选择和创新的主体。在样板阶层的引导下，城市新文化、新变化最后彰显在市民身上，通过人的精神状态、文化素质表现出来。比如，城市创新能力的强弱，在本质上是由市民社会构成的城市文化土壤结构决定的。我常说“创新的土壤比创新本身更重要”，旨在说明社会文化环境的重要性。现在城市很多根源性问题的解决，都能在建构特色文化上找到相应的回答。

第三，城市文化资本创新铸造城市性和城市现代性。就现代城市文化的共性而言，首先是尊重人的主体地位和个性解放，城市空间要符合人体工学的要求，以人的尺度为尺度，而这恰恰是我们许多城市空间文化所欠缺的，许多城市甚至走向两极：要么过度平庸化，要么过度宏大化，两者都偏离了以人为核心价值的理念。特色文化城市建构与城市文化资本的再生产在本质上是一样的，建构城市文化特色是城市文化资本再生产的一个过程。当人类从工业社会走出来，社会与自然环境被人类自己多次“折腾”以后，人们开始思考社会良性发展的方式。城市社会空间集中了人类不同的生产形式，对自然的压力、破坏和消耗更大。而强调特色文化城市建设和把城市文化变成城市文化资本，就是推动城市社会发展驶入敬畏自然、尊重自然的轨道，寻找、创造出一条人类社会可持续发展的道路；就是“以文化魂”，把普遍存在的一般的文化资源转化为文化资本——创造特色文化城市，提升软实力，建构与自然和谐的、永续的发展方式。

从文化与自然哲学的角度看，城市也是一种生命体，表现着人类社会作为一种有机体的存在方式。既然是一个生命体，就要有生机和活力。人是城市的主体，所以城市也具有生命意义，也具有灵魂——城市主人的灵魂。每个城市都有自己的文化理念和灵魂，好的城市文化理念往往与民族的文化灵魂相关联。在西方城市与社会发展理论中，有学者将城市发展形态分为两种：一种是有规划的城镇，一种是没有规划的城镇。中国好多传统乡镇已存在上千年，它们不是由规划师规划的，而是由一些传统乡绅根据生活经验打造的。它们能够充分表现“天人合一”的空间形态，很自然地表达出自然和谐的纹理、肌理和空间关系。有了正式的规划学之后，我们都在追求秩序、追求功能、追求结构、追求价值、追求宏大、追求完善……当然也有人在追求与自然合一的规划理念。特色文化城市的研究，在理论与文化认知上提倡在尊重自然的前提下，寻找与自然契合的空间形式，包括城市空间肌理、城市植被、天际线、城市符号及建设材料的运用等，让城市成为“有机文化秩序空间形态”。日本的六本木以“城中城”“立体城”“艺术城”著称，其中最让人“惊艳”的就是屋顶、室内外打造的多样化的小体量园林和空中花园，还有小型稻田等，在某种意义上表达了城市是自然的一部分的文化理念。

人类是从自然走出来的，城市的未来也必须回归自然。芒福德在《城市发展史——起源、演变和前景》一书中最推崇的就是中国宋代《清明上河图》中描绘的城市，因为这是一个“有机秩序城市”。虽然现在很难达到其中所呈现出的空间关系、有机秩序及与自然融合的状态，但是，我们可以在局部地区，一点点地建立现代意义上的有机花园城市、有机森林城市。回归自然可以有多种表达方式，比如城市立体绿化，把工厂、大型商业综合体、创业产业区等慢慢地变成同时又是综合文化型的生态公园，这也是霍华德“花园城市理论”的再现，把森林引进城市，把花园引进城市，把立体植栽引进城市，把清水引进城市，把田园风光引进城市……这样的城市才更有生命力。

创造特色文化城市与特色小镇建设的主张和理念是高度一致的。第一，都是以特色为先。特色小镇是“单打冠军”，要有独立的IP，要创造特色文化。第二，都是以生态为要。特色小镇必须要“三生融合”：生态、生活和生产融合。第三，都是以高质量生活为要点。特色小镇是一种城市生活方式的集中体现地。第四，都是以创业、就业空间为主题。特色小镇必须是产城融合，是一个特色产业或高新技术产业集聚的平台和空间。第五，都是以文化旅游景区建设为标准之一。特色小镇的建设有一个旅游文化发展标准，即一定具有一个有艺术感的幸福生活体系。但是，当前要注意的是，有的特色小镇成了房地产开发项目，成了单纯居住的地方，功能没有复合化、有机秩序化。

总体来说，特色文化城市的建设是化解各类城市发展面临的资源枯竭、产业同质、土地浪费、人口膨胀、交通拥挤和就业不充分等系列社会问题的有效方案之一。特色文化城市研究与建设提倡的文化价值主张主要体现在三个方面。第一,创造新的高端产业集聚模式,特别是文化类产业集聚的效应,提供充分的就业机会,提升城市区域文化功能,进而放大城市经济能级,形成文化治理模式,以参与全球竞争。第二,建立现代城市文化治理模式,创新现代产业、传统产业与生活社区相融合的社会精准治理新秩序空间,改善城市社区生活品质。第三,培育市民社会和城市文化的自觉。城市的主体是人,必须以人为中心,以人的价值为城市价值,使城市更适应创业、创新者居住和生活。

二、城市社会来临——构筑特色文化城市是历史责任①

文化从来都是强者的武器。特色文化城市建设是全球化竞争的一种文化被选择。正如我们在全世界范围内看到的那样,被誉为世界性大都市的城市都有自己的特色文化,这种特色成为一种文化场域,能够让人们更好地生活,更好地创造,更好地在城市里扎根,更好地实现生活的梦想。法国学者西蒙娜·薇依在《扎根——人类责任宣言绪论》一书中说:“扎根也许是人类灵魂最重要也是最为人所忽视的一项需求。这是最难定义的事物之一。一个人通过真实、活跃且自然地参与某一集体的生存而拥有一个根,这集体活生生地保守着一些过去的宝藏和对未来的预感。”所谓自然地参与,指的就是地点、出生、职业、周遭环境所自动带来的参与。每个人都需要拥有多重的“根”。“每个人都需要,以他作为自然成员的环境为中介,接受

① 张鸿雁主持的国家社科基金重大招标项目:特色文化城市研究(12&ZD029)

其道德、理智、灵性生命的几乎全部内容"。[①] 是的,扎根是一个人生活稳定、工作稳定、心理稳定和努力向上创造美好生活的前提,更是社会稳定发展的前提。中国人的"根"——文化之"根"仍在农村,一到过年过节,中国有许多人都要从城市回农村,或见父母,或见爷爷奶奶,或寻根祭祖,或走亲访友,或寻找儿时的记忆……据"人民网"2018 年 2 月 16 日报道:"2 月 15 日除夕当天,也就是春节假期第一天,全国铁路、道路、水路、民航共发送旅客 5 194.4 万人次……春运前 15 日(2 月 1—15 日),全国铁路、道路、水路、民航累计发送旅客 11.12 亿人次。"[②]改革开放 40 年来,城乡流动是社会整体变化、社会结构性转型、中国进入城市社会整体进化过程的经典写照。

中国现代化进程的特色之一是从"乡愁"到"城愁"的变迁,这也是中国城市的时代特点。一部分乡村人一方面带着"乡愁"过上了城里人的生活;另一方面,他们留着"乡愁"——在乡村里留下了大量的留守儿童、留守老人和留守妇女……社会在变革,全球化和城市化使得城乡人口大迁徙演绎了无数悲欢离合的故事。孟德拉斯在他的《农民的终结·导论》里批评当时的一些研究者说:"19 世纪的社会科学表明,它们对乡村的事物的不了解令人惊讶。它们的分析和解释的努力都是针对工业经济和都市社会的。"[③]偌大的中国乡村,存在着多样化的情况,很多研究者仅就个体看到的乡村来描述中国,实际上,中国既有苏南地区的华西、永联这样的已经变成特色城镇的乡村,也有苏北地区已经工业化了的乡村,还有全国 2 200 多个已经商业化的"淘宝村"型乡村,因为,有很多乡村里传统农业生产已经消亡,多梯度的中国社会结构,呈现出多样化的乡村形态;有成千上万个已经成为旅游景点的美丽乡村,还有像湖北蕲春县那样有着 100

---

① 西蒙娜·薇依.扎根——人类责任宣言绪论.徐卫翔,译.北京:生活·读书·新知三联书店,2003:33

② 王紫.交通运输部:春运前 15 日全国共发送旅客 11.12 亿人次.人民网. http://t.cn/RRmqHp2.2018-02-16

③ 张鸿雁.农村人口都市化与社会结构变迁新论——孟德拉斯《农民的终结》带来的思考.民族研究,2002(1)

多万人口，仍然存在着 9 900 多个自然村，其中 10 户以下的自然村占 40%的乡村；还有像浙江莫干山那样有大量“洋家乐”和高等级传统民宿的国际化乡村；亦有南京高淳国际慢城那样农民“就地城镇化”的乡村。当然，仍然还有遍布全国的大量的“空心村”；当然还有东北一些 60 年未曾有过变化的乡村……中国农村已经呈现了多样化、多层次、差异化和多类型的发展状况。① 孟德拉斯在 1964 年出版的《农民的终结》一书开篇就说：“20 亿农民站在工业文明的入口处：这就是 20 世纪下半叶当今世界向社会科学提出的主要问题。”②孟德拉斯在 20 世纪 60 年代就论证了法国都市化过程中的都市与乡村差异缩小的发展事实，到 20 世纪 80 年代，法国城乡社会结构的变迁证实了孟德拉斯的观点。他在《农民的终结》一书出版 20 年后的 1984 年，为该书写了一个《跋》，其中说道：“虽然法国还有农业劳动者，但是他们已不再是传统意义上的农民。”孟德拉斯认为，《农民的终结》一书是给在法国存续 1 000 多年的农业开出的“文明的死亡证明书”。他自己还很感慨地说：“对另一些人来说，我是农民的陈旧价值的怀旧歌手。宣告农民的终结在读者中引起怀旧的伤感：尽管作者努力做到像他自己希望的那样‘科学’，但他永远无法控制他在读者中激起的感情共鸣。”是的，法国农业已经挣脱了传统农业的羁绊，有农业，但是没有了传统意义上的农民，在农场里工作的是“农业工人”“农场职员”，以及高级工程师、农业技师、农业高级白领等。这样的职业农民变成市民，就会“接受其道德、理智、灵性生命的几乎全部内容”，而使社会整体进入一个开放型的社会，一个典型的城市社会。在这里，我们应该清醒地认识到，城市化在本质上是让农民转化为市民，让他们有文化、有教养、有品位和有尊严地生活着。

孟德拉斯提及的农业发展出路就是我们提出的乡村振兴、新型

① 张鸿雁. 论当代中国城乡多梯度社会文化类型与社会结构变迁——依据“社会事实”对“二元结构”的重新认知. 南京社会科学，2007(11)

② H. 孟德拉斯. 农民的终结. 李培林，译. 北京：中国社会科学出版社，1991：1

城镇化的道路,让农民成为职业农民,在具体方式上就是建构“都市农业”和“都市人农业”。这与霍华德提倡的田园城市异曲同工,就是建立以城市人为主体的现代农业体系和规模农业(在我的调查中,中国一些地方城镇管理者理解的“都市农业”是:农村将产品供给城市。这是一种典型的误读)。孟德拉斯说:“最发达的国家,农业从业人员基本上分成三部分人:一是农场主——相当于中型企业经理;二是占有生产资料的‘自我雇佣’型的农业生产者——相当于典型的中产阶级;三是被雇用的农业机械科技人员——相当于技术工人。”这应该是中国未来“农村振兴”的发展方向,未来农业的从业者应该是城镇市民,即有文化、有学历、有知识、有技术、有契约精神的城市市民,让农民成为现代化农业体系和技术农业、规模农业、观光农业、精准农业、智慧农业中的一个职员和农业技工(农业白领)。如果仍然以传统小农经济为主体,靠天吃饭,既摆脱不了贫穷,更不能建立一个整体的具有现代性的社会。

能不能让市民“扎根”是特色文化城市建构的一个重要内涵。“拔根”与“扎根”是中国现代化、城市化发展中一个特有的社会现象。从1978年改革开放以来,从乡村到城市,至今已有5亿左右的农民涌进城市,成为“城市人”,或是“城乡候鸟人”,或是城市新市民,就如见诸报端的那些表达方式:“新昆山人”“新苏州人”“新深圳人”“新海南人”……无论是城市人还是城市中的外来人,面对城市社会的快速变迁,都不同程度地存在着“无根性”的文化心理结构和行为文化特质。① 作为民族传统文化习俗的集中表达,传统节日期间的人口大迁徙和“空间大挪移”,很好地诠释了“乡村的无根性”和“城市的无根性”。春节是中国文化在“空间折叠”与“时间折叠”上最充分、最彻底和最深刻的一种社会存在。一张纸可以折叠,在理论上有某种意义的平面物品都可以折叠。某种空间场域在“黑洞力”的作用下,“空间折叠”表现为空间扭曲和折变演绎。一旦某一巨大空间被折叠——两点被折扣一起,时间和空间便发生

① 张鸿雁.中国“非典型现代都市病”的社会病理学研究.社会科学,2010(10)

了特定变化——既没有了时间，也没有了距离，这既是一种理论假设，也是一种客观存在。

生活里的时间与空间“折叠”是一种文化隐喻、文化实证和文化符号象征。在一定时间和空间内，多类型与多样态文化和现代性与传统性文化，被现代性和现代化的手段重塑、重构，使之仪式化。这种文化和空间同时能够成为民族的集体记忆、集体行为和文化心理结构的集体烙印。在本质上，这个时间空间在某种意义上就是被“折叠”了——现代和传统两点被折叠在一起，传统文化“穿越”现代性时空以表达过去的文化价值，现代文化“穿越”传统以表达对过去时间的尊重，“穿越”“折叠”使现代性与传统性被统一表达为过去的回归、重叠和新的开始。时间和空间在心理上、仪式上凝固成一种文化符号后，个体与群体的文化心理结构也因此演变为新的意识和文化。春节等民俗节日就是被“折叠”的空间和时间，在这个共时性的空间与时间里，旧的、新的，现代的、传统的，礼法的、法礼的，“有机团结”的和“机械团结”的……在心理上、空间上、时间上集聚和转换，特别是人流在空间上的转换，从城市到乡村，从乡村到城市，从城市到城市，文化时空被压缩、折叠、定格为共同的心理空间——春节，每一个人都把这个时间和空间当成弃旧换新的原点。这也是社会心理文化空间与时间“折叠”的一种隐喻，在新的开始之前，我们寻根、祭祖，寻找自己来到城市前的足迹，以满足人类本源性的怀旧文化需求。

几千年来，中国一直是以农业立国的传统农业生产型国家，城市是农业社会的附庸。从周宣王“不籍千亩”肇起，到近代社会以前，几乎所有的改良、变法和某种意义上的改革都集中在农业领域，或针对农业、农田和小农。譬如，商朝的“井田制”；春秋时代管仲的“相地而衰征”；战国时期李悝的“任贤重农”和商鞅变法中的“重农抑商”；西汉武帝时的“算缗令”“告缗令”，征收商人财产税来限制工商业以促进农业发展；北魏至唐朝前期的“均田制”的推行；宋代王安石变法措施之一的“青苗法”；明代张居正推广至全国的“一条鞭法”；还有清朝政府普遍实行的“摊丁入亩”，等等。历朝历代花费巨大精力在农业的“变法”上，且集中在“土地税”“人头税”及“服劳役”上。但是对老百姓来说，几千年的中国农业、农村发展总是千疮百孔——多数时间食不果腹，表现为“闹饥荒”的灾年多于丰年，以至于人们见面的第一句问候就是：“吃饭没?”直到20世纪五六十年代，甚至70年代仍然如此，吃饭问题一直是中国的大问题，几千年来的多次变法和革新都未能真正解决农业和吃饭问题，当然也没能解决农业生产力解放的问题，而只是在国家税收、百姓服劳役等方面有变化。到了改革开放的1978年后，才真正解决了中国人的吃饭问题。显然，解决这一问题的途径之一就是发展现代化，而现代化的结果和形式就是城市化和城市现代化。

回过头来看，我们试问：中国的农村曾振兴过吗?“振兴”一词的内涵一是“整顿”，二是“恢复”。宋代田况所著《儒林公议》中说：“范仲淹入参宰政，富弼继秉枢轴。二人以天下之务为己任，谓朝政因循日久，庶事隳敝，志欲划旧谋新，振兴时治，其气锐不可折。”中国历史上屈指可数的几代盛世如“文景之治”“贞观之治”“开元盛世”及“康乾盛世”，其真实的一面也都被后来的历史学家说破过，古代文人和正史所粉饰的盛世屈指可数，可见的更多是哀鸿遍野、饿殍遍野、断壁残垣、饥寒交迫、青黄不接、满目疮痍……中国长达2 000多年的封建社会，是凝固化的超经济强制集权体系，导致形成汪洋大海般的封建型传统小农经济，城市与乡村各持其短，长期停滞且未能变革，如费孝通先生所论：未能有文化自觉。直到1848年，中国的城市人口还只有10.9%，而那时(1850年)的英国城市人口已经达到50%以上，英国成为人类历史上城市人口第一次超过农业人口的国家。

在1848年以后的100多年时间里，中国社会烽火连年、军阀混战，天灾人祸不已。至1949年，中国近90%的人都来自农村，据相关记载，当时是“4万万同胞”，也就是说现在70岁左右的老人90%生在农村。到了1978年，中国城市人口也只有17.8%，20世纪50年代、60年代、70年代，有70%—80%的人是在农村出生的。到了2000年，中国城市化人口仍不到30.1%，20世纪80—90年代出生的人仍然有70%左右来自农村。2010年以后，城市人口达到50%以上，2018年中国城市人口接近60%，这一时期的城乡人口比例才发生了结构性的变化，但是，真正有城市户口的人口还不到50%，大量没有户口的、长期居住在城市里的劳动者成了“新城市人”。可以这样说，2000年前后出生的人，50%左右来自农村。2010年中国城市人口第一次超过农村人口，中国已经进入城市社会，但仍然有40%以上的人口来自农村。乡村是我们当代城市人的“根”之所在，“乡愁”是我们共同的感受与记忆。

“城市文化的无根性”，表现最典型的是深圳，目前深圳有1 500万人左右，有深圳市户籍的人口仅354.99万人，占常住人口的31.2%。[①] 一些沿海发达地区如上海、浙江、江苏、广州等，外来人口都超过50%。另外一个最典型的地方是东北，很多城市是人口流出的，据说东北有接近100万人在海南省生活，曾经背井离乡“闯关东”，现在却从大东北来到大海南——闯海南。理论上和实际生活上乡村都不再是生活的“根”，人们不愿意在传统乡村扎根，乡村只是“乡愁”的“根”。

城市文化的无根性。我们看到的是，居住在城市里的一部分人就像“无根浮萍”一样“漂在城市里”，或者像社会学家描述的那样，是一种“边际人”，总要回到乡下去找“乡愁”的“根”，寻找过往文化记忆的“根”。“不要忘本”是一种文化伦理，回乡探望是一种亲情。简单地说，现实生活的变迁与社会转型使每个个体很难确定生活地点和坐标。[②] 而曾经的农村“乡愁”并不是现在这样仅仅是拜见父母、回忆孩提时代的“乡愁”，那时的农村“乡愁”是：愁吃、愁穿、愁工作、愁生活……这也是我在那个时代真实而直接的感受。当代的“乡愁”和那个传统的“乡愁”已经有了本质的区别，现代的“乡愁”已经成为一种情感、一种情怀、一种生命的怀旧、一种爱的回归，是一种曾出生在农

① 2016年“北上广深”人口大数据分析：深圳户籍人口仅31.2%. 中商情报网 http://www.askci.com/news/finance/20160829/14272357840.shtml

② 米歇尔·博德. 资本主义史：1500－1988. 吴艾美，等译. 北京：东方出版社，1986:11

村的中国人的集体烙印。

为什么城市里没有你我的"根"？为什么当想到振兴乡村的时候，就会想到曾有过一个美好的乡村和农业？在中国历史上有过美好生活的乡村吗？奴隶社会有过吗？封建社会有过吗？近代社会有过吗？几千年的历史中，乡村对于城市而言是贫穷和落后的代名词。农民的生活曾经有过衣食无忧吗？不然，我们为什么努力建设"小康社会"？传统乡村是积贫积弱被城市剥削的农村——所以梁漱溟才说"我所主张的乡村建设，乃是解决中国的整个问题，非仅止于乡村问题而已"，[①]"乡村运动正是民族自觉的开端"。[②] 很多仁人志士要想改变中国都是从改变中国贫穷、落后和愚昧的农村入手的。

三、从乡土文化之"根"到特色文化城市之"根"

我们的文化之"根"现在在哪？其未来在哪？在城市还是在乡村？能够让来自乡村的人在城市扎根、让从其他城市来的人在新的城市扎根是需要很多条件的，既要建构优质的城市市民生活空间和文化土壤，又要有已经优化的城市文化综合治理模式，还要"让城市充满选择机会"，更要让城市文化和生活空间具有宽容、公正、公平和正义的属性；不仅要如西蒙娜·薇依所说满足人们生存的多种需要，还需要创造"灵魂的各种需要"，这些需要包括城市社会的"秩序""自由""责任""平等""荣誉""惩罚""言论自由""安全""风险""私有财产""集体财产"和"真理"等。让人们能感受到"有灵魂的生活"是其中核心的、最基本的需要，是一个人获得个人尊严的前提。社会整体意志的良知能够创造对个体的尊重，并将这种尊重推广为一种义务，

① 梁漱溟. 自述. 梁漱溟全集(第二卷). 济南：山东人民出版社，2005：31

② 梁漱溟. 乡村建设理论. 梁漱溟全集(第二卷). 济南：山东人民出版社，2005：486

这样的城市肯定是美好的，也是理性和科学的、民主与法制的，是城市社会的理想类型。

在现代城市社会的发展与变迁中，人口在流动，社会在转型，空间在变化，人们普遍存在着“无根”的感觉。虽然城市有时可以让人沉静下来，感受城市的文化和风情，但在社会转型中，这种感觉往往只是短暂的，甚至是稍纵即逝的，而现代生活中很多非典型性社会问题的表现形式之一就是人们都在“刷存在感”、寻找存在感，以至于演化成某些新的社会问题。

城市提供了乡村没有的个人价值增长的特殊环境，城市与个人发展有着本质联系，人们在城市中不自觉地创造着“自我文化”的“扎根”过程。考上大学，就是第一次“拔根”，这类“拔根”对于农村户口的人来说是社会流动中“向上流动”的起点和条件，然后就有了各种各样的“扎根”与“拔根”过程、类型和方式：打工、求学、就业和出国等。有的人从乡村走进城市求学，有的人从乡村出来打工，有的人从小城镇走进大城市，有的人从这个大城市走向另一个大城市；有的人成为临时工，有的人成为职员，有的人成为建筑工人，有的人成为大学教授，有的人成为公务员……人们从一个城市流向另一个城市，从一种行业换到另一种行业……人们不得不去思考，在什么时候、在哪座城市里能够“扎根”，哪个城市能够更好地让人们愿意扎根。

当社会发展出现新的生产方式和新技术后，人们越容易被分化为不同阶层的群体，特别当城市社会成为典型的“异质型社会”时，这是帕克对城市分析的最深刻的一部分——城市的“异质性”。在城市社会的变迁中，人们一次又一次地创造新的生活和体验，或许每个人都一直在试图“扎根”，但现实是必须应对如潮的社会变迁，一次又一次地被“拔根”——离开家乡，离开原单位，离开原来的行业，离开生活过的城市，去寻找新的“根”和城市……无论穷人还是富人，无论是高学历者还是低学历者，也无论是城市里人还是乡村人……面对瞬息万变的现代化发展和生活、生产的技术型变化，有时是束手无策的。产业结构的变化，新型业态的变化，新型消费方式的变化，新型交通方式的变化，新兴网络经济的变化以及智慧产业、3D打印产业、机器人产业的兴起等，使得所有社会阶层都面临新的挑战，所有不同类型的群体和个人都有可能“被拔根”。“无根性”所形成的不稳定性是现代风险社会非典型性社会问题产生的原因之一，即使在城市社会精英群体层面，虽然他们在外在形式上表现了城市人生活的“嵌入性结构”，甚至通过城市的“事本性”构成了“强关系”社会网络，但是，过快的变化也使得城市精英群体面临各种各样的“被拔根”境况。城市“无根性”更为深刻地表现了城市人的关系结构，人们渴望在这个城市所形成的“地点、出生、职业、周遭环境所自动带来的参与”①。在这个意义上说，既要有生活源文化的“根”——“乡愁”与乡村的生活，还要有创业发展和个人价值理想实现之“根”，让人们能够在城市里形成“嵌入性的生活体系”，感觉到城市的关怀和温度。

城市社会被放大的“无根性”，使得任何个体都必须重新进行“社会再包装”和“社会个体再整饰”才能融入社会。② “一个十分清楚的逻辑关系是：中国实现现代化→首先必须改变80%的农业人口的文化心理结构→使更多农业人口走进现代化生活→让更多的农业人口实现文化心理结构的现代化转向→必须改变传统农业社会的社会结构和生产结构→推进经济转型良性发展与改变生产方式、生活方式→最终使‘乡村人’成为‘城市人’，成为有契约精神的市民，从而使中国从传统的乡村社会转化为城市文明社会”。③

正如孟德拉斯所说：“农民是相对于都市来限定自身的。如果没有都市，就无所谓农民，如果整个社会全部都市化了，也就没有农民了。”“当农业劳动者不再把自己作为生产者，并开始考虑自己的生产销路时，他的整个世界都改变了。种地养家的农民和满足消费者需求的农业生产者具有完全不同的视野。”为了简明描述我们应该思考

---

① 西蒙娜·薇依. 扎根——人类责任宣言绪论. 徐卫翔，译. 北京：生活·读书·新知三联书店，2003：33

② 张鸿雁. 中国“非典型现代都市病”的社会病理学研究. 社会科学，2010(10)

③ 张鸿雁. 社会经济形态转型条件下“结构性农业经济”的构建. 社会科学，1996(1)

的未来振兴后的乡村的生活，我们还是用孟德拉斯话来解释：20 世纪 80 年代的法国，“乡下人享有都市生活的一切舒适，统计数字表明，在巴黎人、都市人、郊区人、小都市居民和乡下人之间，已经不像 20 年前那样具有系统的差异”，所有的家庭都有现代化电器和小汽车，而在某些方面在原乡村地区的居民还有优势，如住宅空间和冰柜比都市中心区居民的要大得多。他认为，“乡下人享有都市的一切物质条件和舒适，从这种意义上说，他们的生活方式都市化了。这种生活差距的消除是在 70 年代完成的。作为逆流，一些异型的生活形式出现了”①。因此我们可以试问：三代四代以后，我们的“根”在哪？答案肯定是不同的，理解也是不同的。不解决农民的问题，也就不能解决中国社会落后的本质问题，几千年的中国农业社会，直到现在很多社会问题都源于还在深化的城乡二元结构。中国老一代学者在研究社会问题的时候，都蕴含着一种个人价值理想与人文精神指向，具体表现为对劳苦大众的人文关怀——20 世纪二三十年代，有一批知识分子、文化人深入乡村开展实地研究，试图从根本上解决中国的贫穷问题，其解决之道的切入点是：对农民进行文化启蒙教育。从当代的世界潮流看，乡村振兴有三种思路：一种是关注、关心农民，让农民仍然像以前一样留在原来的土地上维持传统生活；一种是留在原来的土地上创造新的生活；一种是让农民变成市民，进入城镇生活体系并通过身份转换，重新以城市人的身份来改变乡村。我们的关注点应该是在乡村能否建构现代城市生活方式、现代城市文明和现代城市市民的生活体系，让传统乡村中的每个个体获得人性的解放，让每一个人活得有理想、有利他主义的价值取向。

我个人之所以关注乡村、关注乡村的“空心化”问题的解决，主要是因为在我多年的城市研究中得出这样一个结论：要想解决农民贫困问题，就必须减少农民，必须让农民转化为城市市民或者成为有知

① H. 孟德拉斯. 农民的终结. 李培林，译. 北京：中国社会科学出版社，1991：2，175，284，300，302

识的农业工人，其根本的方法之一就是积极推进科学的、适合本地情况的乡村城市化。同时在城市研究中我还看到，目前推进的乡村城市化不仅存在理论与认识上的误区，而且还存在着实践与操作上的错误，一些地方的城镇化建设不仅难以推动，而且还在走偏。合理的新型城镇化在把传统农民变成市民的同时，也应该创造现代新型的城镇科技农业，在"原农业地带"创造城镇生活方式，创造新的城市社会关系体和区域现代性——"城市性"，包括建构、培育契约精神、民主精神、集体良知、利他主义倾向等，这就需要对农民进行文化启蒙再教育。乡村城镇化也是在创造新的"地域生产力格局"，建设"财富积累中心"以及人文主义精神，要让"城市性"和"城市现代性"要素凝结成为农民的一种文化认知。进一步说，在全球一体化和全球城市化的今天，如何能在中国原来的农业地带进行有效的城市文明传播是一个十分迫切的问题，也是中国现代化需要解决的"短板问题"。

马克思在《资本主义生产以前各形态》中讲过，"近代的历史是乡村城市化的历史"，人类城市化的历史已经证明了马克思的观点。从更深层次的意义上说，我们在关注乡村问题、表达人文关怀和学者责任的时候，还应该有时代的担当。一个学者在探索现实与历史问题的同时，还需要直接参与城市和乡村文化的规划、建设实践，并把一般的责任担当转化为具体行动。我当过知识青年，下过乡，当过农民，20 岁当农村生产队队长，东北农村里所有活儿都做过，还当过林业工人和建筑工人，应该说是十分了解农民生活的疾苦，也更了解农民没有文化知识的苦痛生活事实。我认为，不能让传统农民仅仅附着在原来的土地上，以传统的生产和生活方式继续着不能改变贫困的生活，而要在"原农业地带"创造一种"城镇人"的市民生活方式。

发达国家都曾出现过这样一种现象：社会精英群体带着知识和资本重返乡村去参与村镇的规划建设和治理工作。因专业需要和个人价值取向，我主持了多项城市规划、城乡一体化规划、县域"多规合一"规划、特色小镇规划、旅游景区规划以及村镇治理规划、村镇空间规划、村镇文化旅游规划、村镇农业科技园区规划和传统古村落“精准保护与开发”规划等。从20世纪20年代以来，在美国、英国、法国、德国、日本和韩国等经济较发达国家，很多知识分子都曾参与过乡村的改造、重建和新文化创造运动。特别需要类比的是，这一时期的中国(20世纪二三十年代)，以晏阳初等学者为代表的人们正在办学校，开展平民启蒙教育。晏阳初认为，中国的大患主要是民众的“贫、愚、弱、私这‘四大病’”，要改变落后的中国，必须改变“少文化缺知识”的农民。但是，那个时代战火连年加之外患频仍，注定了他们不可能真正实现改变农民贫困生活的愿望，更不可能改变积贫积弱的社会。今天，中国处在一个改革开放、可以创新的时代，为学者介入乡村治理提供了良好的环境，让农民从仅仅是“活着”转而走向“生活着”的状态，并进入有文化价值追求的生活方式。这里强调“生活着”，意指个体人生终极价值的追求。要想达到此目的，必须去重构乡村的“文化根柢”①。在这方面，日本、韩国和中国台湾等均有成功的案例，如日本古川町、中国台湾宜兰的社区治理模式等，都有大学教授、学者、规划师、建筑师等在乡村一做就是几年甚至十几年。在浙江德清莫干山一带正兴起的“洋家乐”就是乡村城镇生活方式化的一种发展模式，是城市精英下乡推广城市文明的一种成功案例。目前，已经出现大批城市精英重返乡村的热潮，他们在传统乡村或深山里建构新型的城市生活方式，创造类城市生活方式的空间体系及要素——新型的咖啡馆、民宿客栈、书院、乡村学院，使得新型的产业共享平台、社会交往方式、生活样态在乡村开始兴起。关键是，他们还带去了新型的城市市民生活体系、新的人生价值取向、新的创业经验等。这些都改善了当地人的生活质量和水平，构成了有地域文化特色的城镇生活型空间体系。

在中国城市化向乡村传播城市文明的过程中，可以看到已经具有显性化的“五种乡村文化重构与治理模式”：一是无锡田园综合体

---

① “根柢文化”最早出自鲁迅在《致许寿裳》中的论述——“前曾言中国的‘根柢’全在道教，此说近颇流行。以此读史，有多种问题可迎刃而解”。

模式。二是浙江德清的"洋家乐"模式。一些外国人和上海、杭州等城市里的文化人、学者和新一代"文青"主动下乡建设乡村,在乡村经营发展创业。三是浙江安吉"美丽乡村"建设模式。它创造了完整的建设经验,并形成了以政府为主导、企业和村民共同参与的建设模式。四是我本人主持规划、设计和策划的南京高淳桠溪国际慢城模式,是以"福民富民"为核心,以农民就地城市化为外在特点的一种可持续发展的创新模式。五是安徽黟县的"碧山文化"模式,即通过老宅基地的流转,创造一种新型区域旅游和保护"乡愁"、保护老房子宅基地的流转模式。当下,城市里有投资能力的"文化资本家"正在乡村里四处寻找投资机会,在乡村不自觉地重构地域文化,如雨后春笋般兴起的乡村书院就是一例,其意义非常深远。

让农民变成市民是城市化的根本目的之一,也是特色文化城市建构的难点和重点。这不是一蹴而就的,而是一个漫长的教育和习得的过程。一个明显的事实是,如果不让农民进城,就永远没有改变他们命运的机会。在中国几千年的封建社会里,城市是皇族和达官显贵的居住地,农民没有成为城市市民的机会。而中世纪的欧洲则相反,逃亡到城镇里的农奴过上 101 天就有可能成为市民,所以马克思曾说,欧洲中世纪的城市是由逃亡的农奴建造的。改变传统农民生活方式的路径大体有二:一是让农民先到城里来,参与城市建设,接受城市文明,获得城市生活感受;一是城里人到乡村去,唤醒乡村,培育乡村的文化自觉,创造"城镇型农业"特色村镇,推进乡村城市文明建设运动,即创造乡村发展的内在"文化动力因"。

中国农村的短板问题之一就是"空心村"留守老人和儿童问题。这些被闲置的"空心村"不仅浪费了大量的土地和资源,而且使一些农村区域呈现经济和文化大面积双重沦陷的情况,那些断壁残垣述说着一种衰败和"乡愁"。因此,一些欠发达地区的乡村急需文化整治。新型城镇化形成了两道风景线:一道是鳞次栉比的高楼大厦构成的繁华城市,一道是空寂无人落后衰败的乡村。那些衰败的乡村成为低俗文化的滋生地，可以称之为“大面积文化坍塌”。因此，我们这一代知识分子有责任把农民带进现代社会。

与晏阳初和梁漱溟等老一辈学者亲自参与乡村治理相比，当代中国知识分子对乡村的文化重构有相同的一面，也有不同的一面。相同的是情怀，不同的是时代背景和工作内容。当代社会发展给我们提供了创造现实的基础。比如，早在2011年，在高淳桠溪国际慢城的规划与策划中，我们在文本中明确提出了“两年内农民收入倍增计划”，之后通过政府与农民的共同努力，根据规划要求按期实现了“福民富民”的目标。在湖北的蕲春县(一个山区贫困县)，我们提出“药旅联动战略”，政府决策并直接推动全民参与，做到家喻户晓，给全县的干部上课，培训农民和村主任，全县都被动员了起来，3年左右，经济和社会发展发生了深刻变化。和20世纪的知识分子相比，他们更多地强调文化知识教育，而我们是在进行文化知识教育的同时，为农民规划城镇，推进产业发展，为农民实实在在谋幸福。我在最近发表的《“社会精准治理”模式的现代性建构》(《探索与争鸣》2016年第1期)中指出，江苏省已经是经济文化较发达省份了，仍然还有300多万文盲。南京这样一个人文荟萃的地方，还有20多万文盲。江苏尚且如此，那么全国的文盲群体应该是很庞大的。如果一个正在推进改革开放、进行现代化建设的国家还存在这样庞大的文盲群体，是很难使整个国家进入现代性发展体系之中的，这些关键性“社会短板”问题必须通过“社会精准治理”来解决。

我们深入乡村田野调查，深入每家每户精准调查、精准统计，以便达到“精准规划、精准治理、精准开发”的目的。我们在湖北蕲春做的田野调查，对10 000个自然村进行了统计和评估，走遍了全县15个乡镇的500个行政村，还对很多自然村进行了一家一户的入户调研，询问他们人在哪儿、老年人有几个、房子有多大、在哪里打工、就业收入情况、宅基地情况及土地流转情况等，即用“嵌入性”方法进入农村，到社会基层去了解农民。更重要的是，我们观察到，这些居住在深山里的人，是城市人，又是乡村人，可以称其为“城乡候鸟族”、城市“边际人”。他们中的一部分人在老家山里有房子，在镇上有房子，或在县城有房子,也有的在打工地如苏州、深圳等城市还有房子,这种现象对于我们理解当代农民的文化价值取向是有帮助的。江苏洪泽县龟山村基本上是一个“空心村”,共有100户人家,我们对每一户都进行了详细的摸底调查,包括房屋的年代、是否为古迹,经济来源,人口数量,在外地就业情况等,并进行了全面造册,提出了精准治理方案,应该说做到这种程度是很不容易的。之所以说我们和老一辈社会学家比,进入乡村的目的和目标是不一样的,是因为老一辈社会学家是希望唤醒和启蒙农民来改变中国,而我们是通过教育农民、重新规划乡村、建构特色产业来改变农村和农民。现在的中国农民多数是有一定文化的,我们希望让他们尽快转化为市民,以多样化、多渠道的方式让他们成为城镇市民,其中包括鼓励那些“乡村精英”回乡主动参与重构现代乡村建设,创造新的社会文化共同体,包括建构现代性的乡村文化——“集体良知”。

深入农村,了解城市和农村的差异,唤起农民的“文化自觉”①,让城乡社会全员成为市民社会结构中的“文化因子”,是我们追求的目标之一,从费孝通先生的“乡村文化自觉”,进而发展到现代意义上的“城镇文化自觉”。我们在江苏、浙江、湖北、安徽及东北等地开展的许多乡村实践,都是首先培训农民,包括一些乡镇干部,让他们懂得、理解如何建构乡村特色文化、乡村“地点精神”,保护“乡愁”文化和集体记忆。在一些农村地区,年轻人都出去打工了,好多行政村、自然村的村主任年龄比较大,我们曾经专门对他们进行相关培训。他们有很多人不懂电脑,也不会看地图,他们的乡音有些我们很难听懂,但我们克服困难,引导他们挖掘自己乡村的特色文化,让他们了解乡村变革的意义,特别是给他们以新概念启蒙,如民宿文化、农家乐文化、淘宝村文化、乡村旅游文化、农副产品特色文化、乡土品牌文化、农村电商文化、农业休闲观光文化和“产城一体”等知识。虽然简单的培训很难产生理想的效果,但是,毕竟他们是生活在现代社会的人,电视、多媒体演示对他们还是会起到一定作用的。以往很多乡村

① 费孝通.关于“文化自觉”的一些自白.学术研究,2003(7)

的农副产品多是“田头交易”，利润少，劳动强度大。我们强调，引导农民成为新一代“农业工人”，农副产品的初加工、二次加工和深加工的附加值的意识正在农村兴起。

在城市规划和乡村规划的研究中，我们运用大数据理论、现代网络管理理论、智慧旅游等理论与方法，对农村的文化、历史、相关资源进行梳理和创新，并且通过整合优秀的乡村文化使之转化为“城镇文化资本”“旅游文化资本”，进而形成保护、开发乡镇文化资本再生产的过程。比如可以进行乡村农副产品的营销推广，进行相关农业产业特色类型和价值链的建构，进行产业模式和营利模式的规划、策划等。我们规划设计过农业科技产业园、食品加工科技产业园、一村一品开发、乡村旅游节等，使之与城市生活、“产城一体”相结合，切切实实地改变了当地的经济和文化状况，达到了预设效果。鲁迅曾言要唤醒中国的“文化根柢”，这就是我们的唤醒方式。我们以学者身份“嵌入性”地进入乡村是有很多优势的，如以学术研究视角挖掘各种文献资料，找到当地人不知道的历史资料、本地故事、本地传承的口碑文化等。有时候，当我们把一些成果拿出来的时候，许多当地人甚至相关部门的管理者都很惊讶，有的成果甚至可以填补地方文化的空白。我的体会是，在这样现代性意义上的农村文化保护和建设中，我们这一代知识分子如果能够深入下去，是真的可以大有作为的。

我之所以愿意以回望的视角关注乡村文化还有另外一个原因：乡村是城市文化的“根”。保护好乡村文化，是城市特色文化建构的前提。乡村文化的保护与建设是一个长期的过程，因体制等原因，很多地方领导干部不可能长时间扎根农村，一般三五年任期满后就要走人或升官。回想当年巴黎市长奥斯曼，规划建设巴黎整整 18 年，现在巴黎的空间样态还是 160 多年前的形态。而中国的学者在乡村建构方面遇到的是“铁打的衙门流水的官”，有时候很多规划、设计与策划很难实现，主要是因为县市包括乡镇换官换届，很多建设规划往往半途而废。

重构乡村社会与文化生活空间还必须解决一个认识问题，即保护那些该保护的，拆掉那些不值得保留的、落后的甚至肮脏龌龊的建筑和村落。在保护乡村文化的认知方面，国内很多知识分子都在呼吁。我们必须面对现实，对现存的乡村村落加以区分并进行分类处置，保护传统文化中的那些优势的文化要素，而不是其他。我们现在做的乡村文化保护与重构，有一整套成功的经验，包括一整套可行的方法、程序，它们是规范而有效的。即用城市社会学的一般理论与方法、社会学和人类学的田野调查方法、城乡规划学的理论、区域经济理论、旅游经济产业规划理论、城市文化资本理论及产业经济理论等方面的知识，进行综合跨学科的规划与策划。我们特别强调通过特色文化城镇建设，在农村建构一种就业和创业的机制与文化土壤。我们认为，建设特色文化村镇是中国乡村振兴的切入点。全世界约有 50 多万个小城镇，发达国家 60％的小镇都有特色文化和特色产业，而中国还不到 20％。缺乏文化特色就必然缺乏就业机制，缺乏就业机制是中国一些农村凋敝的主要原因。我们可以看到，在经济发展较落后地区的一些乡镇、村落，几乎无业可就。没有就业机制，农村的可持续发展是不可能的。所以，给农民创造创业、就业的机会，是回归乡村、回归乡村建设的关键点，而要解决此类问题，必须走新型城镇化的道路，走都市农业的道路，走产城融合的道路，给农民以新生的文化土壤和机会。这其中的规定动作之一就是：必须把那些有传统特色的“乡愁”文化保留放在首位。我之前发表的一篇文章主题就是“‘精准保护’传统乡村”(《中国名城》2016 年第 1 期)，在这篇文章中，我首次提出了对优秀传统村落进行“精准保护与开发”的概念。我们必须清醒地认识到：有些落后乡村的生产模式和生活方式是不值得保留的。在原农业地带的大范围区域内，应该有新型的科技农业、现代型农业、智慧型农业、大数据农业、精准农业、设施农业、创意农业、观赏农业和传统村落形态多样化的新型旅游农业等，只有这样，才能真正创造多样化的乡村发展模式，改变乡村的本质并保留好“乡愁”。

四、从乡村社会到城市社会:“集体良知”与市民社会文化觉醒

在城市发展的方式上,特色文化城市建设是在创造城市社会的现代性,创造城市现代性的新文化价值主张。当下,一边是中国城镇化的高速发展,一边是一些传统农村深陷在旧文化的泥潭中。如果说城乡有鸿沟的话,用卡斯特的话说就是:现代社会人与人之间的差异主要表现为信息占有量差异所造成的鸿沟。必须运用多学科知识,必须打通规划学、地理学、经济学、社会学、旅游学、文化学、历史学及农学等多种知识的边界,才能有效地进行乡村规划和建设,这实际上需要一个由拥有多学科知识的成员组成的团队。

在特色文化城市的研究中,我们重新看到了城乡在空间上的地理差别和变革,更深刻地了解了城市特色空间再生产的理论与变迁,看到了发达国家城乡之间发生的质变。就像在美国和欧洲国家所看到的那样:“即便是一个人住在森林里、一个家庭住在农业地带并经营农业,但他们是传统农民。”即使住在很小的“村子”里面,他们也是现代“城市人”,是懂得契约精神的市民,因为他们享受和创造的是城市文明,他们以特有的工作方式和生活方式实践着城市市民社会的生活。

在这里,我个人认为并强调:重构乡村文化,不能简单地、单纯地依靠农民,一定要由社会文化精英来引导农民重构。因为,如果农民能够重构农村新文化的话,那么传统农村就不会有几千年来不变的传统落后文化了。重构乡村文化是城市文明对乡村文化的“接替与侵入”,在此意义上我们必须再一次强调:重构乡村文化不是保护落后。1949 年时,中国有 600 多万个自然村,当时中国有 4 亿人,到现在我们有近 14 亿人。而且,从 1848 年鸦片战争以来,很多美丽乡村被毁于战火,到 1949 年,“传统美丽村镇”屈指可数,而且好多美丽乡

村经历几场运动又被人为地破坏了。从理论与现实的意义上看,那些值得我们记忆的特殊空间、有真正的传统乡愁和人文集体记忆的村落,即像乌镇、周庄、南浔、婺源那样的村庄本来就不多,1949年后的一段时间里因某种原因又不能进行传统村落文化格局的建设,大量的自然村,即仅以居住功能为主的村落,多数是1949年后建造的,这样的村落多数仅仅能够居住而已,而不具有典型的历史文化特质和“地点精神”。因此,解决乡村文化重构问题的根本之道在于让大多数乡村人成为有文化的人,成为城市文明体系下有“市民意识”的人,成为“现代乡绅”,这样才能出现乡村的文化复兴。如果有那么一天,如美国、法国和德国那样,在乡村里生活的人主要是知识分子、高学历群体、高级白领和各种工程师……这样的乡村社会才能真正以重构城市文明的方式表现自己的文化自觉,这样,文化特色建设的土壤才会广阔而肥沃。

我曾经在意大利参观一个小镇,并深入调查了两个企业。一个企业有170年的历史,另一个企业有140年的历史,人们都把住在这个小镇视为一种荣耀,一种世代传承的文化荣耀。这个小镇不是传统的农民在生活而是原来的传统农民变成了城市的市民在生活、在创造,但是永久地保存了这里的文化和“乡愁”记忆。实际上,发达国家已经证明了这样一个事实:不是把农民留在那里就叫留住乡愁,而是要把那些文化、文脉和集体记忆保存好,并让农民过上现代文明生活,才能够真正保护好“乡愁”。现在也有些争议,很多人,包括一些作家、文艺人呼喊中国乡村都没有了,他们理解的是把农民留在那里就可以了,甚至有些教授也是这样理解的,可是,让他们自己回到原来的农村生活他们又不愿意回去。这才是现代版的叶公好龙。我在《社会学研究》2013年第3期专门谈到过这个问题,乡村是什么呢?孟德拉斯在《农民的终结》里谈到,在乡村,董事长就是农业经营者,打工的是高级白领,中层管理者和工作者是股东,企业是农业的托拉斯。欧美的一些传统小镇、小村,有的是巧克力小镇,有的是旧报纸旧书小镇,有的是老爷车小镇,有的是特色餐饮小镇,有的是博物馆小镇,等等,可谓形形色色,但它们都有自己的唯一性,其中有些特色小镇还不如中国的一个村庄人口多。特色产业不一定就是工业，更多的是文化类产业，是本地特色产品类甚至典型的怀旧产业。我们强调的乡村保护就是保护原文化、原空间样态、原文化肌理、原生态体系、原住民、原习俗、原风貌和原“地点精神”，但是，这里——传统乡村必须有就业，而相对充分的就业必须与城市经济相联系，无论什么样的小镇、小村，要想生存发展就必须成为大、中、小城镇的结构构成的一体化部分。

有资料说，美国60%以上的人住在中小城镇里，在洛杉矶周边有80多个城镇，它们构成了一个地域城镇生存体系。小城镇是最能够体现美国生活方式的地方。小城镇不是落后的农村，而是景色优美、设施齐全的“生活共同体”，去过美国的、对此有深入研究的人都有这种感觉。但是，在中国，很多落后的村落不仅生活方式不完全，而且污染还较为严重：一是河水和饮用水污染，二是生活垃圾污染，三是农药污染，四是乡镇工业污染。特别是，落后的生活习惯与生活方式是各种疾病频发的重要原因，几乎每个省都有一些比我们想象的还要落后的地方，而这些落后村落的贫困、污染、陋习等地方性问题长期得不到改变。另外，还有文化和伦理上的问题，如经常看到某媒体说，高速公路上运输水果或运输其他物品的车翻了，很多农民一起哄抢货物，这种落后的集体文化行为就是传统乡村脱离现代城市文明的一种结果，也是在空间上远离城市文明的结果。因此，要想改变农民，必须让农民成为有契约精神的、遵循现代文明规则的市民社会的成员。如何让一些落后地方的农民有利他主义文化倾向？最重要的是让他们具有由现代文化认知所构成的“集体良知”。在那些传统乡村，因为经济和文化的落后，加上缺乏文化教育，很难形成有人文主义内涵的群体认知，这样的群体在某种意义上说很难建构起爱国主义文化和情操，中国近代历史的一些事实已经证明了这一点。所以说，要实现中国现代化，就必须解决底层社会，特别是乡村社会的文化缺失问题。特色文化城市建设还担负着城市文明与城市文化传播、呼唤乡村文化自觉的任务和历史责任。

特色文化城市再建构还要寻找那些优秀的城市与村落空间、优秀的地方精神和地方文化，寻找那些值得传承的、向上的优秀集体记忆，来重构特色文化。有时候我们很着急，因为人们对城市生活方式和市民社会的关系理解相差甚远，有很多人认为把农民留在乡村就可以了，可是他们不知道，好多传统的乡村连下水道、化粪池都没有，晴天还好，一到阴雨天污水流到井里、流到河里……这种情况非常非常多。必须通过新型城镇化、现代科技、现代文明、现代城镇系统和现代科技农业，把小城镇、传统村落纳入大中城市的网状地域结构中来，像上海、苏州、无锡的郊区那样，让城市文明普及乡村，让特色文化成为全社会的文化资本，这样农民的现代生活空间体系才能建构起来。在中国一些落后的村落，特别是那些空心村，虽然房子坍塌了，农民亦弃之不顾，但是房子的宅基地产权还在农民手中，农民到城市打工之后，往往会在乡镇、县城或是大城市郊区购房，收入较高者又重新回到村里，在交通好的地方再盖房子，因此，一户多基、一户多宅的现象在一些地区比较普遍。如果不解决此类问题，新型城镇化的发展就会有很大阻力。我们反复强调，传统乡村文化重构的本质就是让农民市民化，让他们受到良好教育而有"集体良知"。我们之所以反复强调从"乡村文化自觉"到"城市文化自觉"的转化，是因为，这是现代乡村文化建设的必由之路，而且也是中国特色文化城市创新的"文化根柢"重构。

"原农业地带"这一概念是非常重要的。我们可以看到大城市区域中的一些小镇和村落，会散散落落地形成一个有机性的区域空间，在美国、澳大利亚、法国、英国、德国、日本和加拿大的大部分地区就是这样：有的人住在森林里，有的人住在湖边，有的人住在自己的农场里，有的人住在山里，有的人住在乡下……去哪都要开车或者依赖公共交通，住在"农业地带"怎么就是农村人呢？这个概念需要改变。城市生活方式的普及，让每个人得以住在不同的空间里享受和实践着现代文明，如前所述，主要是通过"交通方式""交往方式""通信方式""工作方式"和"消费方式"形成的"城市生活方式"的变革，形成城市文明的高普及率，住在哪里都是有教养、有契约精神的市民。我1986年参加苏州建城2 500年的学术会议时就提出，迟早有那么一天，苏州和上海要连在一起，当时引起很大的争论，很多人并不同意我的想法。现实是苏州和上海基本上连在一起了，所以我现在还要说：迟早有一天，上海、苏州、无锡、常州要连在一起，成为大都市“连统区”或称“大都市联合统计区”，这种趋势不是靠政策就可以阻挡的，因为它是通过公共交通、市场关系、土地级差、网络化梯度、社会结构变迁等因素形成的差序化社会空间格局的必然结果。当下，网络社会形成的“自媒体”文化和经济能够从一个侧面说明现代性和城市生活方式的这种无边无界无形的特征和意义。

那么，城市化进程中的农民在哪呢？首先，从身份讲，农民要成为市民，从这一点上说，在哪都可以。其次，从空间上讲，农民应该在城镇生活体系内，中小城镇应该成为大中城市的区域网状结构化的组成部分。第三，从分类上讲，农民可以在城市里，也可以在原农业地带，还可以在深山里……但更希望有更多的农民就地成为城市市民。

五、特色文化城市发展与创新：建构在世界民族之林占有一席之地的城市

人类社会的城市化有其自身发展规律，但是，因各个国家的经济结构、文化结构和政治结构不同，城市化发展的阶段也不同。1848年时中国的城市化率是10.9%，美国也只是10.6%左右。可是过了100年后的1949年，中国城市化率仍然是10%左右，而美国已经接近70%，也就是说在100多年的时间里，中国的城市化没有任何发展，而西方发达国家基本完成了城市化过程而进入城市社会。中国近代社会仍然是传统农业社会，这也是当代中国城市化任重道远的原因之一。假如按照近代西方发达国家城市人口每25年翻一番这

一规律发展的话,就中国目前城市化率已经达到58%左右的情况看其结果是可想而知的。未来25年左右,中国将会全部完成城市化发展过程。一个国家城市化水平如果达到85%左右,也就等于完成了城市化,这其中有一个经常被人们忽视的理论,即"城市文明普及率"理论——如果城市化率是10%的话,只有30%的人可以享受城市文明;如果有30%的城市化率,就会有50%的人享受城市文明;如果有50%的城市化率,就会有70%的人享受城市文明;如果城市化率达到75%或85%的话,就会有95%以上的人享受城市文明,也就等于完成了城市化这一过程。不言而喻,城市化和城市现代化不是所有的人都要到城市里生活,而是城市生活方式和城市文明普及所表现出的城市性与现代性。

进一步解剖还可以看到,如果城市化率达到85%左右,城乡人口流动就基本停滞了,或者说流动方式被改变了,主要体现在城市(镇)之间的人口流动,发达国家如美国、德国、英国及日本已经证实了这个结果。从理论与实践的双重视角看,城市化率达到50%以上时,在一般情况下(在不出现巨大社会动荡的前提下),社会经济发展会进入较高速发展状态,全球城市化已经证明这一点。如果城市化率达到85%以上的话,城市化人口红利就会失去,中国特有的房地产市场也会出现质性改变。在人类社会发展史上,1850年英国首次完成了城市人口超过农村人口的社会变迁,并在第二年创办了人类历史上第一届世界博览会。无独有偶,2010年,中国城市化率第一次达到了50%,这一年,上海举办了人类历史上第41届世界博览会。相似的历史说明了同一个问题:城市化率达到50%的时候,表明社会财富已经集聚到了一定程度,城市经济到了可以反哺农村的水平。农村的基础建设、环境改造、生态补偿、空间规划、产业发展等都可以得到城市的反哺和辐射。我们已经看到,大城市郊区农业、发达城市的县属农业发展得都比较好,其原因就在这里。这也进一步证明了这样一个概念:城市是地域生产力的集中表现形式,凡是经济繁荣的地区,也必然都是城市繁荣的地区,反之亦然。上海、北京、南京、杭州、深圳、苏州的农业和农村发展都比较好,也是城市化和城市现代化的一个结果。实际上，深圳和上海是中国最早宣布没有农民的城市。

只有现代化建构过程形成现代性社会结构，并在社会整体财富增加达到一定程度时，才有可能形成现代型城市社会。否则，外不能抵御列强侵略，内不能创新发展，游民四起、哀鸿遍野的时代，民众温饱都不能解决，面对大好河山，只能抱残守缺，眼望东流水而束手无策，近百年来的中国，无数城市和乡村在列强的炮火下，多成为断壁残垣……我研究城市近40年，十分清楚城市的内在价值：城市是社会发展的中心，城市是社会发展的动力，城市是社会发展的创新地，城市是人才集聚的高地，城市是人类的财富中心，城市是新兴阶层崛起的文化场域（如佛罗里达在《创意阶层的崛起》中所说），城市是市民社会的舞台和新历史的出发点……所以说，58%的城市化率，至少表明了社会财富增长进入了快车道，特别是中国新兴中产阶级正在成长，城市已经有能力对农村进行经济与文化反哺。我们可以看到，发达地区美丽乡村建设大多比落后地区要强很多，比如浙江省和江苏省的“美丽乡村”建设，政府不仅补贴大量资金，而且村民的文化自觉意识也普遍比较高。相反，一些经济较为落后地区的政府则很难对乡村建设有较多的补贴，村民因缺乏文化知识而缺乏文化自觉。

传统农业社会的特点之一是：农业劳动者的劳动时间和闲暇时间是不能明确划分的，往往是日出而作，日落而息。城市社会的特点之一是：人们的工作时间和闲暇时间是可以明确分离的，而且闲暇时间具有某种法律保障，这也是划分城市生活方式和传统农村生活方式的界标之一。其实，我们完全可以从词义上区分城市生活和乡村生活，如农民的生产我们一般称之为“劳动”，而城市人的劳动我们一般称之为“工作”。通过这些分析我们可以想象传统农村变成现代城市生活的聚居点、现代生活的小镇应该是什么样。其实发达国家已经有标杆和样板，比如发达国家的工程师小镇、白领小镇、企业总部小镇和特色家族企业小镇等。这样的“原农业地带”的小城镇和居住点是城市生活方式的延伸，有人称之为“逆城市化现象”，而我称之为城市生活方式的再深化现象。如莫干山里山村、桠溪国际慢城的乡村,这些原来传统落后的小镇、小村已经直接跨入国际生活的范畴,那里的一些外国人、城里人、本地人、外出打工回来的人,正在实践着乡村城市化的过程,正在创造山村里的城市生活方式。无论是外地人还是本地人,他们的生活质量和收入已经远远超出了原来的农民和一般的城市居民。正如孟德拉斯所说,那样的乡村里,农民的房子比城里人的房子大,农民的冰箱也比城里人的冰箱大,但他们已不是传统农民,他们在敲响传统农业的丧钟。这也是一种必然的趋势:中国面临着传统农业终结的考验。

最后,我们要重复这样一句话:乡村与城市的本质区别是生活方式。推进社会整体的现代化,必须走城市化和城市现代化创新发展的道路,而发展健康的现代化城市一定要建构有特色文化的城市。

特色文化城市研究的学术价值与应用价值必须放在一个基本的背景框架下进行审视,即便在改革开放之后经历了长时间的城市化变革,长久以来存在的城乡二元结构及其衍生制度、产业经济结构、政治文化生态等依然是当下许多社会问题的根源所在。要解决这个问题,就必须着力实现农村、农业和农民的现代化,也就是积极推进科学的、适合本地情况的乡村城市化。而在这个过程之中,城市文化建设尤其是城市特色文化作为城市永续化发展的动力和生产资本,历史性地成为创新城镇化发展方式、构建城市核心竞争力的有效途径,也因此成为突破城乡二元结构困境的新可能。

回应多重时代的变革挑战,探寻中国城市“文化驱动”的创新突破路径。全球化进入新阶段、城市软实力竞争、中国文化崛起等新时代变迁的到来,使得寻求城市发展的差异化、特色化、可持续化动力显得愈加迫切。在这种情况下,特色文化城市实际上成为一种以“文化驱动”为核心动力的城市发展新可能。也正因为如此,特色文化城市才能够为中国的城市化和现代化提供一种创新的模式和范式,从而驱动城市化的稳定永续发展。

创造全球竞争背景下特色文化城市发展的中国研究范式。特色文化城市的创建在西方发达国家和地区已有相当成熟的模式与路径，但对于中国的城镇化来说，直接搬用与移植显然不能成为一个合理的选择，因此通过特色文化城市的课题研究，尝试构建特色文化城市发展的中国样板和中国路径，从而为中国的城市文化模式的个性化发展提供参照体系与指导就显得尤为重要。

建构一种中国本土城市现代化发展的理论思考范式。中国城镇化的发展规模、发展速度与当下所呈现出来的发展态势已经成为影响全球经济社会发展的重大社会现象，必须配套以相应的本土化理论话语体系。在这种情况下，本丛书以特色文化城市为切入口，积极回应中国城市社会来临之际出现的发展趋势，重构、重组、重建、重缀中国本土化的城市文化发展理论，并提出新的与时俱进的中国特色文化城市发展战略。

为区域特色文化城市的分类差异创建提供理论指导。中国的城市化发展呈现出典型的区域梯度差异性，因此如何做到因地制宜地有效引导就显得格外重要。本丛书通过对中国各区域特色文化城市要素内涵以及建构方式的研究，结合类型学的划分和不同城市所处发展阶段的差异化，谋求对区域性的特色文化城市创建、特色城市定位、城市文化品位完善等相关环节的分类指导。

守望中国的民族地方文化“乡愁”，鼓励城乡一体的“文化自觉”与“文化自信”。城市不仅仅是文化的容器，而且更重要的是人类文化创新的平台，人类社会先进的思想文化和科学技术大体都产生在城市里。中国悠久的民族传统文化与现代创新文化都值得彰显与继承，特色文化城市研究不仅可以让城市凸显自身文化特色，更可以赋予城乡以同样的“文化自觉”与“文化自信”，从而充分激发城乡发展活力。

《特色文化城市研究丛书》来自国家社会科学基金重大项目，参与成员先后发表了署名国家课题编号的学术论文 51 篇，其中，发表在中文核心期刊上的论文 32 篇。

下面这段话是我在《城市文化资本论》前言里的一段话，我仍然想用这段话作为这套丛书总序的结尾——

托马斯在《名言集锦评注》一书中有一句话说得真好：“为了人类社会能够变得和谐完美，我们当中需要有些人去过无用的沉思默想的生活。”[①]城市研究也必须要过沉思默想的生活。无独有偶，中国学者王国维《人间词话》中的第26则“人生三境界”也道出了做学问人生的辛苦与乐趣：“古今之成大事业、大学问者，必经过三种之境界：‘昨夜西风凋碧树。独上高楼，望尽天涯路’，此第一境也。‘衣带渐宽终不悔，为伊消得人憔悴’，此第二境也。‘众里寻他千百度，蓦然回首，那人却在，灯火阑珊处’，此第三境也。此等语皆非大词人不能道。然遽以此意解释诸词，恐为晏、欧诸公所不许也。”显然这三境界是多数人所不能为也，关键是，其意境与乐趣是自己所得，只有个人在其真心追求的空间境界才能看到。也许是从20世纪70年代到河南登封告成镇挖掘夏代城市遗址开始，我就对城市的产生与发展产生了兴趣，并开始进行相关的研究，1980年发表第一篇学术论文。几十年的城市研究既需要沉思默想，又需要走到实地考察研究。虽然凡勃伦的书我曾读过几遍，但是，我从来没有感受过凡勃伦所说的“有闲的感觉”，对他所描述的所谓有闲阶级，作为一个学者很难与之对上号，因为，从读研究生时开始，就没有感觉到什么时候是“闲”，或许是专门做学问这行当不属于有闲阶级，至少我是这样。似乎从研究生时代起，就感觉一直在与时间赛跑，总感觉时间不够用，当过了知天命的年龄时，就已知来日不多；当在接近六十耳顺的年龄时，知道以后岁月唯追求比生命长久的符号而已！一切只是一个过程，生命是有限的，如果能够让生命延续，只有那可贵的让社会认同的思想而已！

在《柏拉图全集》第一卷里苏格拉底和卡利克勒在辩论满足欲望与美德时说：“你所描述的生命真是一件奇怪的事。你知道的，欧里庇得斯说过：‘有谁知道，死就是生，生就是死？’如果他说得对，那么我也不会感到奇怪。我们也许真的已经死了，因为我听说过有位聪明人说过我们是死人，我们的身体是一个坟墓，往往在里头的灵魂的

① 约瑟夫·皮珀.闲暇文化的基础.刘森尧，译.北京：新星出版社，2005：7

性质是摇摆不定的。"[1]是的，人生以来，有过无数次的摇摆不定，无数次的寻寻觅觅，或许我的灵魂已经死过，或许想通过研究城市获得再生！虽然这是一种极其难以实现的奢望，但是，我还是要追求这样的奢望！

特色文化城市研究，我们在路上！

我以我的方式追求、延续生命的价值！

张鸿雁

于慎独斋

2018 年 08 月 08 日

① 柏拉图. 柏拉图全集. 王晓朝，译. 北京：人民出版社，2003：380

自序

人们对于城市化的本质有着根深蒂固的误解，认为城市化是城市对乡村的侵占过程，是与理想田园相违背的水泥森林，这实际上是缩小了城市化本身的意义。城市“在人不在物”，城市化的核心在于人的城市化，本质是城市生活方式的普及。大家都知道，美国学者刘易斯·芒福德曾经说过“城市是文化的容器”，然而值得关注的是，芒福德随后补充说明的一句话，“这容器所承载的生活比这容器自身更重要”。哈佛大学经济学教授爱德华·格莱泽批判以开发建设为中心的城市振兴计划时有过类似的精彩论述，即“城市不等于建筑，城市等于居民”。因此问题接踵而至，如今在广袤乡村区域生长的现代民宿聚落——出门有山有水有田园，进门咖啡网络泳池趴——到底是离乡村风貌更近，还是和城市生活更亲？

一

莫干山“洋家乐”的产生是一个特殊的现象：它有百年前的避暑地的历史积淀，也有百年后外国人上山的机缘巧合，但是它至少为我们呈现了未来乡村进化的一种可能性，这种可能性极其典型。任何模式的复制和输出都不是生搬硬套或者全盘接受的，“洋家乐”民宿集聚在莫干山是新生事物，但是无论是民宿和“洋家乐”本身都不是新鲜的:民宿在中国原始社会末期就已经存在,而日本早就有“洋式民宿”的概念。与其期待莫干山“洋家乐”的经验作为一种模式来推广,不如把它看作是概念要素因地制宜、因势利导的结果。莫干山“洋家乐”是特殊的,但是其探索多元化乡村进化的尝试是可以借鉴的,其利用自身历史渊源在全球化背景下创新发展文化特色的民本经济集聚的尝试是可以借鉴的,其根据社会发展进程选择“退二进三”、保持生态涵养功能的选择是可以借鉴的,其通过区域特色竞争力的打造完成区域社会整体的转型升级是可以借鉴的,其政府对于市场的态度处理和对土地的政策尝试是可以借鉴的。我们不需要在其他地方再搬或者重建一个莫干山,我们需要的是莫干山敢于对农村只能走农业现代化这一条道路说“不”,我们需要的是莫干山呈现出的一种乡村的可能!

在全球化和城市化的大浪潮下,莫干山的区域经济社会发展发生了深刻的变化。光绪年间,英美传教士在莫干山筑茅舍盖别墅,建造礼堂、公墓、网球场、游泳池,莫干山遂成外国人消夏湾,成为江南文化图景中充满国际化异质性的文化飞地,是中国近代四大避暑地之一。百年后的今天,莫干山探索出了以“洋家乐”为代表的乡村旅游转型升级的新模式,并进一步带动了地域生产力结构的调整和新型城镇化发展的进程,实现了传统乡村的振兴,是乡村城市化的典型案例。虽然世界体系对村庄不断增长的影响发生在所有国家,但很少有社区类型像莫干山这样在社会发展的百年周期内经历数次的变迁,这就是莫干山研究的特殊之处和价值所在,也是中国相对发达地区从传统到现代的一个缩影。

二

本研究在于讲述一个乡村社会变迁的故事——莫干山的现代化和全球化。以浙江省湖州市莫干山区域内的民宿经济发展为切入点,关注莫干山地方区域社会在全球化和城市化的同构中发生的主动和被动的社会实践,在“全球化框架—地方性脉络”双重范畴下乡村的变与不变。本研究认为，莫干山“洋家乐”是由不同群体构成的精品民宿“生产—消费场域”。在这样一个符号性的“生产—消费场域”中，有明确的社会分工和职业角色，包括以货币、资源等形式的直接或间接价值交换的莫干山“洋家乐”生产—消费序列（如投资者、运营者、服务者、建设者、配套者、分享者），和规范控制此生产—消费序列的管理者（如行政管理机构和地方管理人员）以及相对价值中立的旁观者（如以专家学者为主的研究者和以媒体为主的传播者）。不同的参与主体在“洋家乐”的日常生活和情境实践中实现并创造文化、阶层和空间三个维度的再生产，完成城市生活方式向传统乡村的渗透和传播。在此过程中，外来者和当地人不可避免地发生围绕利益争夺、礼俗差异、代际矛盾等方面的冲突，“洋家乐”外来投资运营者以身份认同、经济交换、社区参与等方式对传统乡村实施侵入与接替，并试图通过市场、道德、行动三个逻辑维度的城市文化反哺重构区域社会网络。地方政府让位市场经济，市场经济倒逼地方政府，在社区营造和土地流转方面有效输出经验，“有形的手”和“无形的手”共同促使外来者和当地人形成紧密的利益共同体。

基于五年的持续跟踪、15 次的“故地重游”与 136 例深度访谈，本研究侧重以个案研究（Case Study）的方式，采取社会史学法、社区分析法、深度访谈法和参与观察法，试图从“传统—现代”“地方—全球”“生产—消费”三个维度来深描和分析“洋家乐”民宿社区的日常生活。不同于大多数中国乡村不断追赶城市的线性转型逻辑，莫干山提供了一种可能的乡村进化路径和类型，呈现出城市和乡村友好相处的可能性，实质上是后现代社会中城市和乡村的选择性耦合。它不是保守的退避也不是激进的颠覆，而是一种有选择的智慧的保全，既持有乡村的自然生态环境，也享受城市的现代生活体系，是基于全球城市网络的一种理想的社区共同体。

我们需要从多个维度来理解莫干山“洋家乐”这个社会现象。从社会进化的角度而言，莫干山“洋家乐”是一个乡村转型的旅游社区；从文化碰撞的角度而言，莫干山“洋家乐”是一个克里奥尔化的混合社区;从产业发展的角度而言,莫干山“洋家乐”是一个经济共同体的民宿社区。社会研究不同于实验室数据,能够相对严谨地控制变量,社会问题只能更加复杂。我在研究莫干山之初,只有35家“洋家乐”,整个莫干山不到100家民宿;现在有近200家“洋家乐”,各类型民宿更是将近1000家。莫干山比我们想象的发展得更快。在此之前,对于莫干山民宿相关的研究几乎是空白——它不同于我之前认识到的其他传统的村庄,它是当今时代下的新生事物。我希望能够先做一个系统的描述,告诉大家莫干山“洋家乐”到底是怎样的一回事情,而要说清楚这件事情,围绕现代化、全球化和消费主义的讨论的确是重中之重。如果说,从前我们还在描述一个乡村是如何形成的,那本次我的研究想记录的是,大家——你、我、他——是如何共同建构莫干山的。这就是我们目前面对的乡村的境遇,不仅仅是被描述的,更是被生产和再生产的。

三

在经年的研究过程中,感谢我的导师张鸿雁教授所给予的指导和帮助!导师博闻强识,治学严谨,教导我们学问要经世致用。我从研究生阶段跟随导师学习城市社会学,导师对学生要求很严格,处世为人做学问,都不能懈怠,并为我们提供了诸多参与学术课题和社会实践的机会,让我们能够更加深刻地理解这个时代、这个国家,理解我们这一代人应当有的担当和责任。不失本心,负重前行,是导师给我树立的榜样。

感谢在论文调研和访谈中提供极大便利的莫干山的朋友们,他们不仅毫无保留地贡献出自己的真实想法和经历,甚至我在莫干山的所有访谈对象都得益于他们的介绍和帮助。特别要感谢西坡的刘杰总经理、莫干山管理局的局长助理刘建林先生、开始吧借宿的贾晓凡首席运营官、德清文旅集团的杨国亮总经理、后坞生活的王天鹏创始人、莫干山宿盟的创始人崔盛和大乐之野的创始人吉晓祥、杨默涵等朋友,感谢你们为我的研究提供经年累月的素材,包容我无数次的叨扰，你们让我感受到莫干山莫大的善意！

最后，我想以此书献给我的祖母——陈翠莲女士。祖母尊重我，包容我，教导我，安慰我，是我生命中的光。她从来都是瘦弱的样子，典型江南阿婆的小小身躯里却迸发出无尽的生命力量。祖母和尿毒症纠缠近20年，她坚忍，温暖，像个勇敢的战士，又像个让人心疼的孩子。她没有读很多书，普通话却说得特别好，她教我善良正直、有骨气、不屈服。2017年9月9日，我的祖母离世了。很难想象，做人要有格局，这是我80岁的祖母一字一句对我的交代。

四

需要再次强调的是，我对于莫干山乡村转型和民宿经济的研究，更多的是一个时间序列内的呈现。随着时间的推衍，地方对于乡村进化的渐进式探索和民宿行业本身的理性化趋势发展过程中，将会出现越来越多的权力争夺和驱逐、利益捆绑和消解、规则引导和颠覆。我觉得，无论对于区域的持续发展还是行业的理性发展，有一些根本的价值主张是需要绝对坚持的，尤其是关乎信仰、关乎尊重、关乎道德、关乎美好。当然在此过程中，我们也会遇到诸多不如意，可能有偏颇、挫败甚至难堪。受莫干山的鼓舞，我和同伴于2016年租下南京汤山国际温泉旅游度假区内三亩地的院子，创意构想了以凡·高星空泳池为亮点的温泉主题民宿：匠村卧香。民宿于2017年年底正式落地，数以十万计的碎片马赛克拼凑呈现出荷兰印象派画家凡·高代表作《星月夜》，星空泳池惊艳了许多客人的乡村度假时光——肆意沉浸在凡·高的画里，并以此设计构想申请了工业外观设计专利。不知春，无尽夏，好个秋，暖过冬，是匠村在汤山的四季。天窗阁楼黄泥墙，星空泳池私房汤，激发0—80岁的童心，实现返璞归真的逆袭，是匠村2018年的努力，匠村想要传达的是如孩子般的热忱和勇敢，不戒备，不害怕，不试探，毫无保留的爱和真挚。正如落脚乡村与民宿经济本身带给我的快乐：鲜衣怒马少年时，且歌且行且从容。

我希望,仍有越来越多的人愿意,为中华之崛起而读书,为世界之美好而努力;我庆幸,我仍然热爱我的专业,并将以此为志业。

邵颖萍

2018 年 1 月于南京

第一章
绪论　从费孝通《江村经济》说起

大家都应该承认这一点。一个站在饥饿边缘上的村庄对谁都没有好处。[①]

——费孝通

中国社会一村落社会也。求所谓中国者，不于是三十万村落其焉求之……村落即社会，而非社会有村落。[②]

——梁漱溟

一、研究背景

对任何一个想要了解中国乡村的人来说，费孝通先生的《江村经济》是不可逾越的研究样本。江村，是费孝通先生为江苏省苏州市吴江区开弦弓村所取的学名，后来演变为江南农村社会的一个剪影。费孝通先生的导师马林诺夫斯基先生坦言："此书虽以中国人传统的

① 费孝通. 江村经济：中国农民的生活. 北京：商务印书馆，2001：22－23

② 许纪霖，编选. 内圣外王之境——梁漱溟文集. 上海：上海文艺出版社，1998：149

生活为背景，然而它并不满足于复述精致的过去。它有意识地紧紧抓住现代生活最难以理解的一面，即传统文化在西方影响下的变迁。”[①]这里面涉及两组最基本的概念，即“传统—现代”以及“地方—全球”。前者立足时间的纵深，后者强调空间的转换。费孝通先生一生中26次造访江村，从1936年的初次，到2002年的末次，横亘近70年完成追踪研究，考察这个江南村庄从农业社会到工业社会的变迁过程。江村也被誉为“中国第一个探索现代化的村庄，是一个理想的观察中国农村社会的窗口”[②]。

在一个民族中实行“现代化”，就意味着这个民族要经历一种从“农业”社会过渡到“现代”社会的过程，[③]而城市化构成了现代化的重要内涵。2010年中国历史上城市人口首次超过乡村人口，城市化水平超过50％。从统计学意义上讲，中国已经成长为一个“城市国家”。同样的，地球业已成长为城市的地球。如江村这般处于中国长三角经济发达地区的乡村，基本上已经完成从传统社会到现代社会的形式过渡，却也在迫不及待地想要融入到新的后现代社会转型浪潮之中。需要注意的是，以城市社会为时代底色的乡村研究和以农村社会为时代底色的乡村研究，究竟是不同的。乡村从传统社会到现代社会再到后现代社会的递进式转型过程中，所需要面临的问题和主要的矛盾也是迥异的。我们同样无法满足于复述中国乡村社会转型的“精致的过去”，这促使我们不断追问：

江村之后，何来乡村？

1. 乡村的失序：现代化背景下乡村规模和内涵的双重稀释

现代化的进程，某种程度上是城乡关系中矛盾不断激化和相互协调的过程。伴随着工业化和城市化进程的加快，城市建设优于乡

① 费孝通. 江村经济：中国农民的生活. 北京：商务印书馆，2001：13

② 郭建光. 江村变迁. 中国青年报，2012-05-23：第十二版

③ 赫茨勒. 世界人口的危机. 何新，译. 北京：商务印书馆，1963：49

村发展，城乡差距逐渐拉大，乡村人口不断拥入城市。与越来越明朗的城市秩序形成鲜明对照的，是青壮年劳动力的大规模出走使得原先繁茂的农业生产活动难以为继，乡村留守人员的老龄化、妇女化、低龄化（俗称“389961 部队”，即妇女、老人和儿童）问题突显，并由人口空心化逐渐演化为土地、产业、文化、基础设施和社会关系的整体空心化——乡村早已不是陶渊明叙述中的世外桃源，离开了生活在其中的人们，乡约礼俗分崩离析，乡村所面临的境遇比我们想象得更加严峻。中国在 2000 年还拥有 363 万个自然村，但到 2010 年只有 271 万个。[①] 冯骥才曾援引此数据说，自 2000—2010 年的过去 10 年，中国总共消失了 90 万个自然村，乡村以每天 300 个的速度消亡。[②] 但事实上，仅之后的 2011—2012 年两年间，中国已经消失了 41 万个自然村落，平均每天消失 560 个左右[③]——村落的消亡速度在加剧。而如火如荼的新农村运动所造成的万村一面的“建设性破坏”使得原本糟糕的情况雪上加霜，我们还来不及应对衰败的乡村所带来的问题，又不得不直面“拟城化”浪潮包装后的繁荣的假面。这些异化的“超级村庄”用城镇的绿化替换了乡村的田园，用城镇的楼宇替换了乡村的村落，用城镇的水泥替换了乡村的土地。具有讽刺意味的是，一些历经战争和灾难而存活了千百年的村庄，却在 21 世纪因拆迁或模式化改造而面目全非。

城市里的我们对于乡村有着颇多的误解。我们认为，乡村的人口少了，乡村的规模也就会减少？真相却是，乡村的房子正在越建越

---

① 另一说：据天津大学的一份研究显示，2000 年，中国还有 370 万个乡村。2010 年，中国乡村数量削减到约 260 万个。

② 2009－2010 年，中国村落文化研究中心 20 个课题组 267 人集中对长江、黄河流域以及西北、西南 17 个省 113 个县的 902 个乡镇传统村落文化遗存进行综合性复查。据“遗存实情”记录统计数据显示：颇具历史、民族、地域文化和建筑艺术研究价值的传统村落，2004 年总数为 9707 个，至 2010 年仅存 5709 个，平均每年递减 7.3%，每天消亡 1.6 个传统村落。

③ 2012 年中国传统村落调查汇总的数字表明：我国现存村落缩减为 230 万个，村落消亡迅猛势头不可阻挡。据统计，目前 31 个省共登记上报现存具有传统性质的村落 11 567 个，其中公布为第一批中国传统村落仅 646 个。

多，乡村“空心化”空的是人情和社会，填的是砖头和水泥——年迈的老人们驻守在自家的老宅基地，新房紧挨着老宅或是村口的道路见缝插针地外扩，或许在镇上再购置一两套新屋，而年富力强的村民们争先恐后地拥向城市。一些地方，有人用极端的形容词说：留在村里的“屋比狗多，狗比人多”，这里不过是曾经的村民们的临时居所和灵魂慰藉地。① 与之伴随的，是乡村生活场景和生活秩序②的“失序”。比起审美偏好和价值取向的隔阂，村民们更加焦虑的是能听懂他们的话、了解他们的生活习惯、尊重他们的交往逻辑的传统乡绅们已经不复存在。新的沟通方式还在寻找之中，新的生活秩序也在建立之中。当下的乡村正气喘吁吁地奔跑在一路高歌猛进的城镇化的狭长道路上，仓皇而狼狈。按照滕尼斯的观点，现代化的过程，是从礼俗社会到法理社会的过程。③ 而我们的乡村，礼俗不再，法理未成，老的规矩已经没有了，新的规则还没有成形：我们，无乡不村。

2. 乡村的转型：全球化语境下乡村功能和路径的多维探索

受到乡村问题困扰的不仅是中国，世界上的诸多国家和地区也曾经为之付出艰苦的努力和沉重的代价，它们之中，有的成功了，有的失败了，有的仍然在进行。20 世纪中叶开始，伴随着农业社会向工业社会的转型，世界范围内关于乡村改革的探索呈现出从局部突破到整体推动、从技术改进到制度革新的燎原之势，日本的“造町(村)运动”和村镇综合建设规划、韩国的“新村运动”、德国的“乡村更新规划”、英国的“乡村中心居民点规划”、法国的“农村整顿”、美国的

---

① 库哈斯把这种建筑面积的扩大和建筑使用强度的减少叫做“稀释”。

② 乡村秩序主要指农村社会结构要素之间平稳有序地互动，乡村社会处在相对稳定和均衡状态。“乡村秩序的涵义是乡村社会的平稳有序，即乡村社会处于一种稳定和均衡状态。因为时代和社会的差异，乡村社会的秩序均衡有着相当不同的表现”。“乡村秩序的一般均衡和特殊均衡”。见：贺雪峰. 乡村治理与秩序. 武汉：华中师范大学出版社，2003：202，205

③ 斐迪南·滕尼斯. 共同体与社会：纯粹社会学的基本概念. 林荣远，译. 北京：北京大学出版社，2010：340

“示范城市计划”、瑞典的“农家人”合作社、加拿大的“农协伙伴计划”、印度的“乡村综合开发运动”——没有一个乡村的繁荣和振兴是轻而易举的。进入到21世纪，乡村建设的重点从农业产业化的工业式推进转变为还原乡村风貌的生态化修复。以欧盟为例，新的城乡差别正在浮出水面，与以往不同的是，乡村社区正在成为欧洲人的理想居住地。在英德等相对小的国土尺度中，城市和乡村的距离很近，受益于交通半径的缩短，城市近郊的乡村土地溢价，很多新贵愿意在乡村生活而在城市工作，很多乡村的原住民被挤压出乡村——这和中国农民主动离开乡村是不一样的。欧洲的乡村正在死而复生，那中国的乡村呢？

在城镇化和工业化所定义的现代化语境下，城乡关系处于不断的变化之中，中国乡村的发展总体而言呈现出一个不断追赶城市的线性转型逻辑。① 经历了20世纪80年代以来的工业化驱动、20世纪90年代以来的城镇化单向主导阶段，伴随着乡村价值的重新发现和新消费革命对于乡村的关照，21世纪的中国乡村似乎有着更加多元化的振兴道路。乡村失序的主要困境是乡村经济的脆弱性和乡村文化的贫瘠，而乡村的重构首要考虑的自然是经济的可持续和文化的再传承，可以看到已经具有显性化的“四种乡村文化重构与治理模式”②：一是浙江德清的“洋家乐模式”，生活在上海、杭州等大城市的海内外精英阶层，多是设计师、媒体人、学者和商业领袖，投入到乡村环境，从事民宿、酒店等投资经营类活动；二是浙江安吉的“美丽乡村建设模式”，形成以政府为主导、企业和村民共同参与的合作方式，且创造了完整的地方建设经验；三是江苏高淳的“国际慢城模式”，围绕“福民富民”的整体诉求，创造当地充分就业以实现农民就地城镇化，进而推动区域的可持续发展；四是安徽黟县的“碧山文化模式”，以老屋宅基地的试点流转为路径争取保护性开发和区域旅游的存量空

① 张京祥，申明锐，赵晨. 乡村复兴：生产主义和后生产主义下的中国乡村转型. 国际城市规划，2014(5)：2

② 张鸿雁. 论重构中国乡村的文化根柢. 中国名城，2016(3)：5

间。当然,全国各地乡村发展的自然环境与社会环境不同、发展水平和特色类型不同,还有很多类型的经验可总结。值得关注的是,我们当下所面临的乡村重构,不再是相对封闭的小空间里面中国人自己的行动,全球经济一体化深度推进的背后,文化多元化载体也逐渐从城市蔓延到乡村。我们不仅能在乡村看到作坊庙宇,也能看到酒吧教堂;我们不仅纪念中秋端午,也庆贺情人节圣诞;我们的朋友不仅来自五湖四海,也来自世界各地。乡村的日常生活,无论是生活场景还是关系网络,不仅包含现代化的转向,也包含全球化的渗透。

3. 乡村的可能:乡村建设和民宿经济注目下的“理想乡村”

在当下的公共话语体系之下,人们追逐的“乡愁”、人们推崇理想的乡村类型都是反城市的。在许多国家,反城市化会暂时性地出现。许多有钱人夏天会逃离都市,到乡间的小屋和别墅去避暑。许多小村庄的人口会因大量暑期来访者的到来而激增。[①] 作为集体记忆的乡愁意识触发民族文化自觉,乡村旅游成为中国新型城镇化建设的新路径。截至 2014 年年底,中国共有 200 万家农家乐、10 万个以上特色村镇;平均每 10 个人中有 3 个人选择乡村旅游,12 亿人次的乡村旅游游客创造了 3200 亿元的乡村旅游收入,带动了 3300 万农民致富。[②] 而在被称为中国“大乡村旅游时代元年”的 2016 年,乡村旅游人次增长到 13.6 亿,乡村旅游收入达到 4000 亿元以上。通过大数据推演预测,未来中国乡村旅游热还将持续 10 年以上,2025 年达到近 30 亿人次。[③] 中国乡村在庞大的市场规模背书下热闹成一场大戏:乡村成为国人乡愁集体记忆的守望场,成为社会精英乡建乡创的试验场,成为中产消费时尚助推的竞技场,成为财富转移资本赌注的

① 肖特.城市秩序:城市、文化与权力导论.郑娟,梁捷,等译.上海:上海人民出版社,2010:71

② 国务院新闻办公室.关于加大改革创新力度 加快农业现代化建设的若干意见.2015-02-03

③ 中国社科院舆情实验室.中国乡村旅游发展指数报告.2016-10-29

角逐场。

在这过程中,必须关注两个现象。第一个现象是以文创和互联网为特征的乡村建设,也有人将之称为"新上山下乡"。区别于"十七大"以来大学生村干部的宏观顶层战略部署,市场经济推演下的"新上山下乡"大体上呈现出三条路径:一是艺术家进村和村落再造,如山西许村①、安徽碧山村②和河南郝堂村③,都是通过艺术化的方式对乡村的建筑风貌和生活审美进行文化重构。二是返乡创客和农村电商,改革开放以来,中国农民经历了三次典型的创业阶段,先是发展乡镇企业,再是进城务工经商,而后是蓬勃兴起的乡村旅游。④ 如今恐怕要加上以淘宝村为典型的农村"O2O"的第四次创业。淘宝村是指活跃网店数量达到当地家庭户数 10%以上、电子商务年交易额达到1000万元以上的村庄。2016 年淘宝村走过约 10 年,全国淘宝村突

---

① 许村计划,当代艺术家渠岩主持。位于山西和顺县松烟镇的许村,曾经因其破败而被电影《老井》选为拍摄基地。2007 年发起的"许村计划",将村落本身作为一个文化平台,尝试用"艺术推动村落复兴与艺术修复乡村"的理论,来实施一系列的修复和再生计划。主要包括:制定出保护许村明清老街和古建筑的修复方案和措施;选取了许村被废弃的旧影视基地作为具体的修复实验;发起并成立"许村国际艺术公社",将国际艺术村的概念引入许村;通过制定"许村村民文明手册"和"艺术家带头在许村捡垃圾,从而村民响应一起捡垃圾"这个活动,唤醒村民对家乡的热爱与文明生活习惯的意识。见:渠岩."归去来兮"——艺术推动村落复兴与"许村计划".建筑学报,2013(12):22-26

② 碧山(共同体)计划,艺术家左靖和欧宁于 2011 年在黄山风景区内的古村落碧山发起打造的一个艺术乡建现场。最初从恢复农村的公共生活入手,通过让知识分子、艺术家与农村居民共同协作,在当地创建一个共同生活的乌托邦,集土地开发、文化艺术产业、特色旅游、体验经济、环境和历史保护、建筑教学与实验、有机农业等多种功能于一体的新型的乡村建设模式。2016 年传出被当地叫停、失败的消息,欧宁也搬离碧山,离开了"碧山计划"。见:欧宁.碧山共同体:乌托邦实践的可能.新建筑,2015(1):17-22

③ 三农学者李昌平和北京绿十字 NGO 负责人画家孙君发起。具体行动包括:成立"夕阳红养老资金合作社"试行内置金融实验;改变村民卫生习惯;种植紫云英改良土壤,营造村庄水系;兴办文化教育;通过"把农村改造得更像农村"的理念实行旧村改造与新村建设;开拓高附加值的"茶文化"产业。见:贺雪峰.富有想象力的郝堂模式.决策,2013(9):18

④ 刘奇.乡村旅游:中国农民的第三次创业.中国发展观察,2016(2):43-46

破 1000 个，淘宝镇突破 100 个，[①]依托“草根创业＋平台赋能＋政府支持”规模化创造了 84 万个就业机会。[②] 三是乡村服务业新业态的叠加和发展，包括农产品有机种植和创意加工、观光农场休闲体验和生态旅游个性定制，如我国台湾中部的花园农场休闲景点薰衣草森林和以青蛙为主题的生态文化体验休闲区南投县桃米村，两者都是通过局部的生态改造推动的整体社区营造。第二个现象是有情怀和资本背书的民宿经济。民宿是乡村建设的入口，是与乡村互动的一个载体，满足了当前供给侧结构性改革、美丽乡村建设、鼓励乡村创客等诸多热点。2014 年中国大陆客栈民宿仅有 30 231 家；2015 年，这一数字攀升至 42 658 家；2016 年末，大陆客栈民宿总数达 53 852 家。数量增幅两年内达到近 80%，从业人员近百万人，市场规模已达 200 亿元人民币。[③] 预计到 2020 年，中国大陆民宿行业营业收入将达到 362.8 亿元人民币。[④] 目前国内备受关注的乡村民宿集聚区包括浙江湖州莫干山、江苏南京汤山、云南大理洱海、安徽西递宏村等，呈现出了有别于传统乡村居住环境的精品乡村生活场景，激发了当代人们对于理想乡村的反思和向往。从民宿单体到品牌化运营、连锁化复制再到集群化扩张、平台化推广，中国的乡村民宿在短短数年的时间内实践着过去数十年都不曾尝试的新路径。开始吧的“民宿集群”[⑤]和“乡

① 截至 2016 年 8 月底，阿里研究院在中国共发现 1311 个淘宝村，广泛分布在 18 个省市区，显著集中在浙江(506)、广东(262)、江苏(201)、山东(108)、福建(107)、河北(91)6 个省份；135 个淘宝镇分布在 8 个省区，浙江(51)、广东(32)、江苏(17)位列前三。见：阿里研究院，阿里新乡村研究中心. 淘宝村新突破——中国淘宝村研究报告(2016)

② 数据分析结果显示：淘宝村平均每新增 1 个活跃网店，可创造约 2.8 个直接就业机会。按此估算，截至 2016 年 8 月底，全国淘宝村活跃网店直接创造的就业机会超过 84 万个。见：阿里研究院，阿里新乡村研究中心. 淘宝村新突破——中国淘宝村研究报告(2016)

③ 客栈群英汇. 2016－2017 中国客栈民宿行业发展研究报告. 2017－05－10

④ 中国产业调研网. 中国民宿市场现状调研与发展前景分析报告(2017－2022 年). 2017－07－10. 网站来源：http://www.cir.cn/2/37/MinSuDeFaZhanQuShi.html

⑤ 开始吧 CEO 徐建军：民宿集群带来另一个莫干山. 汉网，2017－06－29. 网站来源：http://news.163.com/17/0629/19/CO4DRUHN00014AEE.html

伴文旅"的"理想村"[①],都是在以乡村综合体的方式在落地民宿。

故乡的丧失呼唤新的城乡关系的建立。美国学者塞缪尔·P.亨廷顿说过:"现代性孕育着稳定,而现代化过程却滋生着动乱。产生秩序混乱的原因,不在于缺乏现代性,而在于为实现现代性所进行的努力。"[②]无论是政府实施的美丽乡村、学者倡导的文化保护、资本推动的乡村旅游、规划引导的乡村更新、建筑设计的乡居改造,还是艺术介入的乡村实践,一场可能比城市更为激进的实验正在降临,权力、信仰、秩序、群体、日常生活,乡村的种种无一不被暴露在资本和互联网时代的霸权争夺中,而这场争夺更是被包裹在现代、进步、文明、智慧的标签之下。当然,我们更希望看到乡村的另外一种可能——更科学、更生动、更美好的未来。

二、研究问题

本研究在于讲述一个乡村社会变迁的故事——莫干山的现代化和全球化。以浙江省湖州市莫干山区域内的民宿发展为切入点,关注莫干山地方区域社会在全球化和城市化的同构中发生的主动和被动的社会实践,在全球化框架—地方性脉络双重范畴下乡村的变与不变。

1. 在传统和现代之间,莫干山乡村社会发生了怎样的变革?

与中国广大的乡村地区一样,莫干山区域也经历了相当长时间

---

① 乡伴创始人朱胜萱和他的"民宿 3.0 版"理想村.新华网,2017-05-19.网站来源:http://www.sh.xinhuanet.com/2017-05/19/c_136297951.htm?_=1503938845

② 塞缪尔·亨廷顿.变化社会中的政治秩序.王冠华,等译.北京:生活·读书·新知三联书店,1989:38

的沉寂，围绕家庭生产和土地关系衍生出的传统乡村文明走过农耕时代的辉煌，隐匿在工业文明的喧嚣背后，这里山区交通封闭而邻里彼此熟悉；现代化的进程尤其是信息时代的到来，推动了莫干山乡村社会的全方位变革，我们能够显见的一点即在于“熟人社会”向“半熟人社会”的转变。本研究尤其想要说明以下三个维度：一是乡村现代化的表现维度，重点在于呈现莫干山乡村都市化的进程，包括空间演变、角色转变、结构嬗变、观念蝶变等方面；二是乡村民宿生长的场域空间中的权力分配和运作，描述不同阶段的国家力量、市场力量、乡村传统、城市文明，甚至全球网络在莫干山乡村社会变革中的互动和博弈；三是乡村文化的秩序转型和价值重建，一个核心的问题在于莫干山乡村地区是如何在大的社会变迁下由原来的传统文化认同和整合受到冲击乃至瓦解过渡到另一种现代文明秩序的认同。

2. 在地方和全球之间，莫干山乡村社会如何应对东西文化冲突与融合？

与中国广大的乡村地区不一样，莫干山区域又重新获得了世界的注目。莫干山区域是比较典型的百年以来持续直面全球化和西方文化影响的样本，对于它的文化抉择，本研究主要关注三方面内容：一是“我是谁”，作为融入世界体系的小社区类型，深描莫干山乡村社会的生活世界叙事，文化飞地社区的社会秩序和意义秩序；二是“我倾向哪方”，即集体意识下的选择性文化改造，重点在于说明家和地方如何运用历史的再现来建构集体记忆和认同；三是“我怎么做”，主要描述东西方文化的冲突与融合，包括全球化和地方化互动过程中莫干山区域社会文化的守持与变迁，以及多元文化的冲突与融合。

3. 在生产和消费之间，莫干山乡村的民宿社区是如何形成、如何运作的？

从一个民宿的诞生到上千家民宿的集聚再到多个利益共同体的

组合，莫干山乡村的民宿社区悄然形成了，并给人们带来新的思考，给莫干山的村民们带来新的生活方式。这是上述“传统—现代”的变迁、“地方—全球”的互动以外的，关于本次研究的第三个核心问题，即“生产—消费”的嵌入。这里面涉及三方面的内容：一是空间生产的过程，主要是莫干山民宿发展过程中群体构成的空间演变和时间划分，即莫干山民宿从何时起，集中分布在哪些区域，经历了哪些阶段，表现出哪些特征；二是参与角色的扮演，需要厘清莫干山民宿社区的参与主体、角色、作用和关系，即投资人、管理者和本地参与者的互动、互嵌、交换和角色演化与变迁；三是集体行动的逻辑，莫干山民宿社区日常生活中的生产、消费、交换、分配，以及在此过程中利益团体的形成。

三、研究意义

虽然世界体系对村庄不断增长的影响发生在所有国家，但很少有社区类型像莫干山在社会发展的百年周期内经历数次的变迁，这就是莫干山研究的特殊之处和价值所在，也是中国相对发达地区从传统到现代的一个缩影。

1. 学术意义：延续芝加哥社会学派的实证传统，追随费孝通乡村研究思想，学习和比照相关的理论与方法，力求为全球化时代的乡村转型提供一个典型样本

首先，比照芝加哥学派“城市里的村庄”研究，尝试探索“村庄里的城市”研究主题。从芝加哥城市社会学派起直到今天，数量众多的研究使得“城市里的村庄”这一主题变得众所周知——“城市里的村庄通过邻里、亲情、友情及职业团结等多种纽带联接居民。……在使用这一比喻时，村庄一般指城市里的一种生存方式，显示某些相互关

联的特征：居民与生活方式的一致性、对集合了主要社交关系的窄小区域的强烈认同、生活更多集中于社区的人际环境而非集中于家庭、区域空间内相知相识的密集度(在区域空间内存在卓有成效的互助网，这种网络同时又是邻里社会监督的工具)。”[①]人们对于“城市里的村庄”熟稔于心，在成熟的城市社会局部环境下，“城市里的村庄”通常表现出两种不同的姿态：一是类似于“城中村”的谨慎而小心，他们占据城市里相对拮据的资源，从事城市里相对边缘的工作，享受城市里相对稀薄的福利，承受城市里相对苛刻的规则，他们是城市贫民、蚁族、农民工、刑满释放人员等；二是类似于传统邻里街坊社区的熟悉和温情，多位于老城小区，在城市更新的进程中被保留下来，居民多为离退休人员及享受学区红利的儿孙辈，因为相似的生活轨迹和情感需求，他们拥有更多共同的生活情境。而莫干山呈现出另一种可能性，在传统的乡村村落格局中衍生出现代城市的生活方式——莫干山地区是乡村，但它已日益蜕变为一个城市区域。生活在莫干山的民宿人们，同样遵循城市的生活仪式和交往逻辑。城市化的核心在于人的城市化，本质是城市生活方式的普及，“城市不等于建筑，城市等于居民”[②]——从这个意义来讲，莫干山区域正在成为“村庄里的城市”。

其次，延续费孝通“传统—现代”范式下的乡村变迁研究，在“现代—后现代”的逻辑框架下讨论全球化时代的乡村转型。费孝通对江村经济的研究中，指出开弦弓村可以“作为在中国工业变迁过程中有代表性的例子；主要变化是工厂代替了家庭手工业系统，并从而产生的社会问题”。[③] 与之类似的，莫干山地区的典型意义在于，全球化和城市化双重动力下的服务业——尤其是围绕乡村旅游延展开来的餐饮业(农家乐)、住宿业(“洋家乐”)等原先以城市或专业市场为载体的产业形态对传统乡村农业的侵入，冲撞了原先的区域社会组织

① 格拉芙梅耶尔.城市社会学.徐伟民，译.天津：天津人民出版社，2005:73

② 格莱茨.城市的胜利.刘润泉，译.上海：上海社会科学院出版社，2012:8

③ 费孝通.江村经济：中国农民的生活.北京：商务印书馆，2001:39

和结构，使得家庭重新成为值得关注的经济生产合作单位，全家动员的民宿社区正在生长，莫干山地区的社会变迁得以可能。以期能把莫干山的研究放在一个相对周期内，观察其发生、发展、兴盛乃至局部衰落，记录并辨识其变迁的过程。

2. 社会意义：深描全球化和地方化互动过程中，中国百年历史变迁中的一个乡村社会缩影

20 世纪正在我们的视野中慢慢消失。过去的百余年，在与外来现代文化的接触过程中，中国发生了翻天覆地的变化，这些变化发生的频率之高、速度之快，是举世瞩目的。[①] 作为乡土中国的基本单位——乡村的发展变迁始终是中国社会历史进程的重要呈现。莫干山研究既是区域发展历史的整体性描述，也是中国百年历史变迁中的一个乡村社会的缩影，还是被裹挟在全球化和地方化激烈互动过程中的时代叙事——它同样在思索："我们在过去的一个世纪里有什么经历和研究过哪些社会和文化的过程，在新的世纪中会面临什么样的新问题、什么样的新挑战？"[②]

传统的乡土社会在地方性的限制下成长为了一种生于斯、长于斯的社会。莫干山区域曾经也是一个"熟悉的社会"[③]，封闭，稳定，人情，道义，依靠土地，看天吃饭。20 世纪初，外国人来此避暑形成风气，莫干山第一次接触到全球化带来的种种冲击，"熟悉的社会"被逐

① 费孝通. 百年中国社会变迁与全球化过程中的"文化自觉"——在"21 世纪人类生存与发展国际人类学学术研讨会"上的讲话. 厦门大学学报(哲学社会科学版), 2000(4):9

② 费孝通. 百年中国社会变迁与全球化过程中的"文化自觉"——在"21 世纪人类生存与发展国际人类学学术研讨会"上的讲话. 厦门大学学报(哲学社会科学版), 2000(4):5

③ 费孝通："乡土社会在地方性的限制下成了生于斯、死于斯的社会。常态的生活是终老是乡。假如在一个村子里的人都是这样的话，在人和人的关系上也就发生了一种特色，每个孩子都是在人家眼中看着长大的，在孩子眼里周围的人也是从小就看惯的。这是一个'熟悉'的社会，没有陌生的社会。"见：费孝通. 乡土中国. 北京：北京大学出版社，2016:13

渐打破,进山的人越来越多;20 世纪末,小农经济日渐凋敝,村民们禁不住对城市生活的向往和好奇,外出打工之风盛行,出山的人越来越多;21 世纪初,"洋家乐"民宿逐渐在此集聚,不仅进山的人重新多起来了,曾经出走的人也回来了,乡村由传统的生产空间成为消费空间。伴随着人来人往、进山出山,莫干山乡村区域的生产结构、行政体系、家庭关系、教育制度、文化习俗、社会生活等方方面面都发生了变化,经历着传统的封闭型社区向开放的新型的"克里奥尔化"社区的转变。在与地方化对话的过程中,我们看到"全球化包含了这样的压力,它迫使社会、文明和传统——既包括'隐蔽的'传统又包括'发明的'传统——的代言人转向全球性文化场景(the global cultural scene),寻求被认为与他们的认同相关的思想和象征"。[①]

长期以来,我们对于融入世界体系的小社区类型并没有充分的关注。费孝通提出"文化自觉",是表达对经济全球化的一种反应。"文化自觉"是当今时代的要求,并不是哪一个人的主观空想,它指的是生活在一定文化中的人对其文化有"自知之明",并且对其发展历程和未来有充分的认识。同时,"文化自觉"指的又是生活在不同文化中的人,在对自身文化有"文化自觉"的基础上,了解其他文化及其与自身文化的关系。[②] 莫干山研究想要呈现的,不仅是这个区域的过去、现在和未来,也是它在经济全球化过程中所展现的地方文化自觉的态度。

3. 现实意义:为新型城镇化过程中的乡村振兴和社区营造提供经验研究和路径依据

当中国的传统村落以日以百计的速度消失的时候,当我们的担

---

① 罗伯森. 全球化:社会理论和全球文化. 梁光严,译. 上海:上海人民出版社,2000:67

② 费孝通. 百年中国社会变迁与全球化过程中的"文化自觉"——在"21 世纪人类生存与发展国际人类学学术研讨会"上的讲话. 厦门大学学报(哲学社会科学版),2000(4):10

忧逐渐从千城一面弥散到万村一面的时候，我们对于乡村的思考，不应当是空间多合理、景观多漂亮、集体安置多顺利……难道不是首先让村子活下去吗？先解决生与死的问题，再纠结好与更好的盘算。

莫干山的价值之一，就在于它引起了人们足够的好奇和争论。但是莫干山值得讨论的，远远不止民宿。民宿是莫干山乡村复兴和区域全面振兴的一个切入点，对区域人口结构的调整、生态结构的优化、产业结构的转型升级都有着相当的助力。我们原来在莫干山只看到了民宿，后来看到了乡村建设，看到了全球化和地方性，看到了城乡和代际间的文化反哺，看到了区域的集体行动，看到了利益共同体的整体性输出，这就是莫干山的意义。这就跟下棋一样，你关心的是先架的炮是活着还是死了，我关心的是下棋的人是赢了还是输了。人们在争吵着莫干山的民宿是多了还是少了的时候，莫干山已经悄悄地进行着现代社会的营造和国际资本的整合，这已经不是传统乡村能够看得到的世界。莫干山下的，是一盘大棋。

莫干山提供的一个可能的乡村进化路径和类型，或者在我看来，才是可能的理想的乡村类型，它不是保守的退避也不是激进的颠覆，它是一种有选择的智慧的保全，既持有乡村的自然生态环境，也享受城市的现代生活体系，是基于全球城市网络的一种理想的社区共同体。

第二章 理论视角与研究回顾

一个人把实际观察到的东西记在心里，会有启发性帮助的……在原则上试图单靠可观察量来建立理论，那是完全错误的。实际上恰恰相反，是理论决定我们能够观察到的东西……只有理论，即只有关于自然规律的知识，才能使我们从感觉印象推论出基本现象。[①]

——爱因斯坦1926年与海森伯讨论不确定性原理时的谈话（就科学观察的本质和意义的讨论）

一、社会变迁理论与乡村转型研究

社会学起源于现代性的来临——即起源于传统社会的分解和现代社会的巩固与发展过程中。[②] 固有的社会秩序被打破，普遍的道德

---

① 爱因斯坦．爱因斯坦文集（第一卷）．许良英，范岱年，等译．北京：商务印书馆，1976：211

② 吉登斯．社会理论与现代社会学．文军，赵勇，等译．北京：社会科学文献出版社，2003：16

意识和行为规则尚未确立，或者我们可以更精炼地转述吉登斯的观点：社会学起源于社会变迁。这就不难解释为何会有众多学者对社会变迁理论保持持续的关注和探索，伴随着整个社会学学科的建设和发展，在“社会失范”[①]的时代尝试解释“失控的世界”[②]。根据不同逻辑过程和研究关怀，学者对社会变迁有不同的理论阐释。这些理论探索包括“从对引起小规模变迁的特殊原因的解释，到人类社会发展的根本趋势的抽象而广泛的追求”[③]——对社会变迁理论的分析和分类，一定程度上也展现了学者的理论立场和视角。本节涉及经典社会学中对于社会变迁的基本理论梳理，并分析了乡村转型中“生产主义—后生产主义”的主要议题，最后围绕核心概念“乡村性”探讨了新乡村社会学的文化转向。

1. 现代化语境下的社会变迁经典理论

通过对社会变迁经典理论的概括性梳理，可以看到，关注和探讨主要集中在社会变迁的发展轨迹和动力机制两个方面：关于前者的讨论，表现为线性进化论和循环发展论两个观点的分歧；关于后者的讨论，集中在功能论和冲突论的争辩上。

线性进化论的社会变迁理论。受史学的社会演化理论[④]的影响，社会线性进化的观念在19世纪后期通过跨学科移植来解释社会变迁，将人类社会视为一个由低到高、由简到繁、由弱到强渐进完善的过程。这个过程意味着人类社会必然向着更高形态的文明进化，因

---

① 法国哲学家让-马利·居约最早在学术意义上定义并使用了“失范”这一概念，同时期的法国社会学者涂尔干在《社会分工论》一书中将其引入社会学学科范畴。

② 吉登斯. 失控的世界——全球化如何重塑我们的生活. 周云红，译. 南昌：江西人民出版社，2001

③ 波普诺. 社会学(第十一版). 李强，译. 北京：中国人民大学出版社，2007：677

④ 人类学者摩尔根按照文明的不同进化阶段来描述人类进步，分为蒙昧、野蛮和文明三个阶段，又将蒙昧时代和野蛮时代分别细分为初级阶段、中级阶段和高级阶段，通过科技成就来划分这些阶段。萨瑟兰、海斯和埃尔伍德的系统划分都更为详细。见：林惠祥. 文化人类学. 北京：商务印书馆，1991：26

此，基于生物进化论的社会线性进化理论对于社会变迁的态度多是积极向往的。这种观点在古典社会学者的论著中占据主导地位，关于其理论的完善和发展，基本勾勒出摩尔根(《原始社会》)—舍夫勒(《社会躯体的构成和生命》)—孔德—马克思[①]—斯宾塞—滕尼斯—涂尔干……的粗略线索，其中尤以孔德、斯宾塞、滕尼斯的进化论思想受到普遍关注。法国社会学者孔德主张以自然科学的实证精神来建立社会秩序，强调“进步就是秩序的发展”[②]。孔德把社会视为一种“社会机体”，这个“社会机体”经历着由军事社会、法律社会到工业社会的发展过程，[③]他认为社会进步的特征在于日益加强的功能分化以及社会机构适应性日益完善的相应趋势[④]。尽管还关注到影响社会进化的死亡、种族、气候和地理环境、政治活动等其他因素，但孔德坚持认为人的智力和理性是社会变迁的根本动力，是带有浓重唯心主义的单线进化的实证探索。有着“社会达尔文之父”之称的英国学者斯宾塞甚至将“适者生存”的观念引入到社会学中。他提出，西方的“种族”、阶级或社会之所以生存下来并且比非西方社会进化到“更高级”的水平，是因为它们较好地适应了生活条件。[⑤] 斯宾塞为解释社会进化和有机体进化而提出结构和功能这两个概念，并指出“所谓社会进化，就是结构分化提高了社会系统的功能作用水平”[⑥]，将孔德的

---

① 马克思(1818－1883年)认为人类历史从原始社会，发展到奴隶社会、封建社会和资本主义社会，最终实现社会主义和共产主义社会，是历史发展的必然规律，也是典型的社会线性进化的倡导者。

② “秩序向来是进步的基本条件，而反过来，进步则成为秩序的必然目标。”见：奥古斯特·孔德. 论实证精神. 黄建华，译. 北京：商务印书馆，1996:54

③ 孔德的理论体系中，“社会进步表现为人类社会不可抗拒地要依次经历一系列的变化形式，而人类社会的这种变化又是为人类理性的进步所支配的。他把人类理性发展及相应的历史运动划分为三个阶段，即神学的或虚构的；形而上学的或抽象的；科学的或实证的”。与之相应的，人类社会也要经历军事社会—法律社会—工业社会的发展过程。见：冯钢. 非西方社会发展理论与马克思. 杭州：浙江人民出版社，1992:20－21

④ 张鸿雁. 侵入与接替. 南京：东南大学出版社，2000:158

⑤ I. 罗伯逊. 社会变迁和现代化. 国外社会科学，1987(11):34

⑥ 富永健一. 社会结构与社会变迁. 董兴华，译. 昆明：云南人民出版社，1988:106

三分社会进一步简化为军事社会和工业社会。[1] 滕尼斯在《共同体与社会》中提出了其社会变迁理论的两个核心概念，也是社会学研究领域无法回避的一组重要议题。血缘共同体（亲属）—地缘共同体（邻里）—精神共同体（友谊）是共同体的三种类型和典型的形态，其中，"关系本身即结合，或者被理解为现实的有机生命——这就是共同体的本质。或者被理解为思想的和机械的形态——这就是社会的概念"[2]。滕尼斯强调，"一切亲密的、秘密的、单纯的共同生活（我们这样认为）被理解为在共同体里的生活。社会是公共性的，是世界"[3]。尽管滕尼斯对以农村为典型样态的共同体有着情感的偏护，对以城市为典型样态的社会发展走向有着消极的判断，但并不影响其表达社会线性进化的整体观点[4]——整个社会变迁运动"可以理解为这样一种倾向：从原始的（简单的、家庭的）共产主义和从中产生的、建立在此基础之上的（村庄的—城市的）个人主义，走向独立的（大城市的—普遍的）个人主义和由此确立的（国家的和国际的）社会主义"[5]，这就是现代化的本质。

---

① 尤其值得一提的是，斯宾塞后期不再坚持社会的单线进化逻辑，而对自己的理论进行了一定的修正，承认社会进化是社会的主流形式，只是不同的社会形态有不同的进化方式与形式，历史上曾出现过的某些退化、倒退现象，只是暂时的、局部的，人类社会的进化是不可抗拒的。社会进化不是直线的，也可以是多线的，这个多线的是"以分散的或在分散"的方式不断增殖发展、进化的。也就是说，"如果把所有社会看作是一个整体，那么进步是必然的。但是，对于个别的社会，进步则不是必然的，甚至是不可能的"。见：科塞. 社会学思想名家. 石人，译. 北京：中国社会科学出版社，1990：107

②③ 斐迪南·滕尼斯. 共同体与社会：纯粹社会学的基本概念. 林荣远，译. 北京：北京大学出版社，2010：43

④ 滕尼斯深受孔德、斯宾塞的社会有机思想和马克思的共产主义影响，认为"农村地区的本质与植物性的——动物性的东西相一致，但是，（大）城市的本质则与动物性的——心灵的东西相符合"。

⑤ 斐迪南·滕尼斯. 共同体与社会：纯粹社会学的基本概念. 林荣远，译. 北京：北京大学出版社，2010：269

表 2-1 军事社会和工业社会特征比较①

	军事社会	工业社会
主要功能或活动	为保卫和扩张而进行的共同防御和进攻活动	彼此提供和平的个人服务
社会协调原则	强制的合作,靠命令形成的严密组织对活动的正面和反面的两种管理	自愿的合作,靠契约和正义原则的管理,对活动只作反面的管理
国家—个人关系	个人为国家的利益而存在,对自由、财产和流动的限制	国家为个人的利益而存在,对自由、财产和流动的较少限制
国家—其他组织关系	公共组织为主	私人组织受到鼓励
国家集权结构	中央集权	权利分散
社会分层结构	等级、职业和住地固定不变,地位继承	等级、职业和住地的可变性与开放性,地位之间的流动性

表 2-2 滕尼斯对共同体和社会两个概念的比较论述②

	共同体			社会		
组织形态	家庭	村庄	城市	大城市	民族	世界主义
意志基础	和睦	习俗	宗教	惯例	政治	公众舆论
意志主体	人民	公团	教会	整个社会	国家	学者的共和国
活动形态	家族经济	农业耕作	艺术	商业	工业	科学
活动基础	中意	习惯	记忆	深思熟虑	决定	概念
活动基础的具体表现	谅解	风俗	信念	契约	规章	公众舆论

① 黄陵东.西方经典社会变迁理论及其本土启示.东南学术,2003(6)

② 斐迪南·滕尼斯.共同体与社会:纯粹社会学的基本概念.林荣远,译.北京:北京大学出版社,2010:265-267

表 2-3　意大利学者对共同体和社会两个概念的直观解释①

解释维度	共同体	社会
意志基础	本质意志	选择意志
价值基础	爱	自由
组织结构	垂直等级	横向结合
最坏形式	黑社会	官僚主义

社会线性进化论的理论叙事是从单线进化到多线进化到可能的趋势倒转：早期的单线进化论大多设想试图论证西方文明是变迁过程中的唯一可能终点，这意味着西方社会先天的优越性和先进性，所有非西方社会最终都会效仿此种模式，这为西方殖民主义的统治提供了理论上的合法性支持。20 世纪以来，社会多线变迁的观点得到了逐步的认同。这意味着，在总的社会发展趋势由简到繁的基础上，不同社会可能存在不同的社会变迁形式，这有效地支持了第三世界国家的快速发展。当代社会线性进化论提出了三个主要的进化趋势的特殊意义：① 技术发展提高了社会控制环境的能力；② 群体、组织和社会设置的进一步专门化过程，即社会分化；③ 社会构成要素的功能性相互依赖，每个社会的构成单位都更加依赖于其他构成单位的帮助而得以执行自己的任务。② 现代进化论者提出这些趋势在未来可能逆向发展，以社会分化为例，全球化带来的文化标准化和高度一致性正受到越来越多的关注。

循环发展论的社会变迁理论。与社会线性进化者的上述观点不同，社会循环发展论者认为社会遵循封闭式的轨道周期性地、无方向性地发展，文明可能向前发展，也可能倒退。包括索罗金、斯宾格勒、汤因比、帕累托、熊彼特、奥格本等一系列学者都秉持相近的观点，其

① 根据林荣远译者后记整理。见：斐迪南·滕尼斯. 共同体与社会：纯粹社会学的基本概念. 林荣远，译. 北京：北京大学出版社，2010：272

② 波普诺. 社会学（第十一版）. 李强，译. 北京：中国人民大学出版社，2007：678

历史哲学和经济史学的独特视角和理论出发点对于文明成长和变迁的关注影响深远。索罗金提出文化类型的变迁理论，认为观念文化和感觉文化[①]两种基本文化形式遵循周期性的循环模式[②]，其中，表现为互助和合作的“爱能”[③]，是人类社会文化进化中的决定因素。斯宾格勒以人为类比，提出“文化是一种有机体，世界历史则是有机体的集体传记”。[④] 文化作为有机体[⑤]，服从的是大宇宙周期性运动的生命规律（孩提—青年—壮年—老年）[⑥]和大自然的伟大循环（春天—夏天—秋天—冬天），最终走向死亡，不同文化有限的生长进程构成世界历史的图景，绝不是按照“古代—中古—近代”[⑦]直线发展的笨拙、狭隘、肤浅[⑧]的乐观主义。斯宾格勒的生命类比和自然类比是直观且诗意的，其历史哲学的理论视角和象征主义的方法研究为我们提供了社会演变的宏大图景，彼此相对独立的各个文化形态循环相继。汤因比以历史哲学的分析手法为切入点，将文明作为其历史研

---

① “观念文化心性下，道德准则是绝对必要的、永存的和不可改变的；个体的主要需要是精神性的，物质性的需要是受控制的；艺术是象征性的和以宗教价值为目标的。感觉文化心性下，道德是相对的、可以改变的、以获得愉快和幸福为目的的；个体的基本需要是物质性的，感官的纵情享受和满足应该尽量扩大；艺术是以娱乐为目标的。”见：童志锋. 论社会变迁——经典社会学家对社会变迁理论的思考. 甘肃政法成人教育学院学报，2002(6)：104

② “一种确定的文化心性（不管它是观念型的还是感觉型的）创造了它自身垮台的原因。总之，从观念型文化到感觉型文化，再到观念型文化，依次反复，这就是历史巨大潮流的涨落。”见：雷蒙德·保罗·库佐尔特，艾迪斯·W. A. 二十世纪社会思潮. 张向东，等译. 北京：中国人民大学出版社，1991：172

③ 皮蒂里姆·A. 索罗金. 爱之道与爱之力：道德转变的类型因素与技术. 陈雪飞，译. 上海：上海三联书店，2011

④ 斯宾格勒. 西方的没落. 吴琼，译. 上海：上海三联书店，2006：102

⑤ 斯宾格勒从文化形态学的角度把世界历史分为八种完全发展的文化，埃及文化、巴比伦文化、印度文化、中国文化、古典文化（又称为阿波罗文化）、阿拉伯文化（又称为麻葛文化）、西方文化（又称为浮士德文化）和墨西哥文化。

⑥ “每一个活生生的文化都要经历内在与外在的完成，最后达至终结——这便是历史之‘没落’的全部意义所在。……每一个文化都要经过如同个人的人那样的生命阶段，每一个文化皆有其孩提、青年、壮年与老年时期。”见：斯宾格勒. 西方的没落. 吴琼，译. 上海：上海三联书店，2006：105

⑦ 斯宾格勒. 西方的没落. 吴琼，译. 上海：上海三联书店，2006：17

⑧ 斯宾格勒. 西方的没落. 吴琼，译. 上海：上海三联书店，2006：20

究的单位，认为每一种文明都会经历起源、成长、衰落、解体等不同的阶段，通过发展充分的文明[①]和失落的文明两种类型化的划分，指出“死去的那些文明并不是命中注定必死的，也不是‘天生要死的’”[②]。“挑战”和“回应”是汤因比思想中两个核心的概念，每一种文明都在不同的发展阶段面临不同的挑战，社会变迁就是挑战和回应不断循环发生的过程——起初是来自异常困难的自然环境[③]，随后是来自社会外部和内部的敌人。一种文明的“衰落并非是不可避免的，也不是无可救药的”[④]，取决于它对这些重大挑战所做出的回应。文明衰落和解体的原因不是外在的，而是内在的文化原因，即创造性少数的蜕变导致此文明创造力的丧失和自决能力的终结。[⑤] 相较斯宾格勒，汤因比似乎更加乐观，他强调每一种新的文明都可以从其他文化中有所借鉴，“每个文明的循环周期都是在另一个周期之上建立的——犹如一座旋梯”[⑥]，但对于社会在面对何种挑战时能够做出正确而有效的回应汤因比并没有做出适当的解释。

社会循环发展论的理论叙事表现为从文化周期到经济周期的可能尝试。早期索罗金的文化类型循环、斯宾格勒的文化形态循环、汤因比的文化挑战循环，社会循环发展的理论叙事遵循着历史哲学的

① 又分为独立的文明和“卫星”文明。“卫星”文明是文明系属的分支代表，尽管它们与一个“独立的”文明密切联系在一起(或与两个或更多的独立闻名紧密联系在一起)。而一个成熟文明的某些成分，可能明显具有独特的风格，几乎足以将它们划分成与分支的“卫星”文明处于同一等级的文明。见：汤因比．历史研究．刘北成，郭小凌，等译．上海：上海人民出版社，2005：53

② 汤因比．历史研究(中卷)．曹未风，等译．上海：上海人民出版社，2000：15

③ “文明是在异常困难而非异常优越的环境中降生的。”见：汤因比．历史研究(中卷)．曹未风，等译．上海：上海人民出版社，2000：106

④ 汤因比．历史研究(中卷)．曹未风，等译．上海：上海人民出版社，2000：193

⑤ 汤因比．历史研究(中卷)．曹未风，等译．上海：上海人民出版社，2000：36

⑥ I. 罗伯逊，黄育馥．社会变迁和现代化．国外社会科学，1987(11)：35

纵向关注，后期帕累托的精英循环论[①]、熊彼特的论经济周期[②]的相关论述补充了经济学的学科视角，而奥格本的文化堕距理论则试图在两种学科视角中寻找一个平衡，从物质文化与非物质文化之间的发展差来寻找社会变迁的可能性。

功能论的社会变迁理论。社会功能理论更加关注社会体系的维持，也就是我们常说的社会整合与秩序，而不是社会内部可能发生的变迁。正如波洛玛所说，“如果说在当代社会学中有一位处于中心地位的理论家的话，这个理论家就曾经是帕森斯”[③]——人们对帕森斯集功能主义之大成的判断并无异议，但多忽视了自孔德（社会秩序）—斯宾塞（社会分化）—涂尔干（社会分工）的经典社会学者的贡献，尤其是涂尔干的“机械团结—有机团结”的概念充分表达了其功能主义的理论倾向。涂尔干强调社会团结及其纽带的性质是一个典型的社会事实。[④] 机械团结[⑤]体现了较低的社会分化水平，建立在个人相似性的基础上，与之对应的是环节社会（原始社会是典型）；有机

---

① 社会变迁是封闭性的短期循环过程，社会并非有机体而是一个系统，其特点是由这个社会系统中精英的特点所决定的。但是在统治精英集团里的人不可能持久协调地保持自己的地位，总是处于不断地更替之中，历史就是统治精英不断形成、掌权、衰弱、被取代的过程，整个社会也是处于这种动态循环之中。

② 社会发展包括短周期、中周期、长周期的表现形态（从历史上看，一个长周期中有6个中周期和18个短周期，经济增长正是经由经济周期的变动实现的），每一周期包括繁荣、衰退、萧条、复苏四阶段。

③ 波洛玛. 当代社会学理论. 孙立平，译. 北京：华夏出版社，1989：144

④ 聚焦于社会分工所带来的复杂性和专门化对社会结构造成的影响，涂尔干从道德出发，透过法的角度，从情与法的二维性解释社会团结。在《社会分工论》中，涂尔干极力阐发了“集体意识”的概念，这种集体意识，并非宽泛的社会意识，而特指社会的道德情感。正如涂尔干的表述，“社会成员平均具有的信仰和感情的总和，构成他们自身明确的生活体系，我们可以称之为集体意识或共同意识”。见：埃米尔·迪尔凯姆. 自杀论. 冯韵文，译. 北京：商务印书馆，2000：42

⑤ 机械团结下，个人不带任何中介地直接隶属于社会，社会在某种程度上是由所有群体成员的共同感情和共同信仰组成的。由于社会成员的共同信仰和共同倾向在数量和强度上都超过了成员自身的观念和倾向，社会成员的个性被弱化，强调对集体的遵从，拥有一致的道德和宗教倾向，相互之间的依赖性很低。

团结[①]和社会分工的高度发展密切相关，是指以个人之间的相互差别为基础的，与之对应的是组织社会（现代工业社会是典型）。两种社会团结的区别是一种历史规律，社会分工的发展推动了社会结构从机械团结向有机团结的转变，是社会进步的表现。在所有现存社会中，这两种团结是同时并存的。帕森斯围绕霍布斯论题“社会秩序是如何可能的”[②]展开了一系列研究，其理论的中心，是通过AGIL模式[③]解释社会系统的整合和均衡。帕森斯认为，社会变迁一般以渐进、适应的方式进行，而不是以突然、革命的方式；从社会长远发展来看，价值观的变化是社会变迁的首要动力，这也有涂尔干集体意识概念的痕迹。他把社会

① 在有机团结中，个人之所以依赖于社会，是因为其依赖于构成社会的各个部分，社会是由不同的职能通过相互间的确定关系结合而成的系统。由于人们的职业越来越专门化，而了解所有职能的人越来越少，分化出来从事专业职能的人们的个人意识逐渐游离出集体意识，交换总是有赖于发达到一定程度的劳动分工，于是人们在各自职业上发挥个人的能力、突显个性；但同时正是分工的专业化，人又不得不与他人交换，依赖他人，形成了人们彼此之间的依赖与团结，同时也加强了个人与社会的间接联系。在以有机团结为基础的社会中，社会之所以存在凝聚力就在于意识的存在，这种个人意识发展越广，团结产生的凝聚力越强。因此，涂尔干强调分工也是道德的。

② 霍布斯想象的国家学说：人类社会在有国家之前，状态很糟糕，是一切人对一切人的战争，是一种自然状态、战争状态。在这样的状态下，如果一个人看中别人的某一种东西，就抢过来。人们生活在恐慌之中，不存在社会秩序和道德伦理。这样时间长了之后无人能够承受，于是大家走到一起，自愿地做出决定，转让自己管理自己的权力给那些所有人认为最适合统治大家的人或集体。转让带来了“主权者”，因为出于自愿签订的社会契约，因而个人要服从主权者的统治。这一状态实现之后，便出现了国家。国家的出现带来了暴力维护统治秩序，主权者的权威是神圣不可侵犯的。强制力量的出现产生了“所有权”，这意味着“秩序”“正义”“公正”等的出现（一切人对一切人的时代这些东西是不存在的）。

③ 帕森斯认为，任何社会都具有某种程度的自给自足，自给自足依赖于社会内部的整合及社会子系统与其他子系统的和谐关系。系统倘要恰当地维持，必须满足下属四种功能要求，即对于其他系统和物质环境的适应（adaptation）、系统目标的达成（goal attainment）、整合（integration）、潜在模式的维护（latent pattern maintenance）。社会系统子系统间通过货币（A，获取资源的能力）；权力（G，导致他人服从的能力）；规范，影响（I，说服他人的能力）；义务（L，忠诚的能力）四种媒介手段的交互作用实现整合关系。社会系统要实现自身的整合和均衡，要解决两个问题：一是人格系统怎样整合于社会系统并由此而促进社会系统的整合，依赖于社会化的机制和社会控制的机制；二是文化模式如何作用于社会秩序和均衡的维持，主要通过向行动者提供共同的资源，文化模式（价值、信仰、意识形态等）所包含的思想内容向行动者提供共同的立场，使得互动成为可能。尽管整合从未完善，但社会系统从根本上来说是处在动态均衡状态之中。

变迁看作是一个由简单到复杂的进化过程。其进化论有三个假设：首先，人类社会的发展不是随机的，而是有方向的，这个方向就是向上进步。人类社会的进化分初等社会[①]、中等社会[②]和高等社会[③]三阶段，并进一步划分为原始社会、古代社会、中古帝国社会、"温床"(seed-bed)社会、现代社会物种形态。其次，现代社会只有一个单一的来源，即西方社会体系。再次，美国是人类社会最进化的社会。

社会功能论的理论叙事，可以大致勾勒出社会学—人类学的两条路径。社会学方向，孔德、斯宾塞、帕雷托[④]、涂尔干等都有所阐述，人类学中的马林诺夫斯基、拉德克里夫-布朗对社会功能主义思想的精致化贡献甚大，这两种取向在帕森斯的"结构-功能"理论中得到了宏大的系统表述，而默顿的中层理论又从经验的维度将其付诸操作[⑤]。

冲突论的社会变迁理论。作为功能主义有关社会基本假设的反

---

① 初等社会进化的必要条件或突破，是社会阶层的出现。一个初等社会可能保持初民的原始甚至破裂成几个单位而不产生阶层。只有当社会成员团结得足以克服社会分裂的离心力时，非分裂与阶层才会发生。由一群有同样声望、资源、信仰和权势的人，特别是由亲属团体发展而来的社会阶层的出现，是初等社会最重要的特征。

② 文字语言的使用是初等社会进化到中等社会的一个最重要的突破。因为文字语言创造了一个特殊的团体：宗教。宗教团体使用文字语言对社会进行解释，对社会组织加以系统化与合法化。

③ 以色列和希腊为高等社会形成提供了两种要素：基督教伦理与民主政治。前者把欧洲的世俗社会联结成一体；后者强调公民权的平等，允许政治的多元性——社会是由许多城邦组成，各城邦都有自主性，由此而产生了一种国际性的秩序来维持城邦之间的联系。

④ 帕雷托"系统"的概念，被明确赋予了核心的理论地位，成为所有关于结构和过程的分析的出发点。见：Martindale, Don(1981), *The Nature and Types of Sociological Theory*, Boston: Houghton Mifflin Company, p. 447

⑤ 默顿对早期功能主义的批判和修正表现在四个方面：一是对社会系统功能一致性的基本假设提出了批判，他认为原始的小型社会可能如此，对更大更复杂的社会则不适用。不能先入为主地假定功能一致性，要做经验研究，所以要具体地考察各种整个的方式、范围、程度。二是在功能普遍性假设(正功能)的基础上，提出了包含反功能、非功能、显功能与潜功能等一系列概念。三是反对功能的不可或缺性的假定，认为存在功能的等价物与替代品，承认了某些系统的存在是可以缺失的，这意味着社会是变化的，对社会变迁的研究留下了余地。四是指出了功能理论的逻辑问题，即用目的来解释存在的理由，假定一个功能的存在是为了满足某系统的需要，原因与结果之间恰巧互相颠倒，倒果为因。涂尔干认为事件发生的原因与功能一定要区别开来，默顿反对这种逻辑学上的循环论证。

对者，社会冲突论论述社会变迁关注社会利益和权力再分配，思想来源包括马克思对阶级斗争的关注[①]、韦伯的“权威”[②]概念[③]、齐美尔对冲突作为社会互动形式的表述[④]等，代表性的学者有科塞和达伦多夫。“冲突绝不仅是一种破坏社会稳定与整合，单纯引起变迁过程的因素，冲突对于社会团结、一致、整合同样具有重要的积极的促进作用”。[⑤] 科塞试图用齐美尔“冲突是一种社会结合形式”的命题来修正和补充帕森斯的功能理论，提出“冲突是社会常态”[⑥]的相关命题。在

---

① 马克思认为，人类的文明史是一部矛盾和阶级斗争的历史。只要阶级存在，阶级斗争就不会停止，阶级冲突也不可能间断。社会变迁的根本动力是生产力和生产关系的矛盾。

② 韦伯认为，权威是一种“一群人会服从某些特定的(或全部的)命令的可能性”。见：韦伯. 支配的类型：韦伯选集(Ⅲ). 康乐，等编译. 台北：远东出版事业股份有限公司，1989：25

③ 权威结构内的权威依社会行动类型的不同可划分为三类：传统权威、个人魅力权威和法理权威。传统权威是建立在人们对古老传统的神圣性以及实施权威者的合法性观念基础上的权威类型。个人魅力权威是依赖于人们对其崇拜的权威类型。法理权威是一种建立在遵守正式制定的、非个人专断的法规基础上的权威类型。韦伯认为，这三种权威类型实际上是在一个时间序列中权威结构变化的不同表现形式。传统权威终将要为法理权威所代替，而个人魅力权威只不过是这种替代过程中的一种过渡类型。韦伯认为，在传统权威向法理权威过渡的过程中必然会产生冲突，因为在传统权威结构中存在产生冲突的社会条件。见：韦伯. 支配的类型：韦伯选集(Ⅲ). 康乐，等编译. 台北：远东出版事业股份有限公司，1989：47 - 87

④ 齐美尔关注社会微观层次上的冲突，探讨它与合作、团结等其他社会互动形式并存及其相互间的影响，认为冲突与“整合”概念并不是相对的。与整合相对的概念应当是“不介入”，意味着人们相互之间没有任何互动。作为一种社会互动的形式，冲突永远存在，不会消亡，也谈不上对社会的有利与否。只要有人群，就会有种种社会差异，也就会有社会冲突。人们难免不陷入冲突，有时还会渴望冲突。冲突能使个人最大限度地施展其才能，也是社会整合不可缺少的成分。见：D. P. 约翰逊. 社会学理论. 南开大学社会学系，译. 北京：国际文化出版公司，1988：316

⑤ 科塞. 社会冲突的功能. 孙立平，等译. 北京：华夏出版社，1989：前言，16

⑥ 科塞对冲突进行了归类研究，着重分析了四种冲突类型：一是现实冲突与非现实冲突；二是初级群体冲突与次级群体冲突；三是内部冲突与外部冲突；四是意识形态冲突。与那些把功能论和冲突论截然对立起来的学者相反，科塞致力于探索两种理论结合的可能性，认为社会冲突对于社会系统的正功能表现为以下五点：一是冲突对社会与群体具有内部整合的功能；二是冲突对于社会与群体具有稳定的功能；三是冲突对新社会与群体的形成具有促进功能；四是冲突对新规范和制度的建立具有激发功能；五是冲突是一个社会中重要的平衡机制。

不平等体系中，稀缺资源的分配合法性被撤销了，更有可能产生冲突[①]——被统治者不再认可统治者对稀缺资源的占有，导致合法性撤销的原因有二：一是被统治者在自我约束方面的社会化的失败，表现为疏导不满的渠道缺乏，向优势地位的社会流动率很低，社会是刚性的；二是内在的约束（自我规训）的方式失败，被统治相对剥夺感和不公正感上升时，更有可能产生冲突。科塞对社会冲突正功能的强调，不是在否定功能论，而是在试图完善功能论，“社会安全阀制度”[②]是他关于社会冲突促进社会整合思想的直接成果。达伦多夫认为帕森斯的理论是“功能主义的乌托邦”[③④]，关注冲突如何带来社会变迁，即“社会组织的所有单位，都处在持续不断的变迁之中，除非某种力量介入进来阻止这种变迁”[⑤]。达伦多夫对其关键概念“强制性协作组织”的界定有韦伯的影子，解释一小群掌握权力的人如何要求他人的服从。强制性协作中的权力关系是一种合法化的权威关系，次级群体围绕权力和权威展开斗争，存在冲突，对统治地位与相关资源的斗争是冲突的根源，并非单纯意义上的均衡状态——这就推动了强制性协作组合的变革。如果次级群体间要形成斗争关系，前提条件是意识到自己的利益需求，包括潜在利益和显在利益。斗争的结果

---

① “可以权且将冲突看作是有关价值、对稀有地位的要求、权力和资源的斗争，在这种斗争中，对立双方的目的是要破坏以至伤害对方。”见：科塞. 社会冲突的功能. 孙立平，等译. 北京：华夏出版社，1989：前言，47

② 科塞. 社会冲突的功能. 孙立平，等译. 北京：华夏出版社，1989：前言，24

③ 乌托邦式的社会学理论有五个特点：(1)不承认社会变迁；(2)认为社会对于流行的价值和制度存在普遍的“共识”；(3)强调社会和谐与稳定，认为不存在结构导致的冲突；(4)认为社会的活动过程根据整个社会的安排一再重复的方式进行，这些活动不会影响或破坏已有的社会形态，而是更强化与支持社会既有的形态；(5)乌托邦社会都停留在一个“全然静止”的状态。社会不仅是在时间上静止的，在空间上也是孤立的，即把社会描述成与外在世界隔离的状态。

④ 达伦多夫于1959年发表在《美国社会学杂志》上的“走出乌托邦：社会学分析的重新定向”一文，可以算是冲突理论的正式宣言。

⑤ Dahrendorf，Ralf (1958)，“Out of Utopia：Toward a Reorientation of Sociological Analysis”，American Journal of Sociology，Vol，64，No. 2，p. 126

是权威的重新分配的制度化①——但权威本身并不会被提及或怀疑。

社会冲突论的理论叙事，强调从社会生活的常态到中心过程。科塞与达伦多夫的理论实际上是对早期古典社会学者冲突思想的继承和发展：两者都坚信冲突是社会发展中必然存在的社会现象，要从维护社会生活的意义上探讨影响冲突剧烈程度②和暴力程度③的各种因素，以及建立各种冲突制度化机制和冲突调节机制的问题——相比较之下，科塞更关注不太激烈的冲突，希望利用冲突促进社会整合等问题；而达伦多夫重点剖析较剧烈的冲突和其调节问题。后期的柯林斯则为冲突理论加入了微观过程的分析，提出社会冲突是社会生活的中心过程。

表 2-4　部分学者社会变迁相关理论要点的分类梳理

关注点	基本立场	代表人物	逻辑出发点	相关论著	关键词
社会变迁运动轨迹	线性进化	孔德	人类智力与理性	《实证哲学教程》	社会进步三阶段法则 社会动力学
		斯宾塞	社会分化与适者生存	《社会进化》	军事社会与工业社会 社会多线进化
		滕尼斯	社会关系	《共同体与社会》	礼俗社会和法理社会④ 共同体与社会
	循环发展	索罗金	文化心性	《社会和文化动力学》	观念文化和感觉文化 亲密关系与契约关系

① 根据统治阶级的人员变动情况，达伦多夫将社会结构变迁分为三种形式：更换统治阶级全体或绝大部分的革命式变迁、部分更换统治阶级的改良式变迁以及不更换统治者而将被统治阶级的利益结合到统治阶级政策中的革新式变迁。由于任何社会都存在权威关系，因此社会冲突无法彻底消除，只能以新的权威结构来取代旧的权威结构，社会就是在这种永续不竭的辩证力量的推动下向前发展。

② 影响社会冲突激烈程度的因素包括社会经济的剥夺情况、冲突的调节等。

③ 影响社会冲突暴力程度的因素包括社团的重叠程度、权威关系与其他报酬分配相关的程度、社会流动性的程度等。

④ 费孝通对于共同体和社会，总结说“前者是礼俗社会，后者是法理社会”。见：费孝通. 乡土中国. 北京：生活·读书·新知三联书店，1985：5

续表

关注点	基本立场	代表人物	逻辑出发点	相关论著	关键词
社会变迁运动轨迹	循环发展	斯宾格勒	生命类比和自然类比	《西方的没落》	文明形态的长期循环 文化有机体
		汤因比	历史哲学	《历史研究》	挑战与回应 社会和自然环境压力
		帕累托	社会不平等	《精英的兴衰》	精英 精英循环
		熊彼特	技术创新	《经济周期》	康德拉季耶夫长周期 朱格拉周期 基钦周期
		奥格本	社会文化功能整合	《社会变迁》	文化堕距
社会变迁基本状态	整合和秩序	涂尔干	社会团结的物质基础—社会分工和精神基础—集体意识	《社会分工论》	机械团结和有机团结 集体意识 社会分工
		帕森斯	社会系统的整合和均衡	《社会行动的结构》 《社会体系》 《社会：进化与比较的观点》	均衡系统 AGIL 模型 社会进化
	冲突	马克思	生产关系和生产力之间的矛盾	《资本论》	阶级斗争
		韦伯	权威	《支配的类型》	传统权威 个人魅力权威 法理权威
		齐美尔	有机功能论	《社会学的基本问题》	社会互动形式 社会分化
		达伦多夫	社会权威结构	“走出乌托邦：社会学分析的重新定向” 《工业社会中的阶级与阶级冲突》	强制性协作组织
		科塞	冲突的正功能	《社会冲突的功能》	不平等系统 安全阀系统

2. 全球化语境下的乡村转型理论

20世纪中期之前，伴随着城市化的迅猛发展，不仅全球范围内的乡村在衰退，乡村研究也在主流社会学中自我驱逐。社会变迁的经典理论描述简单地以现代化为取向，粗放地将农村、农业、农民与城市、工业、市民二元对立：这种现代主义立场的乡村研究原本旨在描述乡村共同体的特性，例如强调乡村的血缘性、地缘性、业缘性的内部团结和传统的面对面的社会交往形式；[①]但在"城市导向"的主流价值取向中逐渐演变为对乡村共同体的社会病理性问题更加关注，倾向于把乡村变迁描述为侵入的外来者叠加原住民而产生的阶层冲突[②]或者强调低等级的乡村文化需要被高等级的城市文明所掌管或接替[③]，甚至表达了乡村社会在对抗城市化、工业化和全球化的冲击时的斗争是无用且毫无希望的[④]。

对于传统乡村社会学的研究框架和方法论的反思在20世纪70年代逐渐成势，形成强调农业政治经济学和乡村转型理论为重点的新乡村社会学。究其原因主要是四个方面[⑤]：一是得益于规模化生产和现代化管理的改革，农业对乡村的影响减弱，依附于乡村的农民减少，人们开始从消费、服务、生活等意义上重新定义乡村；二是伴随着交通网络的发达和乡村周边城市通勤的出现，城乡流动就业成为可能，城乡边界变得模糊；三是发达国家和地区关于环境污染、交通拥堵、人口膨胀、

---

① Marsden, T. , P. Lowe & S. Whatmore (1990), *Rural Restructuring: Global Processes and Their Responses*, London: Fulton, pp. 1 - 2

② Cloke, P. & N. Thrift (1990), "Class and Change in Rural Britain", In T. Marsden, P. Lowe & S. Whatmore, *Rural Restructuring: Global Processes and Their Responses*, London: Fulton, p. 165

③ Shubin, S (2006), "The Changing Nature of Rurality and Rural Studies in Russia", *Journal of Rural Studies*, Vol,22, No. 4

④ Moudoch, J. & Pratt (1993), "Rural Studies: Modernism, Postmodernism and the Post-rural", *Journal of Rural Studies*, Vol. 20, No. 2

⑤ 毛丹，王萍.英语学术界的乡村转型研究.社会学研究，2014(1)：196 - 197

住房紧张等城市病[①]的批判愈演愈烈，乡村被抽象成逃离城市的“前现代”理想田园；四是学术界福特主义的工业霸权理论的没落[②]，新马克思主义兴起对已有的区域研究进行批判。与农村政治经济学注重经济转型[③]、政策选择[④]的研究路径不同，乡村转型理论把焦点放在“全球化”所带来的影响和变迁，即工业和资本的全球化生产对民族国家和地区在经济转向、社会转型、国家治理等不同层面所发生的改变。

“生产主义[⑤]—后生产主义[⑥]”（productivism/post-productivim）通常用来概括20世纪后半期之后的农业变迁，也是乡村转型的核心议题。“农业生产主义”可以理解为从农场的家庭化经营转变为农业产品的产业化经营[⑦]，也可以理解为小规模、永续性的农业转变为大规模、资本密集和技术化的农业[⑧]，主要表现为农业的商业化、商品化和工业化发展[⑨]。与之相对应的，“生产主义乡村”（productivist countryside）表现为生产主义对乡村日常生活的嵌入性影响[⑩]，包括乡村地区以特定

---

① Arthur Schlesinger (1999), *The Rise of the City: 1878 - 1898*, Columbus: Ohio State University Press, p. 114

② Lipietz, A., (1988), *Mirages and Miracle*, London: Verso

③ Goodman, G. (1986), “Capitalism, Petty Commodity Production and the Farm Enterprise”, *Sociologia Ruralis*, No. 3

④ Buttel, F. (2001), “Some Reflections on Late Twentieth Century Agrarian Political Economy”, *Sociologia Ruralis*, Vol. 41, No. 2

⑤ Munton, R. (1990), “ Farming Families in Upland Britain: Options, Atrategies and Futures”, *Paper Presented to the Association of American Geographers*, Toronto, April

⑥ Evans, N., C. Morris & M. Winter (2002), “Conceptualizing Agriculture: A Critique of Post-productivism as the New Orthodoxy”, *Progress in Human Geography*, Vol. 26, No. 3

⑦ Lowe, P., Murdoch, J., Marsden, T., Munton, R. & Flynn, A. (1993), “Regulating the New Rural Spaces: The Uneven Development of Land”, *Journal of Rural Studies*, No. 9

⑧ Troughton, M. J. (1986), Farming Systems in The Modern World, In M. Pacione (ed.), *Progress in Agricultural Geography*, London: Croom Helm, pp. 93 - 123

⑨ Ilbery, B. & Bowler (1998), “From Agricultural Productivism to Post-productivism”, In I. Bowler (ed.), *The Geography of Rural Changes*, London: Longman, pp. 56 - 59

⑩ Halfacree, K. (2006), “From Dropping Out to Leading On? British Counter-cultural Back-to-the-land in a Changing Rurality”, *Progress in Human Geography*, Vol. 30, No. 3

农业行为的记名方式，乡村社会以农业为基础，乡村居民的日常生活是围绕农业活动发生的等不同方面。全球经济体系带来的区域分工和生产关系的变革引发诸多国家和地区的农业边缘化，主要特征是从生产主义的集约化、集中化、专业化①要求转向分散化、延伸化、多样化②的发展趋势。乡村生产功能被迫隐退的同时，乡村的消费功能愈发显性化，"后生产主义乡村"(post-productivist countryside)③的概念应运而生。其发生不仅意味着乡村失去了产业，也意味着乡村失去了农村，有学者将其定义为乡村的"去农业化"和"去社区化"：前者包括经济结构的非农化、土地利用的非农化、就业分布的非农化；后者涉及乡村集体认同感的丧失和人口流失或假日经济④所造成的临时村庄内人际关系和社会交往的碎片化。"后生产主义乡村"所关注的范畴也已经溢出传统的农业和农业生活，甚至分化出保护性村庄、竞争性村庄、家长制村庄和代理人村庄⑤等多样化乡村和生态乡村、休闲乡村、工业乡村等多功能乡村。有学者提出其发展包含涉农政策改变、逆城市化、环境非政府组织团体参与决策、有机农业、消费

---

① Ilbery, B. & Bowler (1998), "From Agricultural Productivism to Post-productivism", In I. Bowler (ed.), *The Geography of Rural Changes*, London: Longman, pp. 57 - 84

② Bowler, I. R. (1992), "The Industrialisation of Agriculture", In I. Bowler (ed.), *The Geography of Agriculture in Developed Marker Economics*, London: Longman

③ Halfacree, K. (2006), "Rural Space: Constructing a Three-fold Architecture", In P. Cloke, ed., *Handbook of Rural Studies*, London: Sage

④ Shucksmith, M. (1993), "Farm Household Behavior and the Transition to Post-productivism", *Journal of Agricultural Economic*, Vol. 44, No. 4

⑤ 保护性村庄是指反发展和保护主义态度占主流的地区，中产阶级压力群体积极活动，发挥影响力的地方；竞争性村庄是指超出主要通勤地区的地方，由本地农业和小企业利益群体控制，但日益受到迁移进来的人的影响；家长制村庄是指由大的私人土地拥有者或大农场控制的地区，其所有者感到有某些与权利相应的义务；代理人村庄则是指一些农业生产主义仍为主流的偏远地区，但是这些地方极其依赖外部政策，如欧盟的货币。见：Marsden, T. (1998), "New Rural Territories: Regulating the Differentiated Rural Spaces", *Journal of Rural Studies*, Vol. 14, No. 1; Murdoch, J., P. Lowe, N. Ward & T. Marsden (2003), *The Differentiated Countryside*, London: Routledge in Human Geography, No. 5, pp. 605 - 631

乡村、农场活动多样化六个方面的指标。[①]

乡村社会转型理论的提出本质上是想对乡村变迁做出整体描述、分析和判断，但我们不得不考虑社会变迁因果关系的多重性和不同国家与地区乡村社会发展的阶段性。这里面至少存在三方面的疑虑：一是乡村社会转型理论基于英国中心视角的地方框架是否在其他地方也具有广泛的解释力？二是乡村农业生产衰退，传统的乡村被重新定义，但并不意味着农业的绝对分离——是否可以将纵向的农业体系重建和横向的乡村社区变迁两种视角综合起来研究，即形成默多克提及的乡村发展网络研究新范式？[②] 三是对于分化的乡村的讨论无法脱离市场、利益和地方关系而存在，关于后生产主义乡村的内涵事实上并没有解释清楚，而只呈现出特定区域内的四种理想类型。

3. 新乡村社会学的文化转向

长久以来，乡村是一种可以提供粮食产品和农业相关的生活方式以及社会关系的特定空间属性的实体，拥有相对低密度的人口、较为松散的基础设施和比较低的第二、三产业就业比例，交通不便。在农业发展从生产主义向后生产主义转型的过程中，乡村地区的消费角色和多元化潜能被更多地关注，乡村被赋予了更多的可能。

乡村研究的核心概念之一"乡村性"(rurality)，从字面上可以粗暴地理解为"使之成为乡村的可能"。一开始，有学者从乡村本位的

① Wilson, G. A., Rigg, J. (2003), "Post-productivist Agricultural Regimes and the South: Discordant Concepts", *Progress in Human Geography*, No. 5, pp. 605-631

② Murdoch, J. (2000), "Networks: a New Paradigm of Rural Development?", *Journal of Rural Studies*, Vol. 16, No. 4

角度用它来描述具体的乡村特征，以英格兰和威尔士为区域范畴[①]建构的乡村性指数(rurality index)[②]涵盖了人口结构和密度、住户满意度、就业结构、交通格局及距城市中心等16项指标，最终指向极度乡村(extreme rural)、中等程度乡村(intermediate rural)、中等程度非乡村(intermediate non-rural)、极度非乡村(extreme non-rural)和城市(urban)五种类型。随着20世纪90年代之后乡村研究的"文化转向"，乡村社会学对于文化社会学、人类学、社会建构主义和后现代主义等细分领域愈发关注。与之相伴的是定性方法在探讨乡村性过程中的发展，交叉学科如地理学、政治学、心理学等相互渗透和影响，共同寻找关于"他者"、情境、场所、社会关系等研究主题，提倡用行为网络理论、治理理论、阶层理论等新的理论工具，说明乡村如何成为一种抽象的"社会建构"[③]，并从符号意义和地理空间上逐渐分离。后现代乡村是在人们的想象中被认定的，主张差异、网络、流动和联系，表现出多元性、扁平性、碎片性和符号性的特征，先是"去地方化"(deterritorialized)[④]的解构，说明已经成为一种世界观和价值观的乡村[⑤]先于其作为一个物质空间；然后通过"再地方化"(reterritorialized)的建构，重新定义乡村经验与想象的新表述，突出乡村是如何被感知(perception)和表征(rseptation)的。对乡村的研究也从对实体、物质空间的关注转向对符号、精神世界的强调。

因为乡村得以在语境中被不断重构，不同情境中的乡村交织着

---

① Cloke P., Edwards G. (1986), "Rurality in England and Wales 1981: A Replication of the 1971 Index", *Regional Studies*, Vol. 20, No. 4, pp. 289 - 306

② Cloke P. (1977), "An index of Rurality for England and Wales", *Regional Studies*, Vol. 11, No. 1, pp. 31 - 46

③ Halfacree, K. (1995), "Talking about Rurality: Social Representation of the Rural as Expressed by Residents of Six English Parishes", *Journal of Rural Studies*, Vol. 11, No. 1

④ Cloke P. (1997), "Country Backwater to Virtual Village? Rural Studies and 'The Cultural Turn'", *Journal of Rural Studies*, Vol. 13, No. 4

⑤ Curry, J. (2000), "Community Worldview and Rural System: A Study of Five Communtites in Iowa", *Annals of the Association of American Geographer*, Vol. 90, No. 4

多方社会结构、利益分配、交往网络和权力关系，产生不同的符号意义，“我们不仅是有一个‘乡村’，而且是有很多‘乡村’”[①]。与此同时，乡村是被生产和再生产的，比起描述“乡村是什么”，我们更关注“乡村是如何被建构的”，由科技进步催生的现代经济和意识形态，与乡村传统的情感归属、价值认同、习俗规范等协商角力，重构了一种现代与传统、现实与虚拟相混杂的乡村性。[②] 在如今浩荡的乡村重构——或者说再地方化——的图景中，全球化中的城市化将城乡关系裹入更加复杂的境地，处于关系网络节点位置的乡村地方行动者参与全球生产网络的响应，被概念化为“全球乡村”(global countryside)[③]，其研究重点在于分析乡村如何自下而上地反馈、回应宏观的经济社会进程，包括乡村特色产业形态参与全球产业价值链分工、乡村振兴和乡愁带来的地方文化反哺；乡村性和都市性在城乡连续统一的概念体系中互为作用，典型的如周期性的田园雅致(rural chic)表达了城市中产阶级对乡村生活的向往，城市移民和返乡农民为乡村带来文化观念和生活方式的城市渗透。

二、乡村建设实验与乡土中国研究

从基层上看去，中国社会是乡土性的。[④] 在《乡土中国》一书中，费孝通先生在开篇就说，“土”的本意指泥土，所谓的乡土社会，指的是依赖于土地的“乡下人”聚集而成的社会结构，“乡土性”是对中国

---

① Zografos C. (2007), “Rurality Discourses and the Role of the Social Enterprise in Regenerating Rural Scotland”, *Journal of Rural Studies*, Vol. 23, No. 1, pp. 38-51

② 吕祖宜，林耿. 混杂性：关于乡村性的再认识. 地理研究，2017(10)：1874

③ Woods M. (2007), “Engaging the Global Countryside: Globalization, Hybridity and the Reconstitution of Rural Place”, *Progress in Human Geography*, Vol. 31, No. 4, pp. 485 - 507

④ 费孝通. 乡土中国. 上海：上海人民出版社，2007：6

社会最大特点的最好解释。对于乡土中国的理解和探索，从早年以记录、描述为目的的田野实证调查，到试图改良重建乡村秩序的乡村建设实验，再到结合经典理论与时代发展的乡土中国社区研究，走过了从记录到实验再到多元理解的漫长道路。

1. 乡村实证调查的研究回顾

19 世纪末 20 世纪初，关于中国农村的调查研究就已开始。20 年代中期以前，主要是外籍教师的教学和调查研究活动使中国的学生和学者开始接受农村社会学的调查和研究熏陶，为中国农村社会学的建立提供了理论和实践资源。包括 1917 年，北平西郊 195 个家庭的生活费用调查；1918—1919 年，葛学溥指导下的广东潮州凤凰村调查是中国最早的农村社会学调查，涉及地理、种族、风俗等不同方面的内容，1925 年著书《华南的乡村生活》[①]，在美国出版；1922 年，华洋义赈救灾总会组织的调查《中国农村经济研究》，在直隶、山东、江苏等地进行；1923 年，上海沈家行农村调查形成《沈家行实况》[②]。尤其值得一提的是 1922—1933 年，金陵大学卜凯等人的系列调查：1922 年安徽芜湖调查；1929—1933 年涉及 22 省、168 个地区 16 786 个农场的调查后著书《中国农场经济》《中国的土地利用》[③]。卜凯的贡献在于留下了许多的宝贵数据，同时他认为中国当时的农村问题不在土地制度（租佃关系），阻碍中国农业的关键因素是技术。卜凯开启了农村调查的实证调查与制度。20 年代中期到 30 年代初，随着一批在欧美接受学术训练的中国学者回国任教或从事调查研究，中国的农村社会学作为一门学科正式建立。一些大学开设了农村社会学课程，并陆续出版了数种农村社会学教科书；实施了多起较大规模的农村社会调查，发表、出版了一些专业研究成果。这些调查和研究

① 葛学溥. 华南的乡村生活. 周大鸣，译. 北京：知识产权出版社，2006
② 张镜予，编辑. 社会调查——沈家行实况. 上海：商务印书馆，1924
③ 卜凯，主编. 中国土地利用统计资料. 南京：南京金陵大学，1937

活动到30年代前期迎来了一个高潮。1924—1925年,乔启明对安徽、河南、江苏、山西4省11县的农村人口调查,并于1926年成书《中国乡村人口问题之研究》①;1926—1928年,乔启明基于在山西清原县农家调查形成《山西清原县143农家人口调查之研究》②;1926—1927年,李景汉对北京郊区的若干村庄以实习形式进行调查,后于1929年写成《北平郊外之乡村家庭》③;1928—1930年,杨开道、许世廉等在河北清河镇调查,《清河:一个社会学的分析》④;1929—1934年,陈翰笙主持和领导的系列农村调查。英国人类学家弗里德曼在评论这时期的中国社会研究时,指出这些用社会调查的方法得来的"问卷加人口的研究",相对松散,也不复杂,⑤直接回答与社会福利有关的问题,而缺少学理性的思辨和分析。这期间最有影响的当属1926—1932年的河北定县调查。河北定县调查是由平民教育家晏阳初发起的乡村建设运动定县实验区活动的一部分。调查从1926年开始,1928年由李景汉接任进行,持续7年多,参与者近30人。是当时最为系统的一项农村县域普查,调查结果编辑成《定县社会概况调查》⑥,于1933年出版。全书17章,83万言,有近400幅表格和图片,包括政治、经济、文化、人口等数十项内容。是中国社会调查发展到高峰时期的代表性成果,也是了解当时中国农村社会状况的必读文献。其贡献在于:① 以整个县为范围、包括全县"一切社会情况"的全面调查,不同于此前的对少数农村的零星调查。孙本文曾评价此"为我国县区社会调查最详细的报告……可比之美国匹兹堡调查或春田调查"。⑦ ② 它是中国县志的改造,在吸收西方社会调查方法的基础上,充分利用中国地方志的结构和格式并有所改进。③ 实证主

① 乔启明.中国乡村人口问题之研究.东方杂志,1928:21

② 乔启明.山西清源县143农家人口调查之研究.上海:世界书局,1932

③ 李景汉.北平郊外之乡村家庭.上海:商务印书馆,1929

④ 杨开道,许世廉.清河:一个社会学的分析.北京:燕京大学出版社,1930

⑤ Freedman M.(1962),"Sociology in and of China", *British Journal of Sociology*, Vol. 11, No. 2, p.107

⑥ 李景汉.定县社会概况调查.北京:中华平民教育促进会出版社,1933

⑦ 孙本文.当代中国社会学.北京:商务印书馆,2011

义的方法，突出资料的客观性，其内容翔实，以事实说话，只提供客观现象和数据，不作任何解释和评论，没有价值判断。20 世纪 30 年代中期至 40 年代，以费孝通为代表的一批青年社会学家异军突起，开始“社区研究”。在社会学“中国化”的指导下，突破“科学主义”的局限，运用西方社会学/人类学的人文区位理论和功能学派的理论，深入地域社会，进行社会性质和问题的调查与研究。出现了《花篮瑶社会组织》[①]（费孝通、王同惠），《金翼》[②]（林耀华），《市集现象所表现的农村自给自足问题》[③]（杨庆堃），《河北农民的风俗》[④]（黄石），《变动中的中国农村教育》[⑤]（廖泰初），以及“云南三村”（费孝通的《禄村农田》[⑥]、张之毅的《易村手工业》和史国衡的《昆厂劳工》[⑦]）等研究成果。其中以费孝通的《江村经济》和林耀华的《金翼》等为代表。《江村经济》成功地把功能主义的研究方法和观点移植到社会学，开辟了社会人类学研究当代文明社会农村的先河。作者首先确定以“土地的利用和农户家庭中再生产的过程”为研究主题[⑧]，循此路径，摆脱了早期社会调查中自然主义方法论的束缚，在文化功能主义的指导思想下去分析和解说，从实证主义迈向理解社会学。之后的数十年中，费老先后 26 访江村，理出了“小城镇→工业下乡→农村工业化”发展模式的江村脉络，后将其归纳为民族区域经济划分的一部分，即苏南模式。

2. 乡村建设实验的历史回顾

乡村建设的文化具有深刻的影响，虽然早在 20 世纪二三十年代，学者们就是从改变中国落后面貌的认知角度，自主、自觉地参加

① 费孝通，王同惠. 花篮瑶社会组织. 南京：江苏人民出版社，1988
② 林耀华. 金翼. 庄孔韶，林宗成，等译. 北京：生活·读书·新知三联书店，2008
③ 杨庆堃. 市集现象所表现的农村自给自足问题. 大公报，1934-07-19：第十一版
④ 黄石. 黄石民俗学论集. 上海：上海文艺出版社，1999
⑤ 廖泰初. 变动中的中国农村教育. 山东汶上县个刊，1936
⑥ 费孝通，张之毅，史国衡. 云南三村. 北京：社会科学文献出版社，2006
⑦ 史国衡. 昆厂劳工. 上海：商务印书馆，1946
⑧ 费孝通. 江村经济：中国农民的生活. 北京：商务印书馆，2001

并开展乡村建设运动，其深刻意义和历史性是值得我们继承的。梁漱溟在《乡村建设理论》开篇的《引言》就直抒胸臆——探讨“中国民族之前途”。显然，从梁漱溟1931年提出“乡村建设理论”到今天已经走了近90年历程了，以晏阳初为代表的一批有社会责任感的学者身体力行，以各种方式参与乡村建设和治理，把现代文明、城市文明带到乡村。但是，虽经近百年的努力，中国乡村建设任务仍然任重道远，特别是在全球化和全球城市化的进程中，中国乡村建设面临着诸多挑战，如传统乡村文化重构的挑战、传统乡村发展的非本土化挑战、乡村城市化的发展模式挑战等等。

中国乡村建设实验历程大致可以分为四大历史阶段(见表2-5)。第一阶段是1911年之前的传统期，即帝制时代的乡村建设。当时中国社会为典型的内生型农业社会，乡绅充当乡村社会与国家政权的关系纽带。此阶段的实验活动表现为乡绅的绝对权威，即乡绅阶层从政治、经济与文化上引导农民进行乡村建设。第二阶段是1912—1949年的转型期，主要是民国时代的乡村建设，表现为村民自治实验、精英主导改造、国民政府乡建和革命根据地乡建四种互为交叉的乡村建设类型。“村民自治实验”集中在1911—1927年，当时国际贸易和工业技术冲击衰落的清末政府，国人的反思和尝试主要是翟城村的“村民自治实验”和阎锡山的“山西村治”，值得关注的是1919年在《湖南教育月刊》刊发的《学生之工作》一文中，介绍了青年毛泽东在岳麓山建设“新村”的计划[①]；“精英主导改造”集中在1927—1937年，面临军阀混战、日本侵华的内忧外患，乡村持续衰败，以教育家、实业家等为代表的社会精英发起的乡村建设活动，包括梁

---

① 首先，他把建构“新村”的基点放在农村，新生活的创造来自青年学生同农村社会的结合。其次，生活在“新村”里的新人们，实行“一边读书，一边工作”。青年毛泽东这样安排他们一天的时间：睡眠8小时，游息4小时，自习4小时，教授4小时，工作4小时。工作之事项，“全然农村的”，包括种园、种田、种林、畜牧、种桑、鸡鱼6项。再次，这个“新村”是新学校、新家庭、新社会三位一体的。在这种“新村”里有“公共育儿院，公共蒙养院，公共学校，公共图书馆，公共银行，公共农场，公共工作厂，公共消费社，公共剧院，公共病院，公园，博物馆，自治会”等，是一个农林牧副渔工各业俱全的自给自足的单位。

漱溟和山东乡村建设研究院的“邹平模式”、晏阳初和中华平民教育促进会的“定县模式”、卢作孚的“北碚模式”、彭禹庭和别廷芳的“宛西自治”、黄炎培和中华职业教育社的“徐公桥模式”、高践四和江苏省立教育学院的“无锡模式”、陶行知和中华教育改进会的“晓庄模式”、柏格理及其继任者的石门坎“宗教和科教”乡村建设等；1927—1945 年南京国民政府与地方政府的乡村建设多出于巩固执政地位的需要，是体制内改良式的乡村改革，包括张作霖父子在东北进行的乡村改革实践、阎锡山的山西乡村建设、李宗仁和白崇禧等新桂系民团建设；1927—1949 年共产党革命根据地乡村建设，出自于共产党领导谋求民族独立要求，是以土地革命为核心、具有革命性质的乡村建设模式。第三阶段 1949—1978 年是成长期，即新中国成立以后到改革开放以前乡村建设实验。1949—1953 年新解放区以土改为核心，配套经济建设政策的乡村建设模式，是新中国成立之后恢复和发展国民经济的需要；1953—1978 年的乡村社会主义改造，以人民公社为主要形式、集体化生产生活为主要特征，走农村支持城市的道路，集中体现了国家工业化进程中的共产主义理想，包括农业学大寨、知识青年上山下乡等运动；而 1949—1978 年几乎同期的台湾地区乡村建设的重要探索，是在国民党统治下以土地制度改革为主，包括构建农会组织等多种措施的综合乡村建设。第四阶段是 1978 年改革开放之后的综合发展期。其中，1978—2002 年家庭联产承包责任制是对社会主义市场经济体制确立的一个回应，典型的行动包括杜晓山在河北保定易县等地发起成立的“扶贫经济合作社”、茅于轼等学者在山西吕梁联合成立的“龙水头村民互助基金”，[①]以及德国基金会扶持的山东青州南张楼村的巴伐利亚实验，甚至出现了以华西村、南街村、大邱庄为代表的非典型案例；2002 年之后城乡统筹背景下的乡村建设实验，是以破解“三农”问题为核心的综合行动，包括江西赣州新农村建设、浙江“千村示范、万村整治”工程、苏南农村现代化建设等的地方政

① 前两者均是借鉴了孟加拉格莱珉的小额信贷模式，并在局部地区取得了良好的扶贫效果。

府行动，温铁军的晏阳初乡村建设学院、欧宁和左靖的碧山计划、陈晓峰等的白庙艺术互联计划等的社会团体行为以及华润集团的华润希望小镇、东方园林产业集团的“田园综合体”等市场主体行为。

尤其有必要对民国时期(1927—1937年)的三大乡村建设模式进行重点梳理，包括晏阳初的“平民教育—乡村科学化”模式、梁漱溟的“文化复兴—乡村学校化”模式和卢作孚“实业民生—乡村现代化”模式(见表2-6)。

表2-5　中国乡村建设的思想渊源[①]

<table>
<tr><th colspan="2">乡村建设实验阶段划分</th><th>代表人物与典型案例</th><th>主要背景</th><th>主要特征</th><th>时期</th></tr>
<tr><td colspan="2">帝制时代乡村建设
—1911</td><td></td><td>内生型农业社会；乡绅充当乡村社会与国家政权的关系纽带</td><td>“乡绅”式乡村建设模式，即乡绅阶层引导农民进行乡村建设</td><td>传统期</td></tr>
<tr><td rowspan="2">民国时代乡村建设1912—1949</td><td>以“村民自治实验”为代表的阶段1911—1927</td><td>翟城村的“村民自治实验”和阎锡山的“山西村治”</td><td>清末政府衰落；国际贸易和工业技术的冲击</td><td>“乡村自治”；传统模式延续；向近代民主自治转变</td><td rowspan="2">转型期</td></tr>
<tr><td>精英主导下的“乡村改造运动”阶段1927—1937</td><td>梁漱溟和山东乡村建设研究院的“邹平模式”、晏阳初和中华平民教育促进会的“定县模式”、卢作孚的“北碚模式”、彭禹庭的“宛西自治”、黄炎培和中华职业教育社的“徐公桥模式”、高践四和江苏省立教育学院的“无锡模式”、陶行知和中华教育改进会的“晓庄模式”、柏格理及其继任者的石门坎“宗教和科教”乡村建设等</td><td>国内军阀混战；日本侵华；乡村持续衰败</td><td>以知识精英为主的改良性质乡村改造运动；引导乡村建设模式由传统向现代转型</td></tr>
</table>

① 表格总结自：王伟强，丁国胜．中国乡村建设实验演变及其特征考察．城市规划学刊，2010(2)：79-85

续表

<table>
<tr><th colspan="2">乡村建设实验阶段划分</th><th>代表人物与典型案例</th><th>主要背景</th><th>主要特征</th><th>时期</th></tr>
<tr><td rowspan="2">民国时代乡村建设1912—1949</td><td>南京国民政府与地方政府的乡村建设1927—1945</td><td>张作霖父子在东北进行的乡村改革实践、阎锡山的山西乡村建设、李宗仁和白崇禧等新桂系民团建设</td><td>巩固执政地位的需要；乡村持续衰败</td><td>体制内改良式乡村建设；乡村建设被整合到国家政权统治和国家发展中</td><td rowspan="2">转型期</td></tr>
<tr><td>共产党革命根据地乡村建设1927—1949</td><td></td><td>乡村持续衰落；共产党领导谋求民族独立要求</td><td>土地革命为核心、具有革命性质的乡村建设模式；颠覆传统模式所依赖的基础</td></tr>
<tr><td rowspan="3">新中国成立以后到改革开放以前乡村建设实验1949—1978</td><td>新解放区的乡村建设1949—1953</td><td></td><td>新中国成立；恢复和发展国民经济的需要</td><td>以土改为核心，配套经济建设政策的乡村建设模式；完全改变传统模式</td><td rowspan="3">成长期</td></tr>
<tr><td>“乡村社会主义改造”式的乡村建设实验1953—1978</td><td>农业学大寨运动、知识青年上山下乡运动、江青小靳庄乡村建设实验</td><td>国家工业化进程；农村致富内在需求；“乡村共产主义”理想追求</td><td>乌托邦式“共产主义”乡村理想建设；以人民公社为主要形式、集体化生产生活为主要特征；农村支持城市</td></tr>
<tr><td>台湾地区乡村建设的重要探索1949—1978</td><td></td><td>国民党继续对台湾的统治</td><td>土地制度改革为主，包括构建农会组织等多种措施的综合乡村建设</td></tr>
<tr><td>改革开放以来乡村建设实验1978—</td><td>以“家庭联产承包责任制”为核心的乡村建设实验1978—2002</td><td>典型：杜晓山等的小额贷款实验项目、茅于轼等的龙水头模式、南张楼村巴伐利亚实验；非典型：华西村、南街村、大邱庄</td><td>改革开放；社会主义市场经济体制确立</td><td>家庭联产承包责任制为核心的综合乡村建设；改变人民公社时代单一的乡村建设实验</td><td>综合期</td></tr>
</table>

续表

乡村建设实验阶段划分		代表人物与典型案例	主要背景	主要特征	时期
改革开放以来乡村建设实验 1978—	城乡统筹背景下的乡村建设实验 2002—	地方政府：江西赣州新农村建设、浙江“千村示范、万村整治”工程、苏南农村现代化建设等；社会团体：温铁军的晏阳初乡村建设学院、欧宁和左靖的碧山计划、陈晓峰等的白庙艺术互联计划；市场主体：华润集团的华润希望小镇、东方园林产业集团的“田园综合体”等	全面建设小康社会；具备城乡统筹发展的经济实力	以破解“三农”问题为核心的综合乡村建设；政府成为乡村建设的主导力量；乡村建设多元化活跃、实验内容创新	综合期

表 2-6　民国三大乡村建设模式比较

领衔人	晏阳初	梁漱溟	卢作孚
模式	平民教育—乡村科学化	文化复兴—乡村学校化	实业民生—乡村现代化
试验点	河北省定县	山东省邹平	重庆市北碚
时间	1928—1937	1929—1937	1927—1949
乡村建设使命	顺民心、发民力	树民风、启民智	谋民生、保民享
乡村建设步骤	第一步，进行社会调查。既对定县历史、地理等进行全面调查，又对所划“乡村社会区”中教育、经济等方面进行具体调查。 第二步，培训人才，开展实验。遵循“平民教育”理念，文艺、生计、卫生、公民四大教育同时并举，学校式、社会式、家庭式三种教育方式综合运用，政治、教育、经济、自卫、卫生、礼俗六大建设整体实施。 第三步，表证推广	第一步，设计乡村建设方案，培养从事乡村建设的骨干，并在小范围进行乡村建设试验探索。主要工作在乡村建设研究院和《乡村建设》半月刊进行。 第二步，实施以“创造新文化”“建设一个新的社会组织构造”为中心的乡村建设方案，即通过乡、村两级集政权机构与教育机构于一体的“乡农学校”之构建，推行“学校式教育”“社会式教育”，并同时进行所在乡、村各项建设，即“经济一面，政治一面，教育或文化一面”的建设	在吸引新经济项目实施实业建设的同时，推行民众教育运动，即现代生活运动、识字运动、职业运动和社会工作运动

续表

领衔人	晏阳初	梁漱溟	卢作孚
乡村建设内容	第一涉及教育。晏阳初认为,中国农村存在四大病症,即“愚、穷、弱、私”,为此,要相应地从事四大教育工作,以文艺教育治“愚”,以生计教育治“穷”,以卫生教育治“弱”,以公民教育治“私”。 二是教育与建设作为农村社会的组成部分,其是合二为一,一分为二的关系	通过构建村、乡两级集政权机构与教育机构于一体的“乡农学校”,并利用它的职能,以实现一村一乡的“经济一面,政治一面,教育或文化一面”种种建设	一是吸引新的实业项目,发展乡村经济;二是兴办文化事业和社会公益事业,丰富乡村文化生活;三是开展民众教育活动,开启民智
资金来源	接受基督教会与来自美国的募捐资助,得到国民政府的支持	接受基督教会与来自美国的募捐资助,得到地方军阀的支持	依靠所办民生公司募集资金,走自力更生之路

3. 乡土中国的社会重构

乡村实证调查阶段的全景式扫描,为后人理解中国乡村积累了基本的数据资料;乡村建设实验阶段的历史追溯,呈现了前任为了振兴乡村所做的阶段性努力——前述两部分的回顾分别从知与行两个方面对乡土中国的议题进行了回应。费孝通提出“乡土中国”的命题,描述了传统中国社会的乡土特质,即社会空间的地方性、社会关系的熟悉性和社会主体的非流动性。而这一切,和中国乡村的社会结构紧密相关。

关于中国乡村社会结构的讨论有几个比较经典的范式。一是村落共同体假设,由日本学者平野义太郎提出,强调封闭、内聚特征的村落是包括中国在内的亚洲社会的基本单元。费孝通先生大体上是认同这个假设的:认为中国乡土社区的单位是村落——可以是三户人家的小村,也可以是几千户人家的大村[①]——"但这并不意味村庄就是一个自给自足的单位,而是与外界存在经济和文化的多种联系"[②]。二是宗族/家庭共同体假设,代表学者包括费正清和弗里德曼,认为中国社会结构的基本单元是家庭而不是个人,家庭既是社会单元又是经济单元,构成一个"微型的邦国"。"在这个农民社会里,个人依靠他自己的亲族维持生计,得到在现代社会中要通过保险才能取得的安全保护,还可以得到教育、娱乐和建立主要的社会关系"[③]。三是市场共同体假设,美国学者施坚雅认为单独的村落无论从结构上还是功能上都是不完全的,"农民的实际社会区域不是由他所住村庄的狭窄的范围确定,而是由他的基层市场区域的边界确定"[④]——构成中国乡村社会基本结构单元的应该是以基层集镇为中心,包括大约 18 个村庄在内的,具有正六边形结构的基层市场共同体。持类似观点的学者还包括杨庆堃、杨懋春、乔启明等。杜赞奇对以上三个范式都有所保留,认为村落成为共同体是近代其成为国家税赋单位的结果,"为了明确村与村之间财政权与管辖权的界限,青圈亦成为村界,是村庄在历史上第一次成为拥有一定'领土'的实体"[⑤];而宗族的势力在中国南北差异显著,"南方宗族的共同财产和超村级联系成为乡村政治及冲突的根源"[⑥],但这种现象在北方并不普遍;农村社会中"大小组织并不一定以集镇为中心,其活动也不一定限制在集市的范围之内"[⑦],他从国家政权建设的角度提出了文化网络的分析模式。它更具有综合性,是"由乡村社会中多种组织体系

① 费孝通.乡土中国生育制度.北京:北京大学出版社,1998:9

② 费孝通.江村经济:中国农民的生活.北京:商务印书馆,2002:25

③ 费正清.剑桥中国晚清史(上卷):1800-1911:北京:中国社会科学出版社,1993:12

④ 施坚雅.中国农村的市场和社会结构.史建云,徐秀丽,等译.北京:中国社会科学出版社,1998:40

⑤ 杜赞奇.文化、权利与国家——1900-1942 年的华北农村.王福明,译.南京:江苏人民出版社,1996:187

⑥ 杜赞奇.文化、权利与国家——1900-1942 年的华北农村.王福明,译.南京:江苏人民出版社,1996:84

⑦ 杜赞奇.文化、权利与国家——1900-1942 年的华北农村.王福明,译.南京:江苏人民出版社,1996:33

以及塑造权力运作的各种规范构成，它包括在宗族、市场等方面形成的等级组织或巢状组织类型。……这些规范不能用市场体系或其他体系来概括或取代，它是由各种集团和组织交织而成的天衣无缝的一个网络。……任何追求公共目标的个人和集团都必须在这个网络中活动，正是文化网络，而不是地理区域或其他特别的等级组织构成了乡村社会及其政治的参考坐标和活动范围”[①]。不同于前述的村落、宗族和市场，文化网络的概念并非是一个有形的社会实体结构，而更接近虚指的权力结构。杜赞奇指出，国家政权建设进程摧毁了传统乡村权力的文化网络，在导致乡村官僚化、行政化及政权内卷化的同时，也加速了乡村的破产和衰败。秦晖同样指出新中国成立后的中国村落所具有的明显共同体特征表现为国家政权向乡村渗透之后的“官制共同体”[②]，已经不同于“满铁”调查时期的共同体。随着农村经济的市场化变革以及城乡统筹的发展，乡村的社会结构变迁研究也更加强调发展的视角。贺雪峰指出中国乡村社会结构存在明显的差异，形成分散型、团结型和分裂型三种乡村类型。分散型乡村，即在乡村内部缺少紧密相连的具有集体行动能力的农民集群，每个农民都是相对独立的，是原子化的，是分散的；团结型乡村是指因为血缘与地缘的重合，乡村社会结构相当紧密；分裂型乡村是指一个自然村一般都分裂为数个相互竞争的“小亲族”[③]。从该视角出发的学者更关注乡村社会结构的动力机制、乡村社会结构和秩序重建等方面的研究。李强彬等认为当代中国的乡村无论在经济、政治，还是在思想文化方面都正在经历深刻的社会转型。其中一直都存在两种不同性质和向度的力量：一是以国家强制力为后盾的自上而下的政治和行政控制力量；一种是乡村自身的内生秩序控制力量。[④] 马克思和

---

① 杜赞奇. 文化、权利与国家——1900－1942 年的华北农村. 王福明，译. 南京：江苏人民出版社，1996：14

② 秦晖. 传统中国社会的再认识. 战略与管理，1999(6)：62－75

③ 贺雪峰. 论中国农村的区域差异——村庄社会结构的视角. 开放时代，2012(10)：107－127

④ 李强彬，向生丽. 转型社会中乡村精英的变迁与乡村社区治理. 兰州学刊，2006(4)

恩格斯认为正是城市孕育了社会主义:城市生活将人们从“农村生活的愚昧状态”中解脱了出来。[①]

延续前人关于“乡土中国”的学术遗产和思考,当代诸位学者关于中国乡村社会结构和基本特质的论述值得关注。一是贺雪峰先生汇编十几年的乡村调查资料,结合2000年左右中国乡村发生在国家与农民关系的巨变、乡村社会基础结构之变和农民价值之变三个层面的变化,提出“新乡土中国”[②]的概念以与传统社会下的“乡土中国”进行区分,记录中国当代乡村的日常,并对其中显性化的若干问题进行了相对泛化而举证鲜明的探讨。二是陆益龙从经典论题“乡土中国”的假设出发,认为经历现代化变迁的乡土社会具有“后乡土性”。与乡土中国所处的封闭环境不同,后乡土中国所处的时代特征和性质是现代化和市场化,所面临的基本问题是“农民何以获得公平的市场机会”[③],实际上就是农民的出路问题。陆益龙提出通过在政府、市场和社区之间形成良好的协作机制,形成乡村发展的合力,[④]进而推动农村和农民的有效发展,并从矛盾焦点、存在要素以及治理和发展道路等方面展开了相关论述。三是周其仁关注中国地权的演变路向,借城乡之分野,剖析中国特色的城镇化,提出从“乡土中国”到“城乡中国”[⑤],土地改革不彻底,这集体化制度的残留仍顽强存在,呼吁以市场机制引导资源流动和集聚,把土地的转让权纳入合法框架。四是黄宗智从历史的纵深观出发,比较分析18世纪以来中国与英国以及东亚各国的农业发展和变迁,阐述了中国小农经济的过去和现在,并且将中国与其他地区进行横向比较,得出中国正在进行“隐性农业革命”[⑥],并指出其动力来自于食品消费变化导致的农业结构调

① 肖特.城市秩序:城市、文化与权力导论.郑娟,梁捷,等译.上海:上海人民出版社,2010:109

② 贺雪峰.新乡土中国.北京:北京大学出版社,2013

③ 陆益龙.后乡土中国.北京:商务印书馆,2017:25

④ 陆益龙.后乡土中国.北京:商务印书馆,2017:32

⑤ 周其仁.城乡中国.北京:中信出版社,2017:553-557

⑥ 黄宗智.中国的隐性农业革命.北京:法律出版社,2010:10

整，以及非农经济带来的农民收入结构调整。

三、民宿经济现象与莫干山民宿研究

自从有了商贸往来就有了客栈和旅馆，当代民宿经济是这一历史文化的延续。近年来的乡村建设的大发展，促进了乡村旅游和民宿经济的发展。从现有的民宿研究的状况看[①]，由于国家政策迭出有力地推动了中国美丽乡村建设，民宿经济伴随旅游经济的发展，成为福民富民的一个发展经济业态，社会民众对民宿的关注度越来越高，在很大程度上成为人们旅游的重要首选内容和投资选择之一，在这样的大趋势下，民宿的学术研究也应运而起，并成为乡村建设关注的焦点之一。

1. 民宿的概念起源和文化流觞

"民宿"就范畴和概念而言，是一个近现代的语汇。在全球化的潮流中，地方文化以其特有的方式生长着。[②] 民宿伴随文化的全球化而发展，同时作为地方文化符号的写照，都能够在当地文化生境中以不同的范式呈现出自我民族的味道。追究其语汇来源，通常情况下有两种说法。

一是民宿的英国起源说。20 世纪 60 年代，英国出现了 B&B (Bed and Breakfast)的休闲度假方式和乡间经营方式。B&B 就是以家庭住宅为本体经营单位，为旅游者提供住宿和早餐服务，这是欧洲民宿的起源和雏形之一。B&B 之所以最早出现在英国西南部和中

① "2013 年以来美丽乡村建设在全国展开，中央财政补贴有 1146 个乡村"。见：王卫星. 美丽乡村建设：现状与对策. 华中师范大学学报(人文社会科学版)，2014(1)：2

② 欧阳桢. 传统未来的来临：全球化的想象. 见：王宁，薛晓源，主编. 全球化与后殖民批评. 北京：中央编译出版社，1998：57

部地区，主要是因为这一地区基本为农业地带和乡村区域，农场、农庄和庄园众多，前来参观、游玩的人也多。为了增加收入，当地农场、庄园的经营者们，将家中空闲住房对外出租经营，并把自己的庄园打造成和旅游相关的项目，面向大众消费者，[①]取得了惊人的效果。应该说，这种民宿形式也与中国古代民间的客店大体一样。由此可见，民宿最初是一种强调个性化空间的、高性价比的“家庭式服务”经济业态。至今，有些国外学者仍认为“民宿”即指 B&B，并用 Family Hotel、Family Inn、House Stay 等与家庭有关的词语指称民宿。从这个意义上说，“现代民宿”是全球现代化衍生的西风东渐的一种结果。始于英国的民宿 B&B 后来传到了美国、加拿大、日本和法国等国家。特别是中国台湾地区迅速发展起来的民宿，糅合了中国传统，具有台湾本地文化和某种外来文化叠加的特点；还如加拿大的“假日农庄”(Vacation Farm)主张的是欧式的“庄园文化”，人们在假日里能够享受到庄园闲暇生活的乐趣；又如美国的民宿行业发展呈多类型化，或是“居家式民宿”(Homestay)模式，或是“青年旅舍”(Hostel)模式，或是“私宅互换模式”等，根据统计仅 1982 年的美国加州地区就已经有 1200 处民宿，到 1993 年增长到 9500 多处，发展非常迅猛。欧洲作为民宿业的发源地之一，在继承中世纪以来的庄园文化的同时，加以贵族生活的体验内涵(Accommodation in the Farm)，其经营因具有明显的地域特色而具有较好的可持续发展。

二是民宿的日本起源说。行业内也有声音认为国内“民宿”一词来源于日本，“‘民宿’一词源自日语‘minshuku’，来源于 20 世纪 60 年代欧洲星期天假日旅游，后传到日本”[②]。日本民宿有着深厚的社会发展背景。一是日本经济发达，旅游经济已经成为日本人文化生

---

① 以上关于民宿起源的描述，据《两岸民宿比较研究》《国外乡村旅舍开发与经营研究综述》《台湾民宿的特色、空间与型态》等文件综合整理而得。见：杨欣，殷燕. 两岸民宿比较研究. 经济研究导刊，2012(34)：187－190；樊欣，王衍用. 国外乡村旅舍开发与经营研究综述. 旅游科学，2006(3)：47－52；刘书宏. 台湾民宿的特色、空间与型态. 厦门：厦门大学出版社，2009：4

② 李欣. 国内民宿研究综述. 旅游管理，2017(1)

活的一部分。二是日本社会很重视对儿童农学教育的培养，并且学校教育还很重视对孩子动手能力和生存能力的培养。2008年日本总务省、文部科学省、农林水产省三省联合开展“儿童农山渔村交流项目”，鼓励学生到乡村学农，这一政策也是日本民宿业发展的重要推力，要求通过“农户住宿体验”和“农业体验”来培养孩子的生存能力。[①] 三是日本本来就有中小企业、民营个体经济发展的现实基础和政策基础，民宿经济是日本普遍就业和个体经济发展的代表形式之一。大众消费对农户住宿体验——“农家民宿”喜闻乐见，日本经济政策对“农家民宿”的发展起了重要作用。有资料认为，日本民宿是亚洲民宿的主要源头之一，日本在法律体系确立“民宿”的概念是在1994年，当时颁布了《农山渔村闲暇法》相关法规，其中第2条第5项提出了“农林渔业体验民宿业”的说法。20世纪90年代以来，日本城市化高度发展，城市生活方式推向传统乡村，经济的高度发达推动日本社会进入大众消费时代，各种各样的民宿也发展起来。2003年，农林渔业者以面积不足33平方米的简易住所经营民宿得到了官方政策认可，[②]进一步促进了民宿行业的发展。在日本，现代意义上的民宿和旅馆的区别越来越小，这对普遍就业、农民和市民创业是一个很好的鼓励。以前的日本民宿多是房东分割自家多余的房间租借给房客歇脚或暂住，和房客共同使用走廊、卫生间等公共设施，但考虑到卫生和隐私的问题，转向为房东和房客分开居住并且采取正规经营的模式，因此出现了诸多个性化家庭式旅馆，甚至很多小规模的车站旅馆，也可以称之为民宿。因为区别越来越小，根据经营者的喜好，同样的设施可以任性命名为“旅馆”“旅社”“民宿”，或者“客栈”，这也体现了日本民本经济的发展特点和文化特质。

“民宿”在日语中的原意有着“农家民宿”(stay home on farm)的意涵。“农家民宿”的兴起是由于农户、渔家为增加收入，为人们提供

---

① 坊安惠，中村貴子. 体験教育旅行における受入農家民泊の普及過程に関する研究. 農林業問題研究，2013(9)：409－414

② 中尾诚二. 农林渔家民宿相关政策的缓和与民泊的定位考察. 日本农业经济学会2008年论文集，2008：186－193

以土特产和农家生活体验为特色的住宿设施。在日本，民宿主要是民间经营的较小规模的和式房间为主的住宿设施，多数为“夫妻店”。根据《旅馆业法》的分类，取得“简易宿所”许可证之后，就可以进行经营。日本是一个拿来主义的国家，鲁迅对此曾有过专门的论述；在民宿的开发方面，日本最早也同样采取了拿来主义的办法，出现了“洋宿”，也称为“洋式民宿”(pension)，这也是中国的“洋家乐”的样板之一。“洋式民宿”在日语中称为“ペンション”(pension)，其选址和农户、渔家类似，多出现在滑雪场、旅游胜地、避暑胜地等周边，不同之处在于建筑的外观、内饰以及餐饮形态都结合了西方文化。福岛明彦氏的网站说，“pension”也有“养老金”的意思。在法国等，退休后靠养老金生活的老年夫妇会把家里的空房间(孩子长大离家之后多余的房间)出租，提供给学生或旅游者。据说从那以后就产生了家庭旅馆，也是“民宿”起源的一种说法，也是“洋家乐”的起源的一种说法。日语中有很多中文词汇可以用来描述各种客店情形，种类名目繁多，常见的有：旅馆、民宿和民泊，也有外语：ホテル等。每种说法不仅仅是名字不同，语感也不同，更重要的是名称所体现客店的规模、特色和档次也是不同的。日本的《旅馆业法》早在 1948 年 7 月 12 日就公布了，对客店的建筑形式、设备要求、规模等都有相应的规定。“ホテル”是英语 hotel 的译音，一般翻译成宾馆和饭店，是西式宾馆的一种表达；宾馆的房间数有规定，最低要求有 10 间以上，每个房间的面积不能低于 9 平方米。以中文表达的“旅馆”比较具有日式风格，相对于洋式宾馆来说，以和式房间为主，房间也比较少，房间不少于 5 间，每个房间的面积不低于 7 平方米；最大的卖点在于一泊二食，这恰恰是中国当代民宿的经营方式之一。在日本的语意和语感中，“民宿”是比“旅馆”更小规模的客店，最早是渔民或者农家个体经营，并以当地新鲜食材和村庄的旅游景点、历史故事为卖点；按照旅馆业法的规定，客厅要在 33 平方米以上，一般最多 10 人入住，人均不低于3.3平方米，这是日本的一种文化风格。“民泊”就更小了，可接待人数一般不超过 4 人，而且很不正规，有时就是公寓里的一个房间，甚至有的没有取得合法的经营许可。

在《词源》里找不到"民宿"作为中国古典词汇的最早出处，从一般意义上理解就是"民间开办的小型旅馆"，就其发展的历史来讲，却有着漫长而悠久的和复杂的历史。旅店在中国历史上的产生是很早的。有学者认为："在中国，自从建立了奴隶制国家和封建王朝以来，古代旅店就开始了自己的经营史。"[①]这一结论似乎又过于宽泛。实际上，早在原始社会末期，由于已经有不同部落之间的往来贸易了，自然就有了商旅存在，也就必然会有客店、宾馆类的经济业态存在。原始社会末期虽然没有文字记载，但当时的贩运交易和以货易货的贸易还是存在的，如在北方一些原始社会遗址中考古发现的大量产于沿海地区的贝币和装饰物等；在沿海地区墓葬中发现内陆的原始陶器、玉器等，则证明这一时期的远距离贸易和简单商品交换的存在，有远距离商品交换，相应地就会有客店存在。《尚书》载夏代时，殷商的先祖"肇牵车远服贾"，[②]就是这个时代的写照。到了商朝，商业贸易已经有了明确记载，有贸易必然有行商，供商贸往来客人住的宾馆类的居所商代已经有了。《诗经·大雅·公刘》载："……京师之野，于时处处，于时庐旅，于时言言……于斯馆。"商以后及西周时代，与旅馆、客栈相关记载则开始明确起来，对商业贸易和宾馆都已经有制度性设置和安排。《周礼》记载："凡国野之道，十里有庐，庐有饮食；三十里有宿，宿有路室，路室有委；十五里市，市有候馆，馆候有积。"西周时期的文献清楚地记载了宾馆在各诸侯国之间往来、民间贸易和日常生活中的作用。《礼仪·公食大夫礼》说："有司卷三牲之俎，归于宾馆。"这些是诸侯国的国与国之间的宾客驻地，显见各国之间的贸易往来是非常频繁的。春秋战国以后，私人工商业兴起，各种各样的客店应运而生。《国语》《左传》《春秋》和这一时代有关的书，几乎都有相关的馆舍制度记载。其中有官方的宾馆，也有民间的"寄寓"和"施舍"。[③]《逸周书·大匡篇》记载："告四方游旅，旁生忻通，津济通道，

① 叶全良.世界饭店业的形成与发展.中南财经政法大学学报，2003(1)：120－126

② 尚书·酒诰。

③ 国语·周语："定王使单襄公聘于宋。遂假道于陈，以聘于楚。……司里不授馆，国无寄寓，县无施舍。"

所至如归。”孔子周游列国，想必也是住过宾馆吧。

“旅”字，词意有“客处”“寄旅”之意。《左传·庄公二十二年》：有“羁旅之臣”载述。《词源》载：“旅”意为“客”。《易经》：“先王以至日闭关，商旅不行。”《释文》说：“‘郑(玄)’曰：资货而行曰商；旅，客也。”《礼记》中就有记载说：“曾子问：三年之丧练，不群立，不旅行。”可见，“旅行”似乎已经是生活中的常态。春秋时代典籍记载的相关名称还有“旅人”[①]“旅次”[②]等，“旅次”就是旅店。春秋时期商贾通商，往来于各诸侯国，春秋战国时代的“国”即为“城”，城市与城市之间的贸易已经成为日常生活的一部分，相关旅馆业也比较发达。《礼记》中讲的君子于学，其中就有“学焉”“息焉”“游焉”，“游”必居处，而“逆旅”就是旅游人的居处，这时的“逆旅”作为酒店的名称广见于先秦文献。还有与之相关的“旅邸”等名称则见于战国至秦汉时期各国往来的记载当中，也称为“客馆”。《史记·范雎传》载：“魏使须贾于秦，范雎闻之，为微行，蔽衣闲之邸。”这里的“邸”，专指客馆，官方的。“邸店”的“邸”专指“旅会”“客店”，则源于战国。《左传·僖公二年》记载：“今虢为不道，保于逆旅。”杜预注：“逆旅，客舍也。”可见，旅馆、客舍是国家往来和商贸经济生活的重要组成，且已经有一定规模和普遍性了。正因为如此，以“重农抑商”为主张的商鞅上书，提出“废除旅馆令”。《商君书·垦令第二》有《废物逆旅令》说：“废逆旅，则奸伪、躁心、私交、疑农之民不行，逆旅之民无所食，则必农。”商鞅说：废掉客店有很多好处，农民可以专心务农，又可以限制人口流动，百姓老死不相往来，没有“躁心”私下交换，国家便可安定。历来强调以严法治国的商鞅提出《废逆旅令》在中国的历史上占有重要位置，特别是经济发展史上有着非常特殊的意义。一方面说明中国先秦时代商业贸易发展比较快，另一方面说明当时的人口流动也比较频繁，民间旅馆发展也较快，多到已经使统治者担心，多到关乎国家存亡了。先秦时代的很多政治家，过度“重农抑商”，是中国传统文化的重要内容。商鞅认为

① 国语·晋语八：“旅人所以事子也，唯事是待。”
② 周易·旅：“旅即次。”注：“次者，可以安行旅之地也。”

商贾过多、旅店过多既会影响社会治安，也会影响农业的发展甚至关乎国家安全。但是，《废逆旅令》的意义之所以深远的原因在于，中国有关"公营"还是"私营"经济体的合法性问题，从古代起就开始争论了，一直争论了两千多年，甚至在今天还在争论，特别是对民营经济的限制在中国历史上是有记载和经验的。

在中国历史上，前有先秦时代商鞅的《废逆旅令》，废民间旅馆；后有西晋时潘岳上书《上客舍议》，专门为鼓励民间宾馆的发展而发声。潘岳的《上客舍议》阐述并说明了汉到晋时期民间客店的特点与繁荣，从其论述中可以看到当时是"近畿辐辏，客舍亦稠。"商鞅"废逆旅令"是专门废除民间旅馆，而魏晋时期潘岳的《上客舍议》专门主张发展民间旅馆和民间商业。当时的情况是民间的旅馆和官方的旅行馆"公私满路"。潘岳在上书中说："逆旅，久矣。其所由来也，行者，赖以顿止，居者薄收其直，交易贸迁，各得其所。"潘岳指出：客店的发展已经很久了，旅行和商人依靠此而休息或交易，而"居者"可以"薄收其直"，有薄利可得，商人、民宿经营者和国家都会得到利益。其意涵是通过发展宾馆可以让农民富起来，其意义非常重要。官方的旅馆在他看来以公费公食为主，多有弊端，官商、官办不如开利为民；且民间旅游者多，不仅能够让老百姓有收入，还可以使地方社会治安稳定。在中国文化的底色上，中国的官营民营之争一直是永不闭幕的话题。"邸"，在南朝时也专指旅店和宾馆。《昭明文选》曰："出入平津邸，又见孟常尊。"[①]"邸"又称为茶馆酒店，《梁书·武帝纪》记载，时曾"淫酗酒肆，酣歌炉邸"。[②] 正式的"旅馆"之称也见于南朝，《昭明文选·谢灵运·游南亭诗》："久痗昏垫苦，旅馆眺郊歧。"如果能在诗文中体现"旅馆"的名字，应该是既普及又有一定文化意向的表达。到唐朝时，旅馆更为普遍，高适的《除夜作》："旅馆寒灯独不眠，客心何事转凄然。"如"旅店"之称也见于《全唐诗》："晓发昭应：旅店开偏早，乡帆去未收。""客店"名称也始见于唐，白居易《长庆

---

① 萧统.昭明文选(全五册).于平，等注释.北京：华夏出版社，2000

② 梁书·武帝纪。

集》(卷20)《闲夜咏怀因招周协律刘薛二秀才》有"高置寒灯如客店,深藏夜火似僧炉"。更可以从李白的游历诗当中,便见当时旅行和游历山川大河时尚风气之盛。当时的旅店、客店既是商人必经之所,也是文人墨客往来必经之处。在唐代这种民间客舍的普遍,从唐代的诗人游历的故事和诗词中有充分的反映。

中国古代旅店官办和民办旅馆之别,其承担的责任和工作也有所不同。官办以驿站传递信息、官员上任、巡察、迎送接待官员和外国往来使者宾馆为主要工作内容,"客邮"①"驿站""客馆""宾馆"等则大体属于这一类,其中如"客馆"在春秋时期的文献中有记载,有"郑穆公视客馆"。《国语》里说:"敌国宾至,关君以告,行理以节逆之……宾入如归,是故大小莫不怀爱。"这时期能够有"宾至如归"一词的应用,可谓以管窥豹、见其一斑了,即旅馆的经营、业务形成、服务方式已经有一套相对成熟的行为和过程,只有这样,才能宾至如归,既显见中国旅馆业的历史悠久,又显见中国旅馆文化之传统。由于是这一时期各种官方宾馆文化和地方文化的种种诉求,宾馆客店的形态各有所异。南朝时代,专设有官名叫"客馆"②来掌管四方驿站和客店的管理,官方办的驿站和客店通常需要有官方各种文牒才能入住,并且全由国家承担,亦无花销,一应俱全。③ 各种文牒每个时代都有其特殊的讲法和名称。春秋战国时叫"节",汉代称"目椟""符卷"等。西汉时期,官方已经集中发展了,有"宾馆和客店群""宾馆街"等,如有"王邸""列侯邸""郡邸"和"蛮夷邸"等,被称为"群邸"的是供各地官员进京住宿区,外国使臣、客商则集中住在当时的"藁街"上,唐以后又叫"过所""驿卷"等。元朝时,一些旅游家和传道士到中国来,出版了很多游记和见闻录,记载了当时官方旅店和驿站经营状况,从中可见官方驿站的管理方式和旅店的一些文化。据《东域纪程录丛——古代中国闻见录》一书中的《沙哈鲁遣使中国纪注

① 沈构.西溪集(二).和中甫新关湖诗:"十年人事都如梦,犹识源边旧客邮。"
② 南齐书·百官志:"客馆令,掌四方宾客。"
③ 新五代史·卢文纪传:"自唐衰……进奏官至客次通名。"

释》(1419—1422年)中记载:“(明朝万历年间)8月24日,使团抵达中国本土边境,中国官员来迎,再前行一段路程,使团看到沙漠中建起一座高台,台上有帐篷遮蔽烈日风雨,并为使团摆设盛宴,宴席精美,很多城市亦难为之。使团所有成员均获得各种食品,并受诸多礼遇。宴毕,中国官员请诸位使节签注表册,说明使团人数,大人们声明表册所书全为实情。随行之商人被列入侍役之中。为了使人视之为使节随行人员,这些商人皆自愿于各位使节身边侍奉。使团一行计五百一十人。”[①]游记中还记载,沿途有很多驿站,“使团夜宿驿站,从肃至汉八里全途有驿站九十九所,每夜寄宿不仅供给饭食,还有仆侍、床铺、被褥使用”。[②] 根据当时的一些记录看,道路不仅有驿馆,[③]还对旅游者提供保护,[④]“旅游中设备齐全,所需一切均已备置”。[⑤]

“邸店”名称首见于南北朝,为民间私人开设,交通私人邮政也逐渐发展起来。另外,还有“旅舍”“野店”“客店”“客舍”“客亭”“客邸”“客邮”“客馆”“递铺”“逆旅”“馆”“舍”“驿传”“客次”“驿”“店”“邸”等名称。中国古代旅馆种类、名称繁多,内涵杂义,之所以这样,是由于各朝历史政治的文化背景不同,机构设置和民间文化发展异化所致,又因为地区语言、方言差异对各种各样的旅馆的理解和认识有差异。比如“马日传”“驿传”等,又由于中国旅馆、客栈和驿站有“官”和“民”之分,中国历史上一直存在两种利益博弈,国家政策时扬时抑,导致民宿不得不顺应时代而变。隋唐以降,不仅传统贩运商业越来越繁

---

① 裕尔,著,考迪埃,修订.东域纪程录丛——古代中国闻见录.张绪山,译.北京:中华书局,2008:237

② 裕尔,著,考迪埃,修订.东域纪程录丛——古代中国闻见录.张绪山,译.北京:中华书局,2008:239

③ 裕尔,著,考迪埃,修订.东域纪程录丛——古代中国闻见录.张绪山,译.北京:中华书局,2008:109

④ 裕尔,著,考迪埃,修订.东域纪程录丛——古代中国闻见录.张绪山,译.北京:中华书局,2008:102

⑤ 裕尔,著,考迪埃,修订.东域纪程录丛——古代中国闻见录.张绪山,译.北京:中华书局,2008:243

荣,而且国际商贸也有一定程度的发展,所谓称为"逆旅"等名称的酒店、民宿也普及性地发展起来。《太平广记》16卷、24卷记载的很多民间逸事都发生在宾馆里,如有经商者经营多年后发了财,修建了有100多间旅舍,并让一些穷人居住来往。最值得一提的是元朝时期的鄂多立克,他是继马可波罗之后著名的意大利旅行者。他到过包括广州、泉州、南京、扬州等在内的中国很多城市,在杭州他惊呼,"这个名字义为'天堂之城'"①,"它是世界上最大的城市(确实大到我简直不敢谈论它),……四周足有百余英里,其中无寸地不住满人。那里有很多客栈,每客栈内设十或二十房间房"②。这种结构、旅店的大小与当代的民宿的存在样态相差无几。元朝时期因为旅客的需要,遍设屋舍庭院作为客栈,称作"驿站"。驿站中备有各种生活必需品,无论旅客境况如何,免费供给两餐。③ 到了清代,"商馆""客店""递铺""驿站"等仍然是名称繁多。《光绪会典》记载:"凡置邮曰驿、曰站、曰塘、曰台、曰所、曰铺,各量其途之冲僻而置焉。"华夏文明几千年的历史上,关于旅馆名字的文化也突显民间客店的时代文化特色。无论是官方的还是民间的,到后来,在名称上已经很难辨别了,这一方面说明地方贸易活跃,另一方面也说明中国的时代变化和方言文化的地方多样性。

我们熟悉的"饭店"一词则始见于元代,挂此字号的多是民间饮食店或兼营住宿的饮食店。现在,饭店则是提供食、宿、行、娱、购等综合性服务的商业性的公共场所,是现代饭店的主要称谓。"客栈"一词出现的也比较晚,是中国民间地方语言应用的一个范例。《辞海》称"客栈"是旅店的别名。章炳麟在《新方言·释宫》中说:"行旅所止之屋,谓之客栈。"在传统汉语中,"客栈"是旅舍和商旅货栈一体的商住的场所,一般是比较简陋的旅馆,兼有供客商堆货并代办转运的地方。吴沃尧在《二十年目睹之怪现状》一书中曾

①② 乞拉可思·刚扎克赛,鄂多立克,火者·盖耶速丁. 海屯行纪——鄂多立克东游录:沙哈鲁遣使中国记. 何高济,译. 北京:中华书局,2002:67

③ 乞拉可思·刚扎克赛,鄂多立克,火者·盖耶速丁. 海屯行纪——鄂多立克东游录:沙哈鲁遣使中国记. 何高济,译. 北京:中华书局,2002:77

描述，上海码头上各等人士，其中就有专门往这种客栈拉客、接客的伙计。客栈在沿海一带和水乡、水路商业较为发达的地区比较多，往往是商人和驻客的“商驻”之地，既是客店，又是货物的储存站。无独有偶，鲁迅当年在《伪自由书·〈杀错了人〉异议》中也提道：“北京城里，连饭店客栈中，都满布了侦探。”可见，客栈是一般的小店。中国历史上的客栈，具有典型的传统民宿特征：由农民或市民自己开办经营小型旅游，虽然多种多样，但是传统社会因为是小农经济一直受打压的，民宿经济几经起伏往往伴随经济的波动而波动。当代的中国在民宿经济的影响，以客栈命名的酒店也越来越多。甚至有些高档的精品酒店也以客栈命名。客栈多是以家庭式经营模式为多，规模较小，服务于来往贩夫贩妇和一般的商旅。由于是利用自己家庭住宅房屋改造而成，这往往是中国民间个体经营的主要方式和类型。民办旅店的发展与中国历史朝代的经济发展情况、市场制度和交换深度及广度呈正相关，中国的传统商业和贸易在唐宋时期达到了繁荣发展的高峰。据宋代孟元老的《东京梦华录·大内前州桥东街巷》记载：“临汴河大街……街西保康门瓦子，东去沿城皆客店，南方官员、商贾、兵级皆于此安泊。”宋代诗中另有“数辰竟一夕，邸店如云屯”的描述。[①] 在当时的民间记事和小说中以“客舍”“邸店”为题材的很多故事，皆指小规模的民间旅店，由此可见宋代民间旅店的密集繁盛。而在旅馆的选址、经营、管理等方面，各时期均出台不同政策。

2. 民宿的学术定义和地方探索

从世界范围来看，现代民宿经济的兴起与全球旅游市场一体化和旅游市场网络化的形成有某种关联。任何一种文化现象，其发展过程中都具有发源的多元性和表现形式的多样性。从全球民宿的演化中我们不难发现，民宿作为一种经济模式和地方性文化的表现，其

① 孟元老. 东京梦华录. 郑州：中州古籍出版社，2010

发生与发展不仅是多源的，也是多元的，而且是多类型和多特点的。现代性意义上民宿的发展轨迹，其发展本身是与现代化、城市化水平相联系的，从全球化的角度也可看作是“西学东渐”+“本土化再造”的一种文化体现。民宿经济发展快速的这些国家和地区，也是经济增长较快、旅游业发展水平较高和市场自由度比较高的国家和地区。从不同国家和区域的发展水平来看，特别是从地方性文化类型来看，民宿分可分为中国传统模式、中国现代模式、中国浙江模式、中国台湾模式、欧美家庭模式①、欧洲农场模式、欧洲庄园模式、美洲青旅/家庭模式、日本传统模式、“日本洋式民宿”和中国的“洋家乐模式”等。特别值得关注的是，英国在市场经济的理论上有独特的视角，对个体经营的模式有一个普遍的共识，即“一个民营店铺就是一个中产阶级的家庭”②。这一理念的价值所在就是，民营经济的个体的生存方式，一个小小的民宿是自己创造的就业环境、生活方式和发展基础，这种富民经济发展方式其前提是社会保障和政策的延续性。从世界范围看，民宿经济的繁荣和壮大已经不失为一种富民经济的表现。

表 2-7 部分世界民宿模式列表

模式	代表国家/地区	特点
农场式	英国、法国	英国为民宿起源地，B&B 的经营方式为主，多位于乡村地区； 强调优先保护农舍，结合农场来开发，住宿为副业，住宿者可体验农庄生活； 价格低廉，对于普通大众有吸引力

① 美国和欧洲有种方式，即家庭互换模式。任何家庭可以在网上挂上自己家庭作为家庭旅馆，有图片介绍，如果双方达成协议，互相认同以后，可以到对方的家庭住下来，就犹如家庭宾馆一样。

② 徐澜. 留住传统的“工匠精神”. 浙江日报，2015-12-11；又见：郝天石. 电商适应了“快餐时代”. 中国储运，2016(1)

续表

模式	代表国家/地区	特点
青旅/家庭旅馆式	美国	发展相较欧洲晚，居家特征明显，以家庭旅馆（homestay）、青年旅舍（hostel）等为主要形态，价格便宜； 美国西部出现较多牧马场民宿，能够享受自由生活，很多美国当地人与孩子一起去度周末
地域特色式	日本、中国、泰国等	日本和中国台湾的民宿在亚洲起步早，注重地域文化的融入和不同主题风格的营造，逐渐向高端化、精品化方向发展； 中国大陆地区目前发展主流以中低端的民宿为主，高端市场仍开发前景广阔； 东南亚地区的民宿以体验当地民俗风情、自然风光为主，注重优质服务

中国近现代的民宿，一方面保持了原有的中国式传统，与中国古代民办旅馆的发展一脉相承；另一方面新建民宿则吸收了国外民宿的一些建设经验、创造的特色、主题和新业态。近代以来，一些从西洋回来的人士，也模仿欧洲的小城镇，建起类似现代经济模式的小型酒店——宾馆和精品酒店。中国近年发展起来的“民宿”最早出现在台湾地区，受日本影响较大，随着民宿在中国的不断发展，学者大都从民宿范畴、概念上加以定义，很多民宿经济发展比较好的地方，政府都体现了某种作为和宽松政策，因为民宿发展既作为一种地方政绩，又作为推动经济发展的一种模式，更可以作为老百姓谋幸福的产业。而且没有政策的介入与管理，民宿经济会进入混乱状态。政府介入其中，一是为了达到统一、有效管理的目的；二是为了能够健康发展；三是能够建构安全的旅游环境。很多城市和地方政府都尝试对其进行定义和规范性说明。但是，由于民宿不是标准化和统一性的产品，即所谓典型的“非标产品”，各地方政府在定义上往往根据自己的理解和认知来描述，因此存在着普遍的差异性，这也是民宿经济的生命力所在。换言之，如果民宿是标准型产品，可能也就失去了民宿文化特质和个性化的文化价值。学术界的研究，往往是见仁见智，

多因学者的知识结构和学科偏好而加以定义，导致对民宿内涵有多种多样的表达。台湾民宿的发展作为大众普惠经济的一种形式，得到了较充分的社会肯定和较充分的发展，发展较早且迅猛。综合多种研究成果可以看到台湾民宿的发展：在 2003 年台湾已有民宿 600 家，正在申请数为 173 家，其中 9 个县市有 65 家合法民宿、总计 280 间房间。2012 年，台湾“观光部”提供的数字是“总计 4044 家民宿，九年多的时间数量足足增加了 574%；其中合法民宿高达 3607 家”。[①] 而到了“2010 年底，台湾合法民宿总数已达到 5200 多家，总客房数量超过 21 000 间，总数量仍以较高的速度增长”。[②] 2015 年 4 月，台湾“观光局”登记民宿达 58 470 家。[③] 从民宿经济能够反映市场经济的成熟度。

对于民宿定义具有某种权威性，学界的后续研究大多沿袭台湾的表达方式。[④] 其相关的列表是“不完全列表”，仅仅是为了说明不同

① 杨欣，殷燕. 两岸民宿比较研究. 经济研究导刊，2012(34)

② 王伟全，赵丽萍. 国内外民宿发展历史研究. 江西建材，2017(1)

③ 李燕琴，于文浩，柏雨帆. 基于 Airbnb 网站评价信息的京台民宿对比研究. 管理学报，2017(1)

④ 以下学者对民宿的定义，引自：刘书红. 台湾民宿的特色、空间与型态. 厦门大学硕士论文，2009；又见：蒋姝婷. 传统村落民宿及其社区参与的研究——以杭州市桐庐县为例. 浙江大学硕士论文，2015

民宿定义(不完全列表)

学者	日期(年)	定义
何郁如、汤秋玲	1989	以民宅内套房出租给予游客而未办理营利事业登记又实际从事旅馆业务者称之为民宿
郭永杰	1991	民宿是自用私宅将一部分空置的起居室以副业方式经营的临时住宿设施
韩选棠、顾志豪	1992	民宿是农民与休闲者接触的处所……旅客除了与农家交流认识外，可享受当地的田园景色、乡土味觉及民俗文物等
潘正华	1994	民宿之主体系指农民利用其农宅空余之部分房间，将整栋或分栋之农宅出租予旅客暂时居留之行为，而民宿之客体即指旅客投宿于民宅行为
林宜甲	1998	民宿必须先定位是否是旅馆业；管理经营上需有组织；民宿事业有结合周边资源，不管是自然的人文的资源或本身即有资源的特色

地区的学者，因社会发展水平不同，对民宿这个“非标产品”注入了不同的内涵。如城市化发展水平较高的地区和城乡二元结构仍然在深化的地区的学者，各自的理解和认识是不同的。台湾学者从学术角度的定义也与大陆有所不同，台湾的学者在设定民宿概念的时候，一般都没有表达民宿的地域范畴，或城市，或农村，但都与“农民”和“农业”概念相关，这与台湾的城乡差别较小有关。另外，从经营民宿的社会属性的视角看，如果仅仅依据台湾学者的定义，对大陆来说则忽视了一个“企业性质”问题，即“民宿经济”的企业属性及性质——是国营还是私营？是“国企”还是“私企”，在大陆就必然要面临这样的问题。与台湾民营经济的土壤比较深厚有关，无论是民营还是国营，其发展中并没有特殊规定、特殊政策，在台湾民宿经营的企业性质不是一个值得争论的问题。台湾省旅游局（1994 年）的表述是这样的：“民宿”是一种借住在普通民众住宅的方式，并非专业化和商业化的旅馆。学术性的定义一般往往是就概念而论概念，很少确定其内涵价值与特有的社会属性和功能。杨欣、殷燕在《经济研究导刊》发表的论文《两岸民宿比较研究》，其中的《台湾民宿类型》[①]就说明相关的问题。因为民宿经济发展比较快，民宿的市场也在加深，但是台湾民宿的样板性和多类型性对大陆的民宿发展还是有比较大的影响的。

表 2-8 政界民宿定义不完全列表

出处	日期（年）	定义
台湾省：《民宿管理办法》	2001	本办法所称民宿，指利用自用住宅空闲房间，结合当地人文、自然景观、生态环境资源及农林渔牧生产活动，以家庭副业方式经营，提供旅客乡野生活之住宿处所
浙江省德清县：《德清县民宿管理办法（试行）》	2014	本办法所称的民宿是指经营者利用农村房屋，结合当地人文、自然景观、生态环境资源及农林渔牧生产活动，以旅游经营方式，为游客体验乡村生活提供餐饮住宿的接待场所

① 杨欣，殷燕. 两岸民宿比较研究. 经济研究导刊，2012(34)

续表

出处	日期(年)	定义
丽水市:《关于大力发展乡村特色民宿深化农家乐综合体创建的指导意见》	2014	乡村特色民宿是经营者利用农村房屋和院落,结合地域性自然景观、生态环境、人文风情及农林牧渔生产活动,以"慢生活""家服务""趣体验"为特色,为游客提供乡野生活空间
浙江省:《浙江省旅游条例》	2015	利用城乡居民自有住宅开办接待旅游者住宿的民宿
杭州市:《关于进一步优化服务 促进农村民宿产业规范发展的指导意见》	2015	农村民宿是指农民利用自有住宅或其他经营主体租赁农户住宅或闲置的村集体用房、农林场房,经整体设计、修缮和改造,为游客提供住宿、餐饮等服务的经营性场所
深圳市大鹏新区:《深圳市大鹏新区民宿管理办法(试行)》	2015	是指经营者以住宅为载体,结合当地人文、自然景观、生态环境资源及农林渔牧生产活动,根据本办法规定设立的,为旅游者体验乡村生活提供住宿等服务的小型旅游服务设施
黄山市:《民宿客栈安全管理规范》	2016	是经营者利用空闲的房屋,结合当地人文、自然景观、生态环境及乡村资源加以设计改造,主要以家庭经营方式为主,提供住宿、餐饮及乡村体验的场所。民宿客栈的建筑设计、空间布局、装修装饰、服务内容和方式等方面,应体现具有地域、民族或乡土特色的内涵
南京市:《关于促进乡村民宿业规范发展的实施办法》	2017	乡村民宿是指在规划布点村内依法建设的闲置房屋(主要是农民空闲的房屋或闲置的集体用房、农林场圃房屋等),结合当地人文景观、田园风貌及山水形胜等资源,融合农事体验等农业生产活动,经整体设计、修缮和改造,既保持乡村传统风貌,体现当地民居特色、生态环境特点,营造乡村旅居氛围,又能提供舒适、安全、卫生住宿的休闲、度假体验型经营性住宿场所

台湾省是我国最早对"民宿"提出官方定义的地区,中国大陆在近年陆续建立起各地官方的民宿定义。表2-8摘录了目前中国推

出较早、较为具有代表意义的官方民宿定义。从规范性定义角度看差异很明显。台湾省的 2001 年的《民宿管理办法》定义的关键点是“指利用自用住宅空闲房间”，没有限定是农村还是城市。浙江《德清县民宿管理办法（试行）》专指“经营者利用农村房屋”，专门提到利用“农村房屋”。浙江省和杭州市的规定又有差异，一个是“利用城乡居民自有住宅”都可以开发民宿，杭州还专门指出“农村民宿”。2017 年南京政策所表达的是完整的“乡村民宿”的概念，可见，国内对民宿还没有相对统一的认识，这也符合中国当前的实际，因为民宿发生和利用房屋的情况错综复杂，地点有城里、有城郊接合部；住宅有农民自有住宅、村镇集体所有住宅、政府统一流转的住宅、乡间国有林场等多类型的住宅，没有统一的模式可言。另外，大多数民宿的理解与传统的农业和农民的生活、生产相关。

综合各位学者及地方政府的定义，结合国内民宿的发展现状，我们发现目前国内关注的民宿侧重在乡村民宿，而新型的“洋家乐”是中国民宿的升级版，也是在乡村里，或者是为了区别传统“农家乐民宿”而提出的“洋家乐民宿”，而后者也是本文民宿研究及政策建议重点关注的类型。在现当代建构意义上，按照中国民宿发展的不同形态，可细分为农家乐模式、家庭旅馆模式、主题客栈模式、小型宾馆模式和“洋家乐”（高端精品）模式（见表 2-9）。

表 2-9　中国民宿发展模式列表

模式	代表地点	特点
农家乐式	成都五朵金花、高淳国际慢城等	成都是中国农家乐起源地，“农家乐”命名的乡村旅游形式也始于此地；南京高淳是我国第一个国际慢城，二者皆主导乡村休闲； 以农业体验型为主，结合采摘、观光等功能，农产品销售、餐饮、住宿、文化体验等构成主要产业链； 经历原生态式农家乐——乡村品牌农家乐——民俗文化农家乐三个阶段； 政府主导、科学规划，在资金、政策等方面都有所倾斜

续表

模式	代表地点	特点
家庭旅馆式	鼓浪屿、 北戴河等	旅游业发展带动民宿崛起，以家庭旅馆为主要经营形式，客单价偏低； 政府引导性较强，从法规政策和协会机构等方面鼓励并保障其健康发展（例如：政府投资于民居改造、成立管理办公室、主导品牌化包装等）； 注重个性化、文艺范儿包装，主要面向年轻消费客群
主题客栈式	丽江、大理、阳朔等西南古城； 乌镇、同里、周庄等江南古镇	以古城、古镇、大型旅游景区为依托，借力周边旅游资源发展民宿，地域生态及文化特色显著； 主要为主题客栈形式，以居民自发建设和经营为主，利用自有或租赁的民宅独立经营，功能多较为单一； 修旧如旧，注重保护原生态机理
“洋家乐”式（高端精品）	德清县莫干山	外国人背书，最初外国人建设，由此吸引投资者和经营者； “洋家乐”带动农家乐，当地农家乐水平比其他地区高； 民宿集群式发展，反推旅游业，风景成为住宿的“配套设施”，吸纳当地村民就业； 加强品牌保护，完成“洋家乐”有关的各类别商标注册； 莫干山“洋家乐”是中国民宿高端精品化的典型区域，国内几个重要的民宿品牌皆诞生于此

根据以上的分析，可以从五个维度解读民宿：一是经营模式与属性；二是空间结构与形态；三是消费体现功能与价值；四是经营主体的社会属性；五是服务方式与社会互动。从经营模式与社会属性来看，民宿经济是一种普惠就业的项目，就业门槛低，创业过程简单，资金投入少，且因地制宜。从经济社会学的视角来看，民宿是社会经济发展繁荣的晴雨表，也是区域经济繁荣活跃度的一个存在形式，往往是地方政府主动愿意推动的富民项目。从建筑空间结构与文化形态的社会属性来看，民宿是家庭生活的一种演化性表达，即“和家一样”“宾至如归”“比家还好”。那就要求民宿的房间、客厅、卧房等要和家

一样的布局，或者对家庭生活的补充。一般的酒店、旅馆是平地起高楼，新建建筑创意表达不足且房间是标准化的；而个性、家庭氛围、舒适和独立景观是民宿的灵魂。目前看，民宿建筑一般利用原有民居改造而成。民宿经济发生之初，对原有建筑的改造度较低，实际是自家居住的一种附属功能。随着社会需求的增大，旅游经济的发展，消费者的审美品位和文化层次广泛提升，民宿设计愈发强调美感和艺术要求，投资者加大了对原有建筑的改造，即便因结构原因拆掉重建也会进行构架保留，诸如瓦片、砖石、门窗等会得到再利用，以体现原乡原味风情。从消费体验空间的社会属性来看，传统的酒店、旅馆等按照等级的不同呈现出不同的装修风格，或奢华或朴素，但其内部格局一般是固定的，缺少灵活的空间区隔和细节设计。近年来的民宿恰恰在布局和陈设上寻求突破，在追求个性化表达的同时充满投资者或经营者的情怀，民宿内部空间往往是自由的，即使相邻两个房间的格局也不尽相同，一栋民宿中所含的房间数量很少，甚至划分出很大一部分场地作为公共活动空间。民宿多于细节中投注心血，体现主人的品性。从经营主体的社会属性来看，民宿建设运营的过程中往往有房屋所有者或其他当地居民的行为参与，本质上是个体的意愿和行为，这是使民宿“活化”起来并成为乡村建设运动一部分的关键所在。由房屋主人自主经营的家庭型民宿，和由外来者投资、招聘本地人作为管家等服务人员的社会型民宿，都能使游客和本地人得到充分的交流和沟通。民宿成为一种情怀和精神的互动，更有主人的精神。从服务模式的社会属性来看，传统的酒店旅馆具有一套完整的标准化、程式化的管理服务模式，工作人员只需要完成规定动作即可，同时也有一套标准的管理监督体系。而民宿的服务是非标准化的，没有统一的认证和监督体系；更重要的是，民宿强调家的生活体系和样态，其生活方式的示范作用对当地人甚至周边农家乐的日常生活有着深刻的影响，现代生活的一些行为方式通过民宿落地乡村，对当地社区的村民是有一定教育意义的，甚至成为一个村落的生活样板。

3. 莫干山民宿的研究现状

大数据在现代网络技术型发展中,越来越受到人们重视,特别是在学术研究领域的运用,弥补了以往社会科学研究相对精确不足的短板。大数据一般是指"大量、高速,及/或多变的信息资产,它需要新型的处理方式去促成更强的决策能力、洞察力与最优化处理。"[①]对大数据信息处理分析已经成为推动新一代社会科学深入发展的技术手段[②],从而我们认为,逐渐成熟的"大数据"处理分析技术能为我们研究民宿和梳理提供一个较为精准的载体与平台。从一般数据来源看,本研究选取的数据源主要有:一是谷歌图书资料[③],二是中国知识资源总库(China National Knowledge Infrastructure,CNKI),三是"百度指数""微博指数""Google Trend"谷歌趋势。这种资料获取更加具有大众性的关注表达和广泛性的代表性。将以上几种方法结合在一起,对民宿相关数据进行整理分析,能更加精确全面地得到民宿研究现状及发展趋势等信息。

伴随着乡村旅游的发展、乡村建设推进,民宿作为一种非标准化住宿设施开始在各地兴起,有报告将近几年的"民宿热"归功于"浙江'莫干山现象'的形成与影响输出,是各级政府行政手段拉动与新闻媒体,尤其是自媒体推动共同作用的结果"。[④] 在此背景之下,全国各地的投资商、民宿人和学者纷纷前往莫干山去考察学习。面对乡村

---

① 2012年,高德纳公司(Gartner)将大数据定义为"大数据是大量、高速,及/或多变的信息资产,它需要新型的处理方式去促成更强的决策能力、洞察力与最优化处理"。

② Gary King(2009), *The Changing Evidence Base of Social Science Research*, New York: Routledge

③ 截止到2013年,谷歌数字图书资源库的图书已超过3000万种,可供用户进行全文检索和数据分析的书籍高达8 116 746种,词汇量共计8613亿。其中,汉语(简体)书籍和词汇数量分别为30亿和269亿。见:Lin, Yuri, Jean-BaptisteMichel, AidenE. L., etal. (2012), *Syntactic Annotations for the Google Books Ngram Corpus*, Proceedings of the ACL 2012 Demonstration, Association for Computational Linguistics

④ 张希. 乡土文化在民宿中的表达形态:回归与构建. 闽江学院学报,2016(3)

旅游开发不理想的境遇，德清莫干山破题的方式是开辟一条符合自身特色的民宿发展之路，其成功得益于国际化的民宿经营理念——不仅是从发展旅游业的角度，更是充分结合新型城镇化、乡村治理与振兴、新农村建设、乡村创客等内容，丰富旅游业态和内涵。国内学者从社会学、心理学、经济学、管理学、消费行为学等维度出发，对民宿在发展过程中表现出的问题和规律予以分析和探讨，民宿的"关注度"呈现出几何增长的趋势。遗憾的是，综观国内学者对民宿的研究，大部分只将民宿视为乡村建设、乡村旅游中的一个元素，缺乏对民宿文献系统性的梳理和文化延伸性的研究；笔者旨在借助更为科学严谨的测量分析工具，从海量无序的数据中提取出有效、有价值、合理的"数据特质"，通过关系结构重组形成具有一定规律的"数据丛"。再通过网络关系分析和空间分布分析等算法计算出数据词频比例，最终形成所需要的"数据模式"。谷歌图书、百度指数、微博指数等数据平台都具有充分的规模性、跨度型和代表性，但也存在部分词汇收录的延迟性和局限性，为尽可能地减少误差，我将综合多平台的数据，通过计算来逻辑性地假定民宿这一词汇的"文化影响力"，如知名度、社会关注度等，从侧面发现层层落实民宿相关的一般特征和趋势。

表 2－10　谷歌图书关于民宿关键词条的统计量

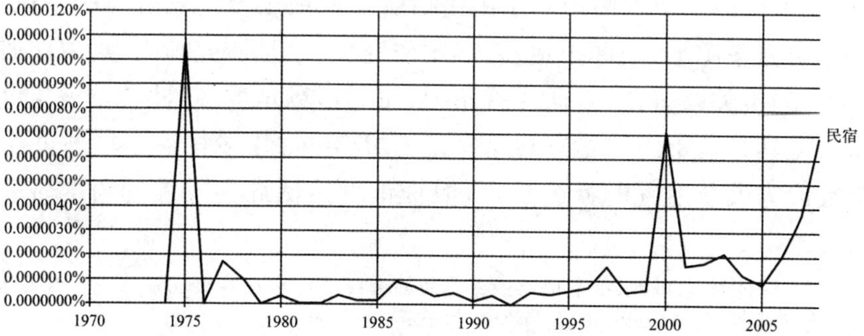

基于谷歌图书的关键词条统计，民宿有 80 100 条，其中莫干山民宿有 1950 条。从搜索的峰值时间看，出现过三个高峰：20 世纪 70 年

代正是英国、日本民宿风生水起的时候;2000年前后,正是台湾民宿标准出台、民宿管理规范化的时期;2010年前后,正是莫干山民宿声名鹊起的时候。截止到2017年12月底,在中国知网数据库中,与关键词“民宿”直接相关和间接相关的文章(包括报纸等新闻类文章)共计27 052篇,诸多文章不是研究民宿本身,而是在研究旅游和乡村建设的过程中涉及民宿的相关问题;其中篇名中包含“民宿”的共计1341篇,主要是建筑改造、消防管控和民宿政策法规等主题内容;与“莫干山民宿”相关的文章共计142篇,聚焦在建筑类、景观类、政策法规类和消防类等四大领域;篇名中包含“莫干山民宿”的共计5篇,多从旅游经济、景观设计角度出发,真正从社会学、城市社会学的角度研究“莫干山民宿”的文章几乎没有。为数不多的几篇令人深刻的研究例如:将“洋家乐”归纳为族裔特色的“生态循环”商业运行模式,并分析了“洋家乐”族裔经济的经济业态、规模和空间分布、社会网络、运作模式以及形成机理①;立足于美丽乡村的视角,探讨了德清“洋家乐”乡村度假旅游的发展模式,及影响乡村度假旅游发展的主要因素,并对其未来的发展提供了需求导向开发、专业化经营与产品理念塑造三项模式选择②;探讨“洋家乐”集中区三九坞(山鸠坞)的建筑文化、景观文化、社会文化、经济文化、理念方面在乡村旅游“洋家乐”之后的变化,提出乡村旅游开发的文化保护路径③。根据上述统计,至少可以看出现阶段莫干山民宿研究呈现出至少三方面的特点:一是研究来源上,新闻报道多,学术研究少;二是研究精力上,主题研究少,间接关联多;三是研究视角上,旅游市场角度多,社会发展角度少。尤其是莫干山民宿在过去的5—10年间,几乎每隔一段时间都能够成为大众追逐的社会热点,但真正直接从社会发展的角度研究

---

① 刘传喜,唐代剑.乡村旅游新业态的族裔经济现象及其形成机理——以浙江德清地区为例.经济地理,2015(11):190-197

② 熊元斌,王婷.美丽乡村视角下度假旅游发展模式研究——以德清“洋家乐”为例.荆楚学刊,2016(10):34-39

③ 姜舒雅.乡村旅游背景下的乡村文化变迁探析——以德清三九坞“洋家乐”为例.经济研究导刊,2015(16):267-268

莫干山民宿的学术研究成果欠缺,为后来的研究提供了广阔的空间,但也增加了研究的难度。

显然,民宿现象是中国当代经济发展,特别是乡村经济社会发展和治理的伴生现象,其发生与发展不是孤立的或偶然的,乡村旅游经济的发展有力地催生了民宿经济的成长,国家的美丽乡村建设也是民宿经济发展的主要动力之一。从一般与民宿相关联的"关键词"可以看到(见表 2 - 11),"乡村旅游"是排第一位的——从某种意义上说,乡村旅游基础建设完善的地方、乡村旅游经济繁荣的地方,也多是民宿经济发展较好的地方。墨顿所提出的"社会学好恶交织"可以应用到对整个现代性生存条件的解释,而旅游则是对现代性生存条件的"好恶交织"的反映和体现。正如对"离轨"现象的研究有助于对"正常"现象的理解一样,对旅游(即对"正常社会"的超脱行为)现象的研究,有助于加深对"正常社会"的了解。[①] 在主体研究中,人们对乡村建设的政策主张的"问题对策"排第二位。一方面表明乡村发展的确还有很多问题需要解决,另一方面也反映了大众对乡村存在的问题关注度较高,如土地确权、乡村治理等内容。排第三位和第四位的是与乡村旅游关联的"休闲农业"和"民宿产业",与随后的"共享经济""全域旅游""社区营造""规划设计""美丽乡村""观光农业"等都会发生关联,和乡村的整体经济发展联系在一起。这些关键词反映的是乡村研究的关系图谱,民宿经济正是其中关键的一环,也是乡村建设和乡村振兴的关键环节。

表 2 - 11　"民宿研究"相关关键词

排名	关键词	关键词频数	排名	关键词	关键词频数
1	乡村旅游	822	4	民宿产业	395
2	问题对策	480	5	发展模式	275
3	休闲农业	422	6	规划设计	252

① 王宁.旅游、现代性与"好恶交织"——旅游社会学的理论探索.社会学研究,1999(6)

续表

排名	关键词	关键词频数	排名	关键词	关键词频数
7	美丽乡村	206	20	精准扶贫	66
8	现状保护	195	21	供给侧	65
9	传统村落	177	22	农家乐	64
10	可持续发展	157	23	特色小镇	63
11	台湾民宿	128	24	景观设计	60
12	新型城镇化	126	25	新农村建设	58
13	旅游业	117	26	民宿开发	54
14	共享经济	108	27	社区营造	51
15	全域旅游	98	28	古村落	50
16	观光农业	92	29	文化旅游	50
17	都市农业	82	30	影响因素	47
18	生态旅游	80	31	互联网＋	45
19	SWOT 分析	73	32	传统乡村	42

“莫干山民宿”相关的关键词更能深刻反映研究者的视角(见表2-12):通过分析可以看到,在“莫干山民宿”的研究者视野中,突出关注“区位研究”,这与一般学术研究的规范和逻辑较为一致。人们对“区位”的认知首位度非常高,这种高关注度提醒我们必须思考:民宿经济板块的崛起和“洋家乐”的发生,为什么在莫干山而不是其他,为什么莫干山能够成为“洋家乐”新型民宿的摇篮?同样,与莫干山民宿相关的研究,因为主题聚焦、地点明晰,也表现出了某种学术导向的思考,如相关的研究显现了“民宿产业”“城市社会学”“文化资本”、县级经济、特色小镇、建筑群等时代特色。

表 2-12 “莫干山民宿”相关关键词

排名	关键词	文章频数	排名	关键词	文章频数
1	区位研究	26	3	乡村旅游	6
2	民宿产业	8	4	洋家乐	4

续表

排名	关键词	文章频数	排名	关键词	文章频数
5	农家乐	3	12	新模式	1
6	全域旅游	2	13	县级经济	1
7	景观营造	2	14	城市社会学	1
8	民宿集群	2	15	文化资本	1
9	特色小镇	1	16	品牌化	1
10	建筑群	1	17	旅游产业	1
11	民宿旅游	1	—	—	—

表 2－13　“乡村建设”相关关键词

排名	关键词	关键词频数	排名	关键词	关键词频数
1	美丽乡村	1232	11	可持续发展	72
2	新农村建设	772	12	城乡一体化	67
3	乡村旅游	481	13	乡村景观	57
4	乡村文化建设	272	14	传统乡村	53
5	梁漱溟	180	15	晏阳初	50
6	生态文明	124	16	乡村模式	45
7	乡村治理	96	17	乡村现状	42
8	社会主义新农村	89	18	乡村医生	37
9	新型城镇化	76	19	乡村教师	37
10	乡村规划	75	20	乡村农民	31

乡村建设概念提出的历史比较久，梁漱溟先生的“乡村建设理论”已经成为中国乡村建设的样本。在“谷歌图书”中相关关键词的词汇量及图书量是：乡村建设 624 000 条；农家乐 18 700 条；“洋家乐”488 000 条。而截止到 2017 年 12 月底，在中国知网数据库中，与关键词“乡村建设”相关的文章共计 146 647 篇，其中篇名中包含“乡村建设”的共计 15 526 篇；与关键词“农家乐”相关的文章共计

179 563篇，其中篇名中包含“农家乐”的共计 5079 篇；与关键词“洋家乐”相关的文章共计 876 篇，其中篇名中包含“洋家乐”关键词的共计 38 篇。传统的乡村建设在文化上，特别是从打破传统的意义上研究较多，如家庭、共同体、村庄和生产模式等，而现代的乡村建设与国家大政方针有关，是政府主导下的一种发展建设模式和机制（见表 2 - 13）。大家思考最多的是国家提出的“美丽乡村”建设、“新农村建设”“乡村旅游”和“乡村文化建设”，从这些关键词的类型和词意可以看到乡村建设的内容、切入点和人们关注的问题。在政策思路导向的前提下，人们还关注乡村规划、可持续发展、乡村医生、乡村老师和乡村里的农民。

从农家乐和“洋家乐”的关键词关联来看（见表 2 - 14、表 2 - 15），“问题对策”和“乡村旅游”排位最高，在同一范畴内，农家乐比“洋家乐”更具有普遍性、普及性和大众性。

表 2 - 14　农家乐相关关键词

排名	关键词	频数	排名	关键词	频数
1	问题对策	9530	10	现代农业	488
2	乡村旅游	8933	11	美丽乡村	465
3	开发保护	2396	12	影响因素	436
4	新农村建设	1734	13	现状分析	408
5	可持续发展	1560	14	观光农业	403
6	发展模式	1471	15	新型城镇化	369
7	休闲农业	1374	16	文化产业	357
8	生态旅游	1045	17	城乡一体化	335
9	旅游资源	636	—	—	—

表 2 - 15　“洋家乐”相关关键词

排名	关键词	关键词频数	排名	关键词	关键词频数
1	乡村旅游	73	3	地域区位	39
2	问题对策	57	4	发展模式	22

续表

排名	关键词	关键词频数	排名	关键词	关键词频数
5	民宿设计	12	15	可持续发展	4
6	美丽乡村	9	16	休闲旅游	4
7	创新建设	7	17	发展现状	3
8	新型城镇化	7	18	文化旅游	3
9	休闲农业	6	19	乡村复兴	3
10	乡村建设	6	20	乡村聚落	3
11	生态文明	6	21	生态文明	2
12	农家乐	5	22	消费文化	2
13	乡土文化	4	23	全域旅游	2
14	特色小镇	4	—	—	—

比较分析不难发现，中国的乡村建设仍然在继续深化发展之中，研究者多秉承学术前辈的思想而行，其中费孝通（《费孝通文集》）[①]、梁漱溟（《梁漱溟全集》）[②]、晏阳初（《晏阳初全集》）[③]和黄炎培（《黄炎培教育文选》[④]、《黄炎培教育文集》[⑤]）的著作及其思想的影响度、关注度和引用度是最高的，其理论和方法仍然是当代乡村建设的重要方式。梁漱溟说："乡建第一层意思要救济凋敝，而真正意义是要创造一种新文化。这种新文化非简单因袭旧有文化，但也绝非全盘吸收西洋近代文化。而是要从旧的转变出新的来，正如一棵大树从旧种子生出来一样。""乡建"就是要"创造新文化，救活旧农村""创造新文化，也即创造一种新文明"；[⑥]"从乡村开端倪，渐渐扩展成为一个大

① 费孝通. 费孝通文集. 北京：群言出版社，1999

② 梁漱溟. 梁漱溟全集. 济南：山东人民出版社，2005

③ 晏阳初. 晏阳初全集. 长沙：湖南教育出版社，1992

④ 中华职业教育社. 黄炎培教育文选. 上海：上海教育出版社，1985

⑤ 中华职业教育社. 黄炎培教育文集. 北京：中国文史出版社，1995

⑥ 梁漱溟. 乡村建设是什么. 梁漱溟全集（第一卷）. 济南：山东人民出版社，2005：611

的社会制度”。[1] 早在20世纪20年代前后，就有学者对莫干山乡村建设提出了构想和调查。当时有黄郛(1880—1936年)及其夫人沈亦云(1894—1971年)进行的尝试，并对后来的莫干山的研究、文化建设、经济建设带来很大的影响，其主要成果是“莫干乡村改进”实践(1928—1950年)。[2] 也就是说，德清莫干山地区萌发的传统“乡建思想”有历史传承，当时黄郛夫妇带来的蚕桑种子也是一种贡献。今天莫干山的民宿研究在本质上是探索在全球化视野下，如何延续乡村建设。我们试图解释城市文明如何落脚乡村。

① 梁漱溟.乡村建设大意.梁漱溟全集(第一卷).济南：山东人民出版社，2005：720

② 李敢.“莫干乡村改进”实践及其对新时期乡村建设的启示.浙江树人大学学报，2017：1

第三章
研究对象与研究方法

我认为，认识中国社会，认识中国人，首先要认识中国农村社会，认识农村经济，认识农民生活及其社会心态。只有认识农村社会，才能真正认识中国社会，也只有从中国农村社会的实际出发，才能科学地处理和解决中国城乡、社会经济协调发展的诸多矛盾和问题。……为研究而研究，有损学术研究的社会责任，对社会毫无补益。[①]

——费孝通

一、对象和范畴

熊培云在《一个村庄里的中国》的序言中有这样一段话："在每一个村庄里都有一个中国，有一个被时代影响又被时代忽略了的国度，一个在大历史中气若游丝的小局部。"[②]中国在变化，中国的乡村也

① 费孝通.《中国乡村考察报告》自序. 社会，2005(1)：1

② 熊培云. 一个村庄里的中国. 北京：新星出版社，2014：1

在变化,中国乡村的变化是中国的缩影。

在读硕士研究生和博士研究生的过程中,我的专业方向是城市社会学,在参与导师的教育部重大攻关课题和国家哲学社会科学重大课题的过程中,我们先后在全国各地做过很多田野调查。主要是研究城乡关系、研究城市化发展的不同区域的模式、研究不同地区的城镇化的发展状况,特别是研究农村人口流动与城市化的关系等问题,在此过程中对中国的乡村社会有了比较多的了解。我曾到河南艾滋病村调研,感受到艾滋病留守儿童对未来生活的恐惧,也震惊于村庄的破败;在东北吉林山区一些人口流出地的乡村,了解当地居民依然依靠传统农业维持生活现状;在北京怀柔的山区,体验大都市中心区的繁华和郊县乡村落后的极大反差;在苏北淮安的空心村龟山村,老人的无助和留守儿童的无奈使我深受触动;①也深入到苏南发达地区调研,如苏州永联村的现代化程度超乎想象,被其现代化进程中乡村的变革和集体经济年产值达数百亿的小村经济模式所震撼;在参与南京高淳桠溪国际慢城发展战略规划的过程中,看到"就地城镇化"和旅游经济(农家乐)给农民带来的生活转型,一个大山村平均家庭年收入在 30 万以上;在上海的青浦、浙江湖州德清和丽水的美丽乡村发源地调研,感受上海和江浙发达地区农民、农村和农业的变化,上海、杭州等大城市边缘地区的大山里,城市文明、城市生活方式、城市市民社会关系、城市社区管理模式已悄然走进大山、走进山村、走进农民家里……总体上看,偌大的中国农村已经出现多样化的社会形态,多梯度的社会结构和多层次差异化的发展状态。很多乡村文化在形成特定的"文化自觉",在探索新发展的道路上,有成功的经验,有失败的案例,更多的地方在全球化、现代化的过程中还处于摸索阶段。对于我来说,初见莫干山,是因为在这里调研,看到深山的小咖啡吧里有来自世界各地的人,看到村落里的"洋家乐"经营者

① 龟山村地处江苏洪泽县的老子山镇,在洪泽湖边上,是在两县交界的一个飞地型的空心村,离镇上有十几公里。洪泽区后改县设区,全区有 34 万人口,930 个自然村。

都是外来的所谓“有学问的人”，看到乡村农家乐里的大妈在做培根、面包和冲花样咖啡，甚至还会说简单的英文……这一切都激起了我极大的兴趣和学术研究欲望，这代表中国农村未来的发展方向吗？这是怎样一种状态？我想我不可能为中国的农民去寻找一条普遍化的道路，这也是不符合中国社会差异化国情的；但我至少可以研究一种类型，为城市化和乡村社会的现代转型提供一种参考和样本。

还在犹豫的时候，一个偶然的信息促进我加快研究莫干山的进程。2012 年《纽约时报》旅游版评出全球最值得去的 45 个地方，莫干山名列第 18 位（另一位上榜的中国城市是第 9 位的拉萨）。推荐理由这样写道：在 100 多年前的 20 世纪前期，距离上海 3 个小时车程的莫干山，溪水潺潺，绿竹猗猗，是上层精英人士的理想休憩地。外国传教士和商人首先在山中定居避暑，建造石造别墅和网球场。紧随而来的是以上海青帮老大杜月笙为代表的中国政商权贵，国民党领袖蒋介石也曾于 1927 年携妻宋美龄在此共度蜜月。一段时期的沉寂之后，21 世纪初外国人再次来到莫干山，把从前的别墅改造成自己的家或者宾馆。这里的山林重新热闹起来。2011 年末，由两位外国人主导的“洋家乐”——裸心谷（Naked Stables）和法国山居（Le Passage Moganshan），在这里开始经营。① 这引发了我的好奇：在全球化的视野下，这里的外国人如何和乡村人合作？这里的原住民如何生活？这里的农民被改变了多少？那近百家“洋家乐”散落在几十平方公里且各种各样的村庄里，如何实现所谓的情怀和经济利益？城市人如何落脚乡村？山里的乡民欢迎他们吗？还有，那些百年老别墅如何改造为住所及旅店民宿？那些农民的房子如何改造成“洋家乐”？是怎样的一个乡村区域能够和美国人眼中的上流社会发生联系？抱着这样一系列的问题和好奇心，我开始关注莫干山。与国内其他的乡村不同，莫干山的走红透露着一股“墙内开花墙外香”的劲儿，美国《纽约时报》《福布斯》杂志、有线电视新闻网（CNN）、英国

① “The 45 Places to Go in 2012”, *NEW YORK TIMES*, 2012－09－29

《赫芬顿邮报》和德国《明镜》周刊等国际媒体[①]都曾对其进行过关注和报道，国内媒体在描述莫干山的时候也多数围绕着两个关键词：避暑地和“洋家乐”。《纽约时报》推荐理由中提到的 Naked Stables（裸心谷）和 Le Passage Moganshan（法国山居），是莫干山早先最具代表的两家“洋家乐”——这就非常有趣了。在彼时的中国，乡村村民个体经营的“农家乐”是被人熟知的，和新农村建设、乡村旅游、区域转型等主题紧密关联；而“洋家乐”却是一个新鲜词汇。费孝通在 1985 年 4 月 15 日回忆起初访江村的经历，坦言道：“这次调查并不是有计划的，是出于受到了当时社会新事物的启迪而产生的自发行动。”[②]出于学术研究的敏感和好奇，我判断这是一个值得关注和深挖的研究对象——“洋家乐”这个概念，在某种程度上，正是引导我确定选题的关键。

1. 研究地域的典型性选择

乡村研究要有清楚的研究单位，需要有一定的边界和范围。正如费孝通先生所言，“这个研究单位的选择因人、因地、因时、因财力而定。可以是一个村庄，或一个乡镇，也可以是一个县（市），或一个经济开发区。范围小些，便于操作，范围大些，难度大，但说服力可能

① 历史名山莫干山成了国际媒体的新聚焦，这和一位英国人马克·基多有着很大的关系。2006 年 10 月 18 日，《今日德清》一篇《英国人马克对莫干山一见钟情》的报道首先报道了这位曾担任英国皇家卫队上尉的英国人；随即，10 月 20 日《今日早报》又刊登了《英国上尉莫干山开咖啡吧》的报道。2008 年 3 月 24 日，英国《泰晤士报》以“重返莫干山第一人”为题，报道马克·基多在 1999 年上山定居开咖啡馆，让外国人有回到家的感觉；2009 年 7 月 29 日，《参考消息》以《曾为西方人避暑胜地 现成中国人度假新宠　莫干山从“沉睡”中醒来》为题转载德国《明镜》周刊网站关于莫干山的一篇报道。报道说，早在 1898 年起，欧洲人就在莫干山修建别墅、露天浴池、网球场、教堂。这种田园风光维持了 50 年，后来中断了很长时间，但是，最近莫干山又恢复了生机。不但新富裕起来的中国人到这里休养，越来越多的欧洲人和美国人也重返这块山区“飞地”，今天的莫干山令人神往……

② 费孝通. 江村经济：中国农民的生活. 北京：商务印书馆，2001：1

强些”。[1] 根据研究的实际需要和操作可行性，研究对象的考察可以是相对全面的描述，典型如费孝通的《江村经济》对开弦弓村这个农村社区的研究涉及社会结构及其生产、分配、交易和消费体系等方面；也可以是突出某个主题、围绕某个重点的深入探讨，如田汝康的《芒市边民的摆》聚焦摆夷宗教活动，费孝通的《禄村农田》研究内地农村的土地制度，张之毅的《易村手工业》与《玉村农业和商业》分别以手工业生产和商业活动为研究对象，各有侧重。20 世纪 90 年代开始，湖州市致力于将“绿水青山”的生态优势转化为发展乡村旅游的产业优势，区域板块之间逐渐形成梯度化的产品结构和差异化的产品设计：下辖的两区（吴兴区、南浔区）三县（德清县、长兴县、安吉县）各有特色，形成了吴兴的南太湖风情、南浔的江南古镇、德清的“洋家乐”民宿、长兴的休闲农庄、安吉的美丽乡村等乡村旅游特色品牌；发展了以休闲农庄带动的“农庄＋游购”模式[2]、以旅游景区带动的“景区＋农家”模式[3]、以“洋家乐”带动的“洋式＋中式”模式[4]、以美丽乡村带动的“生态＋文化”模式[5]的四大模式和十大乡村旅游集聚示

---

① 费孝通.《中国乡村考察报告》总序.社会，2005(1)

② 以吴兴区和南浔区为最典型，以城乡互动为抓手，着力整合城乡资源，以区域内大型农庄为龙头，打造集观光、采摘、休闲、购物于一体的游购式乡村旅游产品，形成湖州(妙西)茶文化乡村旅游集聚示范区、吴兴滨湖乡村旅游集聚示范区、南浔荻港古村(水乡)乡村旅游集聚示范区和南浔浔练乡村旅游集聚示范区四大乡村旅游集聚示范区。

③ 以长兴县为最典型，以景区景点为依托，鼓励周边农民包装农家庭院建筑，发展休闲观光农业，开发农事体验项目，参与旅游接待服务，推动旅游景区与乡村旅游互动发展，形成了长兴泗安乡村旅游集聚示范区和长兴水口茶乡乡村旅游集聚示范区两大乡村旅游集聚示范区。

④ 以德清县为最典型，以优势资源为吸引，鼓励国际友人、旅游发展公司、文化创意人士投资生态(乡村)旅游，融合当地民俗与西方文化、传统理念与现代文明，开发新兴旅游产品，促进乡村旅游发展的市场化、品牌化、国际化、产品化和休闲化，形成了莫干山国际乡村旅游集聚示范区和德清东部水乡乡村旅游集聚示范区两大乡村旅游集聚示范区。

⑤ 以安吉县为最典型，以美丽乡村为载体，把农村生态资源和农村特色文化融入乡村旅游，推动以生态与文化互动为特色的乡村旅游繁荣发展，形成了安吉黄浦江源乡村旅游集聚示范区和安吉大竹海乡村旅游集聚示范区两大乡村旅游集聚示范区。

范区[1];丰富了乡村民宿、主题庄园、国际度假、生态景区、文化游憩、创意农业、婚庆旅游、养生养老、旅游商品、运动休闲等十大旅游业态。2012 年,作为浙江唯一的乡村旅游提升发展专项改革试点市,乡村旅游成了湖州发展的龙头战略。2016 年,湖州市共接待 4356 万乡村旅游游客人次,其中 1532 万人次为过夜游客,直接经营收入 125 亿元,销售农产品收入 15.44 亿元;全市乡村休闲旅游带动农民人均增收 639 元,为农民增收贡献 31.2 个百分点。[2] 有"中国乡村旅游第一市"美誉的湖州探索出了一条从"扶贫"到"富民"再到"扶贫富民强市"三位一体的特色之路,实现农民就地城镇化、农业就地产业化、乡村就地现代化的城乡一体化布局:以美丽乡村和生态文明建设为切入点,差异化参与都市圈分工,实现乡村旅游发展路径的提档升级,从 1.0 版本的"农家乐"到 2.0 版本的"乡村休闲"再到 3.0 版本的"乡村度假",如今正向 4.0 版本的"乡村生活"跨越。

本文的研究地域锁定在浙江省湖州市德清县西部环莫干山乡村区域,即上述提到的十大乡村旅游集聚示范区之一的莫干山国际乡村旅游集聚示范区。德清县 2013 年入围中国中小城市综合实力百强县,素有"鱼米之乡、丝绸之府、名山之胜、竹茶之地、文化之邦"的美誉,被授予中国低碳旅游县、全国休闲农业与乡村旅游示范县、全国首批乡村旅游创客示范基地、全国文化先进县、全国科技工作先进县、全国体育先进县、浙江省旅游经济强县、浙江省首批小康县、浙江省科技进步先进县、浙江省首批信息化试点县、浙江省教育强县和中国国际特色旅游目的地创建单位等,是浙江省首批基本实现现代化县(市)之一。2005 年起德清县开始实施西部山区生态补偿机制,关

① 乡旅十景,即上述的湖州(妙西)茶文化乡村旅游集聚示范区("台湾村")、吴兴滨湖乡村旅游集聚示范区("韩国村")、南浔荻港古村(水乡)乡村旅游集聚示范区、南浔浔练乡村旅游集聚示范区、莫干山国际乡村旅游集聚示范区、德清东部水乡乡村旅游集聚示范区、长兴泗安乡村旅游集聚示范区、长兴水口茶乡乡村旅游集聚示范区("上海村")、安吉黄浦江源乡村旅游集聚示范区和安吉大竹海乡村旅游集聚示范区。见:《湖州市十大乡村旅游集聚示范区产业发展专项规划》。

② 蒋文龙,朱海洋.乡村振兴看湖州——浙江省湖州市发展乡村旅游的启示.农民日报,2017-12-07

闭、搬迁原有工业企业，禁止新建工业项目，有效保护了西部环莫干山区域的绿水青山；结合“三改一拆”“四边三化”“五水共治”“和美家园”建设等工作，关停禁养区域内生猪养殖，开展农村环境连片改造提升，对环莫干山区域内的氟石矿、笋厂和竹拉丝企业等实行专项整治。在生态修复的基本前提下，德清县以民宿经济为龙头，瞄准乡村旅游的高端度假市场，2017 年共接待乡村旅游游客 658.3 万人次，同比增长 17.9%，实现直接营业收入 22.7 亿元，同比增长 36.7%。

莫干山国际乡村旅游集聚示范区是以中西休闲度假文化融合的“洋家乐”、低碳建筑和低碳生活方式为特色的国际化乡村旅游集聚示范区。其地处沪、宁、杭金三角中心，位于浙江省德清县西部，地理区位优越，是杭州都市圈的重要组成部分，不断完善的高速路网使其距杭州不到 1 小时车程，距长三角核心城市上海、宁波、南京均在 2 小时车程左右。该区统称为德清的西部，是生态环境保护区，也被称作莫干山国际休闲旅游度假区，以 104 国道为界，以莫干山风景区为制高点，面积超过 300 平方公里，包括莫干山镇、筏（音“排”）头乡和武康镇的上柏、城西、对河口、三桥等区域，当地人俗称“两个半”（一个莫干山镇，一个筏头乡，和 104 国道以西的半个武康镇）。2016 年 1 月根据《浙江省人民政府关于德清县部分行政区划调整的批复》（浙政函〔2016〕1 号）：撤销莫干山镇、筏头乡建制，合并设立新的莫干山镇；[①]撤销武康镇、三合乡建制，其行政区域改由德清县政府直辖，设立武康、舞阳、瓷源、下渚湖 4 个街道。环莫干山乡村区域范围内生态环境优越，绿化覆盖率高达 92%，水质达到Ⅱ类水以上，土壤以红壤为主，植被主要有竹、茶、松、衫、果等，其中连片竹林绵延 127 平方公里。莫干山因春秋末年吴王阖闾派干将、莫邪在此铸剑而得名，其开发、建

① 新组建的莫干山镇区域面积 185.77 平方公里（含莫干山管理局管辖的风景区规划控制面积 36 平方公里），辖 18 个村、3 个居民区：包括原莫干山镇的 8 个村（燎原、劳岭、何村、紫岭、高峰、南路、四合、仙潭）和 2 个居民区（庾村、莫干山），以及原筏头乡的 10 个村（筏头、勤劳、上皋坞、大造坞、东沈、兰树坑、佛堂、后坞、瑶坞、庙前）和筏头居民区，常住人口 3.1 万人，驻地设在原莫干山镇政府。

设，始于南朝梁代(525—546年)，至今已有1400多年历史，[1]有“清凉世界”之美誉，素以竹、云、泉“三胜”和清、静、绿、凉“四优”而闻名遐迩，同北戴河、庐山、鸡公山并称为中国四大著名避暑胜地。但早年由于管理权属和生态保护的红线限制，当地政府和居民并没有因此获得理想的收益：一是莫干山风景区隶属浙江省政府直辖管理，德清本地并不能获得门票分红；二是莫干山区域作为湖州水源保护地，畜牧业、加工业因可能产生污染问题均被清退，当地居民除了依赖小农耕种很难获得更多收入。环莫干山乡村区域因此另辟蹊径，将生态资源和区位优势转换为旅游资本，围绕打造最美国际化休闲旅游区的战略目标，逐步形成以“洋家乐”为代表的高端乡村旅游产业和文化创意产业。2015年，莫干山汇聚了来自南非、法国、英国、韩国、比利时等十几个国家的国际友人投资兴建的72家国际乡村旅游新业态“洋家乐”，环莫干山区域的文化创意设计团队超过30个。本研究即以德清西部环莫干山乡村区域内“洋家乐”为代表的乡村民宿为研究对象。

莫干山社会发展的历史也是生产发展的历史，一代代劳动群众为主体的活动是推动发展的主要力量，[2]我们看到竹产业的兴起和衰落，看到小农社会的原始痕迹，也看到家庭分工在经济生产中的断裂和延续。莫干山社会发展的历史，也是消费发展的历史，19世纪末，美国传教士在莫干山上建起第一座避暑茅舍，120年间这里共建起了250多幢别墅和各式房屋，有着世界近代建筑博物馆的美誉，是外国人和国民党要人、工商富豪的“天然消夏湾”，21世纪初这里又因为“洋家乐”成为“全球最值得前往的地方之一”和中产阶级消费度假最愿意去的乡村民宿。莫干山是观察中国近代社会发展变迁的一个重要窗口，也是深具海派历史风韵的文化重镇，是西方文化渗透中国传统的交流场域，其乡土社会的迅速变迁过程中，规划性变迁的效果明显，社会关联度高，群众参与度高，社区特质生动丰富，乡村变迁成果的影响深远且美誉度高，因此符合研究案例的典型性要求。

① 莫干山志编纂委员会.莫干山志.上海:上海书店出版社,1994:1
② 吴承涛.莫干山别墅往事.上海:同济大学出版社,2017:5

2. 研究对象的界定和特征描述

本文的研究对象莫干山“洋家乐”是一个统称，并非指某一个民宿，是一种相对松散的社会经济组织形态。“洋家乐”最初是指外国人在德清西部环莫干山乡村区域内租用农村老屋自行改造经营的餐饮、住宿等多业态集聚空间，人们多将其理解为是“外国人经营的农家乐”。如今“洋家乐”不仅是从创始人国籍上进行区分的狭隘定义，还涵盖了上海、杭州，甚至本地人在环莫干山乡村区域经营的有别于农家乐的精品度假主题项目。莫干山“洋家乐”群落是基于莫干山麓极佳的自然环境优势与众多闲置农房或可能的建设指标，结合国际流行的低碳旅游业态打造的，由社会精英人士经营(不一定是外籍)的。当地农民参与管理运营的，具有国际范的乡村度假产品，其核心是聚合“优美恬静的乡村环境、环保低碳的度假建筑、绿色有机的农副产品和融合了西方与当地民俗的文化特质”等元素。

“洋家乐”为人们所关注，主要是和传统的农家乐相比，呈现出四种显著的差异。一是新的经营主体合作模式，传统农家乐的经营者一般是农民，家庭作坊式的夫妻档、兄弟档、父子档非常常见，简单随性；“洋家乐”的经营者无论是个体还是公司，哪怕是夫妻之间都呈现出伙伴式的团队特征，分工明确。[①] 二是新的低碳理念生态消费。传统农家乐多依附景点而存在，依靠低位竞争而获取直接客源；而“洋家乐”倡导无景点健康休闲旅游，以低碳环保和生态消费为主要特色，推崇人与自然和谐相处。在前期建设过程中，“洋家乐”多租用当地村民的闲置旧房进行改造，就地取材，变废为新(比如把喂猪槽做成了水槽，用啤酒瓶搭成了吧台)，采用渗透式排污系统，确保不破坏

① 例如裸心谷的豪华阵容，高天成：南非人，开普敦大学商学院MBA，创始人。林纲洋：澳大利亚人，曾任职普华永道、地产公司开发部总监，任首席运营官。叶凯欣：香港人，哈佛建筑硕士，任设计工作室总监。卢家宝：澳门人，创始人之一。韩天宁：荷兰人，战略管理硕士，任销售总监。

当地自然环境，体现个性化创意的同时力求保留乡村风貌。后期运营过程中，“洋家乐”积极推广生态消费观念，鼓励公共交通出行，禁止室内抽烟，倡导摒弃一次性物品消耗，要求消费者节约用水用电。三是新的客源市场中产定位。农家乐的客源一般是景点的游客，游客本身消费能力参差不齐，文化差异也较大；而“洋家乐”有清晰的消费群体定位，主要客源为以跨国公司高层为典型的都市高端消费人群，崇尚新鲜体验、时尚氛围和品质生活，客流量未必大，但产生的经济效益却不低。2015 年前后，“洋家乐”平时入住率在 50%以上，周末则可以达到 90%以上，房间均价在每天 1500 元左右；裸心谷和法国山居则定位更高端，节假日的房价分别可以达到 3000 元和 4000 元，另外加收 15%的服务费。四是新的管家服务伙伴关系。传统农家乐的消费过程短平快，经营者和消费者之间的关系多是纯粹的“见面点菜，再见买单”；而“洋家乐”面向高端消费者提供管家式的高品质服务，陪客人出行游玩，满足消费群体的个性需求，“洋家乐”好评率达 90%以上。

可能出乎多数人的意料，莫干山“洋家乐”还有“一个一定”和“三个不一定”需要额外强调，即德清莫干山“洋家乐”：一定是德清的，中国其他地方不能用；不一定和外国人有关系；不一定是住宿产品（民宿）；不一定是租用农民老房子改造经营。首先，德清县政府下属的国资平台早在 2011 年就“洋家乐”进行了商标注册。虽然“洋家乐”这个名词起源于日本，但从工商使用的权限上来讲，中国其他地区不能在德清未授权的情况下进行“洋家乐”品牌的旅游产品供给。“其实我们注册商标是为了更好地保护‘洋家乐’的品牌，可以想象，很快全国各地的‘洋家乐’产品会到处都是，然而品质和要求却未必能够跟上，在管理权限上也无法保证，很短的时间就足以把‘洋家乐’的品牌给毁掉。我们注册掉商标以后，‘洋家乐’就只能在莫干山这一个区域里面使用，我们有自己的标准，有自己的特色和亮点，这个产品的健康度是可以始终保持的（时任德清县旅游局副局长杨国亮，2014 年）”。2017 年，据中华人民共和国国家质量监督检验检疫总局关于受理生态原产地产品保护申报的公告（2016 年第 126 号），德清“洋家乐”正式成为全国首个服务类生态原产地保护产品[①]（证书编号000340）。其次，“洋家乐”不一定是“洋人”投资经营的，也不一定和“洋人”有关系。从2007年裸心谷诞生，至今德清全县已有乡村民宿530多家，其中以“洋家乐”为代表的精品民宿150多家，主要集中在环莫干山区域。“洋家乐”最初因为南非人高天成建的“裸心谷”、英国人马克投资的咖啡馆、法国人司徒夫的“法国山居”而为人所知，后来“洋家乐”中的精锐人物，包括西坡的投资人钱继良、大乐之野的投资人吉晓祥和杨默涵、后坞生活的王旅长、原舍的朱胜萱都是地地道道的中国人，现在越来越多的团队或资本，看中了环莫干山地区的发展潜力，从杭州、南京、上海，甚至北京等地来到这里发展民宿。再次，“洋家乐”作为一种国际化的度假产品，不一定只是民宿类产品。“它不一定只是住宿，或者不一定只是吃饭，因为吃饭和住宿其实是已经有‘农家乐’的概念了。所以说它也可以仅仅是做一个餐厅，或者说仅是做一个咖啡馆，再或者说是做一个乡村的艺术馆。只要是这种国际化度假方向的业态，我们都想把它纳入到‘洋家乐’的名单当中。比如说有个英国人他只是做一些骑行活动和路线，在我看来，那也是很好的一个‘洋家乐’（时任德清县旅游局副局长杨国亮，2014年）”。在这个意义上，“洋家乐”是一个集合概念，不只是民宿，可能是餐厅，是活动、博物馆、创意园及各种品牌等等。最后，“洋家乐”不一定是租用老房子改造的。由于乡村民居的结构和承重多无法满足住宿类服务的要求，在消防和供电等方面改造难度都比较大，且老房子改造的费用通常比推倒新建还要高——在最初“洋家乐”的介入以设计师、规划师等专业技术人员为主的前提下，老房子改造相对比较多。伴随着建筑形态多元化和文化内容个性化的发展，很多“洋家乐”选择集装箱、帐篷营地等新材质来进行创意打造，所以“洋家乐”的形态比我们想象中更加丰富。相同的是对于生态底线的遵守，“不环保、不能融入自然的项目我们不接。符合这两个条件的，我们还要考虑容量限度（时任

① 生态原产地产品是指产品生命周期中符合绿色环保、低碳节能、资源节约要求并具有原产地特征和特性的良好生态型产品。

德清县县委书记张晓强,2014 年)”。我们可以这么理解,“洋家乐”有门槛,有标准,但它更多体现的是生态特色和文化个性。正如“洋家乐”主管部门所倡导的,主要从设计、服务、营销、游客评价、对当地的贡献度五个方面来考量。民宿的风格是多样化的,应当要有彼此区别的个性和特色。

3. 研究设计

根据研究所要解决的主要问题,本研究大体可分为四个部分、九个章节。

第一部分是对莫干山“洋家乐”研究准备的基础部分,回答了“什么是‘洋家乐’”“为什么要研究‘洋家乐’”的问题。第一章绪论交代了研究的背景、需要解决的问题,以及对莫干山“洋家乐”研究的理论意义、社会意义和现实意义。第二章在中英文文献汇总的基础上,梳理了社会变迁理论与乡村转型研究、乡村建设实验与乡土中国研究、民宿经济现象与莫干山民宿研究,回顾了与本研究关系最紧密的三方面内容。第三章阐明了研究对象的地域范畴和类型特征,明确了研究中采用的具体方法和研究框架。

第二部分交代了莫干山“洋家乐”产生的历史背景,回答了“为什么莫干山形成了‘洋家乐’这样的民宿经济集群”的问题。第四章聚焦莫干山地方区域,深描了百年以来莫干山从近代避暑地到“洋家乐”集聚区的历史发展过程,并对“洋家乐”进行了发展阶段、空间分布、表现类型三方面的分析和总结。

第三部分主要是对莫干山“洋家乐”社会变迁的研究,回答了“‘洋家乐’给莫干山乡村地区带来了怎样的社会变迁”的问题。第五章从社会分工和职业角色的维度,解释了莫干山“洋家乐”外来者们因何而来、如何而变、向何而去,归纳出他们的动机偏好与行为驱动、职业分化与身份转化,以及未来莫干山乡村社会农民的终结。第六章从日常生活和情境实践的维度,从“培根”“圈子”“猪圈”三个文化符号入手,描述了莫干山乡村地区因“洋家乐”而发生的文化再生产、

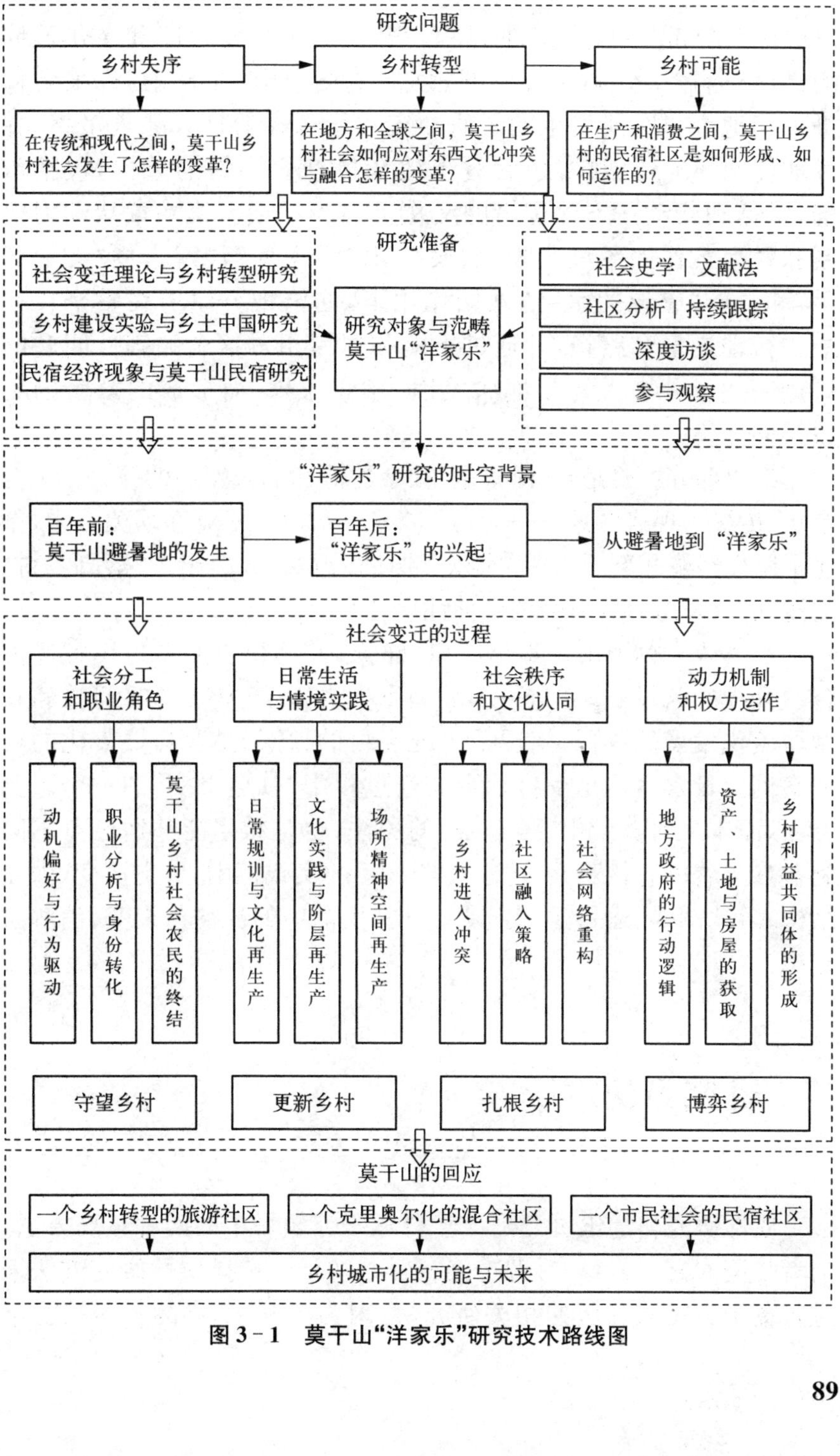

图 3－1　莫干山“洋家乐”研究技术路线图

阶层再生产和空间再生产的过程。第七章从社会秩序和文化认同的维度，通过事件和过程判断，理清了莫干山“洋家乐”外来者们进入当地乡村时所发生的矛盾冲突和所选择的社区融入策略，并说明了外来者们融入之后对当地乡村社会网络的重构，包括市场、道德和行动三方面逻辑的文化反哺与回馈。第八章从动力机制和权力运作的维度出发，将莫干山“洋家乐”置于市场“无形的手”和政府“有形的手”的共同作用下，厘清地方政府在整个过程中的行动逻辑和路径，并通过土地和房屋租赁这个关键性问题的讨论阐述了外来者与当地居民因为“洋家乐”而形成的紧密的利益共同体。

第四部分主要是对“洋家乐”社会功能和未来发展的探讨。第九章从“传统—现代”“地方—全球”“生产—消费”三对互动关系中，阐述了民宿经济和莫干山“洋家乐”的存在意义，并提出了“落脚乡村”的概念，以及对后续研究的延伸性思考和展望。

本文认为莫干山探索出了以“洋家乐”为代表的乡村民宿经济转型升级的新模式，并进一步带动了地域生产力结构的调整和新型城镇化发展的进程，实现了传统乡村的振兴，是乡村城市化的典型案例。日常生活是乡村社会变迁过程中“社会事实”的一个重要方面，而本文对莫干山“洋家乐”的关注，也是希望能够通过对不同利益参与者的直接观察，记录“洋家乐”的实践范围、历史演变、内在结构、活动图式、运行逻辑，以及日常生活中的冲突与裂变、消解与建构。

二、研究方法

质性研究和量化研究是社会科学研究领域中的两种重要方法，前者强调人文—解释，后者推崇科学—实证。选择质性研究方法来进行莫干山民宿社区的相关研究，是因为中断 30 年的中国社会学

"除了费孝通及其学生继续中国社区学派[①]的思想以外,其他大部分学者致力于引进和学习美国主流的量化统计取向的社会学,使得统计分析的社会学成为中国当前社会学的主流取向。直到目前,质性研究取向的社会学自然处于边缘地位,一些人认为中国社会学又一次出现了远离中国社会现实的问题"[②]。作为一个城市社会学研究方向的青年学者,我希望能够贯彻芝加哥城市社会学派实证主义的方法论,到实践中去,正如芝加哥社会学的领军人物帕克告诉他的学生们:"去坐在豪华旅馆的大堂里,也坐在廉价客店的门阶上;坐在高级住宅的沙发里,也坐在贫民棚屋的地铺上;坐在庄严堂皇的大音乐厅里,也坐在粗俗下流的小歌舞厅中。简单说吧,去做实际研究,把你的裤子坐脏。"[③]定性的实地研究使得研究者能够在自然状况下观察社会生活:到行动发生的地点去看看。这种类型的研究比其他观察方法能够提供关于社会现象更丰富的理解,也使得研究者能够以一种深思熟虑的、周详计划的、主动的方式进行观察。[④] 在实地研究中,观察、描述和分析是相互交织、相互反复的,研究者们不应用方法来"限定"问题。随着学界对于研究方法的深度探讨,质性研究者对"解释"和"理解"的认识也发生了变化:从强调"客观""中立",到"体验""移情",再到在"参与"和"对话"中"共同建构"意义。[⑤]

本研究对于这样特定时空背景中的莫干山"洋家乐"侧重于个案研究的方式,采取社会史学法、社区分析法、深度访谈法和参与观察法,其中社会史学的历史观和系统观确定了整个研究的基调,社区分

---

① 以村落为单位进行社区研究,费孝通是无可争议的领军人物,他延续了吴文藻开拓学术传统的路向。在中国社会学从20世纪50年代初到80年代初中断30年之后的恢复重建中,费孝通的乡村社区调查成为中国社会学接续这个学术传统的唯一通道。见:李培林.二十世纪上半叶社会学的中国学派.社会科学战线,2008(12)

② 王旭瑞.认识中国,建设社会:中国社区学派对质性社会学的启示.见:石英.质性社会学研究.北京:社会科学文献出版社,2014:62-63

③ 布赖恩·特纳.社会理论指南.李康,译.上海:世纪出版集团,上海人民出版社,2003:242

④ 艾伦·巴比.社会研究方法(第十一版).邱泽奇,译.北京:华夏出版社,2009:284

⑤ 陈向明.质性研究的新发展及其对社会科学研究的意义.教育研究与实验,2008(2):15

析法明确了研究的空间性和连贯性，深度访谈法和参与观察法为具体调查过程中的主要研究方法。

1. 社会史学法

社会史学法是法国年鉴学派在“长时段”“整体史”的旗帜下倡导的综合性区域史研究，对于了解某个区域和某类事件的过去、现在和未来至关重要，我们可以将它看作是历史学和社会学的某种结合。李大钊对于历史学和社会学的联系有一段精彩的论述：“历史学的目的，在考察人类社会生活的经历及其变革；而社会学乃在人类社会生活的结合及其组织。历史学是就人及人群的生活经历的理论的研究，以导其理法者。社会学是就人群的共同生存的一切社会现象，以寻其理法者。简明地说，历史学是把人类社会的生活纵起来研究的学问，社会学是把人类社会的生活横起来研究的学问。”[①]“全球史观”的倡导者巴勒克拉夫认为“在所有的社会科学中，社会学和人类学在观点上与历史学最为接近。[②] ……有一些极其重要的问题——例如文化转移、不同社会（通常指比较原始的社会和比较先进的社会）之间的接触所引起的变化——对于人类学家、社会学家和历史学家来说，都是同等重要的研究主题”。[③] 本次研究的研究对象——莫干山“洋家乐”，是典型的文化转移，是不同社会之间的接触所引起的变化结果，是东西方文化的交流碰撞，也是城市现代文明生活方式对于乡土传统文化生活秩序的侵入与接替；尤其值得说明的是，这样的文化冲突在百年的时间发生了两次——历史曾惊人地相似！

社会史学法依仗的主要研究方法是文献研究，关于莫干山“洋家乐”的研究背景和相关内容的文献搜集主要包括以下六个维度：一是地方志类和山志类，例如《德清县志》《莫干山指南》(1929 年版)、《莫

① 李大钊. 史学要论. 见：李大钊文集（下册）. 北京：人民出版社，1984：761
② 露丝·本尼迪克. 文化模式. 何锡章，黄欢，等译. 北京：华夏出版社，1987：38
③ 巴勒克拉夫. 当代史学主要趋势. 杨豫，译. 上海：上海译文出版社，1987：76

干山指南(增订本)》(1934年版)、《莫干山志》(1987年版)、《莫干山导游》(1971年版)、《莫干山志》(1994年版)等,这类文献资料多集中在2000年之前,对于我廓清莫干山乡村区域的发展变迁有着积极的指引作用。二是名人回忆录和自传等,包括《黄膺白先生年谱长编》[①](两册)、《亦云回忆》[②]《黄郛与莫干山》[③]等,这类文献多集中在1980年左右,以台湾省相关资料保存居多,相对完整地呈现了莫干山乡村建设的过程,尤以黄郛及其夫人沈亦云主导的"莫干乡村改进"为甚。三是地方规划和政策文件,例如《德清县旅游发展总体规划》《莫干山风景名胜区总体规划》《德清县莫干山国际休闲旅游度假区总体规划》《德清县民宿管理办法(试行)》《德清县乡村民宿服务标准质量等级划分与评定》等,这类资料集中在2010年之后,从区域发展的角度提供了莫干山未来的前景规划和"洋家乐"发展的规范引导。四是地方统计数据和内部管理数据,例如近年来地区工作年度总结、部分会议报告以及《筏头乡民宿经济发展调研报告》《莫干山风景区43处文物别墅简要说明》等,这类资料集中在2014年之后,是我进入到莫干山调研之后通过政府渠道接触到的内部管理文件,对于莫干山"洋家乐"的发展状况和周边相关资源的整合内容有了更为详细的了解。五是期刊学术著作,例如《发现中国建筑·莫干山:一个近代避暑地的兴起》[④]《到莫干山看老别墅》[⑤]《莫干山别墅往事》[⑥]等,这类资料在2000年之前集中于对莫干山旅游开发的梳理和盘点,之后开始聚焦莫干山的建筑物保护、开发和利用,提供不同的视角补充我对莫干山"洋家乐"的理解。六是媒体网络资源等,包括中央二套、《华夏地理》杂志、《中国生态旅游》杂志、《酒店评论》杂志、借宿微信公众号甚至

---

① 沈云龙. 黄膺白先生年谱长编(两册). 台北:联经出版事业公司,1976

② 沈亦云. 亦云回忆(第二版). 台北:传记文学出版社,1980

③ 罗永昌. 黄郛与莫干山. 北京:中国文史出版社,2013

④ 李南. 发现中国建筑·莫干山:一个近代避暑地的兴起. 上海:统计出版社,2011

⑤ 顾艳. 到莫干山看老别墅. 武汉:湖北美术出版社,2003

⑥ 吴承涛. 莫干山别墅往事. 上海:同济大学出版社,2017

携程、去哪儿、马蜂窝等旅游网站上游客上传的游记等，这类资料从2012年之后呈逐年增长态势，对于莫干山乡村民宿的讨论也从最初的自然环境、酒店设计评论转向对民宿经营、乡村建设的关照。对于上述六方面的前期文献分析，可以尽可能地碎片化拼凑出莫干山乡村民宿百年以来的生长环境和发展变化，这对于了解莫干山"洋家乐"的文化基因和生长逻辑是非常有益的。社会史学法贯穿我的整个研究过程，尤其在选题确定和资料收集阶段、跟踪调查和成果撰写阶段、身份转换和研究反思阶段，对我的整个研究设计起着系统性的指导作用。正如卡尔在《历史是什么》一书中所说的："我只想说，历史学变得越来越社会学化，社会学变迁越来越历史学化，这样对两者都有更多的益处。"[①]

然而需要注意的是，我们需要学会有技巧地进行历史学和社会学的有效叠加。"将社会学的概念、观念、理论和方法机械引入历史学，只会加重困难。社会学最重要的概念——个人、社会集团、社会流动、社会化、功能、社会监督、社会结构、角色、交际等等，只有在赋之以历史内容、确定它们与传统的历史概念之间的联系的条件下，才可以运用于历史研究。要成功地运用社会学方法，必须首先将它与历史学方法相结合。只有将对史料的批判分析与对过去的'古董式'研究互相配合，社会学的专门理论在历史研究中才能行之有效，否则是不可能的"。[②]

2. 社区分析法

以全盘的社会结构作为研究对象，这对象并不能是概然性的，必须是具体的社区，因为联系着各个社会制度的是人们的生活，人们的生活时空的坐落，这就是社区。每一个社区都有它的一套社会结构

① E. H. 卡尔. 历史学是什么. 陈恒，译. 北京：商务印书馆，2012：162

② 波·尼·米罗诺夫. 历史学家和社会学. 王清和，译. 北京：华夏出版社，1988：144

和制度配合的方式。[①] 对于本次研究而言，莫干山是一个空间社区，也是一个文化社区，莫干山“洋家乐”是生长在这个特定社区的特定概念。费孝通先生是社区分析法的实践者和推崇者[②]：“‘行行重行行’，我对自己调查过的地方只要有条件，我都重新回访，不止一二次，可以是多次，江村我已是访问了 26 次。”[③]越是深入地接触到莫干山，我越发认识到这不是一个三年五年能够完结的题目，它值得长期地跟踪研究，作为一个可能的样本，为中国乡村变迁和乡村建设保留历时性的轨迹；同时，各种利益、权力和符号的争夺与表达使得它成为不可多得的“竞技场”，我们在持续跟踪研究它的同时也能够获得属于这个时代这些群体的共时性经验。基于这样坚定的判断，我希望能够将莫干山“洋家乐”、莫干山的乡村变迁作为我一生的研究课题，也便有了从 2012 年至今 5 年的持续跟踪与 15 次的“故地重游”。[④]

本研究的社区分析法主要体现在两个维度。一是作为一个空间社区的莫干山乡村社会，是以不同的自然村落构成的依靠血缘、地缘、业缘关系形成的相对独立而又相互关联的社会生活圈子：其中的劳岭村、后坞村、庙前村、仙潭村等都是典型的村落小社区，彼此之间存在显著的类型差异，代表着不同乡村社区的具体生活世界和发展方向；这些典型的村落小社区又共享“莫干山”这个更大空间范畴上

① 费孝通. 乡土中国生育制度. 北京：北京大学出版社，1998：9

② 到 20 世纪三四十年代，在我国著名社会学家吴文藻的倡导下，学界积极推行社区研究……吴文藻当时主要是接受来北京访问的芝加哥学派代表人物帕克的建议，以芝加哥人文区位方法论为借鉴，聚焦中国的“乡村社区”研究。后来的确出现了一大批聚焦中国农村问题研究的代表人物如林耀华、费孝通、张子毅、史国衡、田汝康、瞿同祖等一大批优秀学者，发表或出版了一批丰厚的乡村社区、乡土社会的中国社会学研究成果。其中最有名的当属林耀华的《金翼》和费孝通的《江村经济》。见：胡小武. 中国城市社会学研究的发展轨迹与地域格局. 中国名城，2017(11)：32

③ 费孝通.《中国乡村考察报告》总序. 社会，2005(1)

④ 我对调查过的地方的每一次重访都有新的认识。这种研究称之为追踪研究，也就是研究者本人或其他学者，在以往研究的基础上继续对同一社区或同一现象进行研究，从不同阶段的比较中深化认识。见：费孝通.《中国乡村考察报告》总序. 社会，2005(1)

的地理联系,形成合作的共生关系和空间上的大社区,一个鲜明的特征在于庾村这个共同的集市[①]和中心。二是作为一个文化社区的莫干山乡村社会,作为曾经的上海达官贵人的避暑胜地,拥有非常典型的海派文化特征,甚至能够突破时间和空间的边界把宏大的区域社会发展史和微观的个体生活史结合起来,说明全球化的时代互动和城市化的社会变革是如何影响一群人乃至一个区域的政治、经济、社会和文化变迁的。本研究在社区分析的具体过程中,无论是村落小社区的类型比较,还是莫干山大社区的功能分析,都是建立在实地研究的基础之上的,而其中深度访谈和参与观察[②]是在当地直接收集资料并与群体互动最为有效的方式。

3. 深度访谈法

深度访谈法是本研究采取的最主要的研究方法。最初访谈提纲的设计曾经给我带来过一定的困扰,围绕着"莫干山洋家乐"这一主题,我的研究对象是由不同个体构成的松散的群体性组织,这就意味着我的访谈对象必然会因为在这个群体性组织中承担的不同角色和分工而呈现出多元化的特征。所以在正式调查开始之前,我的"莫干山洋家乐"这个系列的访谈提纲涉及五种不同的受众,分别是:"洋家乐"实际经营者,包括投资人或主理人,我称之为"经营者";"洋家乐"服务人员,包括管家、阿姨或厨师等,我称之为"服务者";"洋家乐"地方监管人员,包括县旅游局、乡镇政府、社区等,我称之为"监管者";未参与"洋家乐"直接经营的当地居民,我称之

① 关于什么是中国乡土社会的基本研究单位,学术界一直有争论。大体上可以分为两派:一派是以布朗、吴文藻等为代表的"村落说",即认为乡土中国的基本研究单位是村落。另一派是以施坚雅为代表的"集市说",即认为乡土中国的基本研究单位是"以集市为中心的农村经济社会网络"。见:李培林.村落的终结.北京:商务印书馆,2004:36

② 在收集资料方面,费孝通特别强调观察法和访问法,尤其是参与观察和深度访问。见:风笑天,等.费孝通实地研究法探析.江苏社会科学,2000(1):53

为“旁观者”；以及来体验的外地游客，我称之为“消费者”。而在实地调查过程中，随着莫干山“洋家乐”这个特定场域中社会分工越来越细化，我接触到了媒体（传播者）、学者（研究者）、建筑工人（建设者）以及水电、布草清洗等各环节的供应商（配套者），也超出了我原先的设定范畴——莫干山“洋家乐”的“生产—消费”圈层正在越滚越大，而我的半结构访谈也随着调查的深入和持续而愈发灵活。这带来两种截然不同的反馈：首先这意味着我的调查内容越来越丰富，除了大大增加了我访谈的工作量和整理录音的难度外，这无疑是一件好事情，预设以外的收获使得我的基础资料更加有层次性，也更易挖掘出关联性；但这也意味着可能的失控，我必须学会实时地引导甚至及时地打断，以保证我的被访者能够提供给我真实有效的信息。

访谈形式包括个案访谈和群体访谈。个案访谈主要面向“洋家乐”实际经营者（投资人或主理人）、“洋家乐”地方管理人员（县旅游局、乡镇政府、社区等）和学者（乡村旅游和民宿的相关研究者），这部分访谈对象文化程度相对比较高，是莫干山“洋家乐”的直接经营者和管理者，明晰自己在“洋家乐”发展过程中所扮演的角色和诉求，能够清晰地描述“洋家乐”对莫干山乡村生活所带来的不同维度的影响和其中所存在的若干问题，总括式地为我勾勒了莫干山“洋家乐”发展的基本脉络，访谈进行得相对深入；群体访谈主要面向未参与“洋家乐”直接经营的当地居民、外地游客和媒体（传播者），这部分访谈对象文化程度参差不齐，是莫干山“洋家乐”的旁观者、消费者和传播者，对于“洋家乐”的参与程度较浅，因此在访谈过程中多呈现出断裂的、碎片化的记忆或反应，补充性地为我描述了莫干山“洋家乐”的日常细节场景以及对于“洋家乐”的简单评述，当然不排除有诸多独到见解的被访者对我研究思路开拓的帮助。而面对“洋家乐”的服务人员（管家、阿姨或厨师等）、建筑工人（建设者）以及水电、布草清洗等各环节的供应商（配套者），我采用的是个体访谈和群体访谈交叉的形式：不同于其他组织的服务人员，莫干山“洋家乐”的这个群体的个体差异较大，既有中产阶级以上的行政总厨、餐饮顾问，也有保洁人员、餐厅服务员，还有刚踏入社会的青年义工、大学生，在经济、政治、文化诉求上都有显著的差异；且单个个体的文化张力和个性张力也非常显性化，“洋家乐”日常参与的深度也不一样，我遇到过会说英语会磨咖啡豆的60岁餐厅阿姨，也遇到过招婿入赘的时尚前台小妹。

本研究共计完成136例深度访谈，其中63人有时隔一年的跟踪访谈，8人有3次以上的跟踪访谈。在访谈过程中，遇到的困难主要集中在未参与“洋家乐”直接经营的当地居民这个群体：一方面，其中部分被访者以德清当地方言表述，在与其交流的过程中存在一定障碍，一定程度上影响了访谈的效果；另一方面是这个群体被访者的年龄偏高，文化程度偏低，表述拘泥于含糊的细节，缺乏整体的意识。为了尽可能减少受教育程度、表述方式等因素造成的这部分群体的话语权弱势，我在努力诱导这部分被访者畅所欲言的同时，结合相关的媒体报道和事后的录音复核，力图客观地融合莫干山“洋家乐”相关的各方声音——经营者、服务者、管理者、旁观者、消费者、传播者、研究者、建设者和配套者，描述真实的“洋家乐”，描述“洋家乐”为莫干山乡村社会带来的真实的变化。

4. 参与观察法

作为一个实地研究者，我在研究的初期就确认作为参与者进行观察，并在过程中公开自己作为研究者的身份。这并不妨碍我以不同的角色进入到莫干山“洋家乐”的日常生活中，并试图寻找带有仪式感的互动场景来进行具体的案例记录和分析。

我至少通过四种角色的日常参与来进行具体的实地研究。一是我作为游客的参与观察，是以消费者的视角来审视莫干山“洋家乐”的外部印象，不同的莫干山乡村民宿单体之间有什么特征、有什么差异、有什么联系、有什么影响，都是我关心的内容。我通过OTA预定平台、民宿官方微信预定、民宿管家直接联系等不同渠道，在莫干山住过不下20间民宿，最多在同一个民宿体验过三种不同的房型，无论是个人入住、结伴出行，还是团体游玩的情形都有所尝试。二是我作为餐厅服务员的参与观察，是以服务者的视角来寻找莫干山“洋家乐”的行动轨迹，管家的一天是怎样的，阿姨要做哪些事情，服务员会接待什么样的客人，除了在民宿工作外，他们日常还有怎样的娱乐方式和交往圈子，都是我好奇的内容。我在西坡和大乐之野客串过餐厅小妹，和来自香港的管家阿珊和生长在莫干山的茶场女少东话家常，迎来送往五湖四海的客人。三是我作为访谈员的参与观察，是以研究者的视角来探究莫干山“洋家乐”的社会网络，什么样的人喜欢“洋家乐”，他们为什么来，他们来做什么，民宿人们和当地发生怎样的互动和关联，都是我观察的内容。我在莫干山的春、夏、秋、冬不同的时节来这里，参与他们的篝火晚会、竹林茶话、红酒私藏、瑜伽晨练，感受不同生活场景下莫干山“洋家乐”的日常生活仪式。四是我参与莫干山的宿盟聚会，是以管理者的视角来记录莫干山“洋家乐”的交往逻辑，他们是谁，他们为什么来莫干山，他们会不会长期生活在这里，他们如何与当地人交往，他们之间是否存在小圈子，都是我留意的内容。我在这类主理人的聚会上遇到不同的媒体人、供应商和学者，不同的是他们更关心民宿的美学价值、成本控制和生活体验，而我更注重“洋家乐”内部的联系和与乡村社会外部的互动。

在研究的后期，离开莫干山这个地理空间，我参与我的被访者西坡乡度假酒店的千岛湖新店众筹。从某种程度上来讲，这也是作为一种场景转换的补充研究，作为投资者的身份以经营者的视角，能够为我的莫干山“洋家乐”研究增加一些“感同身受”。

三、过程和阶段

我对于莫干山“洋家乐”的研究大致分为五个阶段，从 2012 年年底到 2017 年年底，历时 5 整年。需要说明的是，本文仅作为本研究的一个初期成果，对于莫干山“洋家乐”的研究我仍将经年持续跟踪下去。

1. 选题确定和资料收集阶段(2012 年 12 月至 2013 年 12 月)

我对莫干山相关文献进行了地毯式的搜集和整理,重点梳理了关于"乡村民宿""洋家乐"的相关资料,涉及地方志、学术论文、新闻报道、朋友圈资讯等不同渠道,了解到莫干山曾经辉煌的历史,最终确定以"洋家乐"为切入点,描述莫干山乡村社会的地方变革。这耗时颇长,一方面是我内心有所犹豫,一个城市社会学研究方向的青年学者进入到乡村研究领域,这看起来并不是一个聪明的选择,熟悉的学术语境和话语体系甚至基本的价值判断都有可能因为这个题目的确定发生变化,这有悖于人类想要偷懒的本性,但我又实在是舍不得这个有趣的题目;另一方面,我也在观望,我在等时间来说服我,像"洋家乐"一样高品质的乡村民宿的兴起不是昙花一现的新兴事物,而是可能会呈燎原之势、有更加广阔的生长空间,甚至会成为城乡连接的桥梁、引导未来乡村的发展方向。我在判断,这个题目是不是真的值得我去研究? 后来我的导师张鸿雁教授说服了我:"你去看看,'洋家乐'呈现出来的,到底是乡村原来的生活样态,还是乡村应该成为的生活样态? 你说它是乡村,我怎么觉得是城市化的一个触角呢? 做城市研究不研究乡村,你做什么城市研究?"

而在我犹豫的这一年半载,莫干山"洋家乐"的确越来越"热",莫干山和外国人百年以来的缘分也逐渐为世人所知晓。清光绪年间,英美传教士在莫干山筑茅舍、盖别墅,建造礼堂、公墓、网球场、游泳池,这里遂成外国人消夏湾,成为江南文化图景中充满国际化异质性的文化飞地。百年沉浮后的今天,迥异于中国特色的农家乐,"洋家乐"这个新概念再次将莫干山推入世人眼中。这片地域的生机焕发,远比人们的初设更为丰富。我隐隐地感觉到,这不仅是一个具有现实意义的有趣的题目,也可能是值得探讨和长年跟踪研究的内容。我查阅并积累关于乡村建设、民宿发展、社区营造、生产消费等相关内容的文献书籍,寻找本研究的理论支撑和分析框架,以了解我的调查将怎样扩充已有的知识。

2. 研究设计和现场进入阶段(2014 年 1 月至 2014 年 11 月)

根据前期的资料积累,我决定用定性调查的方法进行本次研究,初步设计了调查需要的一系列访谈提纲,涉及五个类型的受众,包括"洋家乐"实际经营者(投资人或主理人)、"洋家乐"服务人员(管家、阿姨或厨师)、"洋家乐"地方管理人员(乡镇府、旅游部门等)、未参与"洋家乐"直接经营的当地居民和外地游客。访谈提纲的设计包含两个方面的内容(参见"附录 1"):首先是关于访谈对象的基本情况,包括年龄、性别、国籍、职业、居住地等,根据这些基本信息来进行选择性的针对性的深度访谈;其次是呈系列的半开放的结构性问题,在获得被访者信任的基础上,重点围绕"洋家乐"相关人员的参与动机、身份认同、日常互动、公共参与等维度展开。我意识到这会是一个庞大的工程,我的研究主题和研究对象决定了我需要有多类型的受访者来提供不同的视角,而以"洋家乐"为代表的乡村精品民宿给当地乡土社会带来的变革也需要不同的声音来表达。正式访谈之前,我决定进入实地进行 2—5 个预访谈:一是熟悉调查实地情况,便于后期合理安排访谈进度和访谈次序;二是希望通过发现新问题对访谈提纲进行及时的修正和改进,在相对熟练的访谈技术的基础上开始正式访谈。

2014 年 10 月 25 日,我驱车至莫干山,这是我初次进入调研地。我在莫干山没有一个熟人,确切地说,我在莫干山没有一个认识的人(现在想来,我当时也是疯了)。出发前我列了 20 多家"洋家乐"的名单,准备一家一家地拜访,建立联系之后再以滚雪球的方式寻找更多的被访者。从德清县城上莫干山有一条主山路(省道 304),沿着山路前行,在当时的庙前行政村口便能看到一块"洋家乐 心 · 自然之旅"(Hill stations | Heart · Tour of Nature)的道路指示牌,上面标有若干"洋家乐"的 LOGO,包括裸心 | 乡、法国山居、西坡、香巴拉、庾村文化市集、后坞生活、西坞里 73 号、隐 · 莫干等——我自以为是地认为"洋家乐"是像之前我所接触到的美丽乡村里的农家乐,都是集聚在

一个区域的，我便径自蜿蜒上山直达山顶上的莫干山风景名胜区大门口，才发现走错了。重新搜索导航之后才发现，这些盛名之下的莫干山乡村民宿基本分布在山脚和山腰，鲜少在山顶的老别墅；更出人意料的是，我甚至找不到它们！当时浙江山区的山路和江苏乡村的路路通相比，实在是略显寒酸，我经常跟着导航走着走着，突然发现前面没有路了，而导航窗口上的某个目的地"洋家乐"离我还有一些距离；更可怕的是，山里的隧道(紫岭隧道和劳岭隧道)狭窄得只容一辆车单向通过，在隧道内的部分稍宽敞的位置有会车点——居然隧道里完全是黑的，没有一盏路灯！就这样跌跌绊绊的，我在莫干山上满山地跑，一家一家的乡村民宿，留联系方式和手写的调研约谈纸条，整整两天时间走了 30 多家民宿。我去的那天正值周末，多数的"洋家乐"主理人并没有在现场(后来知道他们可能回城里的家了，也有可能去采购物资了，也有可能去周边拜访邻居们了)，所以一开始接触到的多数是民宿的管家或者阿姨；而我也知道，无论是从调研的时间成本、经济成本还是从调研的完整性、可介入性而言，我都需要找到掌握"洋家乐"话语权的人——当时看来是投资者或者是主理人(店长)——来帮助我开展可能的研究。很不幸，我当天甚至有一些"洋家乐"的门都没能进去，裸心谷和法国山居需要住店客人才能够进入，而"后坞生活"民宿因为隐蔽在山上的村子里我更是连门都没有找到。我后来扫街扫到的那些民宿，有的在我之前准备的"洋家乐"名单上，像是西坡、竹里馆、隐·莫干等，有的甚至在之前的资料搜集中都没有见到过(当地民宿发展得非常快，仍有很多家在建设筹备中)。作为一个社会调查者，如何进入调查地，接触到访谈对象，是最初的功课。可以说，与莫干山"洋家乐"的初次实际接触，我采取的是地地道道的自下而上的方式，之前我从未来到过莫干山，我期待能够用这种笨拙而原始的"不速之客"的形式与其中的人和物发生联系。2014 年 10 月 31 日，我接到了来自莫干山的第一个电话，是西坡的运营总监刘杰，他说看到我的留言，想和我在西坡聊一聊，算是接受我的访谈邀请。在正式调研之前，我根据初次现场接触进行的 5 例预访谈重新修正了我的访谈提纲，希望能够更多地从被访者本身的角度来陈述社会世界，而不是外部观察者的角度来进行研究。

3. 实地调查和访谈整理阶段（2014 年 12 月至 2015 年 12 月）

2014 年 12 月 19 日，我再次驱车莫干山，不同的是，这次我有确定的受访者，刘杰先生是我莫干山研究的第一个正式访谈对象，而西坡成为第一个正式接受我调查的“洋家乐”。我的第一个访谈进行了两个多小时，可以说，比计划中更加顺利。毫不夸张地说，一个好的被访者，会给访谈者带来极大的欢喜和前进的动力。访谈结束，刘杰先生主动询问我的计划安排，并介绍他的朋友，同样是莫干山民宿经营的风云人物——后坞生活的创始人王旅长先生给我。至今我仍然非常庆幸并感激，我在莫干山遇到了刘杰先生如此善意的“守门员”。

我对莫干山的访谈对象的“收集”大致依赖以下三种方式：一是通过滚雪球抽样[①]的方式积累，我的大多数访谈对象都是由我的被访者通过熟人介绍的方式寻得的，他们会主动帮我去扩展我的被访者，几乎每次访谈结束后我的被访者都会跟我说觉得这个研究题目很有意思，“那个人不错，你应该去联系他一下”，在我没有开口求助之前便推荐给我他认为合适的人成为我下一个访谈对象，甚至帮我联络好，而我会告知我善意的被访者，我希望每个个案都能够服务于一定的研究目的，尽可能避免大量同质化的访谈，他也尽可能满足我的苛刻要求。这样的方式多用于“洋家乐”实际经营者（投资人或主理人）和“洋家乐”地方管理人员（乡镇府、旅游部门等），这些被访者本身的接触门槛就比较高。二是通过入住、聚会等在场方式获得，我在莫干山的调研住宿都事先选择不同的“洋家乐”，这些“洋家乐”的从业人员基本上会成为我的访谈对象，另外彼时的莫干山上有各种各样的活动，包括讲座、分享和 PARTY，几次我上门拜访事先约好的被访

① 所谓滚雪球，就是根据既有研究对象的建议找到其他研究对象的累计过程。由于这种方法产生的样本的代表性可疑，因此，它通常用于探索性研究。见：艾伦·巴比. 社会研究方法（第十一版）. 邱洋奇，译. 北京：华夏出版社，2009：185－186

者的时候,他和他的朋友们正在进行这样的活动,顺理成章的,他的朋友们也成了我的访谈对象。这样的方式多用于“洋家乐”服务人员(管家、阿姨或厨师)和原先未在计划中的学者、媒体、供应商们。三是通过随机偶遇的方式补充,赶路途中结伴的游客,围坐在村口唠家常的村民,这些未参与“洋家乐”直接经营的当地居民和外地游客本身的接触门槛是最低的。

有计划的深度访谈和参与观察集中在2014年年底到2015年年底,其间我先后11次前往莫干山,最长待一周,最短待两天,春夏秋冬四季都有经历,累计在山中停留时间约43天,深度访谈对象合计124人:其中“洋家乐”实际经营者(投资人或主理人)31人;“洋家乐”服务人员(管家、阿姨或厨师)28人;“洋家乐”地方管理人员(乡镇政府、旅游部门等)6人;未参与“洋家乐”直接经营的当地居民19人,包括导游、环卫人员、竹编厂工人、养蜂人、养鳖户、赋闲老人、教师等;外国游客18人;还有原先未在计划内的学者6人,媒体4人,“洋家乐”施工供应环节的水电供应商5人、建筑工人7人(木工4人,瓦工3人)。被访者中年龄最大的90岁,年龄最小的5岁,形成访谈记录近百万字。值得骄傲的是,正式调研开始之后,我在莫干山两年的时间内拒访率是零;这124位被访者中,有近一半我们至今仍保持联系,他们为我后期的莫干山跟踪研究提供了莫大的帮助。

4. 跟踪调查和成果撰写阶段(2016年1月至2017年8月)

随着莫干山知名度的急剧上升和中国乡村精品民宿的平台行业迅速发展,我除了保持对莫干山的整体关注外,还开始留意线上报道、线下活动等多样化参与形式。2016年至2017年,我每年保持两次进山频率,关注莫干山“洋家乐”的变化,补充前述124位被访者之外的访谈12例;我与原先被访者的互动也走出了莫干山,他们来南京也会联系我,大家一起聊聊“洋家乐”的现在和未来。和我联络最紧密的被访者,我们这两年的见面次数不低于5次,保持3次以上见面的被访者不少于 8 人；除此之外，由于我本身从事城市研究和旅游规划方面的工作，2016 年以来我接触莫干山外的乡村精品民宿从业人员百余人，他们来自全国各地；基于我前期对于莫干山“洋家乐”的研究和对中国乡村民宿发展的关注，2016 年初我受江苏省发展和改革委员会委托承担“江苏省民宿发展研究对策”的课题研究，并与 2016 年年底完成整个课题的报告撰写。

坦诚地说，这两年的跟踪调查对本研究有着重大的意义：如果说，前两年的密集调查让我更多看到莫干山乡村精品民宿的生机和生长，它们带给传统乡村的活力和变化，是基于莫干山本身的深描和思考；那么，这两年的跟踪调查让我更加理性地审视莫干山“洋家乐”的未知和未来，我想知道，这样的变化会持续多久，未来的莫干山乃至我们未来的乡村会成为什么样子。作为研究者的我们，除了描述本身，还能为中国的乡村做些什么？

在持续的跟踪过程中，我结合前期理论文献、后期调查访谈等内容进行系统的写作，于 2017 年 9 月完成本研究的初步成果。

5. 身份转换和研究反思阶段(2017 年 8 月至今)

在整个莫干山“洋家乐”的研究过程中，我开始考虑一种可能性，从作为研究者单纯地参与观察到成为一名民宿从业人员，把自己抛入乡村建设的热浪中。我和我的合伙人于 2016 年 8 月租下位于南京汤山的一户农家的庭院，在 3 亩地的空间范围内开始乡村民宿的改造，包括 15 间温泉客房、2 个公共庭院和 1 个乡村书局，从前期的规划、设计到实际的建设，再到后期的运营，全部是我们自己在尝试。这一方面是基于我对莫干山新乡贤们的致敬，我希望能够以我前期之所学反哺今日之乡村；另一方面也是我对自己前期研究结果的一个“中试”，莫干山“洋家乐”所遇到的问题和积累的经验对于我们来说是否具有普遍意义，具有多大程度的普遍意义。

2017 年 9 月，我参与我的第一个被访民宿——西坡乡度假酒店的千岛湖新店众筹,成为西坡乡度假酒店的共建人。2017 年 12 月,我们自己的乡村民宿品牌“匠村·卧香”进入实际运营阶段。这一年中,我和我的合伙人的现场作业为我的研究补充了更加真实的内容和更加深刻的反思:如果说,几年前我还是莫干山的观察者;那我现在至少可以说,我已经在乡村民宿和乡村建设的道路上真真实实地迈出了一只脚,这是诗和远方的美好憧憬下血和泪的感悟。

第四章
莫干山避暑地的百年历史演变

天然消夏湾[①]
莫干山，欢唱！
唱得那山头摇晃！
起来吧！
大家忠诚地唱，欢乐地唱，
整日地唱吧！
可爱的莫干山，永远不能忘！

树呀，鸟呀，云呀，雾呀！
幽境呀，天空呀！
月明之夜，璀璨的星呀！
伟大的夏天，美丽的日子呀！
——我们又见面了！

莫干山，欢唱！

① 这首《莫干山歌》是 Mrs. R. M. White 的作品，具体年代已难以查考。见：刘勇. 别墅烟雨莫干山. 文明，2002(9)：110

唱得那山头摇晃！
起来吧！
大家忠诚地唱，快乐地唱，
整日地唱吧！
可爱的莫干山，永远不能忘！

——《莫干山歌》，歌词为20世纪初美国人罗姆·怀特作，杭州人余重辉译

一、莫干山避暑地的兴起与发展

黄郛在1934年著《莫干山指南(增订本)》中曾有论言“莫干山初不著称”，[①]后人也多将莫干山的兴盛追溯到其成为“莫干山避暑地”的清末民初。事实上，莫干诸峰虽不巍峨奇特，但它清凉幽静，是个世外桃源，早就为我们的祖先所瞩目。[②] 莫干山成名至今已有2500年，其早年的兴旺大致归结为工匠、隐士、寺院和学堂四个方面。工匠的聚集方面，除了春秋末年(约公元前514年—前496年)干将莫邪夫妇在此铸铁造剑的传说外，莫干山域内铜官山即得名于汉朝吴王刘濞在此开设铜矿，“工匠们都住在山里，有一个姓赵的监官组织管理生产”。[③]隐士的聚集方面，根据1987年梁仁执笔、莫干山管理局的内部资料《莫干山志》[④]，越国大夫计然也曾在莫干山隐居，[⑤]东晋

---

① 黄郛.莫干山指南(增订本).1934:2

②③ 梁仁.莫干山志.浙江省人民政府办公厅、莫干山管理局内部资料，1987:34

④ 莫干山历代都没有纂辑过山志。直到1923年夏，周庆云先生逭暑莫干山后，才开始着手编纂《莫干山志》。1924年拟定了大纲，1926年成书，1927年初版梓行。1933年周庆云先生病故。1936年5月，其子周延礽对原书又进行续补。周家父子编纂的山志，是在莫干山管理局内部资料新编《莫干山志》之前的唯一一部莫干山志。

⑤ 清乾隆《武康县志》载：计岘山在县西北二十五里，计然尝居此。

的郭文在洛阳失陷之后也来此隐世，[①]南北朝的"织帘先生"沈麟士辞去京官回莫干山办学，[②]由此可见，莫干山早有隐士的传统。寺院的聚集方面，主要是因着南朝之后佛教的兴盛，莫干山上的佛教寺院也络绎兴建。南朝梁大同年间(535—546 年)，天泉山上建天泉寺；唐咸通五年(864 年)石颐山上建石颐寺；后晋天福二年(937 年)铜官山上建铜山寺……发展到几乎每个山峰都有一座或几座寺院，清康熙、乾隆年间达到了顶峰，"缁流云集，蔚为丛林"，共有大小寺院 400 余座。[③] 这些寺院的存在也为文人雅客至莫干山游览参禅提供了短暂的住处，世人多称赞莫干山的"三胜"(竹、云、泉)与"四优"(绿、凉、清、静)。学堂方面，除了南北朝时期沈麟士在莫干山办了"从学数百人，各筑室止其侧"[④]的住宿学校，明朝时期狮子山上还办了"开元书院"，学生就住在山上，"士肄业者即舍焉"。[⑤]有了以上四方面的因素推动，据历代《武康县志》等方志记载：到明代，这里已成为江浙一带士大夫、富绅避暑、养身之所。当时有个叫唐铿的乡绅就曾在诗中写道，"昔人留别墅，窈窕白云边"，"种得金光草，居人想地仙"。《县志》称，为了接待上山烧香、游览的官吏、宾客，明万历年间，知县彭大翺在县府大门外的东厅，搞了个迎宾馆。[⑥]这恐怕是莫干山最早的公务接待之所了。直至"咸同(即咸丰、同治)军事起"，这里遭到了大破坏，几乎所有寺院都被废毁，自此才人烟稀少，一片荒凉。[⑦]

---

① 东晋的郭文，是当时闻名的高士，洛阳失陷，他挑了行李担，千里迢迢步行来到石峤山，依树搭棚，安居下来；平时靠采集山林的果实到集市换米盐，以此为生，如略有多余，就用来帮助附近的穷人。他是个节操高洁的人，当时莫干山的老百姓都很敬重他。见：莫干山志. 浙江省人民政府办公厅、莫干山管理局内部资料，1987:34

② 梁仁. 莫干山志. 浙江省人民政府办公厅、莫干山管理局内部资料，1987:34-35

③⑤⑥ 梁仁. 莫干山志. 浙江省人民政府办公厅、莫干山管理局内部资料，1987:35

④ 周庆云，原著，周延礽，续补. 莫干山志. 上海：大东书局总厂，1936:246

⑦ 梁仁. 莫干山志. 浙江省人民政府办公厅、莫干山管理局内部资料，1987:36

1. 莫干山避暑地发生的自然基础

莫干山在近代被称为"莫干山避暑地",英文名称"Mokanshan Summer Resort"。[①] "莫干山是殖民时代居住在上海和杭州的欧洲人的度假旅游胜地。从杭州西站坐长途汽车需要40元,在山上度过一晚需要250元左右"。[②] 莫干山成为避暑地是气候环境、景观资源、地理交通和政治境遇四方面因素综合作用的结果,前三者是从莫干山自然基础条件来审视,而后者是结合外部时代背景的考虑。

一是气候环境方面,莫干山避暑地的发生与其夏季多风多云雾的凉爽气候直接相关。莫干山是天目山余脉,"乃山之总称耳",[③]其群峦环抱,绵延起伏,以荫山为中心向外拓展,核心区域包括塔山、金家山、屋脊头、天池山、上横山、炮台山、营盘山、中华山、馒头山、冈头墩等山峰,再向外扩展还有石峤山、天泉山、铜官山、鸟青山、云荡山、石颐山、龙池山、双髻山、高峰山等180多座形态各异的山峰。由于多等齐斜坡的地势特征和西南—东北的山体走向,杭州湾方向的东南风可经杭嘉湖平原之后畅通无阻地进入莫干山,太湖方向的东北风也可沿莫干山40度的斜坡飘然直上。与此同时,受天目山阻滞气团回旋的影响,莫干山还"时时皆有风,处处透凉意"。[④] 其主峰塔山海拔758米,海拔在400米—700米之间的山峰包括荫山、上横山、金家山、中华山、天池山等,山体地形的特殊性造就了明显的山地立体气候,山脚至山顶的气候垂直变化显著。此外由于植物茂密,夏季空气湿度也很大,气候环流的影响还使莫干山夏季云雾多。[⑤] 20世纪

---

① 李南.莫干山,一个近代避暑地的兴起.上海:同济大学出版社,2011:2

② 叶全新,刘建林,仲向平.莫干山.杭州:西泠印社出版社,2015:213

③ 周庆云.莫干山考.见:莫干山志.浙江省人民政府办公厅、莫干山管理局内部资料,1987:133

④ 李南.中国近代避暑地的形成与发展及其建筑活动影响.浙江大学博士学位论文,2011:24

⑤ 赵兴宽.莫干山为何能成为避暑胜地.浙江日报,1980-07-28

80 年代起，莫干山年平均气温为 11.1 ℃，七八月最热时平均气温 24.1 ℃，盛夏最高温度一般不超过 30 ℃；[①]年降雨量为 1682 毫米，平均相对湿度为 80%，[②]适宜避暑的气候条件得天独厚，因而有“清凉世界”的美誉。

二是景观资源方面，莫干山避暑地的发生依赖于其充分的自然生态资源和人文历史景观。莫干山植被区划属于中亚热带常绿阔叶林北部亚地带，植物区系复杂，种类繁多，共有 136 科 374 属 614 种，是名副其实的植物王国，经多年封山育林和人工造林，森林覆盖率高达 93%以上。包括国家一级保护树种水杉，二级保护树种银杏、鹅掌楸、秤锤树、金钱松和香果树五类，三级保护树种天目木兰、短穗竹和凹叶厚朴等；另有日本冷杉、红豆杉、大王松等珍稀树种。[③] 山中生计，“竹为大宗，柴炭次之，田亩亦丰”，[④]民国《莫干山志》记载“山皆栽竹，[⑤]高者低者大者小者，各以类聚，连山接境，何止渭川千亩，此则庐山、北戴河、鸡公山所不及”。20 多个品种的竹[⑥]构成莫干山漫山遍野的竹海景观，光莫干山风景区（43 平方公里）和外围区（337 平方公里）就有 127 平方公里的连片竹林。除却丰富的自然资源，莫干山的名胜景观也令人赞叹，“如古天池、铸剑池、塔山怪石角皆在避暑区域以内……若石娇山之奇特，石门卡之雄伟，碧坞福水，葛岭之飞瀑，闻钟桥双叠泉，莫干岭之幽倩，以及铜官山、天泉山等均不越二十里。昔披榛莽，今成坦途，裙屐往来，无间中外”[⑦]。纵情山水，访古览胜，来莫干山避暑的理由似乎颇为充分。

---

① 梁仁. 莫干山志. 浙江省人民政府办公厅、莫干山管理局内部资料，1987：32

② 王梦琬. 莫干山地质旅游资源评价及旅游开发策略研究. 浙江师范大学硕士学位论文，2015：12

③ 朱建明. 风情万种莫干山别墅群. 中国文化遗产，2006(6)：76－77

④ 周庆云，原著，周延礽，续补. 莫干山志. 上海：大东书局总厂，1936：285

⑤ 后陈毅有诗句：“莫干好，遍地是修篁。夹道万竿成绿海，风来凤尾罗拜忙，小窗排队长。”

⑥ 莫干山竹林品种繁多，有毛竹、刚竹、水竹、篌竹、紫竹、凤尾竹、苦竹、斑竹、油竹等 20 多个品种，其中观赏价值极高的有黄皮花竹、绿皮花竹和龟甲竹。见：朱建明. 风情万种莫干山别墅群. 中国文化遗产，2006(6)：77

⑦ 周庆云，原著，周延礽，续补. 莫干山志. 上海：大东书局总厂，1936：9

三是地理交通方面，莫干山避暑地的发生得益于宁沪杭黄金三角的中心区位和当时江南地区水路交通的繁荣。莫干山坐落于浙江省德清县西北部，中心区位于东经 E119°52′，北纬 N30°36′。其地理区位卓越，背依浙西群山，面临浙北杭嘉湖平原，彼时离杭州 84 公里，相距上海 239 公里、南京 280 公里。[①] 清光绪二十二年(1896 年)，虽沪杭铁路、杭(州)长(兴)公路尚未筑成，但杭嘉湖平原河流纵横，利于殖民者“航海东渐”。[②] 自苏、沪赴莫干山，必乘大船至塘栖，易桨舟，过德清，抵三桥埠，再雇挑夫、轿舆，经杨梅岭、新凉亭、乌城桥至庾村，登黄泥岭、节孝坊、炮台山、百步岭至荫山街，历 7 日方达。宣统元年(1909 年)沪杭铁路通轨，杭人设杭州至三桥埠 7 日往返一次的小汽船。民国五年(1916 年)，改逐日航班，自沪抵三桥，当天即达。次年，莫干山旅馆(后改铁路旅馆)，按沪杭线列车行车时刻在杭州增开小汽船，使自沪赴山游客 10 小时即登山巅。民国八年，杭州拱宸桥车站码头设杭莫汽车交通社，置新式汽油船接待游客，3 小时可至三桥。1918 年 8 月，杭(州)长(兴)公路的三(桥)莫(莫干山麓庾村)支线通车后，游客可从杭州乘汽车直达莫干山麓庾村，然后雇轿登山。[③] 1951 年登山公路筑成后，可驱车上山顶。1965 年德莫(德清至莫干山)全程通车后，大型旅游客车可绕着盘山公路直抵荫山街。在人口稠密的沪、宁、杭三角地带，有这样一个“清凉世界”，当然应“地”尽其“利”了。[④] 因为交通的便捷，上海外国侨民最为青睐莫干山，“西人习惯，七月一日必上山，避暑二月，至八月末必言旋”，由此出现避暑旺季交通拥挤、一房难求的情况：远至 1931 年的 7 月 1 日，一天之间从上海到莫干山庾村的人就超过 800 人，暑期山上“游客纷集，苦无下榻之处”，因为早在春暮，“山中房屋，已租赁殆尽”。[⑤]

---

① 因道路交通发展，莫干山今日区位优势更加显著，据德清县城 14 公里，东北距离上海 189 公里，东南距离杭州 59 公里，西北距离南京 278 公里。

② 朱建明. 风情万种莫干山别墅群. 中国文化遗产，2006(6)：79

③ 来光和. 莫干山志. 上海：上海书店出版社，1994：113－114

④ 赵君豪. 消夏通讯. 旅行杂志，1931(9)：147

⑤ 赵君豪. 莫干山消夏记. 旅行杂志，1931(7)：13

2. 莫干山避暑地发生的社会环境

除却本身相对突出的基础条件，莫干山近代避暑地的发生和19世纪末20世纪初中国半殖民地半封建的政治境遇是关联的。避暑地(Summer Resorts)是中国近代史上非常特殊的一种文化现象，和欧美国家在亚洲的殖民制度相关，[①]是类似于租界、租借地等概念的特殊区域。鸦片战争之后，清政府签署了一系列的不平等条约，外国人被允许在开放口岸自由居住、购买土地、建造礼拜堂和医院，甚至到内地游历、通商和传教。“来华的外国传教士、外国商民为盛夏消暑在气候凉爽的深山、滨海所开辟的居留区域，在世纪末、世纪初被称为避暑地”。[②] 英国人通常用“Hill Station”[③]一词指东方所有地方的“山中避暑地”；而美国人会有范畴的区分，具体地将“山中避暑地”称为“Mountain Resort”，而用“Summer Resort”统称山上或海滨的避暑地。[④] 单就主要动因而言，避暑地是以传教士为主的在华外国人健康的庇护所、温暖的海外之家、理想的会议地，满足了他们深层次的多种需要。[⑤] 19世纪初，河北省秦皇岛市的北戴河(Peitaiho)，河南省信阳市的鸡公山(Kikungshan)，浙江省湖州市的莫干山(Mokan

---

① 避来光和. 莫干山志. 上海：上海书店出版社，1994：暑地最初由英、荷殖民者于19世纪在远东创立，以期在外国的领地获得夏季可舒适逗留的区域。19世纪，避暑地作为一种风俗已传遍广大东方地区，从英属西印度直到远离热带的日本北都广大的亚洲地区都存在这种现象。……避暑地最早发轫于1820年，当时在印度的英国军队远征进入喜马拉雅山脉边缘平定部落叛乱时，发现夏季身处海拔高的山地，对恢复体力效果很好。见：李南. 莫干山，一个近代避暑地的兴起. 上海：同济大学出版社，2011：21

② 费成康. 中国租界史. 上海：上海社科院出版社，1991：321

③ 与中国不同，日本的山中避暑地多和温泉结合，因此被称为“yunessun”，即温泉避暑地。

④ J. E. Spencer，W. L. Thomas(1948)，“The Hill Staions and Summer Resorts of the Orient”，*Geographical Review*，Vol. 38，p. 63

⑤ 吕晓玲. 近代在华外国人避暑度假之风探析. 湖南科技大学学报(社会科学版)，2012：139

shan),江西省九江市的庐山牯岭(Kuling)被称为"中国近代四大避暑地",这四大避暑地同时也是著名的四大别墅区,是"空间殖民主义"的结果。

表 4-1　中国四大避暑地简明信息表

避暑地	庐山牯岭(Kuling)	北戴河(Peitaiho)	莫干山(Mokanshan)	鸡公山(Kikungshan)
特殊意义	1936 年成为国民政府的"夏都",中华十大名山之一、世界文化遗产、国家 5A 级旅游景区	中国第一个也是唯一一个由清政府确定的自主对外开放的避暑地	民国政府党政军官员避暑地,素有"世界建筑博物馆"之美称	中国中部地区历史上第一个公共租界
地理范畴(KM^2)	302	70	287	337
中心区(近代避暑地大致范围)	牯岭中心区	海滨避暑中心区	荫山街中心区	南北街中心区
中心区面积(KM^2)	46.6	14.74	2.95	3.38
肇始	1894 年被英国传教士、商人李德立①强租"建屋避暑"②,1895 年,牯岭出现了第一座西人别墅③	1878 年英国传教士在北戴河鸡冠山修建两栋别墅	1896 年美国传教士白鼐在山上建造第一座避暑茅舍,为西人在山建筑活动之始	1903 年,美国传教士李立生、施道格在鸡公山买来的土地上兴建了 4 幢别墅

① 牯岭原名牯牛岭,李德立在私租牯牛岭成功后,便"给这地取了一个新款的名字叫'牯岭',英译'Cooling',取'清凉'之意","同时又不失汉文的音义",此后"Kuling"一词开始广泛出现在上海、武汉、九江的各大中英文报纸上,并很快享誉全国。见:陈朝晖.论近代庐山牯岭避暑地:一个殖民主义空间的生成.贵州社会科学,2015(2):92

② 吴宗慈.庐山志(上).南昌:江西人民出版社,1996:400

③ Albert H. Stone & J. Hammond Reed(1921), *Historic Lushan-The Kuling Mountains*, Hankow: the Arthington Press

续表

避暑地	庐山牯岭（Kuling）	北戴河（Peitaiho）	莫干山（Mokanshan）	鸡公山（Kikungshan）
西人建筑鼎盛时期	至 1927 年这里修建 560 栋别墅，分属 15 个国家；①建筑最多时达到 660 栋②	1949 年北戴河海滨境内有中华别墅 483 栋，涉及 20 个国家	1933 年鼎盛时期有别墅 300 余幢	鼎盛时期，鸡公山上有美、英、法、德、俄、日等 23 个国家的别墅洋房共计 500 余栋，有"万国建筑博物馆"之称
现存建筑	保存有英、法等 18 个国家建筑别墅 600 余栋	绝大多数别墅被拆改，到目前仅剩 130 多栋	莫干山别墅群现存各类别墅房屋 250 多幢	鸡公山现存不足 200 幢的万国别墅

"除较早被中国人收回的鸡公山避暑地外，外人在这些避暑地中都仿行租界制度。首先在这些避暑地中他们都成立名叫'避暑会'之类的自治机构，订有类似租界《土地章程》或《市政章程》的'基本法'。在庐山的牯岭避暑地，这一章程被称为《牯岭约法》，在莫干山避暑地被称为《莫干山避暑会章程》，在北戴河避暑地，最大的避暑会石岭会的章程名叫《石岭会会章》。根据这些章程的规定，在每年 8 月，即避暑的旺季，当地都召开相当于租界纳税人年会的租地人大会或会员大会，并可根据需要召开特别会议。有权与会并有投票权的，只有在当地拥有地产者。这些会议有权议决本避暑地的各种规章，批准预算、决算，决定捐款的征收，并选举相当于租界工部局董事会的行政领导机构"。[3] 但避暑地与租界仍存在至少三点明显的区别：第一，两者在区位和风貌上存在差异：租界多是"主流城市"的成熟商业区，常年繁荣昌盛；避暑地多位于深山海滨的"边缘飞地"，季节性特征明显。"租界位于通商口岸之中，多是繁盛的商业地区。避暑地都远离喧嚣的城市，位于风光秀丽、气候凉爽的深山、海

① 吴宗慈. 庐山志(上). 南昌：江西人民出版社，1996：462
② 彭开福. 牯岭地区的建筑活动. 南昌：江西美术出版社，1996：33
③ 费成康. 中国租界史. 上海：上海社科院出版社，1991：320－321

滨。……在辟为避暑地以前，它们都是人烟稀少之地。在形成避暑地以后，当地也只在盛夏季节有众多的中外人士前来避暑……在一年之中，它们只有两三个月宛如繁华的城镇，其余九、十个月仍像静谧的深山或海滩。……在各个避暑地中，都只有中外商民主要是中国商人开设的向避暑者供应日常生活用品的商店，为他们服务的邮局、银行的分支机构，以及供临时前来避暑、观光的旅客小作勾留的旅馆等”。[①] 第二，两者在开辟流程的合规上存在差异：简要地说，租界的开辟大多是合法的，避暑地的开辟大多是非法的。“几乎所有租界在其开辟前都经过中外官员的会商，并订有开辟该租界的中外约章。因此，从法律的角度来看，租界的开辟都是合法的，尽管清政府大多是被迫同意的。避暑地则不同。它们都是外国传教士及外国商民陆续永租或购买土地后所形成的区域，在租地或购地之际，外人多有欺蒙或违法的行径。因此，这些避暑地最初都是些非法的私生子”。[②] 第三，两者在法律制度、行政制度上也存在显著差异，由于避暑地的开辟和外国政府无关，因而对当地的华人并无实际上的司法权限，从这个意义上来讲，中国在各避暑地中丧失的国家主权尚少于租界地区。“避暑地的开辟者是外国传教士及外国商民，与外国政府无关。因此，避暑地的‘基本法’并非由外国政府订立，各种规章也不是由外国公使、外国领事议订，并不需经过他们的批准，而是由当地拥有地产的外人自行订立。同时，没有任何国家的领事入驻避暑地，也无任何国家的驻华公使或他们的政府来监督、干预当地的事务，避暑地的日常行政大体由租地或买地的外人进行自治。……因而当地的行政制度仍与租界不同。由于当地均无领事入驻，……总的来说，入界的华人在司法方面并不受制于避暑地的行政当局，而是仍完全受中国司法机构的管辖。”[③]

---

① 费成康. 中国租界史. 上海：上海社科院出版社，1991：322

② 费成康. 中国租界史. 上海：上海社科院出版社，1991：322 - 323

③ 费成康. 中国租界史. 上海：上海社科院出版社，1991：324 - 325

3. 莫干山避暑地发展的历史阶段

学者李南曾从建筑营造的角度提出莫干山避暑地近代建筑活动(1896—1937年)的三个阶段,分别是:外国人独立建筑活动阶段,即初始期(1896—1912年);外国人建筑活动为主,中国人零星建设阶段,即发展期(1912—1928年);中国人建筑活动为主,外国人零星建设阶段(1928—1937年)。[①] 此阶段方案的提出基于宏观背景下中国近代史的分期方案,两个界标节点的选择分别是1912年中华民国的成立和1928年直属浙江省府的莫干山管理局的成立(1927年北伐战争结束,南京国民政府成立),是中国"大历史"和莫干山"小历史"综合思考之后的选择。我在重新梳理莫干山避暑地历史发展的过程中,更多地从区域社会发展而非单纯的建筑营造活动的角度出发,更加聚焦莫干山自身的历史节点和重要事件,根据莫干山避暑地的参与主体、权力关系和社会功能的变化,把对莫干山避暑地的历史时间轴拉长,而非仅仅近代的概念,我认为莫干山从19世纪末到20世纪末的100年间作为避暑地的发展大致可以划分为以下六个时期。

一是莫干山避暑地的发现和形成时期(19世纪末—1898年),本阶段的开始以美国传教士上山为界标。莫干山为外国人所熟知肇始于美国传教士佛利甲。据《莫干山指南(增订本)》记载,"清光绪二十年(1894年)间[②],美国浸会教士佛利甲者,首次登山避暑,誉其境地佳胜"[③],紧接着,佛利甲的朋友即传教士梅生和霍史敦-史博德博士登莫干山察看,租赁山民的房屋用来居住,并撰写莫干山游记刊登在外文报刊上,称其为"克来阿山"[④]和天然"消夏湾";他们还对芦花荡

---

① 李南.莫干山,一个近代避暑地的兴起.上海:同济大学出版社,2011:54-103

② 一说是光绪十七至十八年(1891-1892年)。见:梁仁.莫干山志.浙江省人民政府办公厅、莫干山管理局内部资料,1987:36

③ 黄郛.莫干山指南(增订本).1934:2

④ "克来阿"词出法文,意思是夸这山风景优美。

的泉水进行了医学化验，说它“洌而甘”“无微生物，虽冷饮可无河鱼之疾”，是“异乎寻常之泉”，莫干山从此在外国传教士中声名鹊起。[①]光绪二十二年(1896 年)左右，美国传教士白鼐在山上筑茅舍避暑，形似中国农舍，这是外国人在莫干山上建筑活动的开始。光绪二十四年(1898 年)，教士伊文思根据梅生的报告，利用光绪二十一年清政府总理衙门应许的“西人在内地租地建屋，契约注明系教堂公产，可不经当地政府，直接与卖主签约成交”[②]之条款，打着教会的幌子在山上购地修建别墅，这 200 亩地是外国人在莫干山上购地的开始。[③] 光绪二十四年三月，寓居杭州的英国耶稣教士洪慈恩入山，嫌白鼐和伊文思修建的茅舍简陋，从英国进口了水泥(当时称为洋灰)由水路运到山下后由挑夫挑上山，又特地领工匠去上海观摩洋房的样式参照营造了莫干山第一栋真正意义上的欧式别墅——贝勒别墅(如今编号为 545 号)。这是外国人在莫干山上建西洋别墅的开始，[④]贝勒一家在搬入别墅开始避暑生活的同时甚至效仿中国乔迁的习俗在别墅门口燃放了鞭炮。自此，沪宁杭一带除传教士之外的洋商、医生等来山避暑或购地者络绎不绝，[⑤]“一时风从云集，辟作奥区”。[⑥] 周庆云《莫干山志》云：“夏令避暑我国视为娴雅之事，高贵者偶尔为之，而外人则不然，虽普通经商亦往往择地远游[⑦]，且有所建筑，今风气渐及于

①② 梁仁. 莫干山志. 浙江省人民政府办公厅、莫干山管理局内部资料，1987：36

③ 据久住此山的山民回忆，最先盖屋的是伊文思和白鼐，他们雇了一个叫关勇的工匠，关又从东阳地方找来几名泥水匠，还有一名安徽籍姓陈的木匠，造起了几间茅屋。最早建成的是白鼐的那所避暑茅屋。见：梁仁. 莫干山志. 浙江省人民政府办公厅、莫干山管理局内部资料，1987：36－37

④ 来光和. 莫干山志. 上海：上海书店出版社，1994：82

⑤ 李南. 莫干山，一个近代避暑地的兴起. 上海：同济大学出版社，2011：26

⑥ 周庆云，原著，周延礽，续补. 莫干山志. 上海：大东书局总厂，1936：例言，二

⑦ “中产阶级更把旅行当作重要大事。就数量而言，旅行的最重要形式是全家的夏日假期，或(对更富有和身体太胖的人来说)每年到某个温泉疗养地去做治疗。这种度假、疗养胜地，在 19 世纪第三个 25 年蓬勃发展。英国多位于海边，欧洲大陆则多集中于山上。”见：埃里克·霍布斯鲍姆. 资本的年代：1848－1875. 张晓华，等译. 南京：江苏人民出版社，1999：275

我国莫干山。”①

表 4－2　莫干山避暑地别墅业主年份表

时间(年)	别墅数量(个)	外国人(人)	中国人(人)
1911	94	94	0
1912	105	105	0
1924②	148	118	30
1926	154	122	32
1929③	242	78	164
1932	181	80	96
1934	211	82	129
1936	242	78	164

二是莫干山避暑地的外国人治理时期(1898—1928 年),本阶段的开始以莫干山避暑会(Mokanshan Summer Resort Association,缩写 MSRA)的成立为界标。光绪二十四年六月,在莫干山上筑屋避暑的外国人,为了保障所谓的“权益”,并未经过当地政府,擅自成立了“莫干山避暑会”,设避暑会公所于三桥埠。所有在莫干山执有产业的外国人业主成为避暑会会员受其照拂,该会负责管理山中大小事宜,共推选 16 名董事,正副会长各 1 人,书记、会计各 1 人,下设路政、房产管理、司法、卫生等委员会,订有 5 章 11 款的避暑会章程。

① 周庆云,原著,周延礽,续补.莫干山志.上海:大东书局总厂,1936:自序,二

② 1924 年(民国十三年),武康县府对洋人山上占地面积全面丈量:属武康境内计一千六百余亩,属归安境内二百余亩,共一千九百四十余亩;山上已建造的一百四十八幢别墅,百分之八十属洋人所有。见:梁仁.莫干山志.浙江省人民政府办公厅、莫干山管理局内部资料,1987:39

③ 据周庆云一九二九年的核查统计,这时属洋人所有的别墅已减少到七十八幢,占总数的百分之三十二点五;相反,属我国人士所有的别墅,则增加到一百六十四幢,占总数的百分之六十七点五。见:梁仁.莫干山志.浙江省人民政府办公厅、莫干山管理局内部资料,1987:40

由于地方政府疏于行政管理，莫干山避暑会虽名为外国人自治机构，却俨然成为莫干山中的实际权力机构，掌管避暑地内一切事务。“凡山上工商各项，均受其主持”“关于山中市政、道路卫生防御等事，悉由避暑会管理一切”“华人不得入会与闻”“所有球场、游泳池等处，均拒绝华人入内”。避暑会还规定“凡关于本会之一切事务，应由中国官吏与本会指定之代表接洽，不得与个人之西人直接交涉”等，俨然以莫干山主人的姿态自居。而上百成千的中国人，为了糊口谋生，则当了轿夫、搬运工、帮佣、泥水匠、木匠为外国老爷们服务、效力，当牛做马。用当地老山民的说法，那时间，一到夏暑，这里到处是外国人，莫干山成了“高鼻子”的天下。[①] 光绪二十四年，在莫干山上购地的外国人执房契到武康县交税，当时的知事宋炽提出莫干山“非通商口岸，应否准予过户税契”专呈浙江抚台。浙江巡抚廖寿丰批斥宋炽“不谙交涉，办理颟顸”，遂派刘舜年会同查办，仅查明买地外国人、卖田户主的姓名以及所购田地的位置、面积、价目等便草草了事。自此之后，外国人得悉中国当地政府秉持不予过问的态度，在莫干山的购地行为便愈演愈烈。[②] 然而当时来山上的外国人中间，多数不是教士，所购置的土地房屋，也并非教堂公产。美国传教士韩明德建造了礼拜堂的公墓，修建了金家山下的网球场、游泳池等，并严令不许中国人使用；英国人费信诚、德国人巴布恃有“避暑会”作后台在山上开设旅馆、商店，通过廉价收购山地，大搞房地产租赁贸易，谋取暴利。“西人在莫干山购地，其性质可分为三：一纯系避暑；二常川居住；三广收买而以山地为投机贸易。所购山地亦有二种：一为直接向土人购买；一为西人与西人互为授受”。[③] 其中，向当地山民购买的土地都交税，以求得到政府的官方承认；而外国人彼此之间交易的土地则不着急交税，诸如土地转卖多次但户口仍在原业主处的情况屡见不鲜，

① 梁仁. 莫干山志. 浙江省人民政府办公厅、莫干山管理局内部资料，1987：39
② 梁仁. 莫干山志. 浙江省人民政府办公厅、莫干山管理局内部资料，1987：38
③ 周庆云，原著，周延礽，续补. 莫干山志. 上海：大东书局总厂，1936：291

管理非常混乱。[①] 1899—1901 年的三年时间，是外国人在莫干山购地最疯狂的时期，以后逐年零星购置，到 1905 年前后，外国人所买的山地规模已经超过 1600 亩。[②] 光绪二十八年(1902 年)，上山避暑者 339 人，后逐年增加。据统计 1911 年时，山中已有 94 处建成产业，461 名外国人中绝大多数为英语国家的外籍人士，其中 170 名儿童，181 名美国人，101 名英国人，还有 6 人属其他国籍。外国人雇用了 307 名中国人来看管避暑地及其产业。[③] 莫干山避暑区俨然成为古老中国深山乡村中的一块西方文化飞地，约百所居住建筑构成的一处小型外国人夏季生活社区。至 1924 年，外国人已购 1940 余亩地，建有 118 幢别墅，占全山别墅 80%。至 1925 年，莫干山上 154 幢别墅中，81 幢属于美国人，28 幢属于英国人，德国、法国人各 3 幢，俄国人 1 幢，另有 1 处上海工部局公共避暑所，1 处避暑公葬所，1 所天主教堂和 2 所耶稣教堂。[④] 至 1926 年，赴莫干山的避暑者已达到了 1000 余人，[⑤]荫山街成为主要的商业街[⑥]。莫干山逐渐成长为一个简化版的西方社区，游泳池、教堂、网球场、别墅、电报局、幼稚园、教会小学、邮政局、公葬所、浴池、旅馆、可容纳 600 人的聚会堂和常年开设的商场，让漂泊在外的异国人在暑期短暂的停留中找到似曾相识的归属感。

---

① 其向土人购定者类皆无契不税，以求官吏认可；其互相授受投税即非所急，竟有业主数易而户口尚复仍旧者，内容复杂猝难纠究。见：周庆云，原著，周延礽，续补. 莫干山志. 上海：大东书局总厂，1936：291

② 周庆云，原著，周延礽，续补. 莫干山志. 上海：大东书局总厂，1936：290

③ 李南. 中国近代避暑地的形成与发展及其建筑活动影响. 浙江大学博士学位论文，2011：62

④ 朱建明. 风情万种莫干山别墅群. 中国文化遗产，2006(6)：79

⑤ 李南. 中国近代避暑地的形成与发展及其建筑活动影响. 浙江大学博士学位论文，2011：66

⑥ 民国十年(1921 年)《莫干山指南》载，荫山市集主要商店有中华银楼、源泰杂货店、伊文思书馆分销处、商务印书馆陈列所、粤瑞祥五金店、蔡丫头皮鞋店、西式成衣店、陈众新竹器店、陈永利水果店、源兴牛肉店等。见：来光和. 莫干山志. 上海：上海书店出版社，1994：133

表 4-3　莫干山避暑地范围变更表①

时间(年)	事由	范围	面积(亩)
1919	政府决定将莫干山列为避暑地,由内务、外交、财政三部会同制订出避暑地管理及租建过程,勘察、划定避暑区域四周的界址	东北至屋脊头,东至毛寺,东南至牌坊,南至高路上,西南至赵家山,西至水沟头,西北至宝剑石,北至花坑山腰	3000 余
1928	莫干山管理局成立,该局提出要在原先划定界址的基础上,扩充避暑地区域,以实施管理事务。局拟定界限	东北至沈家岭,东至高峰寺,东南至三桥埠,南至铜官山,西南至筏头镇,西至和睦桥,西北至天泉山,北至碧坞	7000 余
1929	浙江省政府批准管理局管辖范围正式划定	东北至天池寺为界,东至剑池下为界,东南至牌坊为界,南至老冰厂为界,西南至赵家山为界,西至青草塘为界,西北至莫干岭为界,北至花坑山腰为界	4000 余
1949 年后	政府为了把莫干山建设成人民的游览避暑乐园,设莫干山管理局隶属浙江省人民政府办公厅领导	避暑区划定了一个中心区,即东北至流塘坞为界,东至炭桥为界,东南至牌坊为界,南至梅家坞为界,西南至大槽里为界,西至冷水口为界,西北至莫干岭为界,北至朱家山为界	4423

三是莫干山避暑地的国人治理时期(1928—1937 年),本阶段的开始以莫干山管理局的成立为界标。1928 年国民政府成立"莫干山管理局",正式收回莫干山主权,接管莫干山避暑地的行政事务,对避暑地界限进行调整(见表 4-3),并颁布《浙江省莫干山管理局暂行组织条例》,规定"莫干山一切行政事宜归莫干山管理局管理,西人今后不得在山上置产,欲出售房屋仅许售于华人,已购山地须丈量核实,按时征租纳税。如有违抗,当封其屋"②。此后,莫干山上外国人和中国人所拥有的土地和房屋数量也开始发生变化,民国政府党政军官

① 梁仁.莫干山志.浙江省人民政府办公厅、莫干山管理局内部资料,1987:6-7

② 周庆云,原著,周延礽,续补.莫干山志.上海:大东书局总厂,1936:314

员及其他官僚、富商、买办以及社会知名人士相继上山：1928 年 6 月(民国十七年)，时任国民政府外交部部长的黄郛修建 509 号“白云公馆”；1933 年(民国二十二年)，时任国民政府行政院院长的汪精卫至“六月息园”养病购青草塘 600 号别墅，陈永清、陈叔通等 6 户人家在金家山屋脊头置地建屋 6 幢，取名“武陵村”；1934 年(民国二十三年)，时任浙江省政府主席的国民党元老张静江在嘉兴路 410 号营造“静逸别墅”，潘梓彝在余杭路 92B 号建设中国古代亭阁式的建筑“花厅”；1935 年(民国二十四年)，上海大亨张啸林、杜月笙在莫干山路 546 号建造古代宫殿式的“林海别墅”及 547 号别墅避暑……莫干山从此成为国人的避暑胜地。1930 年避暑地内已建有 170 余幢别墅；1936 年总计建有 251 幢别墅，其中国人别墅(164 幢)两倍于外国人别墅(87 幢)，且国人建造的别墅质量较以往外国人建造的别墅质量有了大幅度提高。“莫干山地价日增，华人别业，力求精美，建筑之费，有价值五十万金者，往昔一西人建屋，因陋就简，一屋之值，不过三四千金而已”。[①] 避暑地在 1898—1928 的 30 年中建造别墅约 170 幢，平均每年建设 5.2 幢别墅；而在 1928—1937 的短短 10 年中建造超过 100 幢别墅，相当于每年建设 10 幢别墅——如果说 1912 年之前的避暑地是一处小型的外国人聚居区域，1912—1928 年间的避暑地转变为外国人为主、国人为辅的混合社区，那么彼时的它已经成长为一处以“荫山街”为中心的供给较为丰盈的综合型国际化社区。[②] 伴随着国人产业的急剧增加，1933 年夏避暑地的公共社会团体组织“莫干山公益会”成立；其后，“莫干山避暑区域住民会”“莫干山骑射分会”“莫干山农村改两会”“莫干山中外难民救济会”等民间组织和机构相继成立。此外，莫干山还增添了“莫干山疗养院”“莫干山小学”“莫干山讲经堂”等公共活动场所。[③] 1934 年，避暑地各类商场、

---

① 赵君豪. 莫干山导游. 台北：文海出版社有限公司，1971：4

② 李南. 中国近代避暑地的形成与发展及其建筑活动影响. 浙江大学博士学位论文，2011：70

③ 梁仁. 莫干山志. 浙江省人民政府办公厅、莫干山管理局内部资料，1987：41

银行等服务设施达30多处，旅馆增加到9家。[①] 赵君豪的《莫干山导游》记载了全盛时期山中的情景："山上繁盛区域，以荫山为最盛。其地势平坦，而又在诸山之中心点，交通便利。一至夏令，山中旅社、银行、商店、茶寮、酒肆均麇集于是。上海银行夏季办事处与中国旅行社每年于六月间开设营业，至十月底收歇，所办业务，如代订山轿，代雇汽车，发售联运车票及旅行杂志，汇兑款项，兑付旅行支票，代付款项等事务，山上旅客极感便利。……中国银行亦设办事处于山上。他若源泰与盛大百货商店，则日用所需各种食品罔不具备。其附近商店、竹器店、成衣店、水果店，应有尽有。"[②]1930年前后的夏天，来莫干山避暑的中外游客甚至超过8000人，是前些年都没有过的盛况。"当时在山上各旅馆，亦满坑满谷，生涯大盛，如预赴莫干山避暑而投宿旅馆者，须先委托中国旅行社总社代订，以免临时向隅"。[③] 彼时的莫干山，盛极一时。

四是莫干山再度荒废时期（1937—1949年），本阶段的开始以1937年莫干山沦陷为界标。抗日战争爆发，1937年11月12日，莫干山被日军占领，莫干山管理局奉命撤销，山上别墅荒芜、市面冷落。虽然各项活动戛然而止，但莫干山上的人员并没有太多的消减。据1947年《莫干小学十五年》记录，"聚居的人在5000以上"[④]：一是原先在莫干山上避暑的人们自八一三事变之后，觉得山上更加安定，短时期内打消了回上海、杭州等大城市的念头；二是有不少从杭嘉湖等地逃来的人们，觉得山上有房屋可以居住，而且地势高可以观察敌人的踪迹，并有竹林可以遮蔽；三是外地迁入的学生，避暑地一时成为周边地区的避难场所。1938年，许安之、明美丽（美籍）等组织"莫干山中外难民救济会"，收容难民，创立难民学校，经费仰赖捐款，延续近4年之久。[⑤] 在战争期间建成的别墅只有建于1940年美国人万克

① 李南.莫干山，一个近代避暑地的兴起.上海：同济大学出版社，2011：35

②③ 赵君豪.莫干山导游.台北：文海出版社有限公司，1971：39

④ 来光和.莫干山志.上海：上海书店出版社，1994：6

⑤ 李南.中国近代避暑地的形成与发展及其建筑活动影响.浙江大学博士学位论文，2011：71

利的安吉路 460 号别墅和 1945 年美国传教士韩明德建造的中华圆路莫干山 276 号别墅，别墅规模甚是普通。[①]

五是莫干山避暑地的干部疗养时期（1949—1970 年），本阶段的开始以 1949 年莫干山解放为界标。1949 年 5 月 2 日，人民解放军陶勇部队（二十三军）解放了莫干山区。紧随着，政府接管了国民党莫干山管理局及其附属机构的一切权利。在 50 年代期间，各大单位系统为供干部、职工疗养、避暑，先后在莫干山设立疗养院、休养所，包括华东疗养院、上海疗养院、浙江疗养院、南京军区疗养院等数十家（见表 4－4）。每年夏令上山疗养、旅游人数约一两千人。[②]

六是莫干山避暑地的大众旅游时期（1970 年—20 世纪末），本阶段的开始以浙江省政府撤销各疗养院为界标。1970 年，浙江省政府撤销各疗养院，莫干山的别墅设施统一由莫干山管理局领导。莫干山管理局为了便于领导，把全山从北至南划分为 7 个接待区（见表 4－5），包括武陵村宾馆、天桥区、黄庙区、芦花荡区、荫山区、上横宾馆区、皇后饭店区，总计 70 幢别墅。这 7 个区，每区都设有餐厅和小卖部。1978 年，国务院批准莫干山对外开放。一到炎夏，几乎所有别墅全部满员。1981 年，来山避暑、休养，或参加会议，住宿别墅的达 6.43万人，1982 年为 6.19 万人，1983 年为 7.29 万人，1984 年为 9 万多人；来山一日游的，每年都达 20 万人次。[③] 1985 年 9 月，随着管理局体制的改变，又把全山 7 个接待区调整为 5 大饭店，即：武陵村饭店、芦花荡饭店、白云山庄饭店、荫山饭店、皇后饭店，饭店全部实行企业管理，搞责任承包制，其余别墅租赁给省市县 15 个单位，开办休养所或培训中心等。20 世纪 80 年代，莫干山也曾是红极一时的景区，简陋的招待所在夏季游客多的时候也一床难求。但此后莫干山的旅游由盛转衰，山上的很多别墅也渐渐破败，招待所等住宿场所也陆续关门。

---

① 李峥峥．莫干山避暑地发展历史与建筑活动研究（1986－1937）．浙江大学硕士学位论文，2007：15

② 来光和．莫干山志．上海：上海书店出版社，1994：7

③ 梁仁．莫干山志．浙江省人民政府办公厅、莫干山管理局内部资料，1987：48

表 4-4 50 年代各单位系统在莫干山别墅设立的疗养院、休养所①

名称	占用别墅数量(个)	占用别墅路牌号
华东干部疗养院	19	48、87、88、89、90、221;上横的 109A、109B、213、215A、215B、215C;118、120、126、140、160、161、162
上海干部疗养院	10	49、98、410;芦花荡的 501、503、507、508、509、511、519
浙江干部疗养院	6	550、551、552、553、554、555
邮电疗养院	9	96、99;531、532、533、534、545、546、547
浙江省总工会疗养院	11	49、50、500、414、419、505、416、421、422、460、468
浙江大学休养所	3	179、180、181
杭州大学休养所	4	415、422、460、461
浙江美术学院休养所	2	125、170
浙江农业大学休养所	2	529、520
师专休养所	2	439、482
教工休养所	5	50、416、467、500、505
交际处	15	48、100、410、501、509、511、519、530、99、550、551、552、553、554、555

表 4-5 70 年代莫干山管理局划分的七个接待区②

接待区名称	俗称	占用别墅路牌号	占用别墅数量(个)
武陵村宾馆	屋脊头/一区	550、551、552、553、554、555	6

① 表格根据《莫干山志》第四章"解放以来的建设"统计所得。见:梁仁. 莫干山志. 浙江省人民政府办公厅、莫干山管理局内部资料,1987:46-47

② 除了岗头墩等处 25 幢别墅(206、207、231、232、240、239、246、249、250、253、251、257、259、260、264、265、269、271、273、391、276、275、274、280、288)为浙江军区所属的"杭疗"使用。表格根据《莫干山志》第四章"解放以来的建设"统计所得。见:梁仁. 莫干山志. 浙江省人民政府办公厅、莫干山管理局内部资料,1987:47-48

续表

接待区名称	俗称	占用别墅路牌号	占用别墅数量(个)
天桥区	邮电区	96、99、531、532、533、546、547	7
黄庙区	八十八号	49、70、71、72、73、74、75、87、88、89、98、100、101、500、505、508、520、529、530、540	20
芦花荡区	白云山庄	501、503、507、509、511、519、460、421、422、416、410、414、48	13
荫山区	旅馆片	45、62、90、92、208、328、329、358、368、370	10
上横宾馆区	二区	109A、109B、213、215A、215B、215C	6
皇后饭店区	三区	118、120、126、140、160、161、162、238	

二、莫干山“洋家乐”和民宿经济的嬗变与振兴

到21世纪，德清西部山区莫干山因为“洋家乐”而再次盛名天下。鲜为人知的是，有在莫干山上开咖啡馆的英国人马克和有“莫干山民宿第一人”美誉的浙江人夏雨清可能是这场莫干山“民宿热”的始作俑者。他们带领和鼓舞了一批外国人和中国精英阶层重返莫干山，在环山百余公里的区域范围内开辟了新一代的休闲度假胜地，也给久已沉寂的深山里的乡村带来了新的活力。

1. 时间素描：莫干山“洋家乐”的发展阶段

目前比较一致的观点是认为2007年南非人高天成创办的“裸心乡”是莫干山首家“洋家乐”。但是根据我的走访和调查，我认为需要把

莫干山"洋家乐"的历史进程往前追溯到2004年。从2004—2017年的13年间,莫干山"洋家乐"的发展大致可以划分出前"洋家乐"阶段、准"洋家乐"阶段、泛"洋家乐"阶段和后"洋家乐"阶段四个显著的时期。

(1) 前"洋家乐"阶段:2004—2006年,是莫干山"洋家乐"的萌芽阶段。这期间虽然没有出现我们传统认识上的"洋家乐",但是我乐意将英国人马克[①]的The Lodge咖啡馆和浙江人夏雨清的颐园民宿称为前"洋家乐",因为正是他们,使得后来"洋家乐"的拓荒者们——南非人高天成、法国人司徒夫想要在莫干山筑屋度假;也正是他们,使得莫干山以国际时尚休闲度假地的姿态重新获得国内外媒体的关注。2000年,在浙江卫视供职的夏雨清为了给当地政府拍一个宣传片来到莫干山。夏雨清在山上呆了7天的时间,把这一二百栋老房子都逛了一遍,看得很仔细。那个时候他住的92号别墅叫颐园,院子里是当年主人种下的百年老树,长满一人多高的荒草,前门是锁着的。当时夏雨清是从窗户爬进去的,由于荒废已久,从楼顶滴下来的水滴已经滴穿了三层楼的木头楼板,踩上去很危险。夏雨清后来租下了这栋破败的民国老房子,成为2000年之后私人租赁莫干山上别墅的第一人。"我本来和三个朋友说好每人一栋,大家一起租,但是他们后来犹豫了——莫干山当时的旅游市场很冷清。莫干山管理局的领导希望我们能租下来,当年别墅租金一年不过5000元,不像现在,你出多少钱都租不到。拖了两年,我等不住就签了。2002年房租就涨到两万五一年了,政策也变了,省里不让租20年,就只能租10年了(颐园创始人夏雨清,2015年)"。夏雨清租下颐园的时候朋友们都反对:一年两万五的租金,两年就是五万,第一次装修,又花了近30万;当时杭州的房价一平方米三四千元钱,40万可以买100平方米的房子。在多数人眼中,与其租个破房子,不如在杭州买个房。然而作

① 马克在英国出版了非虚构类著作《中国杜鹃》(China Cuckoo),描写了他在中国的事业和生活。说《中国杜鹃》是一本资料扎实的莫干山百年史毫不为过,在这本书中,马克对莫干山的前世今生做了非常详尽的探究,并对他从浮华上海搬来寂静莫干山的前因后果做了详细的描写。此书在英国颇受欢迎,发行了第二版,并被介绍到澳大利亚。

为考究藏书版本的文人，天涯社区“闲闲书话”的老版主，最初夏雨清只是想圆一圆中国文人的田园梦。那时候一家人平时住在杭州，周末就到颐园来；女儿还小，喜欢养各种小动物，在杭州是不可能的，在山上就可以——女儿的小学假期，包括寒暑假，基本都在莫干山度过。夏雨清雇了个阿姨，负责打理房间，烧饭做菜。颐园除了自住，偶尔也用来招待朋友们。直到夏雨清来了一个新邻居，一个地道“中国迷”的英国人。曾是白金汉宫仪仗队成员的英军上尉马克·基多，在伦敦亚非学院读书时专攻中国诗歌，毕业论文写的是中国唐代诗人王维，也曾去北京语言学院留学，之后来到上海创办 *That's Shanghai* 这本英文出版物。1999 年春节，马克在上海朋友的介绍下，第一次登上莫干山。2004 年冬天，马克和他的中国妻子吴宁华带着两个孩子放弃上海的生活，租下莫干山 280 号别墅(杭疗 23 号)开始远离都市的生活，有了 6 个房间的 House23 和后来的另两个小酒店。2006 年马克在莫干山上的荫山街开了一家 The Lodge 咖啡馆，当时咖啡馆的房东王先生觉得马克疯了，因为“莫干山没人喝咖啡”，“这里大约有 200 名常住居民，全是中国人，平均年龄大约 70 岁……他们习惯喝茶，他们的子女又都走出山里去当地城里或上海工作”[①]。出人意料的是，咖啡馆吸引了很多在上海工作的外国人，每周末马克都要应对这些异乡者的问题和困惑，“这里是什么地方？谁建的？为什么建在这里？我们怎么才能在这里弄一套别墅？”[②]“我们的咖啡馆让外国人有一种回到家的感觉”[③]，包括后来创办裸心系列的高天成和法国山居的司徒夫。他们在这里喝酒喝咖啡，在这里度周末，一如他们的前人在这里消夏。这家咖啡馆把很多外国人吸引过来，可是国庆节过后整个山上的旅馆由于没客源就关门了，外国人来了没地方住，夏雨清自己住在莫干山，又和马克很熟，于是就把房子的 5 个房间给这些外国人借宿。这些房间重新改造过，有空调，有独立的卫生间，在整个莫干山都可以说是条件比较好的，所以外国人非

①②③ Mark Kitto(2009)，“A British coffee shop on a mountain in China”，*The Times*，2009-03-24

常喜欢。原本夏雨清自己居住的“颐园”就这样逐渐变成了民宿，2006—2008年间，基本上70%左右的客人都是外国人，其余是上海人，一晚上1800元定价的房间常常供不应求。可以说，马克和夏雨清启蒙了后来莫干山的民宿主们，也直接促使了“洋家乐”品牌的诞生。

(2) 准“洋家乐”阶段：2007—2012年，是莫干山“洋家乐”的品牌确立阶段。这期间，莫干山出现了第一家“洋家乐”——裸心乡，形成了裸心谷、法国山居等外国人主导的“洋家乐”标杆产品，提出了“洋家乐”的地域品牌概念并完成了商标保护。这个阶段的“洋家乐”发展，是外国人参与最多也最活跃的时期。2007年，做传媒工作的南非小伙子高天成从上海来到德清，蹬着山地车找到莫干山脚下一个叫三九坞的小山村。① 三九坞最早的原住居民只有麻、陈、姚“三户人家，九口人”，小山村也因此得名。当时，三九坞总共18户人家，年轻人或外出经商、或进城打工，村里只有20来个留守的老人，空留下很多老式的泥坯房。他用5000元—7000元一间的价格(1间2层)租下8间农舍，租期20年；通过改造形成21个房间，加以简单自然的装修，开出了第一个以“裸心”为概念的度假屋，而这个小山村则被冠以“裸心乡”，第一代“洋家乐”就此诞生。② 当时“裸心乡”由高天成的香港建筑师妻子叶凯欣主持内装设计，每间房子投入十几万元改造装修成本，加上了开放式厨房、大窗户和壁炉等，同时保留一部分乡野元素，如洗手盆是一块老石头改造的，浴缸是木桶做的。“裸心乡”开放之后几乎每个周末都有人来，一间房卖1000多元(平时500元左右)，几个月就回本了；而德清周边的乡镇还在热火朝天地推广农家乐，80元一天包吃住。“从2008年正式营业到2010年，三九坞至今已接待3000余外籍人士……已经成为湖州市最大的涉外单位，来

① 高天成一开始想要在莫干山上开民宿。但是受到后来政策限制，老别墅不能租给外国人，再加上山上租金贵，高天成便开始下山寻找。

② 丁原波. 莫干山下的“洋家乐”为乡村带来了时尚蜕变. 钱江晚报，2014-11-13

这里的外国人占了湖州市外籍游客的四分之三”。[①] 裸心乡刚做出来的时候，震撼了很多人，这其中有游客也有本地人，大家最大的感受在于原来乡村度假可以是这样的，价格可以卖这么贵。这期间，越来越多的外来者受裸心乡的感染开始在莫干山寻找理想家园和度假项目，他们中的一些人开始想在莫干山自住，例如在上海生活的建筑师端木，在台湾省出生，先后在新西兰、澳洲和英国居住长大，2009 年和同是设计师的韩国华侨丈夫盛惠在劳岭村岭坑里租下一栋拆得只剩骨架的 20 世纪 30 年代的两层小楼，自己动手改造设计，历时一年半改造成为自己朋友圈内休闲聚会的香巴拉生态会所；另一部分则明确地要参与到莫干山的民宿建设和乡村旅游中，如德清本地生意人钱继良被“裸心乡”惊人的客流量所触动，2009 年在劳岭村岭坑里租下 10 间房子，投入 1000 多万元开始改建，也就是后来人们熟知的西坡。2011 年之后莫干山因为两个高端项目的开业而声名鹊起：高天成在莫干山的第二个项目——总投资 1.5 亿的裸心谷，是莫干山迄今为止规模最大也是最高端的“洋家乐”，占地 360 亩，拥有 30 栋树屋别墅、40 栋夯土小屋、3 个游泳池、3 个餐厅、1 个 SPA 康体中心、1 个会议中心、1 个有机农场、1 个跑马场和 1 个活动中心，强调原生态和环保理念，是中国第一家获得绿色建筑国际奖项 LEED 最高荣誉铂金认证的高级度假村，[②]被广为流传的是 121 个房间每年贡献税收 1200 万，[③]平均每个房间贡献 10 万的税收；[④]生于塔希提岛的法国人

---

① 莫干山下的低碳“洋家乐”. 浙江日报，2010-03-25

② 裸心谷的所有树屋别墅都是可售的，每套双房间别墅售价 600 万，三房间别墅售价 900 万，四房间别墅售价 1200 万，30 套树屋别墅全部出售可回收 2.4 个亿；而 40 间夯土小屋是最终持有的，这样既回收了前期投入又沉淀了固定资产。

③ 彼时，裸心谷最便宜的夯土小屋周一至周四每晚 1500 元，周末及节假日则为 1900 元，顶级的树顶别墅最高达 11 200 元；常年入住率为 80%。

④ 根据德清县提供的内部数据，2015 年裸心谷总营收 1.4 亿，贡献了 1200 万的税收，基本上一间房可以纳税 10 万，德清县城 3 个大宾馆也不如这样一个 121 个房间的度假村。

司徒夫①和他英国长大的香港妻子李雪琳，不仅把家搬进了莫干山，还遵循最初法国自然科学家 Armand David 探索莫干山的初衷，在仙人坑村的一片私家茶园和 12 000 株玫瑰灌木丛中建设了一个占地 21.5 亩的法国山居，因均价 4000 元的高房价和法式烹饪学院、德布冯图书馆、私人酒窖、山泉泳池的顶级配置而刷新了国人对于乡村度假空间的认知。这两个标杆项目成为大家对于莫干山"洋家乐"最一致的印象。2009 年，德清县首创性地提出"洋家乐"的概念，围绕精致、高端，做德清特色的乡村旅游，集中宣传也开始围绕德清"洋家乐"进行。对于这些精品住宿业态的出现，传统的叫法"农家乐"已经不能够表达其特色。当地政府在对外宣传的时候，为了以示区别，称其为"洋家乐"，即"外国人来做农家乐"。虽然一开始会有声音质疑这个"洋"字有崇洋媚外的嫌疑，但是"洋家乐"的称呼让人印象深刻：什么是"洋家乐"？人们会有一种好奇的欲望，想要去关注它、了解它、体验它、记住它。对于"洋家乐"的英文名称，地方上的探索是颇费了一番功夫的，翻译讲究信、达、雅，通俗的直译始终生硬。"本来我们想把它翻译成就是国际乡村旅游度假村(International Rural Tourism Resort)，这样的话字符特别长，放在 Logo 里面或者宣传起来就很难看了。我找很多的翻译，包括国外的一些教授，始终觉得不贴切。我后来想，这边有一个英国人马克，写过几本书，他最早来到莫干山开了个咖啡馆。我去找他，我让他帮我想一想这个'洋家乐'，我们怎么样去解释它。他也给我想了好几个，后来他说 hill station，其实这个词，在民国的时候应该就已经出现了。我觉得 hill station 是最恰当的，因为你要去讲这个英语还有些故事，有历史，'洋家乐'是山居生活(时任德清县旅游委员会副主任杨国亮，2015 年)"。2011 年莫干山"洋家乐"的英文名称确定为"Hill stations"(图 4－1)，也正是百年前英国人对于莫干山这个山林避暑地的称呼；2012 年"洋家

① 司徒夫和马克是朋友。2006 年，司徒夫租下了莫干山山谷里的一小片土地，将农舍改造成周末休闲的住房。2007 年开始建设现在的主楼，那时司徒夫妇和他们的三个儿子都生活在莫干山。2009 年他们买下了茶园中更大面积的土地，开始将这个家庭项目变成一个对外开放的法式山居，并于 2011 年 10 月开始试营业。

乐”申请完成了商标保护。2012 年年底，“洋家乐”已经初步呈现聚落空间，以裸心谷向外辐射，环莫干山麓已建成并开业的“洋家乐”有 35 家，投资者分别来自南非、法国、英国、比利时、丹麦等 10 多个国家，另有 30 多家正在建设中，短短数年更是吸引了 50 多个国家 300 多个城市的游客。这期间，出现了西坡、后坞生活、清境原舍、西坞里 73 号、隐·莫干等不同的“洋家乐”品牌。据统计，2012 年，以“洋家乐”为代表的 150 家高端民宿接待游客 49.8 万人次，同比增加34.7%，实现直接营业收入 5.8 亿元。[①] 至今仍有人觉得，如果单从“洋家乐”的字面意思来理解，准“洋家乐”阶段是更能体现“洋”之特色的时期。

Hill stations
Heart · Tour of Nature
洋家乐
心 · 自然之旅

图 4－1　莫干山“洋家乐”的品牌 LOGO

(3) 泛“洋家乐”阶段：2013—2015 年，是莫干山“洋家乐”的规模扩张阶段。这期间，随着莫干山人气和知名度的提升，莫干山民宿行业的竞争开始显现，“洋家乐”呈现出两方面的重大转折。首先是国人的进场和外国人的退场。表现为越来越多的国人参与到“洋家乐”的投资建设中来，这主要有三个来源：一是出现了大批来自上海、杭州等地的异乡客来莫干山投资建设民宿，如大乐之野、莫干山居图、翠域木竹坞、遥远的山等；二是吸引了不少德清当地居民回到村里的祖居自己当老板经营民宿，或是将自己原先的农家乐重新装修打造成为受都市人喜爱的“洋家乐”，如清研、小木森森、田园曼居等；三是

① 徐赛华. 民宿经济如何持续繁荣？业界大咖“莫干论剑”. 杭州日报，2012－12－12

生活在莫干山的村民开始分享“洋家乐”所带来的红利，越来越多的村民将闲置农房出租获利，大批五六十岁的当地妇女成为民宿清理卫生的阿姨，许多家庭购置面包车用于山上山下拉客，原先村民参与的莫干山旅游副业营收，诸如卖笋干、茶叶、蜂蜜等物产都因“洋家乐”带来的巨大客流量而迅速增长，村里的许多阿姨一年能卖十几万元茶叶。这期间的莫干山有多火，单看几个数据就知道：2015 年初，德清西部山区农房出租均价达到每年每户 3.5 万元，最高 7 万元，带动农民增收 1.83 亿元；[①]原先家庭作坊式经营的西坡山乡度假村 2013 年起改为公司化运作，形成管家体系的核心竞争力，2014 年西坡 7 幢老房子共 40 个房间，每年营业收入在 2000 万左右，最著名的猪圈改造成的客房一天售价 1580 元，甚至要提前两到三个月预定；许多因施工原因错过暑期的民宿经营者们更是懊恼，仙潭村原来的农家乐碧坞山庄是整个莫干山第二家农家乐，2015 年改造成“洋家乐”的清研民宿，“提前一个月开业就意味着多赚十几万元。2014、2015 年莫干山的行情是真的好，半个月一个月都不能差的。如果 5 月份或者 7 月份能够开业的话，暑期基本上是天天满房的，最起码能够多赚五六十万的(清研民宿业主沈晓承，2017 年)”。与国人快速进场的反应不同，原来生活在莫干山的外国人则逐渐离场。2013 年年底开始，莫干山上的外国人越来越少。外国人上山原是想要寻找清净的避世之所，而当莫干山的周末堵车成为常态时，这意味着两个现实：一是莫干山已经逐渐由“静”变“闹”，从小众的外国人隐居场所变为大众的休闲度假热门，这已经违背了外国人一开始追捧莫干山的初衷；二是莫干山旅游发展的成熟意味着原先亲力亲为的初始“洋”创业者可以寻找成熟的职业经理人、运营团队管理民宿或者酒店，他们不需要常住莫干山(另外随着他们随行孩子的长大，需要接受系统教育，而莫干山的教育配套没有办法满足他们的需求)。他们开始逃离莫干山，无论是身为民宿主们还是身为游客。其次是从国际市场转向国内市场的扩展。如果说 2012 年之前的前“洋家乐”阶段和准

---

① 浙江德清：改革红利激活美丽经济.光明日报，2015-05-14

“洋家乐”阶段中，莫干山吸引了国际市场的关注，那么 2013—2015 年的泛“洋家乐”阶段正是莫干山在国内疯狂吸粉的时候。2015 年德清以“洋家乐”为代表的 75 家特色民宿以 1300 多张的床位，实现接待游客 28.8 万人次(其中接待境外游客 9.3 万人次)，实现直接营业收入 3.5 亿元，是德清全县乡村旅游收入的一半。[①] 与此同时，为了规范莫干山民宿市场，德清县政府先后出台一系列行业管理办法和标准认定办法：2014 年 1 月出台《德清县民宿管理办法(试行)》，突破了民宿消防和特种行业许可证问题，是国内第一部县级民宿管理办法；2015 年 5 月《德清县乡村民宿服务标准质量等级划分与评定》，规定了乡村民宿的术语和定义、服务质量基本要求、等级划分条件及评定规则，是国内第一部县级民宿地方标准。

(4) 后“洋家乐”阶段：2016—2017 年，是莫干山“洋家乐”的提升输出阶段。这个阶段人们讨论最多的问题是，这个阶段的莫干山是处于“瓶颈期”还是“平台期”？2015 年，莫干山区域的民宿有 400 家左右，其中“洋家乐”精品民宿在 75 家左右；2017 年，莫干山区域的民宿增长到 1000 家，其中“洋家乐”精品民宿增长到 190 家左右。认为莫干山民宿处于“瓶颈期”的观点认为，数量规模快速增长的背后，莫干山民宿已经出现了同质化严重和过于饱和的问题[②]，短暂的繁荣之后，莫干山民宿开始面临经营困难，甚至有民宿倒闭的现象发生——莫干山已经消化掉区域消费红利。认为莫干山民宿处于“平台期”的观点认为，莫干山区域的民宿发展和乡村建设过程中不可避免地出现了诸如租地纠纷、环保压力、入住率下滑等问题，但这是事物发展过程中所必然要经历的调整阶段，此时说莫干山民宿进入“瓶颈期”

① 2015 年年底，德清全县拥有农(洋)家乐 410 家，共有床位 3800 张，餐位 19 800席，从业人员 3800 余人；全县乡村旅游接待游客 461.5 万人次，同比增长 21.5%，实现经济总收入 7.05 亿元，同比增长 31.3%。见：《德清县休闲旅游发展“十三五”规划》。

② 尤以网络微信推文为甚，诸如《莫干山：曾经一房难求的民宿行业进入洗牌期》《旅游圈有一个悲伤的故事，叫做莫干山的民宿》《反思“民宿圣地”莫干山的得与失》等。

或是“洗牌期”还为时尚早。[1] 事实上，无论是“瓶颈期”还是“平台期”，这个期间的莫干山民宿或者说莫干山民宿品牌“洋家乐”，至少有六个方面值得我们更加关注。其一，突破住宿本身开始横向布局旅游产业网链其他相关业态，出现了 Discovery 极限基地、久祺国际骑营、莫干山艺术创客基地等配套内容。2016 年初，莫干山成为国家旅游局公布的“中国国际乡村度假旅游目的地”，是杭州都市圈唯一入选的地区。其二，延伸了住宿业态的产业化内容，向教育培训、餐饮服务等相关方面转化。2016 年 5 月 10 日，莫干山民宿学院[2]成立，是国内首家关于民宿学习、交流、培训的学院，对内开启建造、运营服务等培训，对外开启论坛交流活动。其三，形成了行业协会，参与地区自治。2016 年 8 月 5 日，莫干山民宿行业协会成立，西坡当选为莫干山民宿行业协会会长单位；莫干山居图、西坞里 73 号和莫梵为副会长单位；大乐之野为秘书长单位；田园曼居和云溪上为副秘书长单位；翠域木竹坞、柒竹等共计 69 家民宿为会员单位。其四，拔高了区域品牌，将民宿地方标准上升为国家标准。2017 年初，《德清县乡村民宿服务标准质量等级划分与评定》被国家标准化委员会列入城乡统筹国家标准制定项目，意味着德清乡村民宿标准正式成为国家标准。2017 年 3 月，“德清洋家乐”成为全国首个服务类生态原产地保护产品。其五，从单体发展转向抱团经营，采取品牌集群化战略。2017 年 4 月，大乐之野、千里走单骑、过云山居、茑舍、Kanra紫一川 5 家民宿发起民宿集群战略，以集群发展的态势进入乡村，第一个落地的选址就是莫干山。这个 300 亩地的空间范围内，除了民宿，还会引入游乐园、美术馆、非物质文化遗产匠人村、儿童产业园等，通过不同业态的补充和营造打造乡村度假区，而不仅仅是单纯的住宿空间集聚。其六，走出莫干山，向周边地区进行品牌输出和价值引流。这个期间，莫干山的品牌民宿纷纷选择品牌连锁化经营，落子其他旅游潜

---

① 此类观点者，可见“莫干山民宿到底处于‘洗牌期’还是发展期”等网络文章。

② 由伴城伴乡城乡互动发展研究中心携手《私旅行》和宿盟莫干山成员，包括清境原舍、大乐之野、在双桥、翠域木竹坞、云溪上、山舍、乐溪竹坞、西坞里 73 号共同发起。

力地区,大乐之野在江苏锦溪、浙江桐庐,西坡在浙江千岛湖、宁夏中卫,清境原舍在云南元阳、江苏南京、浙江丽水等都有民宿建设或开业。

2. 空间生产:莫干山"洋家乐"的分布特征

早在2015年,德清"洋家乐"就已经形成了区域规模,环莫干山区域呈现出四个相对显性的住宿业态聚集群落。它们集中分布于莫干山镇的劳岭村、原筏头乡的后坞村(后并入莫干山镇)、庙前村和仙潭村,以莫干山主峰塔山为中心,基本分布在半径3公里—6公里的范围之内。[①] 上述四个村的民宿发展和集聚模式是不一样的。劳岭村是典型的"洋家乐"带动发展的过程,几个村子中"洋家乐"发展最早、最快的区域,以岭坑里最为典型,代表的"洋家乐"包括裸心乡、西坡山乡度假酒店、香巴拉、康家寨等,后来兴起的当地村民办的民宿多受它们的影响,也做得像"洋家乐"的样子。后坞村是典型的农家乐兴起、之后"洋家乐"植入的村子,呈现出"侵入—接替"的接力过程,以后坞生活、骑迹单车俱乐部、西坞里73号为代表。这两个行政村"洋家乐"发展比较早,民宿聚集程度也很高。庙前村虽然数量不比前两家多,但是充分发挥起步晚的后发优势,且有几家集体用地租用,平均水准比较高,以隐居莫干、莫干山居图、银杏树下等为代表。仙潭村尤以碧坞村为典型,之前是景区,也是莫干山农家乐餐饮聚集的区域,大乐之野这家"洋家乐"的进入把当地整个农家乐的形态改变了,代表的"洋家乐"包括清研、莫梵、莫干书院等。

(1)"洋家乐"引领型:劳岭村(岭坑里)。早期的裸心乡、西坡、香巴拉都是老房子改造的"洋家乐",以民居改造为主。在不破坏原房屋框架结构的情况下,将传统乡土资源和现代度假需求结合起来,

① 随着民宿补充业态的植入,莫干山镇的庾村集镇也成为相对集中的一个区域,如庾村文化市集、陆放版画藏书票馆、小辉工作室等。

围绕低碳环保的主题，一楼增加防潮层，房间强化隔音处理，屋顶进行保温防寒等，夯土墙、小柴门、牛皮毯、暖壁炉，构成“土”外观和“洋”生活的强烈对比。周围的村民自己有房子的，原来打算开个农家乐的，也开始模仿西坡等几家“洋家乐”的风格，想要品质做得好一些，墙面刷得古朴一些。当然，这些项目内部环境和服务品质也是有差距的，但是整体看上去还是较传统的农家乐高出不少档次。加上德清县政府这两年对于劳岭村，尤其是岭坑里的重点扶持，包括“五水共治”、道路绿化、停车场修建等环境整治和基础设施配套建设，整个区域形象比较和谐完整。

(2) “洋家乐”嵌入型:后坞村。后坞村原本就是莫干山农家乐非常集聚的一个区域，就整体的品质或者床位数的控制来讲，层次较其他民宿集聚区域低一些。这是历史遗留的基础性问题:再如何去提升，既有的东西已经存在了，改变需要一个过程。后坞村村后是莫干山和天泉山，附近就是莫干山国家健身步道，自然条件得天独厚。这个村的游客中户外运动的多一些，每年的登山徒步、铁人三项、半程马拉松等活动涉及后坞村的也比较多。户外活动的承办并不过度强调住宿条件的舒适和档次，而在乎周围环境是否适合骑行、登山、跑步等，吃住要求可以低一点，但是需要接待数量和场地空间。后坞村的民宿集聚量相对可观，有多个团队常年在此做活动，根据活动层次的不同选择跟“洋家乐”或者农家乐合作。2014 年年底，后坞村有 50 多家包吃住的农家乐因住宿条件差、卫生情况糟等问题，面临着转型升级，“洋家乐”的出现悄然改变着村民们的经营方式和理念，也带动后坞村整体客源的提升。如彼时的后坞生活共有 5 户农舍 120 间房，夯土墙＋玻璃房构成后坞生活的建筑特色，另配有画室、手工坊、露天剧场、竹林帷幔、酒吧等，是一个民宿综合体，深受艺术家、户外运动爱好者、摄影师、文艺青年、白领等群体的喜爱。2016 年，后坞村 420 户人家，170 户都在做民宿，人均年收入在 5 万元以上。

(3) 后发优势型:庙前村。虽然庙前村整个资源环境很不错，但其“洋家乐”在数量上并不占优势。因为开发度假旅游起步比较晚，以前品质差的农家乐又比较少，所以庙前村发展“洋家乐”的相对起点比较高。2015年是庙前村发展较快的一年,有十二三家精品民宿同时建设。"洋家乐"的发展给了当地居民一个很好的启示,就是做中高端档次的民宿效益会更好。现在很多人来莫干山是冲着"洋家乐"而不是冲着农家乐的,"洋家乐"可能三个月就赚到农家乐一年的钱了,这就是市场对他们的一个引导。另外庙前村集体所有的村公所和学校,也已经出租转化为建设中的"洋家乐"项目。而目前环莫干山区域范围内的闲置集体资产,例如粮油站、厂房、仓库等,多数已经转化为项目了。

(4) 景区转型型:仙潭村(碧坞村)。仙潭村占地11.8平方公里,过去是一个贫穷落后的区域,2000名村民以发展毛竹、生猪、水果等传统农业为生,后来也发展一些农家乐餐饮,近半数劳动力在外务工。仙潭村从原来低端的农家乐集聚慢慢升级到度假民宿的"洋家乐",大乐之野贡献非常大。大乐之野所在的区域是曾经的江南碧坞龙潭景区,与著名的莫干山风景名胜区主要景点塔山、怪石角隔山相望,瀑布尤其漂亮。因此早年间集聚了不少农家乐,是莫干山最早的农家乐的发源地,如今因开发不善已经荒废。"这个村风水很好,从建筑学上来讲,这片区域是坐北朝南的,背靠山,前面是一条水,整个山谷呈'C'形,只有一个豁口,紫气东来。其他村没有一个村有这样大的一条水,里面还有几个楼是依水而修的,这个景区现在已经废弃了,而且水下来之后,能在中间形成一条很漂亮的挂带……最近破坏得有点厉害,我还是挺忧伤的,没法控制,把城割成了马蹄形。后面几个楼是翻新的,这个地方有个好处就是因为景区的存在,这里面是只拆不建,这里面不能有新建筑(大乐之野创始人杨默涵,2015年)"。2013年大乐之野进入仙潭村的同时,也带来了新的发展理念和经营方式:村民不一定要自己经营,自己经营是一种方式,但可以多元化地去做。大乐之野1号楼的房子本身属于一个偏农家乐经营的宋姓业主,如今他自己的农家乐关掉了,跟大乐之野是一种合作关系——不仅把房子租给大乐之野,夫妻两人也都在里面打工。大乐之野1号楼4个房间2014年可以做到130万—140万的营业额,按照50%的利润率来算就有70万左右的利润,这是原来做农家乐一年赚十几万的村民所想不到的。这对当地居民的触动是非常大的，后来房东宋先生自己在后山开了民宿，也是大乐之野帮着设计的。“慢慢地可能那些农家乐也会转型，这个是我们希望看到的。所以说现在大巴车也越来越少了，我们是希望自驾的客人到德清来。不是说大客车不尊重，不是这个意思，我们希望是来的人少一点、环境好一点，然后清静一点，不要把乡村弄得好像旅游团队一拨一拨的，留下的是垃圾污水(时任德清县旅游委员会副主任杨国亮，2015 年)”。仙潭村这个地方的转变就很明显，以前团队客为主，现在转变为自驾游，民宿经营户已增加到 125 家，2016 年接待游客 12.4 万人，营业收入 1347 万元，该村农民年人均收入达到 29 600 元。地方政府对于像大乐之野这样的民宿项目的支持，一方面源于其高品质的输出，另一方面是认同市场化运作项目的可持续性。在目前的政策条件和经济条件下，政府不可能在每个村都做一个景区类的旅游项目，一是财力跟不上，二是后期运营跟不上。莫干山通过精品民宿类的项目引来了很多投资商，在碧坞村投资的基本上都是住过大乐之野的客人们。这些项目不要政府的土地和补助，他们等于为这个村投入了几千万甚至上亿的钱，而且品质把控比较高，这是市场的力量。

有山有水才有“洋家乐”，莫干山的山水资源是保障“洋家乐”度假品质的前提，因此莫干山“洋家乐”多是分布在 104 国道以西德清西部山区环莫干山的交通带两侧——这一方面是市场的无形选择，另一方面也归功于地方政府的顺势引导。“‘洋家乐’为什么价格这么高？其实游客图的是我们这的一个安静。如果说一个村里‘洋家乐’太集聚以后，那么商业的氛围就会太重，乡村味就会变了，真正‘洋家乐’的那个本就没有了。现在还好，因为我们莫干山的房子本身就是散落的，然后像劳岭村这种相对集聚区里面还有很多原住民住的，有些房子人家不愿意租，那也没办法去做成项目。这样的话有利于‘洋家乐’可能扩散到整个环莫干山区域。所以说现在基本上每个村都有。希望，就不要像漓江这么，或者像洱海边上这么集聚，集聚以后问题很多的。还是希望‘洋家乐’还是在村里，我们走到这个村子的时候还是这个村子，希望进去的时候安静一点，当然这需要基础设施配套的及时跟进（时任德清县旅游委员会副主任杨国亮，2015 年）”。对于“洋家乐”而言，大环境大于小环境。

3. 类型划分：莫干山“洋家乐”的品牌内容

从文化类型和社会类型的意义上来探究，莫干山“洋家乐”具有在地化、非标化、国际化的显著特征。首先，莫干山“洋家乐”是一个在地概念。“洋家乐”的品牌是地方有意识地在包装，通过城市论坛、旅游推介、媒体宣传、数字营销等形式，不遗余力地在做。相较于保守的“德清旅游”，“洋家乐”的品牌更容易让人印象深刻，因为它的唯一性增加了它的可识别性和延伸性。其次，莫干山“洋家乐”是一个国际概念。它应该是一种休闲理念、一种新的度假方式；而不能狭隘地理解成外国人做的农家乐。从某种程度上来说，前文所说的泛“洋家乐”阶段的一些国人做的项目，像西坡、大乐之野、莫干山居图等，都因各自鲜明的特色超过了准“洋家乐”时期的一些外国人做的项目。包括在莫干山“洋家乐”发展的过程中，像吕晓辉等中国设计师提供了类似裸心乡、中国路虎湖州体验中心和义远有机农场餐厅等优秀的设计作品，或者有些项目是中国人为业主，聘请外国人来设计、打工的。“洋家乐”的概念应当是宽泛的，可以看到环保的、崇尚自然的、传承保护乡土文化的这样一种产品，就是“洋家乐”。我个人以为，“洋家乐”的“洋”与其理解为“洋人”，不如理解为“洋气”——具有国际化的理念。在讨论乡村的保护和传承的时候，我们往往有误区，认为一讨论到城市化和国际化，传统乡村就会消亡。事实却是，“如果我们没有这些‘洋家乐’项目，那些老房子早就没了……接下来我们可能会做多元化的东西，不是说是固化式的。我们希望每个“洋家乐”都不一样。但是，灵魂和理念是统一的，一个国际化的、注重环保生态的，就是能注重乡村文化传承的，这个是统一的，因为这个是全球统一的。但是你项目在打造的时候它应该是个新的，不要我去抄你、你去抄我，然后弄得一点思想都没有(时任德清县旅游委员会副主任杨国亮，2015年)”。再次，莫干山“洋家乐”是一个非标概念。“洋家乐”的标准化是比较难去界定的，“我们现在基本上就是那些有品质的，就是有一定档次的、有一定文化底蕴的精品民宿，纳入到我们的‘洋家乐’系统，包括指示系统、分布示意图、网站……接下来呢我们也想有一个清晰的认定(时任德清县旅游委员会副主任杨国亮，2015年)”。德清当地政府不主张从绝对量化的经济指标来判定一个项目是不是“洋家乐”，希望能够更多地从主客观结合的角度来引导，因为“洋家乐”本身就是倡导个性化的、不在乎形式的。它不一定只是住宿，或者不一定只是吃饭，也可以光是做一个咖啡馆，或者做一个乡村的艺术馆。如果从“国际化的中国乡村生态度假方式”这个维度来重新认识“洋家乐”，就不难理解了。

从经济类型和组织类型的维度上来讨论，以住宿业态为主的莫干山“洋家乐”表现出青旅PLUS、酒店集团、民宿综合体、田园综合体等不同形态。以后坞生活为例，它是将城市青年旅社放置到广阔的山野地区的一个放大版，功能要素的配置和服务都围绕着青年旅社的核心在升级；而西坡类似于裸心谷的缩小版，从家庭式作坊到专业化的山乡酒店管理，进而深耕行业本身以运营服务输出为切入点发展集团公司。以民宿综合体为发展方向的典型代表如大乐之野，横向拓展当地农家菜的“野有食”餐厅产品系和“野有咖”咖啡馆产品系，同时依托民宿创客学院大力发展培训业务，补充淡季客房，提高品牌曝光；而乡伴原舍以乡村建设为突破口，从单个民宿的投资建设转场为精品民宿聚落和包含多种新消费休闲业态的乡村村落的整体打造，致力于成为田园综合体全域旅游运营商。上述不同类型的“洋家乐”们都有自己的组织框架、管理体系和行动逻辑，它们和当地社区的互动形式也各有特色。总而言之，莫干山“洋家乐”对于乡村风貌的整体提升和产业的转型升级是有积极作用的，现在很多年轻人愿意回到乡村，这一点是值得肯定的。

三、从避暑地到“洋家乐”:莫干山“民宿社区”

放在历史的长河中看“洋家乐”,陌生又熟悉,年轻又沧桑,时间给了莫干山一个百年的轮回。“洋家乐”似乎不仅仅是一个新生事物:我们能够看到百年前深山里的国际社区,那是外国传教士、商人、医生在中国的“家”,那是莫干山原住民眼中的“世界”。莫干山区域内的老房子和人,在百年后重新开始相互关照,再次传递“家”与“世界”的联系。对比避暑地和“洋家乐”,我们至少可以从地点迁移、形态变更、主体转换三个维度来阐述两个时期莫干山民宿社区的变革。

1. 从山上到山下:莫干山“民宿社区”的区位迁移

莫干山避暑地,国际化的避暑社区主要发生在莫干山上,形成200余幢各具风情的老别墅,中心区荫山街一派繁荣,有“天上的街市”之美誉,与荒芜的乡间形成鲜明的对比。“隐居期间,黄郛一有空闲时间,时常到山下的农村走访,他发现,环山数十里的大多山民斗大的字不识一个,他们怠惰、贫穷、守旧。但这一次,对他的触动最大,这里的孩子没有书读,只是到处游荡。而莫干山上,中外达官贵人生活在安逸和富足中”[①]。莫干山“洋家乐”,国际化的度假区主要发生在山脚和山腰,形成190家精品民宿环莫干山麓,配套的商业业态也是围绕莫干山山脚下的庾村集镇。

从山上到山下的地点迁移,一开始的原因其实是体制。莫干山山上山下完全是两种管理体制:山上属莫干山管理局管辖范畴,整个莫干山风景区是归浙江省政府直管;山下属德清县管。前文有提到前“洋家乐”时期的英国人马克在莫干山开的咖啡馆和旅馆都在山上,且是租用

① 杨振华.黄郛在莫干山的农村改良.纵横,2009(6):60

莫干山上的老别墅进行的改造。但是后来莫干山管理局的别墅租赁规定发生变化,莫干山上的老别墅不允许租赁给外国人,导致了后来者们受到了很大的限制只能转向山下,而山顶上多是国营宾馆。

其后房屋租赁改造的成本差异进一步推动了"洋家乐"向山下聚集,即便是 2007 年南非人高天成来莫干山,租用的农舍一间年租金在 3000 元—5000 元,几乎是山上别墅租金的十分之一。除山上山下显著的租金差之外,老别墅悠久的历史价值使得其比一般农舍的改造维护成本还要高许多。随着山脚下"洋家乐"的发展渐成规模,莫干山山上山下的民宿客群也发生变化。简单地讲,以前是有钱人住山上,现在是有钱人住山下。看客人开的车基本上能说明这个问题:以前山上都是高档的车,山下是基本没有的。以前山下都只有农家乐和普通的招待所,但是这几年因为"洋家乐"的兴起,住宿条件和设备都要比山上的好,吸引了很多高消费客户;相反,山上因为都是管理局的房子,老式的国营宾馆条件没有山下好,房价也低,三星级的宾馆一般价格在 200 元一晚上,吸引的都是团队或者年纪大些的游客。高端客群的倾向性是很明显的,尤其山下"洋家乐"现在名气很大,很多人第一次来,甚至并不知道莫干山风景区,而是直接奔着"洋家乐"来的。我曾经在 2015 年 9 月 4 日 21 点在山下"洋家乐"的集聚区劳岭村的岭坑里做过一个侧写:这个普通的周五晚上,这个小村庄的路边共停有 53 辆各式牌子的外地汽车[①],多是小型轿车和 SUV,还有一辆 53 座的上海大客车;分别来自上海(22)、江苏(17,以苏州、南京居多)、北京(1)、广东(1)、山东(1)和浙江省内(11,多为杭州),多是奔驰、奥迪、宝马、福特、大众等中高档车型。

2. 从别墅到民宿:莫干山"民宿社区"的形态变迁

无论是别墅还是民宿,莫干山百年前后度假休闲的载体都是那

① 湖州当地的车牌号为浙 E 开头,因此在统计中并没有计入当地牌照车辆,也就是说可能排除一部分湖州大市的游客。

个时代的民居。进入到21世纪，由于山上山下管理体制的不同，导致两者的主体诉求和发展思路也不一样。

莫干山管理局作为莫干山风景区的管理单位，首要的责任是保护历史文物，其次是它具有作为浙江省政府直管单位的服务功能。清末民初时期，由于避暑地的类租界性质，外国人通过教堂公产的名义永租或购买土地可以不经由当地政府直接与居民私下交易，莫干山上的外国人别墅开始疯狂地生长。莫干山别墅群是全国重点文物保护单位，包含英、美、法、德、俄等各国建筑形态，是近代中国别墅建筑发展的缩影。出于文物保护的首要目的，老别墅的租赁条件一再收紧，近年来更是到了有钱也租不到的地步。

而德清县所辖的莫干山下的大片乡村区域，是想要通过发展旅游业带动地方区域的振兴。传统乡村人口流失大，很多存量集体土地和村民闲置祖屋为“洋家乐”的成长提供了大量的空间载体资源。虽然现在农村的房子也不能直接租给外国人，但是通过中间人可以使流程合法化。更重要的是，在山下建设“洋家乐”，更加符合市场经济的运行规则，可以相对自由地发展，尤其在21世纪初期更加受到德清当地政府的重视和支持。民宿主们为了一偿自己的“田园梦”或者吸引游客的关注，多在房屋改造的建筑设计、室内装饰、庭院营造等方面很是下功夫，出现了很多可圈可点的建筑美学作品，例如遥远的山、清研、云溪上等。如今莫干山下的“洋家乐”，是现在大家消费的民宿，也是留给未来莫干山的现代别墅艺术品。

3. 从外国人到中国人：莫干山“民宿社区”的主体转换

其实无论是避暑地还是“洋家乐”，莫干山作为休闲旅游度假地的两次开启都是和外国人有关。美国传教士佛利甲和英国出版商马克，不仅是对于莫干山的建设，乃至对于推动莫干山在国际社会的影响都起着举足轻重的作用。如果没有佛利甲，就不会有近代莫干山避暑地；如果没有马克和他的咖啡馆，就不会有当代莫干山“洋家乐”。“整个莫干山我觉得真正的起来，我觉得就是因为马克，那个

the lodge 咖啡馆。他当时跟合伙人闹翻了之后来了莫干山，说起来人家说他是隐居莫干山，他老跟我说那个时候是穷得没地方可去了，只好来莫干山呵呵呵（颐园创始人夏雨清，2015 年）”。

历史惊人地相似。在外国人短暂的主导之后，两个历史时代的莫干山，都将接力棒转交国人手中。不同的是，避暑地时期的主体交接是因为莫干山主权的收回、外国人被动地退场，而“洋家乐”时期的主体交换则是因为莫干山区域旅游环境的变化、外国人主动地离开。几个重要的原因促进了莫干山“洋家乐”的全面繁荣。一是人们的消费观念发生变化。第一批来莫干山的人确切地讲不全是外国人，也有经常去国外的中国人。因为国外的度假产品做得非常好，而国内没有。突然有一天他们发现莫干山有，就在上海附近有这么一个虽然只是雏形，但是已经具备了具体功能，具备了他觉得可以来的这个特点，他们就过来了。1000 多元的价格，对这部分消费者而言并不比出国贵，所以他们接受，并通过他们的圈子得以宣传推广。2014 年之前，莫干山的客群中，上海客人占了七八成，而随着之后莫干山在全国走红，上海客人下降到五成左右，杭苏锡常的客人被带动起来。二是旅游出行方式的改变。之前团队游通过大巴旅行社，如今自驾游或家庭游，个性化的选择较多。三是精英消费群体的支持。早期来莫干山的消费者中，企业高管和自由职业者居多，他们本身消费的观念、素质、购买力都能够到这个地步，虽然可能在大的消费体系里占的比例不多，但是让莫干山饱和是没问题的。莫干山但凡好一些的“洋家乐”，平时来的客人的品质是很高的，他们有钱有闲有趣味，周末来的客人更大众化一些。

第五章
守望乡村：社会分工和职业角色

全世界是一个舞台，所有的男男女女不过是一些演员，他们都有下场的时候，也都有上场的时候。一个人的一生中扮演着好几个角色。①

——莎士比亚《人间喜剧》全集之《皆大欢喜》第2幕第7场

一、因何而来："洋家乐"从业者的动机偏好与行为驱动

莫干山"洋家乐"是不同群体构成的精品民宿"生产-消费场域"。在这样一个符号性的"生产-消费场域"中，包含以货币、资源等形式的直接或间接价值交换的莫干山"洋家乐"生产-消费序列，和规范控制此生产-消费序列的管理者（主要包含行政管理机构和地方管理人员）以及相对价值中立的旁观者（包括以专家学者为主

① 威廉·莎士比亚. 莎士比亚全集（二）. 朱生豪，译. 北京：人民出版社，1994：139

的研究者和以媒体为主的传播者)。其中最主要的莫干山“洋家乐”生产-消费序列中,投资者、运营者和服务者构成了莫干山“洋家乐”生产序列的核心生产圈层;建设者、配套者、分享者构成了莫干山“洋家乐”生产序列的辅助生产圈层,这两者都是广义上的莫干山“洋家乐”从业者。广大的消费者构成了莫干山“洋家乐”消费序列。因为民宿本身的特殊性,上述六类莫干山“洋家乐”从业者中,很多投资者和运营者的身份是重合的,即“洋家乐”的投资人也是本地的主理人(相当于连锁酒店的店长、星级酒店的经理,负责民宿日常的整体运营和管理)。尤其在莫干山“洋家乐”发展的初期尤为明显。民宿之所以吸引人,是因为民宿的主人有故事。大家来住民宿,其中很多人想知道民宿的主人是怎样的人。因为民宿间接地展现的是其主人的一系列姿态,他的生活理念,他的行事做派,他的人生经历等,这些东西都可以体现出来。事实上,游客对民宿的选择在某种程度上也体现出了自身的思维模式和审美偏好——志同道合,我觉得这一点是民宿非常吸引人的地方。

被誉为“20世纪中国最后一位散文家”和“乡村哲学家”的文化学者刘亮程曾这样描述一个人的理想生活:“应该是童年、少年在乡村度过,领略自然纯朴的风土人情,倾听鸡鸣狗吠的乡村声音,饱尝四季劳作的苦辣酸甜;青年和中年时期可以到城市求学谋职,开阔眼界,展翅高飞;老年时又应该回到乡村,坐在大树下、小河边、麦场上、土墙前回味自己的一生,向孩子们讲述自己的乡村故事和城市故事。”[①]在莫干山上投资经营“洋家乐”的这群人,多是三四十岁的年纪,正值壮年。在最为有力的人生阶段,选择离开城市来到乡村,与世俗的价值判断和理想生活似乎是背道而驰了。德国社会学者马克斯·韦伯曾经从合理性概念出发把社会行动分为四种理

① 赵霞.乡村文化的秩序转型与价值重建.河北师范大学博士学位论文,2012:13

想类型[①](ideal types),即工具理性、价值理性、传统理性和情感理性。前两种属于理性行动,是现代社会人类行动的主要类型;后两者属于非理性行动,是传统社会人类行动的主要类型。[②] 或许我们可以效仿韦伯,根据理性行为的程度"理解"[③]在莫干山上投资经营"洋家乐"的这群人的选择。"理解"可能是:一是观察性理解,即"对一个行动的所认为的意向作现实的理解",不需了解行动者的主观动机即可产生,理解的是主观的意义;二是说明性理解,通过将行动放于可理解的意义的情境中,旨在获得行动者的主观动机。如果说观察性理解是知道了这群人来到了莫干山投资经营"洋家乐",那么解释性理解就是要知道他们为什么来——为什么来莫干山,为什么做"洋家乐",为什么来莫干山做"洋家乐"。

不可否认,韦伯的个体主义方法论为个体主义的价值观提供了便利。我们同样可以用"理想类型"的概念工具来"理解"莫干山"洋家乐"的投资经营者们,因为"行动的纯粹理性过程的构造,作为一种模式(理想型)服务于社会学家,它具有增强理解力和减少意义模糊

① 在韦伯那里,"理想类型"的概念具有这样一些基本特征:(1) 理想类型是研究者思维一种主观建构,因此,它既源于现实社会,又不等同于现实社会。(2) 理想类型尽管是一种主观建构,但并不是凭空虚构的,它是以理论结构的形式表示的一种"时代兴趣",因此它也就体现着某个时代社会文化现象的内在逻辑和规则。(3) 理想类型在一定程度上是抽象的,但它并没有概括也不欲图概括现实事物的所有特征,它只是为了研究的目的单向侧重概括了事物的一组或某种特征。(4) 理想类型的概念也充分体现了韦伯对价值的看法。(5) 韦伯的"理想类型是与社会和现代科学的特点,即理性化的过程,联系在一起的。见:周晓虹.理想类型与经典社会学的分析范式.江海学刊,2002(2):95

② 如同任何社会行动一样,社会行动也可以由下列情况来决定:(1)目的合乎理性的,即通过对外界事物的情况和其他人的举止的期待,并利用这种期待作为"条件"或者作为"手段",以期实现自己合乎理性所争取和考虑的作为成果的目的;(2)价值合乎理性的,即通过有意识地对一个特定的举止的——伦理的、美学的、宗教的或做任何其他阐释——无条件的固有价值的纯粹信仰,不管是否取得成就;(3)情绪的,尤其是感情的,即由现时的情绪或感情状况;(4)传统的,由约定俗成的习惯。见:马克斯·韦伯.经济与社会.林荣远,译.北京:商务印书馆,2004:56

③ 韦伯社会学中所说的"理解","基本意味着作为时间中一个真实过程的他人行动之主观方面的可接近性,理解的目标就是揭示动机"。见:帕森斯.社会行动的结构.张明德,译.南京:译林出版社,2003:711

性的优点。通过与理想型的比较,便有可能去理解实际行动被诸如情感和邪恶之类的种种非理性因素所影响的方式。据此,他们说明与其行动路线的偏离,而这种预期的行动路线是基于行动是纯理性的这种假定的”[①]。韦伯研究中的一个著名结论是:“利益(物质的与理念的[②]),而不是理念,直接控制着人的行动。但是,‘理念’创造的‘世界观’常常以扳道工的身份规定着轨道,在这些轨道上,利益的动力驱动着行动。”[③]理性行动可以粗略地定义为有意识地开始进行的行动,并由此可以实现行动者视为利益的东西,这一利益既可以是物质的,也可以是精神的。[④] 物质利益指行动达到的某种客观结果,这是一种目的合理性,或言工具合理性;精神利益是指一些主观偏好、倾向,如政治的、审美的、宗教的、伦理的旨趣或观念,这是一种价值合理性。结合韦伯的社会行动的四种理想类型和“物质—精神(理念)”的利益观,我将来莫干山“洋家乐”的投资经营者们分为四类驱动——兴趣驱动、价值驱动、利益驱动和效仿驱动。其中,“兴趣驱动”对应情感行为,“价值驱动”对应价值合理性行为,“利益驱动”对应工具合理性行为,而“效仿驱动”是介于传统行为和工具合理性行为之间的中间行为。

1. 兴趣驱动:“玩票型”投资人,文体活跃分子

早期莫干山“洋家乐”的主人,有很大一部分是“文体活跃分子”,媒体人、艺术家、设计师、户外运动爱好者,不是专业搞旅游、酒店的人,原先体面的职业身份给了他们上山的底气。他们最初是厌倦城

① 苏国勋.社会理论的开端和终结.上海:华东师范大学出版社,2005:385

② 在这里,我倾向于将“理念”译为“精神”,以和下文中出现的“理念”区分开来。第一个“理念”含义与“物质”对应,即指非物质的精神方面;而第二个“理念”所指更为宽泛,类似于人生观、价值观、世界观之类的理想信念。

③ 马克斯·韦伯.儒教与道教.王容芬,译.北京:商务印书馆,1995:19-20

④ 理查德·斯威德伯格.马克斯·韦伯与经济社会学思想.何蓉,译.北京:商务印书馆,2007:219

市快节奏的生活,想要满足自身的度假需求,前面所谈到的英国人马克、法国人司徒夫和杭州人夏雨清上山都是为了寻找和家人一起度假的地方,寻找相似的家乡记忆[①]或者田园梦想,是典型的情感和内心感受所决定的行为,即韦伯所说的情感行为,是以情感为依据展开的行动类型。“严格的情绪的举止,同样也处于边缘状况,而且往往超然于有意识地以‘意向’为取向行动之外。它可以是一种对日常生活之外的刺激毫无阻碍的反应”。[②] 它表现为把喜怒哀乐的情绪和好恶爱憎的感受作为自身行动的出发点和直接支配逻辑,尽管此时其他的理性因素仍然在规范和影响。这部分“玩票型”的投资人或创始人,来到莫干山颇有一种“久在樊笼里,复得返自然”的意思。

一个典型的例子是后坞生活的创始人王天鹏,旅游圈内的人都喜欢称呼他“王旅长”。毕业于中国美院的王旅长,师从保加利亚的纤维艺术大师,2003 年回国在西湖附近的虎跑路创办了杭州四眼井国际青年旅舍。2011 年 9 月在莫干山脚下后坞村创建乡村民宿后坞生活(Howoolife Resort),从杭州的城市休闲生活空间转战到莫干山的乡村度假生活空间。后坞生活讲的是王旅长的故事,他当时想要映射的就是东方的概念、就是竹子的概念。一开始的时候就只是王旅长和他的夫人谷老师的生活,然后这种生活,可能被他的学生、被他的朋友、被他的客人所接受、所放大,然后慢慢扩散到人群当中,形成了后坞生活这样一个空间载体。从本质上说,即便不是在莫干山,王旅长也可能在其他地方传导这样一种东方生活。后坞生活里面有很多青旅的元素,它其实是中国范儿国际化的一个概念。对于创始人王旅长来说,后坞生活就是他的生活圈子,这个圈子里有文青的、有文艺的,也有时尚的。王旅长是典型的克里斯玛式的人物,他给自己取了个英文名字——Captain Wang,有朋友称呼他是“神仙一样的人”,而他自己却说自己只是“有点思想,懂得生活”。

① “眼前出现的不是上海郊区那种假模假样的西班牙式别墅,而是一个欧洲小村庄,好像是从阿尔卑斯、普罗旺斯搬过来的,这里很像北威尔士,我从小长大的地方。”见:力心.“重回”莫干山. 经济观察报,2014-04-08

② 马克斯·韦伯.经济与社会.林荣远,译.北京:商务印书馆,2004:56

“可能空间上有一些契机让我把它落在这个地方，我们当时是这种感觉。这里有大片的竹林，安静，质朴，你仔细听，有风吹过竹林的声音、雨打在竹叶上的声音、雪摩挲着竹节的声音，这些都是自然的声音。我倡导自然，也想守护这些老旧的东西，像我现在的工作室，就是原来的猪圈改造的，我用大块玻璃让房间通透明亮，挂上我的壁挂、水渍画，煮上咖啡泡上茶，生活特别惬意。这些石头墙、夯土屋，我都保留下来，让它们原汁原味。你觉得最有意思的地方在哪里？我觉得最有意思的就是每个人都在寻找自己对号入座的东西。就像我去希腊的圣托里尼，地中海的这个海，这种蔚蓝的水，太美妙了，但我看到是翠绿色的。我的后坞生活和它比较起来，是两个意义不同的产品。对任何问题都要有立意，立意很重要，以立意为提纲，你做怎样的产品都不会输。所以其实这周边有什么东西我一点都不知道，我就是爱这片竹林和这个农舍、这个阳光和空气。我是一个东方版的产品。什么是东方版？首先它印有我们的文化，它有诗意的表达，它有农耕的地气，而我用当代的手法，就简单这么几个纲领。那我们把后坞生活当做我们喜欢的地方，当做我们生活的地方，我们肯定都会在这里。如果说你这是工作，那我也在工作，我同时也在生活(后坞生活创始人王旅长，2014年)”。

纤维艺术最大的魅力在于融合，王旅长也将多重身份巧妙地融合在一起，他是摄影师、设计师、讲师、纤维艺术家、青旅倡导者，也是莫干山“洋家乐”的实践者。与其说王旅长呈现了一个有趣的“洋家乐”作品，不如说他找到了自己能够对号入座的内心世界。王旅长的夫人谷田女士是个布艺手工爱好者，从小在莫干山长大，如今和王旅长一同生活在山里。许多人都向往自然、美好的生活，想象很美好，但谷老师希望能够成为一个实践者，让自己向往的生活真正实现。对此，王旅长对于美好生活的期待更加具体而直接，流露出自古文士的桀骜和不羁，以及对纯粹物质崇拜的抗拒和试图对文化消费的价值引领。

“当初我到这里来还有一个小小的因素。在我身边有很多大老板，这批人崇尚物质，他表现出来的那种奢华，甚至为奢靡，甚至是颓废,他都有——就是他觉得你不能和他玩在一起。你自己的内心就很抗拒,但是你没有东西和他抗衡。到这里也是表达我内心的一种态度,我在后坞生活提的概念叫'隐居',我下个产品叫'野生',就是你在外面你玩不起这个东西——其实这也是一种表达,就是那个时代原先的那条路走不通的,现在的我们这样一种生活会让他的下一代走上另外一条道路(后坞生活创始人王旅长,2014 年)"。

另一个例子是福建人张元。张元是一个自行车的骑行爱好者,曾经去法国参加环法比赛,他也是在骑行的过程当中发现了后坞村的一个农民的空置的老房子,之后租赁下来做了一个自行车骑行爱好者的歇脚点和基地,提供自行车修理整顿、组织骑行者交流活动的一个场所。这个房屋改造完之后,也成为德清"洋家乐"比较知名的一个地方,叫骑迹俱乐部。正如当时有"莫干山头牌"之称的原舍主理人崔盛所评价的,"调性"(tonality)是这拨兴趣驱动者的一个共通之处。调性最初是一个音乐概念,闻弦歌而知雅意,比如 C 大调、a 小调,是以几个音(一般不低于 3 个,不高于 7 个)围绕某个音为中心按照一定的关系排列组合形成一个体系,简单讲就是 24 个大小调。后来,"调性"这个语汇在品牌策划、营销设计等领域延伸开,是个性和风格的表现。我们称赞一个人"有调性",实则是在肯定他的与众不同、具有人格魅力。早年来莫干山中投资经营民宿的这部分群体,原先在城市里的生活也是属于中等之上的,按照社会阶层的划分他们中的大多数属于"中产阶层",有体面的职业、不菲的收入和一定的社会声望。他们放弃在城市中经年累月的积累和按部就班的日常来到乡村,是出于对"无调性"的一种抗拒,他们不愿意日复一日地重复埋没在死气沉沉的氛围中,面无表情地成为默默无闻的"大多数"。他们想要寻找到生活的乐趣所在和志趣所向,他们想要"被识别",他们想要"做自己",春夏秋冬四季欢畅,喜怒哀乐仗剑四方。

2. 价值驱动:"理想型"投资人,乡建践行者

"我们每个人的利益的走向受我们的世界观的支配……经济活

动与全面的世界观极为有关，每个人对这种或那种活动的兴趣与价值体系对生存的全面观点不可分割”。[①] 与个人的兴趣驱动有差异，莫干山“洋家乐”前期的实践群体中也有表达出一种明显的“初衷”，希望以莫干山为试验田或是“现代乌托邦”，进行新时代的乡村建设，强调义务和非功利的价值需要，这和韦伯理想类型中的价值合理性行为非常类似。“谁要是无视可以预见的后果，他的行动服务于他对义务、尊严、美、宗教训示、孝顺，或者某一件‘事’的重要性的信念，不管什么形式的，他坚信必须这样做，这就是纯粹的价值合乎理性的行动。价值合乎理性的行动总是一种根据行动者认为是向自己提出‘戒律’或‘要求’而发生的行动”。[②]

朱胜萱试图从乡村建设的角度来为莫干山做些事情。2011 年，已经是上海世博公园景观总设计师的朱胜萱参与到了浙江省德清县莫干山镇的旅游规划中，之后租下了一块 60 亩的农地和 5 幢小房子，曾经是小学后来变成了养鸡场，用两年时间设计改造成了 13 间房的民宿“清境原舍”。朱胜萱和他的乡伴团队有一种社会价值的自我认同。

“因为做了莫干山的旅游规划我们才知道，哪里的地方比较好，哪里的地块是什么样的性质……其实除了清境原舍民宿之外，我们莫干山计划中最重要的一个部分是在庾村文化市集。这里原来是莫干山镇废弃的蚕种场，和黄郛有关。黄郛不仅仅是个名人，他是上海市第一任市长、外交部部长。对我们来讲吸引力不是他的这些官职，而是他退隐之后来到这边——20 世纪 30—50 年代他和太太在莫干山做了乡村改造尝试，办了妇女促进会，办了蚕种场，办了第一批奶牛场养奶牛，办学堂（莫干小学），办村居会，办厂，然后开通汽车站，做的这些都是乡村建设。其实我们现在也在做这种乡建运动，所以特别有意义（清境原舍创始人朱胜萱，2016 年）”。

---

① 雷蒙·阿隆.社会学主要思潮.葛志强，胡秉诚，王沪宁，等译.上海：上海译文出版社，2005：436

② 马克斯·韦伯.经济与社会.林荣远，译.北京：商务印书馆，2004：57

"我们属于第六代知识青年下乡。现在其实就是一批城里人到乡里去做乡里的建设,然后帮助乡里不能说脱贫吧,最起码做一些提升。我们也希望原来留守在乡里之后出去打工的年轻人能够回来。原先乡村提供不了他们所需要的机会和环境,这些年轻人因为想要发展,所以才会离开;但是没有人,乡村永远是死的。只靠外地人过来怕是只治标,一定要让本土的年轻人回来,乡村才能够活起来。本土的这些年轻人可以不用出去,可以在本土创业,让他在乡村有事业,这样乡村才可以有未来、才可以有前途。如果乡村留不住年轻人的话,那么就留不住生力军,永远都是这样(时任清境原舍主理人崔盛,2015年)"。

不仅是在莫干山,乡伴也把这种价值驱动的乡建运动推广到更多地方,并在实践过程中不断进行新的探索。他们自己总结了在乡村建设道路上的四个阶段。2010年时,莫干山的清境原舍和文创园是1.0版本,当时深山里类似于精品酒店的民宿和文创产品市集并不被外界看好,村里没有人觉得这样的产品能够存活。乡伴在庾村文化市集做了茶坊、萱草书屋、餐厅等,已经成为城乡互动的空间节点、物资集散的商业节点以及邻里关系的社区节点,5年的时间逐渐形成气候。2.0版本在无锡阳山,除了配套业态之外还配套了社区,集现代农业、休闲旅游、田园社区于一体,是如今国内广为人知的"田园综合体"的雏形——无锡田园东方。3.0版本在南京桦墅,营造"城中乡,乡边城"的承启互动格局,打造以城乡资源互置为核心、乡村改造双行线为模式的主题式休闲乡村社区,但似乎成效甚微。4.0版本在昆山锦溪,希望能够通过"新乡村生活示范社区"的运营理念落地,租赁的片区内部集合了咖啡厅、书店、戏台、国学馆、七八家精品民宿和各种各样的俱乐部,以营造农垦、乡居、集镇的乡村生态圈。政府已经把当地人全部搬迁出去了,在城里面给他们置换了安置房,社区做好之后会再邀请一些居民回来居住。锦溪的这个版本中,乡村社区里面包括所有的业态、所有的人,通过村主任制来组织。对于未来乡村改造的设想,乡伴团队希望从建筑空间到社会组织能够有一个从物到人的渗透,反哺乡村也能够更加深刻从容。

3. 利益驱动："专业型"投资人，投资客或创业者

更多的外来投资者，事实上没有像价值驱动者们那样沉重的责任包袱，但也没有兴趣驱动者们那样洒脱的诗意随性，而是在情怀和现实之间找到了一个似乎可以两全的平衡点，他们强调投资回报，强调计算，强调沉没成本，他们更多地把"洋家乐"作为谋生的手段和赚钱的生意。这里不排除兴趣和爱好所发挥的作用，但是在理性的计算面前，兴趣和爱好只能是幕后的隐形推手，正如大乐之野创始人吉晓祥所计算的，两年民宿的经营收入和他原来在上海的工作收入差不多，但是整个生活就不一样了，更加随心意。从这个意义上来讲，"洋家乐"中后期的参与者们多是利益驱动，满足工具理性的行为特征。"谁若根据目的、手段和附带后果来做他的行动的取向，而且同时既把手段与目的，也把目的与附带结果，以及最后把各种可能的目的相比较，做出合乎理性的权衡，这就是目的合乎理性的行动，也就是说，既不是情绪的，也不是传统的"。[①]这部分特征人群各行各业都有，以商业咨询、酒店管理、旅游服务等从业经历者居多。

在双桥的创始人 Ada 回归乡村就不完全是情怀驱动，更多的是基于时代背后的经济考虑。从小在乡村长大，在城市读的大学，在阿里巴巴工作了 7 年。Ada 在莫干山以直率敢当和超强的行动力而出名，后坞生活王旅长评价她是 80 后"洋家乐"新生代里的代表性人物。

"基本上我是属于那种在土里面长出来的小孩，小的时候有一点乡村的美好经历，童年也是很快乐的，然后在城市里走过一圈之后，一方面是为了营收，另一方面其实也是心里面有这种向往，就回到乡村。我前两天还给《湖州晚报》的那个老吴看我以前写的小诗，写我

① 马克斯·韦伯. 经济与社会. 林荣远，译. 北京：商务印书馆，2004:57

农村长大的这种情结、乡愁,给他看过,然后他想从乡愁这个角度来写年轻人返乡,但是其实我觉得我们返乡不完全是出于乡愁。乡愁只是一种内在的冲动,它并不能成为一种行动力让我可以放弃掉高薪的工作,我可以放弃掉城市的这种生活圈,来重新开辟。其实更重要的是大时代的背景,就是因为我们用理性的眼光去看到了这个市场、去看到了这个商业机会,然后也看到了另外一块土地上用另外一种方式来营生、来创造平台的这种价值,这个是理性驱动的。就像那次我们在CCDI乡村大会的论坛上有个人分享的,他说如果是出于情怀、出于理想来做这种乡间的投资,包括有些大的集团,到这个村里进行投资,这完全是空谈,都是商业利益在驱动的,至少主流是商业在驱动的。我觉得不管是商业行为还是个人行为,这个都是不容忽视的,因为现在就是看得到的嘛,机会在乡村,利润在乡村,你说是吧?所以的话,如果你有这样的情感、情怀,有这样的乡愁,你结合到这个东西上来,他就非常OK,顺理成章。如果你没有,也不妨碍你做这件事情,我只是觉得做出来的东西它会调性不一样(在双桥创始人Ada,2015年)”。

另一个典型的例子是大乐之野的创始团队。杨默涵和吉晓祥是同济大学的同学,城市规划专业出身的他们爱好旅游,从上学时候就是一对好驴友,工作后一个去了同济城市规划研究院,另一个去了浦东规划设计院。很多网络媒体将两人共同打造大乐之野的过程讲述成规划设计师逃离画图的任性选择,但从我的访谈过程中,我更多地感受到他们在整个实践过程中的理性选择逻辑:一是最初的选择是两人对于乡村机会市场开放性的整体判断,在大乐之野的创始人吉晓祥看来,在这个乡村,显而易见的,就是只要思想比较活的,而且比较勤劳,都能把事情做起来,他都能找到赚钱的途径。二是产品定位为中端短期度假产品的理性分析,大乐之野的另一位创始人杨默涵充分预设了民宿发展不同阶段所需要面临的主要问题,进而确定自身产品的定位。“对于怎么来做这个产品,我们比较胆小,这个产品让我陷入理性的思维推演中,一步一步引导着就过来了。2012年我来的时候裸心谷卖差不多3000,西坡那个时候卖1000到1500。我那个时候其实很少出去住酒店住到1000以上的。我来之前最担心的就是客房怎么卖，现在看来一点都不担心这个问题了，因为这是最小的问题。当然营销也是一块，营销和售后或者是挺重要的，但是因为最近两年市场比较好，整个市场处于一个供不应求的状态，这个问题反而显得比较小，所以我还是做了一些市场调研的工作的。其实我们定位这个产品，就是一个大城市的旅游休闲度假产品。有朋友推荐或是介绍，或者直接拉我去丽江这种地方去看。我觉得这样一种产品和那边的产品不太一样，实际上现在丽江也很少见到这种中端的产品，要不就是比较高端的，悦榕庄这样的，要不就是比较低端的小型客栈这样的……（大乐之野创始人杨默涵，2015年）”。三是选址莫干山大环境的反复比选和市场推演，杨默涵甚至做了一个详细的选址分析PPT。短期周末度假产品对交通要求是很高的，通常需要控制在两三个小时的车程范围内。长三角区域范围内的核心市场必定是上海，因为上海这个城市消费市场的量级是其他周边城市无法比拟的，而早年莫干山上80%左右的游客都是上海客人。杨默涵以上海为中心、3小时车程为半径画了个交通圈，之后在这个范围内逐步考察有山有水的地方：太湖有水，但山不大，仅有东山西山小面积；淀山湖门槛太高，湖边的地很难拿到，没有进入渠道；浙东余姚，因为跨海大桥有限速车程、距离远，开车到上海要3个多小时。前期考察后放弃的区块还包括嘉兴的南北湖、湖州的长兴等，最后来到莫干山。在莫干山的小区块选择中，大乐的团队特意避开已经声名鹊起的裸心谷，选择了深山中的碧坞村作为开荒地。四是确定搭“顺风船”的趋势判断，“来了莫干山一看，这情况和设想的不太一样，除了这个裸心谷之外，已经有好多其他家起来了，当时看到的就有西坡、枫华、香巴拉，再往上走还有鸟巢、小树林，那时候后坞也有一点了，当时那边比较少，大概就是2012年。已经出乎我的意料了，我就觉得这个地方范围内的声势起来了。我就一定要来搭这个顺风船，就不存在做裸心谷的山寨品这一说了，因为莫干山已经有市场了，而且有一个高端市场，也有一个迎合中端的市场，挺好。这样在宣传上怎么样我们都会省力一点，事实证明也是这个样子。就比如说一想到小众度假,周末找个小酒店休闲度假游,人们的第一反应就是莫干山。整个媒体市场会朝这里拥入(大乐之野创始人杨默涵,2015 年)”。五是对于民宿投资回报的精准计算。大乐之野从开始设想就是三四栋楼的组团式运营。第一栋楼开业的时候,大乐团队的自我感觉就比较良好,主要是两方面的原因:一方面觉得这个事情本身比较美好;另一方面就是能赚钱,或者是看起来能赚钱,营业收入符合市面上正常的投资回报。1 号楼属于大乐早期的试验品,是建得最早的且面积比较大,连着边上的餐厅差不多有 400 万的投入。后期大乐的每平方米的建设投入控制在六七千元,不包括前期的租金和后期的运营公关,仅硬件投入这一部分,常规一栋 200 平方米的房子,建设投入控制在一百四五十万。随着大乐之野服务项目的完善,合伙人团队也逐渐壮大,从最初的 2 人扩展为现在的 5 人,项目拓展、规划设计、建筑施工、运营管理、市场营销、行政人事等各方面都有了详细的分工。五位合伙人其实是抱着创业的心态来做民宿事业的。不同于前述的人群做民宿仅仅是爱好、是兴趣、是玩一下,或者是尝试一下,能赚点钱贴补一下家用,平衡建设装修费用就可以了。大乐不是,5 个年轻人是考虑整个团队发展前景的。

时任筏头乡党委书记杨剑炜指出,理性投资者,特别是近年来从事过酒店服务行业的投资人在莫干山的人数有所增加,而且“玩票型”兴趣驱动和“专业型”利益驱动的“洋家乐”投资人各自的优劣势和关注点是不同的。

“最早的民宿都是设计师、户外爱好者来做的,因为他们没有从事酒店运营的经验,提供的价格和服务我觉得和酒店还是有距离的。他当时用农民房子来进行改造,一个他受农民旧房子改造的一些限制,第二他没有经营过酒店或者住宿业态的经验,他可能更多的是考虑到设计感。就是这个漂亮的房子夺不夺人眼球、吸不吸引人啊,这种方面可能是更多的;而居住方面的舒适感,怎样让客人能够在这里面住得舒服,我觉得是有一定程度的欠缺的,而且从经营现状上来讲,他们最早做的这一批以当地木头房子改造的‘洋家乐’,这一些民宿,就我们土话讲这个生意其实是在走下坡路,而且是非常明显地在走下坡路。

为什么呢？就是这两年发展了之后，有一批做过酒店的人、做过这个行业的人，开始参与到德清‘洋家乐’或者德清民宿的经营或者发展或者投资的过程当中来了，这些人他以前没有民宿的概念，这个单幢的，这个小个体的他不知道怎么做，可能是不知道的，是模糊的，现在看了其他一些之后，开始有些概念。但是对于酒店，对于客人有些什么需求，对住店的人怎样使他们居住得更舒畅，服务如何更到位，在这一方面他们是有经验的。所以这两年很多外来的投资者是有这样的投资背景的，所以德清‘洋家乐’我不敢讲全域，至少在我筏头乡里面，这两年上的项目当中，就有很多投资者是有这个背景的(时任筏头乡党委书记杨剑炜，2015年)”。

4. 效仿驱动："感染型"投资人，当地居民

不同于外来投资者或出于兴趣导向，或出于价值认同，或出于利益追逐的不同原因驱动，莫干山本地的投资者们多属于效仿驱动的"感染型"投资人。在我看来，这是传统行为和工具理性行为相互作用的一个产物——因为别人开农家乐了，所以我开农家乐；现在别人开"洋家乐"了，所以我也开"洋家乐"。"严格的传统举止——正如纯粹的反应性模仿一样——完全处于边缘状态，而且往往是超然于可以称之为‘意向性’取向的行动之外。因为它往往是一种对于习以为常的、刺激的、迟钝的、在约定俗成的态度方向上进行的反应"。[①] 随着"洋家乐"越来越火，很多本地的居民，尤其是之前从事农家乐经营的农户将房舍重新翻新装修，也做起了"洋家乐"生意。但是他们在尝试的过程中会非常摇摆，他们很困惑：因为他们模仿到很多空间上的东西，模仿到石头，甚至模仿到牛皮、羊皮，这些东西他们都模仿到了；但是他们又把很多原来做农家乐的那一套规则带进了"洋家乐"中。他们以及他们的民宿，难免会显得不土不洋、不伦不类，给人感觉不舒服，这可能还是需要一个过程。效仿驱动的这部分人群中又

① 马克斯·韦伯. 经济与社会. 林荣远，译. 北京：商务印书馆，2004：56

分为三种典型的类型。

一是没有参与过任何经营，直接做“洋家乐”的。莫干山谁的秘密花园就是何村村当地居民在2015年改造的民宿，2018年芒果TV真人综艺《妻子的浪漫旅行》就是在此取景。房主的小女儿在德清县城的民政局工作，和她两个上海的教师朋友合作经营，房主夫妻按照每年3万的租金出租10年时间，同时作为店里的看护和烧菜阿姨参与日常管理。一栋老屋加上一间偏屋，300平方米不到的占地，一共5个房间8个床位，老房子进行了立面改造和内部装修，没有进行结构调整，累计投入200多万，额外请了一个管家负责日常运营和村里的两个阿姨负责卫生清洁。

二是做过农家乐升级为“洋家乐”的。康家寨是劳岭村当地居民在2014年改造的“洋家乐”。老板原来是厨师，老板娘原来是莫干山景区导游，之前在劳岭隧道口经营过两年时间的农家乐，于2014年重新装修劳岭村的老宅。老板娘看周围的人气越来越旺，民宿越来越多，自己也不愿意出去打工，就想着改造高档些试试。整个改造花费了180万，老房子都是木结构，很大的费用都是花费在独立卫生间的增设和结构的加固上。说起农家乐和“洋家乐”的区别，老板娘很是直接，“档次更加高，对我们的服务要求也高，来的客人素质也高了(康家寨老板娘，2015年)”。康家寨是比较典型的农家乐餐饮搭配“洋家乐”住宿的模式，餐厅规模比较大，一次性可以坐八九十人；[①]整个客房的装修设计全是参照周边的“洋家乐”摸索，出于节省成本的

① “你说农家乐是简单的，‘洋家乐’是精致的，你说‘洋家乐’是高贵的，农家乐是便宜的，这些都可以讲，但我觉得实际上里面经营的对象和经营的理念是两个完全不同的概念。农家乐一般情况下是以餐饮为主，是以尝农家菜、干农家活、住农家屋，是以这个东西来定义的就是农家乐。但是现在的‘洋家乐’基本上是以住宿为主的，‘洋家乐’做餐饮里面的可以讲，我是说至少到目前为止，‘洋家乐’没有规模做餐饮的，‘洋家乐’可能更多地讲是慢慢地休闲，我觉得这是一个很大的区别。可能我觉得这个好坏当然是你很直观能够一下子看出来的，他装修的精致或是他装修的不精致，他的价格贵或是便宜，这些都可以作为一些标准，但是实际上我觉得农家乐就是以尝农家菜，让城里人尝农家菜为主的经营的店，我把这种基本上都称为农家乐。现在的‘洋家乐’基本上都是以住宿为主的，他追求的不是餐饮，因为餐饮的效益和住宿的效益完全是两个概念(时任筏头乡党委书记杨剑炜，2015)”。

考虑没有请专业的设计师。2015 年 7 月康家寨一个月的营业收入在 10 多万,老板计划 3 年期内回收成本。

三是“洋家乐”聘请的当地管家和阿姨出来自己做民宿的。森山居的房主原本是西坡 6 号楼的阿姨,她 2015 年也重新装修自己的老宅开启了民宿,8 间房间一次性可以接待十五六人。“我觉得挺安于现状的,我是比较喜欢上上班拿点死工资的,不想那么劳累。但是你要是上班的话工资也不多,我出去顶多一年也就挣个两三万,自己用用都不够。后来我老公提出来要做,我婆婆也在西坡做过,说生意多好,想想也就同意了。本来是想投资二三十万吧,做个一般一点的,就像那种宾馆似的就粉刷一下墙,两个床一个电视机,加个空调那种的。后来想想反正都装修的,就稍微再好一点吧。你要说像西坡那样的花好几百万肯定是不可能的,因为我们资金也有限,就这样框架没改还花了 100 多万,工人工资结下就 30 多万。我们以前是小洋房,里面装修都是很现代化的:有沙发,有电视背景墙,还有我们自己的婚房也是按照我自己喜欢的那个风格来装修的。后来全部都改掉了,相当于之前的装修费也全部打水漂了。我是预计两三年收回成本的,最好两年(森山居老板娘,2015 年)”。对于劳岭村本地的居民来说,西坡无疑是参照的标杆。村里面像小木森森这一家人的生活很普遍:50 岁上下的妇人在西坡民宿当阿姨,前后干了一年多的时间;自己的丈夫在莫干山开个面包车,带客人上上下下;儿子儿媳都在城里面打工,干的工作也不是特别体面的工作。村里面的房子如出一辙,不是特别老,多是前些年翻盖的新房子,也差不多一样的造型,主体框架其实是板正的。村民们决定效仿做民宿之后,很快地会把外面的瓷砖敲掉,也乐意做一些简单设计和简单装修。阿姨们把之前在其他民宿的工作经验带回家,满怀热情地带领全家开始经营,她会把她的丈夫叫过来,不仅接送自己的客人,也接送其他民宿的客人。她会去把儿子儿媳叫回来,帮着种菜、接待、布草、打扫。全家总动员式地迎来送往,天天干得热火朝天。

二、如何而变:“洋家乐”从业者的职业分化与身份转化

“人”这个词,最初的含义是一种面具,也许并不是历史的偶然,而是对下述事实的认可:无论在何处,每个人总是或多或少地意识到自己在扮演一种角色……正是在这些角色中,我们相互了解;也正是在这些角色中,我们认识了我们自己。[①] 传统乡村典型的一个特质就是说它是相对单一化的。比如说农民他的身份就是一种,他的角色相对单一,而且每个人的身份相对固定化。城市的一个显著特征就是它是多元的、是相对多元性的。比如说城市里的人可能会有几个职业、有不同的职业身份。但是在莫干山这个传统概念里的乡村社会,我们感受到了城市里的社会分工和职业角色的多元特征,这一方面是外来者带来的城市身份和当地的乡土环境发生碰撞之后,演绎出更多的重叠角色,“洋家乐”莫干山居图的投资者朱锦东就是个典型的例子,他既是出版商又是书法家,来到莫干山之后还是民宿的主理人和烧窑匠人;另一方面是“洋家乐”在当地的出现带来了一些新的社会分工和职业需求,比如说当地的一些中老年妇女,原来的角色可能是农妇,因为有工作了,所以她变成民宿打扫卫生和烧菜的阿姨了,她的一些生活习惯,甚至一些行为交往方式,会伴随着发生变化。我们看到,曾经集体化的、利益差别微不足道的农民,“已经不再是一个阶级整体,而是分化成了不同职业、不同利益与要求的社会阶层”[②]。莫干山有很多西化的表达,其实相对其他地方更容易被接受,就包括一些多元化的东西,更加容易被接受。通常情况下,祖辈,或

① Robert Ezra Park (1994), *Race and Culture*, Illinois Glencoe: Free Press, p. 249

② 韩明漠. 中国社会与现代化. 北京:中国社会出版社,1998:78－79

者是说村里人活得比较长的，因为有之前莫干山避暑地的记忆或印象，文化割裂不会太厉害。如果时间更长那可能就有影响，这也是莫干山呈现不同形态之处。城市文明社区的特征再次显现在这个传统乡村地区。

1. 核心圈层：缺席的投资人和在场的主理人

我执着地觉得，当你遇见一个好的民宿，你会想要了解这个民宿的主人，自然地感受到他的精神气质、格调品位、欢喜好恶。这种克里斯玛式的人物，让民宿充满故事性和神秘感，让民宿生动有趣起来。而一个没有故事没有主人的民宿，恐怕也是不会有趣的。而"洋家乐"的主人，通常就是他的品牌代言人，是他的投资人或者是主理人。在前期的发展过程中，如果某个"洋家乐"的投资人和主理人两者的身份是重叠的，那么它通常是口碑评价都比较好的民宿，也比较接近民宿本身的意义；如果两者的身份是分离的，那么通常是两个极端的情况，一是这个"洋家乐"已经积累了一定的口碑，有成熟的运作模式和管理经验，二是这个"洋家乐"被"放羊"了，绝对利益驱动导致其脱离了"民宿"本身的意义而沦为传统意义上的旅馆或酒店。随着泛"洋家乐"阶段的规模极速扩张，缺席的投资人和在场的主理人组合成为莫干山上很常见的形式。无论如何，我们姑且从莫干山"洋家乐"的内外四组关系中来阐述缺席的投资人和在场的主理人的不同身份转化。

从"洋家乐"投资人和主理人内部组织关系来讲，大致会经历从"团伙"到"团队"的身份转化过程。大乐之野的合伙人团队是民宿圈拥有"名校光环"的明星团队，雅号"大乐五虎"，他们分别来自同济大学、复旦大学和南京大学。大乐创办之初，事无巨细都是两位创始人在忙碌，彼此之间更多是"团伙"关系，感情大于责任，无法进行明确的分工。两位创始人都是设计专业出身，相同的专业背景给予了双方创业之初的理解和默契，但团队在发展和壮大的过程中所涉及的内容远远超出了二人的想象，他们都意识到未来必须倚赖更多元化背景的成员的加入。大乐团队后来吸纳的另外三位合伙人都生活在上海，虽然也是朋友或者同学关系，但全部是全职创业，各司其职，规划出身的吉晓祥负责前期开发和物色项目，建筑设计出身的杨默涵负责规划设计，工程出身的刘丹负责工程建设，地产出身的唐国栋和朱海峰则侧重市场运营、销售环节，堪称是经营民宿之黄金组合。他们在真正合作之前磨合了很久，多次面对面把各自的分歧、顾虑的方面、该厘清的问题都争论、探讨清楚了，之后就很少发生矛盾。2017年，大乐之野已经发展到5个民宿，在莫干山、上海两地都设有公司。五人分头忙碌，每人每月各领8000元的薪酬，约定每月至少有一次团体例会，越来越具备现代企业组织和管理的特征。

从"洋家乐"投资人和主理人与村里人的外部关系来讲，多经历了从"入侵者"到"领路人"的身份转化过程。后坞生活的王旅长想要投资民宿的时候，后坞村的村民一开始是排斥的。当时村民们都说："这个人脑子糊涂了！……为什么要跑到我们村子里来折腾?"后来也是有年纪轻的村民看到民宿投资可能带来的改变和机会，从中斡旋帮助王旅长租下村民的房子。随着后坞生活吸引了越来越多的外来游客，村民们的心态彻底发生了变化，越来越多的本村人去后坞生活工作，也有不少村民效仿后坞生活改造提升了农家乐。大乐之野的吉晓祥和杨默涵刚到碧坞村时，村民的戒心是明显的。村民们对于外来的投资者，一方面内心很期待，景区在2007年关闭之后，之前的那些农家乐也都开不下去了，一直没有挣钱渠道。房子如果出租出去，每年租金两三万元，20年的租期村民一次性可以拿回五六十万元，是很好的机会。但他们又有很强的自尊心，很多民宿投资者或经营者本人通常不出面，而是委托下属或旁人和村民打交道，村民就会很反感。村民们觉得，你到我这里做生意，侵占了我的利益，不能随便找一个什么职业经理过来，那是看不起我，必须老板来。大乐团队在这方面就比较重视，都是创始人亲力亲为地去跟村民打交道，关系处得还比较好。而他们租下的其中一栋楼的房东是前任村支书，退休之后给大乐做管家，随后他自己的农家乐还请大乐之野帮忙设计。

从"洋家乐"投资人和主理人与住店访客的关系来讲，多经历了从“商家”到“朋友”的身份转化过程。2015年之前,莫干山“洋家乐”的网红民宿都很火爆,以2015—2016年大乐之野碧坞店为例,周末、节假日的时候就比较难定了,这个时间必须要提前预订;七八月份比较难订到,就连非周末的平日也基本上订不到;9月份行情差不多;10月份、11月份稍微淡一些;12月份又开始热闹起来;尤其是春节期间有很多客人入住。一方面,很多客人上莫干山“洋家乐”的网红民宿是会提前一个月预约、事先做好功课的,也就是说客人们在来“洋家乐”之前已经有了相当的认识了。另一方面,精品民宿推崇的是主人精神和管家服务,更多地让客人有拜访朋友的如家的感觉,也很强调和客人的互动和追踪,包括事前的问候、在场的服务和事后的联系。民宿主理人整天就不停地在思考:思考各种各样可能的问题,如何去解决这些问题,为什么会发生这些问题,以及以后如何避免这些问题。这个思考过程对民宿自身来说非常重要。比起很多星级酒店和非标旅馆,主题民宿相对更加容易和客人建立后续的联系,也更加容易从正式的商务关系变成非正式的朋友关系。

从“洋家乐”和“洋家乐”之间的投资人与主理人的关系来讲,多经历了从“同行”到“盟友”的身份转变过程。莫干山的民宿之间大家都认识,没有特别激烈的竞争关系,现在已经演变成组团到处吃吃喝喝,一般新开张都会有一些暖店的聚会,即使没有新店开张,民宿圈子里也会想一些借口出来聚餐。但是莫干山的暑期是旺季,非常忙碌,通常过了这个时期“洋家乐”的业主们就又开始寻找活动了。各种主理人聚会,大家走家串户,经常和一个人约好了,又被带到另一个聚会,可能是沙龙、红酒会、烧烤会,一圈人自然而然发生关联。聚会中闲聊各家最近遇到的各种境遇,可能有供应商的信息、客人的建议、地方的为难,甚至圈子里的八卦。彼时的莫干山民宿主们,让我看到一种可爱、良性的合作关系和分享精神。

2. 配套圈层:“8090”管家和“5060”阿姨

“8090”管家和“5060”阿姨是“洋家乐”非常重要的两个群体。从民宿本身的日常经营而言，他们是直接关乎客人体验的关键岗位，也是民宿区别于标准化住宿的人员特色。管家负责对接客人的需求、安排客人的行程、解决客人的疑问。旧时吴语地区称呼家里的佣人为“姆妈”或者“阿姨”，“洋家乐”里的阿姨主要负责客房的清扫和客人饭菜的准备。从民宿对乡村社会的贡献方面而言，“8090”管家提供了青年人返乡就业的路径，“5060”阿姨缓和了农村剩余劳动力就地转移的问题，从“造血”和“回血”两个维度助力乡村振兴。在这个生产-消费的活动中，“8090”管家和“5060”阿姨可以说是“洋家乐”这个非标行业的非标岗位，需要面对的最棘手的问题就是“职业化”的角色转变。

根据网络自媒体“栖客”2016 年 8 月发布的《一份史无前例的国内民宿管家调研》，[①]在全国范围内采集了民宿管家有效样本数据共 180 份，得出了关于民宿管家这个模糊群体的初步印象：一是年轻化，目前中国近 9 成的民宿管家在 18—30 岁之间，多是单身未婚青年；二是高素质，除了有在服务行业整体偏高的学历背景外，还有理想主义者的浪漫倾向；三是偶然性，民宿管家的专业来源非常丰富，多数通过朋友、家人的推荐及介绍进入行业。面对职业化特征并不显性的整体管家队伍，我选取了莫干山“洋家乐”中的西坡作为主要案例，穿插其他民宿的管家经验和样本，讲述莫干山民宿管家的职业内容和身份认同。西坡的管家在民宿圈内是公认具有代表性的，管家体系是西坡的核心竞争力。

首先，“职业化”意味着明确组织队伍。西坡 2015 年一共有 6 个管家，除了 1 个当地人和 1 个管家主管，其他 4 个管家都住在离西坡 1 公里远的农家宿舍。管家的流动性比较大，西坡 6 个管家中，做得最长的两年时间，资历新的不到半年。管家长时间生活在山里，工作几乎就是生活，生活几乎也就是工作，难得的休闲活动也多是和同伴一起，组织去县城里面唱歌、看电影，然后去酒会；夏天会一起去漂流的那条小溪里捉鱼捉虾。这个时期管家的归属感的确立，很大程度

① 栖客. 一份史无前例的国内民宿管家调研. 2016－08－16

上是整个民宿团队给了他怎样的引导和帮助，1992 年生的大乐之野的管家蔡盛杰，经朋友介绍于 2013 年年底、2014 年年初去了裸心谷负责宴会接待，主要是对接团队的活动；之后感觉裸心谷越来越趋于商业化，跟自己的想法很多都对不上，就离职了。因为大乐之野当时的店长也曾经在裸心谷就职，就把蔡盛杰叫了过来当管家。刚来到大乐之野的时候，蔡盛杰非常不适应，一是从村口进来到民宿的路比较远，隐在村子里，不像其他的旅馆那么显眼；二是不同于标准化酒店的一人一岗、职责明确，民宿管家的事情多而杂，十分辛苦。一段时间过后，蔡盛杰和大家相处比较融洽，对大乐之野这个新鲜的团队和民宿管家这个新鲜的身份开始认同，觉得这个团队所给予的不仅仅是一份工作，而是因此有了精神上的交流和互动。“大家都在支持你”这样的一种信念一旦形成，就感觉整个团队比较齐心协力。

其次，“职业化”意味着明确身份认同。西坡的管家蔡苏城是 1990 年的男孩子，德清本地人，是当时西坡年纪最大的管家，2015 年才回到莫干山，家里盖了两层半的楼房。在浙江义乌读完大学之后，在义乌小商品市场做了两年时间的电商。蔡苏城生性喜爱自由，不喜欢城市的拥堵、环境和天天赶公交的紧张节奏。因为小学同学发了一条莫干山招民宿管家的朋友圈而来到西坡。起初蔡苏城有所顾虑，担心身为年轻人的自己会更喜欢城市，万一只是在山里面试一两天或者是呆了一个星期就受不了了。但是后来蔡苏城逐渐喜欢上山里的管家生活，连续半年也没有回过城市。西坡管家的工作量很大，平时也很忙碌，蔡苏城一个月只回家睡了两天，连晚饭都没有吃。父母虽然支持，但平时也有一些抱怨，离家那么近都没有办法回家。管家身份带来的满足感和心理认同感，很大程度上来源于和客人保持长期友好的互动，以及自我成长过程中的收获和满足。

“最难忘的事情，应该就是客人跟你一起吃晚饭，就是一定邀请你一起吃晚饭，然后一起品酒，聊天聊得很开心，讲五湖四海的故事，交换故事。你也邀请他到你家里来，他会说哎呀你下次一定要过来，一定要联系我之类的，会比较像朋友……应该说这才是我所想象的我工作中想要的那种感觉（时任西坡管家蔡苏城，2015 年）”。

“我其实自己也挺喜欢做民宿管家这个事。其实我父亲相对来说比较反对我做管家,他觉得我老是给别人服务。但是在我看来其实不是这样的,我觉得可以接触到更多的人,是吧?可以跟他们谈一些各自的想法,是吧?然后,形形色色都可以看得到。其实做管家,在别人看来,还是比较让人羡慕的工作。因为你得以待在山里面,你不用像客人一样去花钱才能享受到山里这样的一个环境……大乐之野相对来说也是比较开放的,没有那么多条条框框来框住你,不管是跟合伙人、跟老板也是亦师亦友的关系。他是老板,又是可以教给你很多人生经验的朋友,晚上空的时候都会坐下来一起喝喝酒聊聊天(大乐之野管家蔡盛杰,2015年)”。

其三,“职业化”意味着明确工作流程。西坡的管家早上从宿舍打卡开始,一般8点半。之后大家一起吃早餐,基本上管家吃得不是很从容,匆匆吃一点也就结束了,因为管家要趁客人吃早饭的时候到楼里来看一下,有些客人会提早结账。吃完早饭到接待中心,要把一天之内会抵达的客人报表打印出来。每个管家会管一栋楼,一栋楼基本上是四五户人家,要把今天自己带的那几个房间的客人挑出来,发短信问一下几点到、如何走。之后阿姨会把布草(床单、被套、枕套)按照楼栋分配好,管家需要把布草房干净的布草背到民宿楼门口。通常客人会在12点前后退房,其间要及时通知阿姨打扫房间。午饭之后管家要领水果、洗水果,协助房务部经理跟助理做一个查房工作:到阿姨打扫完的房间,把灯打开,调到适宜的温度,床头会放矿泉水,一个小的水果盘,还有一张管家的名片,方便客人进来的时候介绍。阿姨如果打扫完成的话,脏的布草会放在门口,由管家背到仓库门口,统一处理。接待客人的空闲时间,管家可以相对自由地安排。晚饭常规性地复核之后,管家一天的活动就结束了。除了常规的工作流程,管家还要应急处理客人遇到的突发问题,最多的问题不是出在客人身上,而是处理民宿老房子的工程问题。管家蔡苏城曾经遇到子夜一点钟的时候,客人打电话来说房顶上有老鼠。蔡苏城立即睡眼惺忪地起床,到客人的房间帮助客人搬客房,搬完之后回到宿舍已经深夜两点了。因为那批客人早上会起得比较早,第二天蔡苏城又要很早地到民宿提供服务。另一个年轻的团队大乐之野的情况也差不多。

“因为我们目前餐厅才刚刚开，人手相对来说是不太够的。我们其实早上 7 点就要起来准备客人的早餐，早餐是 8 点到 10 点这个时间段。差不多 10 点到 10 点半这个时间，我们才到房间准备布草和水果。阿姨的年纪，说实话普遍比较大了，山路不太好走，我们会帮她们把布草搬到客房里面，然后把她们换下来的布草搬到我们这个餐厅的储物间。因为目前布草间还没有做好，我们只能是临时存放，就等着洗布草的人过来收。吃完午饭之后，如果退房没有延迟，基本上就是一直在跟客人打电话询问。问客人大概几点到，然后到时候去接他。如果说整个路线不太清楚的话，就会跟他做一个指引。客人来了就到村口把他接上来，把他带到房间，给他介绍一下整体的环境和客房的使用，如果说有客人要吃中饭或者晚餐，我们也会准备餐具且要上菜。基本上到晚上就没有多少事情了。可能有客人来得比较晚，我们会在那边稍微等一下。所以晚上的话我们基本上就是大家一起聊个天、喝一下酒，或者做一个 BBQ 这样(大乐之野管家蔡盛杰，2015 年)”。

其四，“职业化”意味着明确劳动待遇。因为人手不够的情况，西坡通常在安排管家的时候会采取调休的制度。管家 10 天排一次班，比如说今天 31 号或者 1 号啦，管家主管会询问接下来 10 天有谁需要休息的，然后把假期标出来；但是如果同一天有两三个管家都要休息的话，会错开排，一般不允许一起休息，一天只能休一个人。西坡管家的薪资待遇，底薪新来的是 2400 元，转正之后是 3000 元，管家主管底薪 4000 元，转正之后会有一些绩效工资，是根据上个月的一个营业利润的分红。如果 3 次打卡超过 8 点半，当月绩效就没有了。除了底薪和绩效分红，管家的工资还包括一些奖励和抽成。奖励主要是指宾客活动，比如说民宿提供客人自行车骑行，半天 100 的租赁费用，管家有 20%的提成；客人点篝火堆助兴或者取暖需要付 200 元的柴火费，因为管家要负责搬柴和点火，还要服务客人，会有 20%的辛苦费。另外客人如果是通过管家直接预订的，即我们所说的管家黏性客户，管家有 3%的房费抽成。每个人的工资是不透明的。按如此计算，7月份莫干山最忙的时节，管家蔡苏城的到手工资是3800元左右。这和蔡苏城之前做电商的工作有很大的差距，做电商的时候每个月有6000多元的收入，几乎是现在的两倍。但相比于城市，蔡苏城还是更喜欢山里面，所以做这个民宿管家的从业决定并没有后悔。这个薪酬水平在莫干山应该比较普遍，而碧坞村的大乐之野因为地理位置更加偏僻会比其他“洋家乐”待遇更高一些，接近于裸心谷。大乐之野的管家月薪基本在5000元左右；裸心谷底薪是3500元，加上奖金等各种，差不多也在五六千左右一个月。但是像包吃住、社会保险这样的隐形福利，也缓解了管家一部分的生存压力；还有一个客观的原因是管家在山里没有其他多余的开支，所以反而比在城市打工攒的钱多。

相比较“8090”管家的“职业化”内容，“5060”阿姨要轻松得多，但是对工作速度或者说效率的要求更大。“8090”管家的工作量平摊到一天的时间内，而“5060”阿姨主要是备餐和布草两个时间段，需要在单位时间内完成密集的工作，所以基本上一家“洋家乐”的阿姨人数会是管家人数的两倍。大乐之野2015年有9个阿姨、4个管家和2个厨师。阿姨都是碧坞村子里的人，四五十岁左右。第一个阿姨是房东的女儿。老房东70多岁了，比较老了，干不动了。后来就是村民互相介绍、彼此推荐。西坡有13个阿姨、1个轮班阿姨和6个管家。这些阿姨多是本地人，也不在“洋家乐”过夜，晚上都回自己家住。有些甚至是“洋家乐”房东或者房东的亲戚——母亲、女儿、亲家母、表侄女……不一而足，索性留住在“洋家乐”的偏房中看房子也是有的。后坞生活一共有30多个阿姨，基本上都是本地人，最远在筏头乡的瑶坞村，本村后坞村的阿姨就有20几个；年纪最大的60多，最小的不到30，多集中在四五十岁，甚至还有五六对夫妻工，丈夫们多是作为泥瓦匠和修理工等，按天计酬，一天也有200多元的收入。每天的竹林早餐有3个阿姨会负责餐厅，另有阿姨负责厨房。一位在后坞生活工作了3年的阿姨告诉我，后坞生活的创始人王旅长的夫人谷老师手把手教她们摆盘和招待客人。6点钟起床，开始准备，菜、咖啡、饮料、牛奶、豆浆，都要准备的。单是茶的品种就有6种，不够再加。蛋糕要切好，水果要摆好，盘子、碗、杯子都要放好，还要打扫干净。2015年前后，山下“洋家乐”阿姨们每个月的工资收入在2200元—2800元左右。山上夏雨清先生的颐园也雇用了本地阿姨。但都是山下的，因为山上没有住户。山上的阿姨的工资大概一个月要比山下多个500元左右，因为交通不方便，山上的阿姨顾不上家了，要住山上。平时她们丈夫会骑着摩托车来接她们，上山下山要一两个小时，她不可能每天都上下山。相比较管家的循规蹈矩，阿姨们则似乎可以更加随性，这也许和她们多数是本地人的这种主人感有关。阿姨有时候在工作中会把她自己的情绪带进去，遇上有的阿姨自己家的鸡不见了或者跟丈夫吵架了，甚至会直接跟客人讲，今天没有农家菜，因为阿姨心情不好，心情不好不做饭。

3. 辅助圈层：房东/设计师/建筑工人/车夫

除了直接参与莫干山“洋家乐”经营的投资者、主理人、管家、阿姨之外，还有一些“洋家乐”红利的分享者共同参与生产资料的供给、分配、交换和消费。其中以房东、设计师、建筑工人、商贩、车夫等分享红利最甚。

第一类“洋家乐”红利分享者就是莫干山的房东们。随着外出打工潮的涌现，乡村空心化越来越严重，村民的祖宅多被荒废，即使是村民外出赚钱之后回家乡翻新的房子平日也有不少闲置。通过将闲置乡村房屋和院落出租的方法，村民们能够获得眼前的相对可观的收益；同时，租客们为了经营“洋家乐”，对村民们的老房子进行了改造建设，对老房进行框架加固，重新排布了水管，增加了电容，添加空调、抽水马桶，甚至地暖等现代化设备，比村民自己修缮房屋更加科学、更舍得投入，租期到了之后返还到村民手上的老房比出租之前更好。还有很重要的一点在于，很多出租房子给“洋家乐”的房东，可能是农村经济条件并不好的家庭。受早期裸心乡、后坞生活、西坡等“洋家乐”的影响，很多投资者多倾向于租赁有几十年房龄的老房子。但事实上，在现在还能够留下一些老房子的家庭，很多是因为盖不起新房。这样的话反而给他们带来后发的机会，但是租赁老屋就有一次性一两百万的现金收入。莫干山的老旧房屋2007年以来上涨10倍左右，原来年租金在3000元左右的、总面积不到200平方米的二层小屋，2014年年租金已经上涨至4万元左右，租期多在二三十年。租客为了防止房东过程中不断涨价，通常会选择将租期内的80万至120万的租金一次性付清。到了2017年，200平方米的房屋年租金已经上涨到7万左右，也就意味着，如果房东要求或者租客希望一次性付清30年的房租，那么房东一次性的租房收入可以达到200多万。如果按照分期付款的方式，每三年房租递增10%左右，那么房东30年的租房累计收益可以达到335万。这对于任何一个乡村家庭而言，都是一笔不菲的收入。除了出租房屋，有些房东还成了"洋家乐"的管家或者阿姨等工作人员，继续照看自己的房子。这种情况也很普遍，对民宿主或者房东来说都是两全其美的事情，相比较其他的雇佣人员，房东本人对于房子的维护和照看的确更加上心，民宿主更加放心。房东除了出租房屋的收入外，每个月还可以拿工资收入，还可以常年生活在自己的老屋中，甚至在老屋中过夜，这对于很多单纯出租房屋的村民来说多了份心灵慰藉，觉得自己并没有离开老屋。但是这也可能带来潜在的冲突，即房东看到民宿主经营火热，可能对房租提出进一步的上涨要求，甚至要求收回老屋。

第二类"洋家乐"红利分享者就是设计师。随着莫干山乡村旅游的火热，乡村房屋的重新设计成为潮流，有经验的"洋家乐"设计师的设计费用也是水涨船高。以当地知名设计师吕晓辉为例。出生于浙江省丽水缙云的吕晓辉，早年从事绘画，2005年开始生态居住环境设计，正式成为设计师。2007年起，吕晓辉与高天成的夫人、设计师叶凯欣合作设计裸心谷、裸叶养生水疗中心及裸心小馆等项目，在业内逐渐打开知名度，同时主持了西坡山乡度假酒店、凤凰居、隐居莫干、三秋美宿等一系列莫干山"洋家乐"的建筑设计。2011年，吕晓辉在莫干山镇黄郛西路77号成立"晓辉设计工作室"。如今，这位从莫干山走出来的设计师，单位设计费用能够达到800元—1000元，已经成为国内知名度颇高的乡村民宿设计师。在材料的运用上，吕晓辉常使用旧瓦、旧木材、夯土、竹子、老砖这些简单的莫干山本土元素，同时兼顾现代人对于舒适度的需求，比如增加更好的保温隔热、宽敞的露台、独立的卫生间、充足的热水，以及室内明亮活泼的格调、温暖的壁炉、宽大柔软的沙发等。很多莫干山本地的居民也很推崇吕晓辉，但是面对无法忽视的设计费用，多数人望而却步了。“我算了下，我们350平方米的空间，如果请晓辉的话，单设计费用就要30多万，这个费用我们还是不大舍得的（森山居老板娘，2015年）”。如今，吕晓辉已经走出莫干山，在全国各地都留下了自己的作品。同样的，与莫干山“洋家乐”相关的知名设计师还包括大乐之野创始人杨默涵、山水谈民宿创始人陈飞波等。

第三类“洋家乐”红利分享者就是建筑工人。“洋家乐”有些投资人是外地的，有些人从来都没有做过装修或者建筑，不太懂老房改造的程序，会去找当地的包清工[①]来做房屋修建的工程。但是这样操作的成本非常不好控制，因为包清工会经常性借故拖延时间、延长工期，而投资人不得不支付高昂的人工费用。莫干山上不乏民宿建设做了3年以上时间的，费时费力。由于莫干山上的“洋家乐”、农家乐越来越多，有经验有能力的工匠变得越来越稀缺，很多当地的施工队伍是临时松散性的，一个工人多个工地同时做成了普遍的现象，甚至很多之前没有接触过装修的青壮年都开始参与其中，严重影响了民宿业主的施工进度和质量。装修队伍的参差不齐也造成了很多“洋家乐”业主的不满，“其实的话应该最好是承包给一个公司，然后规定它们多少时间内完成，我们这边不懂嘛，就叫了本地的工人。本地的人是包清工，每天早上七点半开始到下午五点左右，按日结算还要包午餐，包下午三四点的点心。这一年我真的是很累，因为每天都要给他们准备午餐，还有点心，客气一点甚至香烟都要分的。然后本地人因为也不是只在我这一家做，他们有好几家同时要做的。可能会今天到那家做做，然后过几天到这家来做做，然后再过几天到另一家做

① 就是业主自己购买所有材料，人工费用发包施工队伍。因此从付款方式上说，业主只需要支付给对方人工费，其他费用自理。

做,所以一直装修了一年。泥工、木工、电工、油漆工都要打交道,泥工的活最多,里里外外都是。木工顶多是铺地板、做床头和做吊顶。电工和油漆工的活少一些。泥工大工的话会砌墙,300 块钱一天,小工搬搬砖 160 块钱一天,有时候来三个,有时候来四个,有时候只有两个,有时候五六个。不一定的,反正按人头给他们工资;木工的话更贵一点,大工要到 500 块钱一天,小工也要 230 块钱一天。最后结完光给工人的工资就是 30 多万(森山居老板娘,2015 年)"。2013 年前后,莫干山上熟练的大工日工资在 200 元左右,小工只有 100 元左右。如果单纯性的工资上涨能够保证施工的进度和质量,那也无可厚非。但是求大于供的市场供需现状导致了民宿业主话语权的丧失,平等的商品交换却无法进行有效的商品监督。

第四类"洋家乐"红利分享者就是车夫。由于"洋家乐"多在山脚或是山腰,离山上的莫干山风景区有一定的距离,通常车程在 40 分钟左右,这就催生了一部分本地人用私家车拉客。自从德清高铁站开放之后,长三角城市的客人也会选择坐高铁到德清,然后坐车进莫干山,以避免长途驾车的劳累,这就加速了车夫这一"洋家乐"衍生职业的繁荣。2015 年左右,从德清高铁站到"洋家乐"聚集区之一的劳岭村,包车 120 元钱一次,最多可以载 7 个人。从劳岭村上莫干山风景区,包车是 250 元钱,如果人多的话,连门票是 120 元钱一人;如果是租车满山跑,一天下来要五六百元。生意好的七八月,对一些车夫而言,一个月赚五六千元还是很轻松的。就是周末的时候容易堵车,要么出门早一些,要么下山晚一些,不然汽油费也是蛮厉害的成本支出。通常都是自家开农家乐的男劳动力会兼做这一方面的生意,平日里除了接送自家的客人,也连带着接送周围"洋家乐"的客人。

三、向何而去:莫干山乡村社会农民的终结

孟德拉斯 1967 年初版的《农民的终结》一书,自我评价这是对在

法国存在1000多年的农业“文明的死亡证明书”。[①] 1984年此书再版时孟德拉斯增加了《跋二十年之后》，写道：“村庄完全破裂了，被并入一个既非城市又非乡村而是两者兼之的地方社会……乡镇在经过一个让人以为已死去的休克时期之后，重新获得了社会的、文化的和政治的生命力……一句话，它在生活……乡村在生活方式上完全城市化了，但乡村和城市之间的差别仍然如此之大，以至城市人一有可能就从城市溜走，以便到乡村和小城市里去重新找回城市的乐趣，仿佛只有这一点才能赋予生活一种意义。社会学家们还未能给予这种乡村化一种新的定义，但他们正在这方面作出努力。”[②]这段文字读起来如此熟悉又令人兴奋，我在思考“洋家乐”给莫干山带来的改变的时候，尤其是在近两年的跟踪调查的时候，时常困惑于它到底是像乡村社会多一些，还是像城市社会多一些？从某种程度上讲，它不仅仅是文化意义上的“克里奥尔化”社区，更是文明意义上的“克里奥尔化”社区。在这里，传统乡村社会的小农逻辑正在丧失，现代城市社会的企业家精神正在形成。但是，我们仍然不能断言，这种“乡村社会的惊人复兴”兴起的是“城市生活”。

1. 竹子与茶：莫干山传统产业的转向

中国传统农业是小农以家庭为单位、依靠手工工具在小块耕地上实行连作种植的一种农业形态，形成“小农经济”。它既不同于欧洲中世纪的庄园制农业，也不同于19世纪以来美国和澳洲等新大陆国家的大农场式农业经营。它“以个体家庭为生产和消费单位，物质再生产和人口再生产结合于家庭之中”[③]，以满足自家消费为生产的基本目的，农业与家庭手工业相结合，在所有制形态上以直接生产者

---

① H. 孟德拉斯. 农民的终结. 李培林，译. 北京：社会科学文献出版社，2010：212

② H. 孟德拉斯. 农民的终结. 李培林，译. 北京：社会科学文献出版社，2010：219-220

③ 叶茂，兰鸥，柯文武. 封建地主制下的小农经济——传统农业与小农经济研究述评（下）. 中国经济史研究，1993(10)：123

的私有制为基础，包含了对土地、农具、耕畜和其他生产资料不同程度的所有权，对地主、宗族以及国家存在不同程度的依附，既脆弱又顽强，易分化亦易再生。莫干山上传统的竹产业和茶产业，流淌着典型的小农经济的生产逻辑，在面对现代化和全球化的双重冲击下，一个迫于无奈隐性退场，莫干山的竹产业式微了，转而成为旅游产业的地方文化背书；一个迎难而上借势发力，莫干山的茶产业新生了，和旅游产业发生了实质性的经济结合。

竹子是莫干山地方化的一个象征，而且它是中国文化中非常重要的一个组成部分。毛竹产业应该说原先是莫干山地区的一个主导产业，但是它现在式微了，作为文化休闲符号成为地方旅游业兴起的一个重要助力，这里面会有一个产业更替的过程。竹子作为莫干山地方化的象征和与外界全球化的媒介，从原来的生产符号变成了现在的消费符号，是莫干山地区在应对现代化变迁和全球化冲击过程中的一个选择。费孝通在《江村经济》一书中曾深入描述了世界市场的缩小是如何“带来了农村地区传统家庭蚕丝手工业的破产”的。[①] 同样的，德清竹产业的衰落首先是因为工业科技的急速发展使得毛竹作为生产资料的需求量在下降。

“2007年前后，每石（100斤左右）竹子的价格在五六十元左右，因为当时竹子的用途还是比较广泛的，像脚手架、暖棚（温室大棚）都是用竹子搭的。后来楼越建越高，靠毛竹是搭不起来了，另外毛竹若干年之后会老化，安全性也不高，运输、保存也不方便，用得就越来越少了。农村里的暖棚也是，因为毛竹片两年之后就会被虫蛀了，你不可能整个用防腐的，你肯定吃不消。随着生产的产业化发展，你一个暖棚可以用，多个暖棚都用毛竹来搭肯定是不现实的，台风一来，毛竹全部要垮掉的，所以现在也是全部改成了钢结构。早些年，毛竹还出口，但是现在出口萎靡，国内也不大用。销量逐步下降，价格逐步下降，但是人工成本在拼命地增加，物流成本也在增加，增加得非常多，原来比方说砍竹子五六十块一天，现在300块都没人干了。所以

---

① 费孝通. 乡土中国. 北京：生活·读书·新知三联书店，1985：12

后来毛竹价格下降得非常快，40 块、30 块，今年也就 20 多块钱了（时任莫干山管理局局长助理刘建林，2015 年）”。

其次是因为市场经济的整体趋势使得毛竹作为生活资料的供给需求在减少。莫干山人乃至德清人的日常生活曾经都和竹子有着千丝万缕的联系，从前木头少，毛竹就承担了大量的家具材料的供给，但是毛竹又是一个比较容易消耗的东西。以前家里面很多东西都是用竹做的，簸箕、竹踏板、竹炕、蒲扇，包括养蚕宝宝要用的竹匾等，大量都是有一定用途的竹制品，多多少少还是有销量的。但是现在不要说是城里人了，就是本地人的家里面也拿不出几件竹制品来。很多竹制品都被其他材料代替了。

三是因为生态保护的地方政策使得当地毛竹生产加工企业的集体清退。莫干山原来有很多拉丝厂，就是把竹子劈成一半一半的，然后做成竹席或者是麻将席。但是竹拉丝的生产过程对水的污染是非常严重的，对饮用水会有很大的危害作用。莫干山上很多厂家都是靠此发家致富的。但是莫干山位于德清县城的饮用水源地上游，德清县城是饮用对河口水库的水，对河口水库的水都是山里面流出去的。随着政府对水污染治理的关注和对水源地保护的重视，2005 年左右，德清县进行产业控制，几十家竹制品厂关闭，整个竹市场也进入了相对低迷期。

四是因为原始的砍竹产业属于劳动密集型产业，利润低，对体力要求高。紫竹一般用来做景观，小竹出笋，毛竹用来加工。莫干山上村民们家里的竹林一般不会专门去打理，从前老一辈人都会上山去砍砍竹子卖了，把它当成一种经济作物，现在的“90 后”一般都不会上山。德清这边的竹加工产业比较低迷，多是初级加工，甚至砍下来就拖走，不像安吉有一部分精深加工以及大型的交易市场，把竹制品销往全国各地甚至海外。虽然德清县跟安吉县同属于竹乡，但是两者还是有差异的，安吉相对重视竹制品的发展和竹产业链的完善，而德清已转型以旅游业为主了。村里有约定，就像海边的村庄会禁渔，山里的村庄也会禁伐，如果是在长竹期，村里人就不会去砍竹子。砍竹子一般是在 9 月中旬，这项传统的“收割”活动会维持半个月左右。

砍竹子的工人一天的工资在200元左右,身强力壮的可以拿到300元。砍竹工人一般都是老一辈的当地人,年龄在50岁左右。一亩毛竹能产200棵左右,大约300公斤—400公斤,如果按照每石(约100斤)25元的市场价,每亩毛竹市值150元—200元,如果按照人力成本计算,6成左右要给砍竹子的工人,只有小部分能落到竹林主人的口袋。“家里三亩多田地出租,按照租金是700元每亩地。因为小队是按照人口分的,一个小队里面一共多少地,然后一共多少人,算每个人分的多少。我们家5口人一年能分到3000多块钱。还有30亩左右的林地,种毛竹的,在三九坞那边,我爸爸在弄,现在毛竹不值钱,两年砍一次,工钱付掉一大半,自己拿到手也就6000块钱(森山居老板,2015年)”。西坡管家蔡苏城家里从前也种竹子,后来因为卖不出价格,早已经荒废放弃了。农民自己觉得有利可图,所以把水稻全部都改成了经济作物茭白,慢慢地就把管理竹子,包括早园竹那一块的精力全部都转移到茭白上了。“茭白一年可以收3次。四五月份一次,产量会比较高,亩产3000斤到4000斤,然后价格会比较低,能卖到1块钱左右。8月份一次,茭白产量会比较低,亩产能有2500斤—3000斤,价格会比较高,能卖到3块钱一斤。10月份还有一次,产量会非常高,价格相对更低(西坡管家蔡苏城,2015年)”。没有市场,没有政策,没有劳动力,最主要的是无利可图,这是一个产业迅速衰落的直接原因。莫干山从竹产品制作加工转向生态休闲旅游,从砍竹为生到看竹为生,也是一次地方的产业转型。莫干山如果没有旅游,因为离县城近的地缘优势,村民出去打工也很方便,这就意味着村民回到乡村的动力是不足的。这些年废弃的房子多,外国人才有可能去租用。如果人都是住满的,那么怎么能租到房子呢?没有闲置就不会盘活。因为村民不想呆在乡村了、乡村没有经济驱动了,也没有美好居住的环境诉求了,所以村民就搬到城里去住了。现在不同了,村庄整治环境好了,村民又回来了。他可以开农家乐,毕竟住得也舒服了,毕竟山里没有城市的雾霾和喧闹。就是回归,那也是要理由的——莫干山要让村民回归到乡村创业需要一个理由,要让游客到山里休闲度假也要有一个理由。如果这些理由不具备的话,游客为什么要到莫干山来度假？这里这么贵！翻过山到对面的长兴，有的是100元钱一晚上包吃包住的老式农庄，莫干山里的“洋家乐”一晚上的房价是1000元钱，是前者的10倍了。但是“洋家乐”爆满订不到，老式农庄却照样很空，而且未来莫干山新建的民宿和整体的环境都会越来越好。

如果说莫干山的竹产业是转型，从竹实物转到竹风景；那么莫干山的茶产业则是在升级，从茶生产上升到茶生活。宋《天池记》载：“浙，莫干山，土人以茶为业，隙地皆种茶。”可见德清茶事源远流长。莫干山有云雾茶、芽茶、秋白、梅尖、小春等品种，尤其是莫干黄芽享有盛名。碧坞村的“茶三代”沈婵樱，大学毕业后回到家乡，沈家世代种植黄茶，山上有1000多亩的茶园，已经发展出黄茶生产、加工和销售终端等整个产业链条。传统地方茶产业对季节性和地方政府的依赖比较大，但近年来随着政策的调整，茶产业的利润受到了很大的影响。

“其实做茶还蛮辛苦的，季节性特别强。我们这里只做春茶，就是在三四月份，生产期就一个月。大概百分之六七十的销售都在那一个月，客户过来要接待，一些常规活动、媒体宣传都会在3月底。今年的开采在3月26、27那两天。我们家莫干黄芽一年的产量有1万斤上下，这两年形势不大好，我们就减产，只做七八千斤……原来走政府这块的话利润非常高。往年给政府的头茶每斤的价格是3600元，至少也是2800元，而且最早第一天可能只出来十几斤或者十斤，有的单位都不够拿，那我们会跟他说今天你就拿它三四斤，然后每天再给你多补一些。以前都是这样子的，现在就不一样了。今年最早的茶是1800元或者1600元(云鹤山房主理人沈婵樱，2015年)”。

沈婵樱祖父是国有茶厂的厂长，也是制茶师。父亲沈云鹤年轻时在德清茶叶公司工作，后来公司倒闭了，他们夫妇从村集体手里承包茶园，做名优茶，成为黄茶国家标准的制定者之一。沈家原来和裸心谷也有合作，在何村裸心谷的茶园就有200多亩，他们负责管理，做出来的干茶一半归沈家一半归裸心谷。一开始裸心谷用的是安吉白茶，但是后来意识到要卖本地的莫干黄芽，就向沈家购买，其实采取的是代销模式，即拿货然后销售，销售额除去成本跟沈家对半分。在何村的茶园里面，沈家跟浙大的茶学院合作做了一个试验品种。沈家以莫干黄芽作为主品种，通过试验园也会做其他尝试，比如哪一个品种单产产量会高一些、哪一个品种好养活、哪一个品种滋味做出来更好等，都会探索。但是"茶三代"沈婵樱不满足于传统茶产业"高龄化"和"小众化"的销售模式，她希望将莫干黄芽打造成莫干山的一种日常生活，于是自己开设了一个茶文化公司，在庾村拥有一家黄茶体验店——"云鹤山房"，和大乐之野、西坡等"洋家乐"都有合作售卖。

"跟裸心谷那样的合作还是不OK，他们毕竟以酒店为主，那我的角色就是要帮他们做好这一块的配套，这并不完全是我想要的。民宿现在的消费群体我觉得还是相对偏年轻化的，不是那种四五十岁样子的。就是说，四五十岁的更注意我这一斤茶叶的品质、这一斤茶叶的价格；但是年轻态的群体想要的是我这个茶叶的调性和身份……我想莫干山旅游的层次不是那种景点消费，而是走精品旅游这一条路。它是个大趋势，那你搭这个顺风船去走，就像台湾省当初做凤梨酥和台湾乌龙，也是通过旅游有很大的影响，我也想去这样做，为莫干山'洋家乐'做一个文化产品（云鹤山房主理人沈婵樱，2015年）"。

2. 企业家精神与小农心态：莫干山民宿的日常困境和两难选择

莫干山民宿发展到今日，民宿主们的企业家精神和小农心态并存。其中的差别不仅仅在于投入的多少、产出的快慢，而且在于民宿主们意识和行动力的差异，是创新的还是保守的？是共享的还是封闭的？是合作的还是竞争的？

经济学者熊彼特将企业家精神定义为现存生产资料和生产条件整合起来的新组合，认为企业家最主要的职能就是实现创新，而企业家最主要的敌人则是那些坚持传统、拒绝革新的人们。对于多数不在莫干山风景区的民宿们，大抵上都会遇到客人们询问同样的问题：附近有什么好玩的吗？民宿主和管家现在一般推荐客人或者开车去山顶的莫干山风景区看一下，或者有意识地指引客人去政府规划的登山步道，或者是民宿周围零散的采摘点、废弃的小景点和徒步者发现的野外小水库。客人有时候会不甘心地追问，除了这些还有什么好玩的。每每如此，民宿经营者就只能建议客人在民宿内部小环境中玩一些游戏、赏一些风景，或者是烧烤。游客本身的需求是非常个性化的，大体归结为两类：第一类就是来放松的，没事不用出去，他就呆在房间里窝在沙发上看看书，或是在庭院里晒晒太阳；还有一类就是要有一些娱乐活动的，是想能够出门亲近大自然、是来玩的。大乐之野和清境原舍作为两个相距 5 公里的民宿邻居，决定在住宿业态的基础上增加娱乐配套，通过资源的共享和配套的共建形成合作共赢。两家会一起组合去将原舍附近的一片区域，打造成几个民宿共享的一个配套：客人觉得无聊的时候，有这个配套可以去玩，不一定要去山顶、去景区，在民宿自己的配套设施里就有亲子活动、有符合年轻人的 CS，或者是儿童喜欢的小农场等。其实这也是行业在摸索的新的模式，尽量能够给游客提供更多的设施，同时不要给经营者太大的压力。创新就意味着风险，能够冒险并承担风险是一种艺术。"企业家精神是一种不可遏止的、动态的力量，是一种世界性的追求和积极的精神，包括重视核算、注意效益"。[①] 大乐之野在团队发展的同时，对此是非常注意的。首先，在项目初期就有效地组织动用自身原有的技术资本和关系网络节约前期的现金流投入。大乐之野的创始人是规划、建筑出身，最大的资源就是设计师的技术支撑。两个创始人刚开始说想来莫干山做民宿，师兄弟都来帮忙想方案，周边设计圈里的很多人也提供了从装潢设计到景观营造等的不同帮助；后来为了省钱，施工图是不画的，就靠现场的设计和监理。其次，在项目运行了一段时间、取得了一定的收益之后，仍在不断探索更好的未来，并在过程中强化成本控制。其实大乐之野民宿自身的配套设施是非常有限的，这里面至少受两个因素的制约。一方面，要在地方争

① 鲁传一，李子奈. 企业家精神与经济增长理论. 清华大学学报(哲学社会科学版)，2000(3)：43

取建设用地指标是很困难的，因为民宿的投资体量没有上规模，点状供地在当时当地几乎是不可能的；另一方面，是投资回报率不合适。仅以大乐之野这一家民宿为例，它有19间客房，19间客房全部住满大概有40个客人，这些客人需要配套设施供娱乐消遣，但其实民宿投资者建设的这些配套设施是投钱不赚钱的。因为民宿不像一个大酒店，四五百个客房做一些配套设施至少可以平掉成本，但民宿体量小，无法承担这样的分摊成本，是要贴钱的。其三，对于团队未来几年的前景，有相对清晰的发展思路，也有明确核算的止损底线。大乐之野想要参与莫干宿盟在昆山锦溪的民宿联合开发项目，但是同时也给自己设置了一条止损线，这个底线是保证团队能够玩得起，能够承担加入这个联合项目失败之后可能带来的沉没风险。莫干宿盟的脚步可能会很快，但大乐团队不会盲目跟着它快，而是会选择感觉资金比较安全的项目先参与。因为对大乐团队来说，如果这两年中在长三角范围内能够有三四家分店的话，其实不算很危险的一种扩张方式，可能每家有差不多像20间客房的规模。这个在大乐看来是能够控制的一个线。

与以创新为核心的企业家精神相左，小农心态则以小富即安、亲族宗派、抱陈守旧为典型。虽然前文所提到的很多效仿驱动的"感染型"投资者是本地村民中受市场意识刺激相对较早的一拨人，但是受到之前生活环境和生活经历的影响，他们在经营的过程中不免流露出一部分的小农心态。一是眼光短浅揽私活。"洋家乐"里做工的阿姨眼红民宿主生意红火，有意无意地揽私活。比如说，客人夸"洋家乐"的阿姨做菜做得好吃，她就会说："那你下次直接来找我啊，阿姨给你们优惠，你直接到我家去吃。"与之相反的，"洋家乐"的经营者们更多的是看到长远的利益和关系，"这个里面会有一个什么问题，就是'洋家乐'的消费群体里面回头客不是太多。德清'洋家乐'的回头客很多，但具体到某个地点的回头客不会很多，就是他这次来可能住了这家'洋家乐'，下次来可能会去住另外一家'洋家乐'，因为他需要更多的体验。一般情况下'洋家乐'民宿的客人也就是要住一天两天的人，没有要住很多时候或者特别长住的，就这个基本上是没有的。

你住一天两天,就刚才说的揽私活也好,毕竟这个客户资源还在老板那边,除非就是这个阿姨自己做一个农家乐。但是营业农家乐的时候,客人因为是第一次来,他对你的信任度是不高的。我这边有一个'洋家乐',你在旁边开了一个农家乐,这个时候的话,我如果去住,我在这个'洋家乐'里面是可以吃饭的,那么你对外面这个农家乐的信任度是不高的。你说今天随便对付一下子的话,我可能也会进去吃一下,但一般情况下是不会的。这个跟人的消费心理有关系,打比方说住裸心谷的人,晚上存心到外面去吃的话不会很多的(大乐之野创始人杨默涵,2015年)"。二是血缘关系亲亲属。森山居是一对"80后"夫妻开的,和男方父母共同经营生活。丈夫是广告公司后勤人员,现仍在职,负责房屋改造的设计施工;妻子原来是导游,现在在家负责"洋永乐"的日常事务和财务;老母亲原来是西坡6号楼的阿姨,除了帮媳妇负责房务,自己还养了三四十只土鸡;老父亲用面包车拉游客去莫干山游玩,同时要照料新建的庭院和30亩的毛竹林地。七八月份很忙,几乎每天都满房,就另外叫了妻子的母亲过来帮忙。而另一位"洋家乐"投资人,则充分借助了市场资源和社会网络,"我做在双桥的过程不是特别顺利,不过我觉得我还是蛮有运气的。像我做这件事情最开始,王旅长就帮助我找地方,后来周边施工的资源,包括山下的这些业主,多多少少都可以给一些指点,各行各业都来帮帮忙,自己在融资上面也有很多朋友的帮助(在双桥主理人Ada,2015年)"。三是贪图便宜不冒险。"投资的钱基本都是借的,要不然我不敢。我跟了我师父十几年,他在德清县城做广告公司,我也入了小股份。这次做民宿,他鼓励我,借了我60万,不算利息的,说是可以慢慢还;通过农村信用合作社找了担保人贷款贷了20万,一两天就批下来了,利率大概在七点几,两年之内要还清,现在每个月还3000多到4000;剩下的就是东凑凑西凑凑(森山居老板,2015年)"。四是小富即安不发展。2015年森山居的营业额在3000元一天,一个月9万—10万的总收入。"那我们现在的成本也是很厉害的。第一就是水电费,一个月起码要3000块。第二是佣金,三个网,一般按照房价的8%或者15%提,预订率高佣金就多,预订率低佣金就低,8%

的佣金订单率不高的,携程15%,但是订单率高一些,一个月光给携程的佣金就要5000多块。然后是洗床单,2000块钱一个月,布草公司每天来收床单,洗好了再送过来。工资嘛,因为是自己人在做,等于是省了,但是家里长辈总是要给的。婆婆的话还好,有就给她的,没有的话一般就算了。因为她自己养的土鸡卖给客人的,一只土鸡养五六个月卖200块钱,她的收入在土鸡这一块的,一个月也有好几千的。我手头宽松一点给她一点,手头紧一点的话不给或者少给点,反正都是我们的。然后我妈妈肯定要给她的,一个月2500块。一开始她其实是不收的,但是也不好总让她来帮忙,就定下来了。一个月扣掉2万多的成本,再加上杂七杂八的,也就赚6万多块钱。但是比起之前好多了,也就这样过过吧(森山居老板娘,2015年)"。五是关系至上好面子。很多当地民宿装修为了节约成本都找相熟的包工队伍,宁愿人托人走关系,不愿货比货进市场,发现"被宰熟"之后又碍于情面忍气吞声吃哑巴亏。"我之前准备人工费用也就20万左右,没想到后来整整超出来一大半。时间不好控制,还有很多隐性的支出,都是认识的人出了问题也不好讲,脸上又挂不住,怕工人不爽了在工程上做手脚,还是找装修公司划算(森山居老板,2015年)"。我们不能够苛求莫干山的民宿主们一夜之间摆脱小农心态养就企业家精神,这是不现实的,也是不礼貌的。事实上,在发展"洋家乐"乃至民宿的过程中,不仅是当地居民,甚至地方政府都要克服小农心态。政府要用一种开放的姿态来看待不同社会资本的进入,不要觉得外来的投资者是单纯来赚钱的,他们其实是来创造就业和税收的。政府如果有实际投入用于环境建设和配套提升,对整个乡村的改变和整个产业结构的改变会起到非常重要的作用。此举释放了一个积极的信号,不仅能够改变原住民的观念,也能够增加投资者的信心。原住民的抵触心理和投资者的畏难心理一旦被扭转,之后的乡村建设和旅游开发将会是想象不到的迅速。因为是社会和资本的力量在同时推动。现在民宿这个业态和乡建这些事情对市场的态度是开放且认可的,只要政府能够摆出正确的姿态,能够提供必要的帮助或者补贴,一定是有非常正面的引导鼓励作用。就像后坞生活的王旅长在妙西镇的另一个休闲度假项目“知了营地”，政府就是积极向上的姿态，投资者也推动得很快，所在的村庄立刻就活了起来。这个村活了，以后其他村就会看到它的活力和能量，继而效仿。

3. “洋家乐”协会与莫干宿盟：“洋家乐”职业共同体的形成

社会学者涂尔干认为“整个社会处于失范状态，缺乏有效的组织和规范，是道德沦丧的根源。要想治愈失范状态，就必须首先建立一个群体，然后建立一套我们现在所匮乏的规范体系。只有在与职业活动关系紧密的群体对其做出有效规定的情况下，职业活动才会认识到自己的功能，了解到自己所具有的需要和每一次变化状况。满足这些条件的独立群体是由那些从事同一工业生产、单独聚集和组织起来的人们所构成的，这就是我们所说的法人团体，即职业群体，它为真正的社会团结奠定基础”。[①] 涂尔干对于共同体的思考相对于另两位社会学巨擘——马克思和韦伯[②]——要清晰得多，他强调的就是因分工不同而形成的职业群体，兼顾了马克思的经济群体和韦伯的身份群体，憧憬以职业群体为基础的“有机团结”的新社会结构。[③] 有人评价说，莫干山是中国民宿的黄埔军校，莫干山的民宿主、管家、设计师等，遍布中国民宿行业，对推动中国民宿发展有着直接的、积极的贡献。随着莫干山民宿队伍的不断壮大，行业内也出现了诸多乱象，自2014年起莫干山先后成立了“洋家乐”协会、莫干宿盟、莫干山民宿

---

① 埃米尔·涂尔干. 社会分工论. 渠东，译. 北京：生活·读书·新知三联书店，2000：17

② 马克思强调阶级的共同体，他设想失去生产资料的雇佣工人会由于经济地位、经济利益的一致性而形成紧密联合的共同体，他甚至提出跨越国界的“工人阶级无祖国”“全世界无产者联合起来”的战略构想。韦伯陈述了三种社会共同体：即阶级、身份群体与政党。强调身份群体是社会声望、社会荣誉地位相似的群体。有两种最为主要的身份群体：一种是以分工为基础的，也就是职业群体，另一种是以世袭为基础的等级群体。见：李强. 职业共同体：今日中国社会整合之基础——论“杜尔克姆主义”的相关理论. 学术界，2006(3)：40

③ 李强. 职业共同体：今日中国社会整合之基础——论“杜尔克姆主义”的相关理论. 学术界，2006(3)：36－53

学院、莫干山巾帼民宿协会、莫干山民宿行业协会等不同的职业团体，试图在促进地方社会发展和行业规范等方面创造出更多的群体力量。

其中，“洋家乐”协会和莫干宿盟作为相对较早的两个职业团体，有一定的比较意义。首先，两者的性质不一样，前者是地方政府组织的，后者是行业代表组织的。民宿的行业自律应该向台湾借鉴，它们有专门的民宿协会，10 年前、20 年前都是走的一样的路线，跟我们现在完全是重复的。看一遍它们的过程，就会明白我们现在的处境，继而知道应该怎么做。莫干山的“洋家乐”协会，是政府组织的性质，不是真正意义上的行业协会。其实政府是服务者的一个平台。当年台湾成立民宿协会，都是 NGO 组织，就是几家做得好的民宿，它们自己掏了点钱，来做点事，这个协会就帮当地的民宿来提升硬软件，走出去给它们做免费的指导，基本上对内就是培养提升、管理行业规范。其实台湾的市场环境没有莫干山的好，有这么多人和这么大消费的潜力，莫干山民宿的生意很好做，提前 3 个月才能预定得到“洋家乐”。而台湾民宿没有，它们必须要把整个市场扩大到东南亚，其实很辛苦，整个协会甚至会长都会给潜在的消费人群发放广告单。他们奉行的一条最简单的原则，或者说信仰，就是“大家好才是真的好”。莫干山现在亟待这样的组织来定规矩、来讲秩序、来互相帮扶和共度危难。但是现在出现的顶着“洋家乐”帽子，当地村民就把自己家里贴贴大理石，然后也卖 1000 多元钱的房间，这种事情是很可怕的。任何职业活动都必须得有自己的伦理。[①] 彼时，莫干山的民宿标准还没有出台，“洋家乐”的认定细则也没有公示，地方的一些精英人士对此是强烈呼吁的。“协会的多种形式其实还是很重要的，就是说需要有人来，包括政府这方面，但是政府单方面来推动这个是推行不下去的。台湾是有硬指标的，它们是会颁执照的，就是会影响你办执照这样子的。‘洋家乐’目前连约束都没有，你反正能开，你说我不算‘洋家乐’，那我就农家乐了啦，真正做到我们这个样子的话，叫什么都不重要了，就这只是一个称谓

① 爱弥尔·涂尔干. 职业伦理与公民道德. 渠东，付德根，等译. 上海：上海人民出版社，2001：17

而已。你比如说星级酒店，也是国家认证，一星、两星、三星、四星、五星，这个还有点用，几年复查一次，你不合格你就退。'洋家乐'因为没有国家认证，就没有这样一个体系，当然这个需要时间。像台湾至少是行业内有个标准，比如说好一点的民宿挂一个统一的标志，我觉得这样也算一种认证。推行是需要时间的，而且肯定不能是政府单方面在做这个事情，我觉得就是 NGO 会比较好做一点。……莫干宿盟的成立还是挺有意义的一件事。莫干宿盟是朱胜萱他这个平台来做的，清境原舍只不过是他自己的而已，应该不能说是清境原舍来做的。其实呢，他是有一点商业的目的，我跟他说了，我觉得你应该把商业的和 NGO 的这种东西分开，协会就做协会的事情。做商业的没有问题，我是建议他商业的部分另外成立一个公司或是平台——你可以有关系，但是不要说是同一个平台。NGO 性质我是强烈要求的，这个才是协会存在的意义（时任德清县旅游委员会副主任杨国亮，2015 年）"。当然，对于莫干宿盟的合法化和合理化问题，各方也有过不同的担忧，焦点主要是围绕莫干宿盟的半 NGO 半经营性质。莫干宿盟是 NGO 也不算 NGO，应该属于合法机构，属于国际休闲产业协会乡村专业委员会二级组织，因为朱胜萱是乡村专业委员会的秘书长。其次，"洋家乐"民宿业主们对待两者的态度不一样。"人不是机器，在现实中即使循理而行，按社会性道德的公共理性规范而生存而生活，但毕竟有各种情感渗透、影响于其中，人际关系不可能纯理性，而总具有情感方面。两种道德的纠缠渗透于群体、于个人，都是非常自然甚至必然的事情"。[①] "他们是有一个'洋家乐'的协会，但是是一个空壳子。莫干山以前都是单体的别墅，它形成一个组织，形成了一个叫避暑会，住民协会，就是这种办会刊、办活动等，其他的各种活动夏天都会有。现在的莫干山其实是百年前的翻版，各家'洋家乐'现在还是单体，但必定会形成一个联合体，这种联合体是松散的又是紧密的，是建立在一个共同的爱好上面的。所以我两个月的时间，整个宿盟加入 50 多个'洋家乐'，就我们现在知道的，比较不错的'洋家乐'有一大半都在我

① 李泽厚.历史本体论·己卯五说.北京：生活·读书·新知三联书店，2003：74

们这里(时任清境原舍主理人、莫干宿盟创始人之一崔盛,2015 年)”。再次,两者的目标定位不一样。“洋家乐”协会定位为行业协会,志在制定行业标准,是“立规矩”的;而莫干宿盟定位为行业工会,志在为成员争取更多的福利,是“交朋友”的。莫干宿盟的章程包括组织架构都在慢慢地搭建,因为正常情况下,必须成立宿盟理事会,有很多重大决定是要宿盟理事会来决定而不是靠一个人来决定的。莫干宿盟的发起者们并不想把它做成一个行业协会,他们的定义更像工会,因为工会这样的组织大家向心力、团结度都不一样,觉得可能会更长久一点、更贴心一点。莫干山的民宿主都是蛮有个性和见识的人,有独立的思想观念和逻辑判断,很多事情还是要能够找到大家的共同点才可以去做。宿盟应该是给大家一个互帮互助的方向,有一个展示自我的机会,有一个可以大家共同去推广的平台,然后像个家一样。这些民宿主来山里面大部分是想避世,希望生活在山上。但实际上他们每一个人都是那种热情豪爽的人,才会在山里去做这种事情。他们需要朋友,需要这个团体,需要一些志同道合的、有一样想法的人。其实这些人刚进山的时候朋友都在城里,乡里是没有朋友的,只是刚认识附近的村民,但是玩不起来,刚开始有些找不到太多的共同话语——他们是孤独的陌生人。而莫干宿盟的意义就是组织这样的人群经常在一起,在一起聊天喝酒、唱歌跳舞、彼此依偎、互相取暖。大家之间不是防备,没有利益关系。我跟你之间没有利益关系,我跟你是因为我们都是有共同的爱好和共同的性格,我们才在一起。莫干宿盟的成员们彼此之间可以相互开玩笑,这是建立在友好亲密的牢靠关系上的。大家交往都不计较得失。从某种意义上来说,宿盟首先是莫干山民宿主们精神上的一种联合和信任:今天在我家明天去他家才会觉得是真正的友谊,这样才能让这些人在山里面呆得住,不用总想着我来乡里了其实我还想着城里的生活,因为朋友都在城里。

莫干宿盟是发端于餐桌上的“洋家乐”民间组织,成立于 2015 年 7 月,最初是南路片区附近相邻的 15 家民宿的联合体。南路片区的民宿主们私底下关系都很亲近,所以有一个小圈子的组织叫“南路派”,彼此都是10分钟车程的距离,他们自诩为“十分钟经济圈”。某日,清境原舍的崔盛和大乐之野的小吉(吉晓祥)、莫梵的老沈(沈蒋荣)等一行人在山中小筑把酒言欢。众人对莫干山上民宿越来越多的现象都颇为担忧:一是担心区域竞争越来越激烈,自家店的未来营生问题;二是忧心整个莫干山“洋家乐”的品质把控问题。遂有人提议成立高品质民宿的小圈子,形成高度关联的互助团体,彼此扶持,抵御风险,并推举彼时的清境原舍主理人崔盛牵头落实。一周之后,莫干宿盟正式成立,15家初期成员民宿联合召开了发布会。差不多两个月的时候,经过两次扩充,宿盟已经发展到40余家成员单位。莫干宿盟发起人之一的崔盛,因为热情仗义,民宿管理业务熟练,在莫干山民宿圈有着“头牌”的美誉。在崔盛眼中,莫干宿盟应当是所有民宿人的一个港湾。大家在这里面能够把自己的事情、自己碰到的困难来倾诉分享,有一群人一起去讨论,帮助解决这个问题——大家有共同的导向,有共同的志向,团结紧密,互助友好。不同于平台的商业化,莫干宿盟日常组织的活动更加贴合民宿主们的交往需求和兴致偏好,包括红酒分享、户外运动、烧烤聚餐,乃至相对专业的民宿专业交流。在崔盛的理想设想中,莫干宿盟应当是接近职业共同体的一个组织,这样的组织对于它的成员的选择是有要求和监督的。换言之,莫干宿盟是有进入门槛和退出机制的。“我们先要看调性,不是说所有人都适合在宿盟的,不管是个人素质、经营理念,还是他们来这个地方的初衷,我们都是要看的。比如说他是为了纯粹的生意、赚钱来莫干山的,我们会考虑不让他加入;如果是因为喜欢莫干山,第一批来到这里并喜欢这里,当初并不是为了营业要赚钱的这批人,他们单纯是要做民宿的,我们非常欢迎而且希望他能够加入。后面大家看这种‘洋家乐’价位卖的很高,生意也很好,这种利益角度过来的这些人,不是说他们不对,有一部分是对的,但是有一部分我觉得他们完全是生意人,不是做民宿这件事情的。所以我们没有让全部人进来,只是在小圈子里面做宿盟。同样的,不是说进了宿盟你就是安全的,跟大家是在一堆里面。我们经过客人的回馈,经过对品质的把控觉得你不太适合这个精品民宿的标准,就一定是要你退出的。

这也是督促大家能够走在同一水平线上的一个基本准则(时任清境原舍主理人、莫干宿盟创始人之一崔盛,2015 年)”。莫干宿盟的准入门槛和退出机制是成员民宿相互商量着一起确定的,大家都希望这个群体能够好,大家能够互相帮助、互相监督。

对于未来莫干宿盟的职能,各成员民宿都是有所期待的。大致有五方面的诉求。一是抱团取暖,在行业竞争的大浪潮中形成同盟。“我确切地讲,其实每家心里都有一杆秤,都还蛮忐忑的。因为你说莫干山饱和了吧,没有人感受到莫干山饱和了,因为这里没有一家说是天天满的,只要不是天天满就不算饱和,他一定还有空的。但是还是以每年二三十家的速度往前开,开了这么多家出来,它一定会把市场冲淡,这些人员全部分流之后这种生意做得很好的团队毕竟很少。那本来 10 个房间今天可以住 9 个,旁边又开了家店,我 10 个房间只能住 4 个。这是必然的,市场都是这样。客户也是这样,有新的要去尝试一下,而且新开出来的一定比别家开的好,就投资额度要比别家高。民宿主都会有这种心理负担,没有远虑必有近忧嘛。还有这么多家,那我未来怎么办?突然发现有这么一个组织出来,大家可以在这个组织里面一起做民宿,受到大家的保护也好,还是共同的帮助也好,大家也觉得这样比较安全,所以要加入进来。我会问为什么要加入这个组织?他会说这个组织好啊,我想和大家一起。那我跟他讲你需要组织给你提供什么,你有什么诉求?他就开玩笑说在我困难的时候拉一把。我说说点干货,他说我现在担心的问题是开了这么多家自己生意顶不上,到时候会出现问题,然后是不是可以得到大家的帮助,最起码事情出来了有一群人可以找,出主意,可以去商量就行了。我说 OK 啊,有你这句话就行,你可以加入我们。他说为什么,我说你不是因为要来寻求多大利益的,最起码你还是在想怎么做民宿这件事情的(时任清境原舍主理人、莫干宿盟创始人之一崔盛,2015 年)”。二是答疑解惑,为实际经营过程中的具体问题寻求帮助。外地人过来投资,在村子里做民宿就一定会碰到各种各样的小问题,不管在经营上面、管理上面还是和政府关系的处理上面,一定是有些问题的。碰到问题之后怎么办?在宿盟大家就有一个商量的机会。

有什么问题莫干宿盟的成员就在微信群里商量一下，或者是抽空聚一下、聊一下，诸如最近管家出现了什么问题，跟政府怎么了，跟村民怎么了，都是可以一起讨论的。早些时候的莫干山，裸心谷的管理培训会相对比较正式；莫干宿盟在 2015 年年初成立后，意识到民宿行业规范化管理体系的重要性，就会根据成员民宿的要求请专业人士前来指导，按人员需求提供培训，涉及消防、急救、管家技能等不同的主题和内容，比一般的酒店培训更加正规。三是资源共享，通过优势互补形成良好的分享机制。因为每个人的需求不一样，成员民宿中，有一些人是设计师出身，他自己有一些空间上的概念；有人不是设计师出身，在空间概念上有所欠缺，但是在自己专业的领域里是有专长的，比如他是做出版出身的，对书很了解，那莫干宿盟每家店里要挑书的话就可以找他，哪些书比较适合会请他开一个书单出来。成员民宿之间可以相互补充、交换资源，类似于一个分享组织。四是增加话语权，一致对外争取更少的渠道成本。目前莫干宿盟有一个准理事会，还没正式的理事长，没有开始正式评选。一个很好的例子就是莫干宿盟和旅游网站平台的合作谈判。① 原先携程对于莫干山不同

① 原本清境原舍这家民宿是没有和携程这个 OTA 合作的。“目前整个莫干就我们清境原舍一家没有上携程。为什么不上携程呢？因为我们自己的公共微信账号已经过 1 万粉丝，其实我们客人的保有量还是可以的，而且客人的忠诚度相对比较高，都在一个圈子里面，他们会互相介绍朋友过来，这些朋友过来的圈子也差不多。我不知道携程的客人是怎么样的，我也不知道通过携程平台预定过来的客人的品质，我没办法掌控。我觉得我们的客人在他们自己的圈子里都是消费领导者，他过来玩之后，通过他的朋友圈就宣传出去，都会认可他的选择，对品牌的宣传是有很大帮助的。比起携程，其实大多数的情况都是属于僵尸粉”。我觉得这可能是一条可以走的道路，前期有一段痛苦期，没有携程这个 OTA 平台很多客源都没法导入。“但是民宿和其他的旅馆行业不一样，民宿是要找这种小房子的过来，而且这个圈子一定不会大，目前来讲一定不会大。按照这种消费的水准来说吧，民宿的客人对民宿的要求和从携程过来的客人对民宿的要求是不一样的。携程的客人他会不理解现在的民宿。山里面生活就这样我为什么要提供多余的东西？他们不理解，就有些要求酒店是可以配备的，但是这里是不可以配备的，配备了就不是民宿了，是酒店。我们到现在已经快 3 年，应该来讲，还是比较成功的，客源的保有量，宣传都可以。我在这边生活两年多了，呆在山里面，我已经不想城里了，不想回城了，我现在天天呆在山里面，生活多安逸，然后每天都有全国各地的朋友一起过来（时任清境原舍主理人、莫干宿盟创始人之一崔盛，2015 年）”。

的民宿要求的佣金也不一样，从 8 个点到 15 个点都有。宿盟成立之后合作就很简单了，第一宿盟成员全部免费，第二在携程的旅途页面版块里面有一个莫干山专区。其他的平台像自在客也在和莫干宿盟谈。自在客在和宿盟谈判的时候特别有意思，一个劲地强调自己在台湾市场的高份额和高转化率，但对大陆市场的占有率只字未提。当宿盟代表崔盛要求自在客告知大陆市场份额的时候，对方回应说台湾市场很好，没有关心大陆市场。崔盛遂要求自在客平台对于莫干宿盟的成员提供一年的免费客人，因为自在客必须要向莫干宿盟证明能够为后者带来多少的客流量，否则双方的合作是无意义的。对于合作的一方莫干宿盟而言，这很可能导向完全相反的结果，即莫干山的网红民宿们在为自在客增加大陆市场份额，而不是自在客帮助莫干山的民宿们找客人。自在客起初并不同意，私下里绞尽脑汁寻找莫干宿盟的各家成员民宿想要分头攻克。无奈宿盟成员在微信群内都已经形成一致的口径，自在客代表得到的每一家民宿的回应都是直接把这个合同往那一扔，“找崔盛，这个事情，我们不管，他说了算”。自在客不得不重新与崔盛谈判，并接受他提出的条件。此事之后，莫干宿盟各成员民宿更加团结，崔盛也代表宿盟签下了多家小规模的 OTA 平台。“我为什么要把这些小的平台都要签掉，那是我为了跟去哪儿和携程去谈。我先把小的 OTA 平台全部签掉免费了或者是点数很低，我再去找去哪儿。去哪儿现在也要 6—8 个点，我跟去哪儿说 5 个点，我不可能一个点都不给你，5 个点怎么样？你要是 5 个点答应我的话，我就不跟携程合作了。他一定会同意的，因为像他这样的公司不是为了要在这个片区几十家民宿当中赚多少钱，而是要抢占民宿这个山头，‘民宿’这两个字的山头他一定要攻占下来。如果说我们这 40 家都不跟他签、都不上他的线的话，好多客人会打电话问他为什么这家我在你这里订不到在携程那里却可以订到呢？这对他来讲是一种打击，真的是一种打击。这种山头他不占下来的话，可能这块市场就会慢慢失去掉。所以说我会跟去哪儿谈好，你如果给我这个点我就不跟携程签了。只要去哪儿答应我，我就去找携程，告诉携程，去哪儿答应我 5 个点，你自己想。如果说你给我的条件没有优势的话,那我不跟你签。但其实我更希望跟携程签。他们还是要大一点。但是我不可能让他免费或者点数很低,但是至少我可以让他谈到 8 个点以内,比现在 15 个点 12 个点要便宜一半或者一半以上就行。这是我们可以做到的,我觉得没有问题,大家也一定会同意。度假游的大趋势都是往外面走,不会再去住度假村了(时任清境原舍主理人、莫干宿盟创始人之一崔盛,2015 年)”。五是模式输出,结成同盟共同寻找更加广阔的发展空间。大乐之野对于加入莫干宿盟发起的锦溪项目非常感兴趣,在大乐之野的创始人吉晓祥看来,人是最重要的,任何一个乡村一定要有那么多人是真的生活在那里的。这才是最重要的。莫干宿盟的成员民宿抱团一起对外输出,这就是最大的优势,至少在运营人才方面是能够保证的。“这也是朱胜萱先生他想要转折的一步,然后在这一步上我觉得我可以陪他去玩一下。但是如果只是大资本的话我也不看好,目前像这种大资本去做一整个村庄的话除了万科良渚我觉得做得是不错的之外,其他都还真的是不太好。现在这个机会我觉得还是蛮好的,值得去尝试,一方面他有资本,另一方面他有他的影响力,再下去如果我们核心的‘人’能够进去的话,就有希望。我会自己去那边搭建我的团队,然后让那个团队生活在那边,这是我能提供的。假设我们找到 10 家,每家提供十分之一的力量,就每家都有三五个员工,或者 10 个员工在那里生活着,有两个老板定期在那里生活着,那这个村子就火了、就很活跃(大乐之野创始人吉晓祥,2015 年)”。这是吉晓祥的理想状态,单从纯逻辑角度来说,似乎是可行的。但这样的输出能够有多久的持续力和可复制性,似乎还是需要时间来检验。

第六章
更新乡村:日常生活和情境实践

人必须是日常的,否则根本就不存在。①

——列斐伏尔

一、培根:日常规训与文化再生产

城市与乡村在当代文明中代表着两极。城与乡各有其特有的利益、兴趣,特有的社会组织和特有的人性。它们形成一个既相互对立、又互为补充的世界。随着城市的影响不断地向广大农村渗入,农村人也在被改造的过程中,二者之间的差异最终是会逐渐消失的。②从经济发展的视角看,乡村城镇化也是在创造新的"地域生产力格局",建设传统农业社会的"财富积累中心精神"以及个人价值创造意义上的人文主义精神。我认为,要让这些"城市性"的要素结晶成为

---

① 阿格妮丝·赫勒.日常生活.衣俊卿,译.重庆:重庆出版社,1990:3
② 叶南客.边际人.上海:上海人民出版社,1998:145

农民的一种文化认知，是新型城镇化的关键。[①] 我们通常把“洋家乐”看作是新型的生产单位、现代的消费空间，或者，“洋家乐”也是某种意义上的学校。“洋家乐”是城市生活系统伸入乡村的触角，“洋家乐”的投资者们——他们中的很大一部分人是城市精英或者世俗意义上的成功人士，甚至是因袭“更加文明”的西方社会的外籍人士，他们带着现代、科技、进步的标签进入到莫干山乡村地区，与传统、老实、谨慎的当地人共同生活，或者一开始仅仅是共同工作。在相互接触和接纳的日常生活中，“洋家乐”中本地的阿姨们，逐渐通过无形的引导和有意的培训被教育成为职业化的工作者和市民化的人，他们更加依据标准、遵守纪律，认同生活审美和时尚消费，或者是乡土社会的文化被现代社会的文化所解构并碎片化了？学者梁漱溟一语道破：“文化不过是那一民族生活的样法罢了。生活又是什么呢？生活就是没尽的意欲。”[②]这就是“洋家乐”的文化再生产逻辑。新马克思主义哲学家阿格妮丝·赫勒运用马克思的“类本质”和卢卡奇的“对象化”两个基本范畴，从研究个体与社会的关系入手来探讨日常生活的基本内涵。“如果个体要再生产出社会，他们就必须再生产出作为个体的自身。我们可以把‘日常生活’界定为那些同时使社会再生产成为可能的个体再生产要素的集合”。或许我们能够更加直观地来看到“日常生活”，作为“个体再生产”的整体概念。福柯认为，规训“造就”个人。[③] 村民们已经生活在既有的“结构”中，生活事件构成日常生活最主要的事实——我选择阿姨们作为切入点来描述“洋家乐”通过日常规训帮助地方村民实现文化再生产，主要因为她们是与“洋家乐”频繁接触的地方人群中相对最纯粹而传统的群体。不同于“8090”管家群体中很多是返回乡村或者是体验乡村，“5060”阿姨更多的是长期生活在乡村，她们在来到“洋家乐”打工之前，哪怕年轻时候有离乡务工的经历，也多是已经回到乡村很多年或者是长期务农，

---

① 张鸿雁．论重构中国乡村的文化根柢．中国名城，2016(3)：5

② 梁漱溟．东西文化及其哲学．北京：商务印书馆，1999：32

③ 福柯．规训与惩罚：监狱的诞生．刘北成，杨远婴，等译．北京：生活·读书·新知三联书店，2003：193

她们的家在乡村,她们的日常生活在乡村,她们更认同乡村。一句话,她们离土地更近。大乐之野的创始人杨默涵在接受访谈的过程中也感慨,“如果你真是靠技术去改变农村的话,是非常难的。真的非常难。就只能是一点一点地每天渗透”。这让我想起福柯对于权力本质的理解是作为一种肯定性力量弥散并渗透于社会的所有层面中的,权力是局部的、微观的、去中心的,它像尘埃悬浮在空中,细微且无处不在。那是“毛细血管式”的张力。福柯的权力概念,是一种分散的、多元的、无主体的、非中心化的“关系”“网络”,或称“场”。[①]“洋家乐”对阿姨们的文化再生产,集中表现为日常生活中的工作规训、交往规训和审美规训三个维度。出乎意料之外的是,阿姨的饮食规训也受到“洋家乐”潜移默化的影响,尤其在文化价值认同层面更加显性化。

1. 工作规训:阿姨的一天

阿姨的劳动和工作指的都是“做家务”,但是劳动和工作的“做家务”是不同的概念,劳动不分岗位,阿姨在家是“全职主妇”,工作定岗定责,阿姨需要做好分内之事;劳动不分时间,阿姨在家相对比较随意,想什么时候做家务就什么时候做,工作需要在规定的时间做完规定的事;劳动不用汇报不用配合,阿姨在家做家务都是一个人忙活,工作不一样,有上级有团队,需要随时沟通定时商议。“洋家乐”对阿姨的工作规训的核心任务只有一个,就是需要让阿姨明确“阿姨是一份职业”。阿姨从日常劳动到按章工作,是从非正式活动的体验到正式制度的一种遵守。福柯认为规训从它所控制的肉体中创造出四种个体,更确切地说是一种具有四种特点的个体:单元性(由空间分配方法所造成),有机性(通过对活动的编码),创生性(通过时间的积累),组合性(通过力量的组合)。而且,它还使用四种技术:制定图表,规定活动,实施操练,为了达到力量的组合而安排“战术”。在“洋

① 陈炳辉.福柯的《权力观》.厦门大学学报(哲学社会科学学报),2002(4):86

家乐”对阿姨的工作规训中,有和福柯提到的类似的方式,尤其是对于工作流程(有机性)的强调。

“洋家乐”对阿姨的工作规训,首先要树立权威。阿姨们的年纪普遍都比“洋家乐”经营者和管家要大,在传统乡土社会中,尊老从长是约定俗成的。一开始很多“5060”阿姨也并不完全服从“8090”的“洋家乐”经营者和管家,甚至不把“这群外地来的小毛孩”放在眼里。规训权力的成功无疑应归因于使用了简单的手段:层级监视,规范化裁决以及它们在该权力特有的程序、检查中的组合。[①] 首要的是需要通过树立权威来确定权力的从属关系。通常有三种做法:一是明确上下级关系。纪律的“目标不是增加人体的技能,也不是强化对人体的征服,而是要建立一种关系,要通过这种机制本身来使人体在变得更有用时也变得更顺从,或者因更顺从而变得更有用”[②]。比如西坡的房务这条线,客房部主管管阿姨,运营经理管客房部主管,形成指向明确的层级关系。或者像大乐之野,在阿姨团队内部寻找领班阿姨,熟手带新手。当地旅游接待业发达,一般阿姨们多少都有点经验,或是在宾馆、农家乐做过,虽然口碑和品质并不出众;或是手脚很利落,自己家就打扫得很干净。以这些能干的阿姨为主,新来的阿姨可以让她们带一带。二是营造正式工作场合。同样是两位“80后”,大乐之野的创始人杨默涵对于西坡的运营总经理刘杰在给阿姨“立规矩”上面佩服得五体投地。同样是开会,大乐之野的阿姨比较难管教,杨默涵一口一个“阿姨”,一口一个“大姐”,怎么叫都叫不动;西坡完全是另一种风格,刘杰开会就是客房服务人员“某某某”这样直呼姓名,从来不喊“大姐”“阿姨”,会议秩序良好,很少有阿姨在场嬉笑打闹、迟到早退。三是定时检查。有一次大乐之野的杨默涵跟随刘杰走到西坡的新楼房间里参观,楼里的阿姨见了刘杰都是很紧张的样子。在福柯看来,检查是权力和知识结合的

① 福柯.规训与惩罚:监狱的诞生.刘北成,杨远婴,等译.北京:生活·读书·新知三联书店,2003:193-194

② 福柯.规训与惩罚:监狱的诞生.刘北成,杨远婴,等译.北京:生活·读书·新知三联书店,2003:156

很好的典范。

“洋家乐”对阿姨的工作规训，其次要明确工作流程。阿姨们一般早上6点多钟就来了，开始准备客人的早饭。中午在民宿吃饭的客人相对比较少，阿姨主要是等客人退房之后开始打扫卫生、铺布草。下午的时候准备客人的晚饭，等客人吃完之后收拾厨房，结束，8点左右就可以下班了。每周有一天的休息时间。对于阿姨打扫房间的流程培训，我见到的最杰出的是西坡。“各个部门都需要有标准的，我们的专业性就体现在我们每样东西都有一个标准操作流程，不是胡乱地来。一般的五星级酒店所谓的SOP[①]，几十页的文字还配上英文，你让阿姨怎么看？她们本来文化水平就不高，你让她怎么看？所以西坡每间房我自己都亲自住过，住过之后我自己体验，我去感受里面每个东西放在哪个地方对客人来说是最合理的、最方便客人使用的，然后每样东西弄好之后我去拍下照片，做成一本操作手册，没有文字，只有图片，就让阿姨照着这个来做。我们7号楼有个房间有将近10个靠枕，每次去我看阿姨连花色都摆放的一样。这本手册做好之后会有30天，这30天内你每天做，每天客房主管都会去检查阿姨的工作，因为养成一个习惯只需要21天。到后来阿姨都不需要这本册子了，她知道每个东西该放哪里，非常清楚，而且效率非常高。我们中午其实只有两个小时的时间，阿姨要在这两个小时内退完房，把房间收拾出来，有时往往不到两个小时的时间。没有标准阿姨怎么做？凭心情？之前就是凭心情。所以各个部门开始有自己的标准、操作流程，有了流程之后再招人（时任西坡山乡度假村运营负责人刘杰，2015年）”。同样的方法，西坡能够执行下去，大乐之野却不可以。杨默涵也设立过标准，也是刘杰教的，就是拍个照片，让阿姨对照照片摆放，但在大乐这里完全执行不下去，阿姨根本不会去看！一个很大的原因在于人员安排是否合理的问题。西坡的人员配置可以说是整个莫干山民宿里面最为充沛的：6个楼，16个阿姨，9个管家；餐厅有专门的经理负责，是单独的，还有服务员；德清县城里面还

① Standard Operation Procedure，标准工作程序，即行业标准细节量化。

有庞大的售前售后和技术部门、设计部门。从严格意义上讲，西坡在当时就是非常公司化的一个团队。大乐之野的人员比西坡要精简很多，[①]德清县城（武康）的那个部分，就精简为5个合伙人，现场4个楼1个餐厅是5个阿姨4个管家。“你知道我们也会帮忙干一些杂活，1个人算半个管家？现在都算不到，每个人事情太多了，就算5个管家，这个和它完全不成正比。西坡的管家和阿姨都是我的两倍。餐厅除了厨师以外，我就配了两个阿姨，阿姨不会出现在前台，前台是管家在那边。现在很成问题，店长都很忙，餐厅分掉了很多工作。西坡现在其实还是阿姨会在楼里面做餐的，但他们的餐厅，我感觉用的频率不是很高，就相对于他这么多客房来说，绝大多数人还是在楼里面吃饭。但我这个不是，我的客人必须在餐厅用餐。我的餐厅还对外，忙的时候会翻牌的。然后管家就很忙，店长也抽不出空，我就一直跟着阿姨，端张照片让她把东西归到原位，我是逐渐会做这个事情的，很花时间和精力（大乐之野创始人杨默涵，2015年）”。纪律首先要从对人的空间分配入手。[②] 人力的紧张导致每个人的工作量巨大，忙中偷懒出错是常有的事，还是很可惜，彼时大乐的阿姨对于客房物品的归位离标准还差很远。一些细节，包括肥皂的字母要朝哪个方向，不是主理人站在那里和阿姨说一遍就有用的，得天天盯着阿姨重复强化，有的时候阿姨还会跟管家或是主理人闹情绪。更糟糕的是需要持久的、反复的规训，任何短暂的间断和纵容都有可能功亏一篑，需要回炉再造，比如说给阿姨规训了一个月，好不容易养成习惯做好了，过了半年各种懈怠拖拉又恢复到最原始的状态，甚至更加糟糕。

“洋家乐”对阿姨的工作规训，再次要划定不可逾越的底线。一个简单的例子是关于服务行业的规范化问题。“可能就是前年发生的一个事情，有客人跟我们反馈早上的这个粥，是使用前天晚上的米

① 当时大乐之野碧坞店的规模和西坡差不多。大乐之野是4个楼，还帮别人托管1个楼、1个餐厅，另外还有1个半楼没有完成。

② 福柯. 规训与惩罚：监狱的诞生. 刘北成，杨远婴，等译. 北京：生活·读书·新知三联书店，2003：160

饭做的。我们就要跟阿姨培训，阿姨的想法不一样。她觉得前天晚上的这个饭，倒掉太可惜了，你跟她讲，第一，这个绝对、坚决不能用，但是你可以放在那里，比如客人要吃炒饭的话你可以用这个炒，没问题。第二，如果确实也没有客人要吃炒饭，你自己可以带回家喂鸡。我们跟阿姨讲这个事情，她们接受不了。这是普遍的一个现象，我记得就在玉宝家餐厅里面，忘记是房务经理还是客房主管跟她们讲的时候，阿姨就觉得这不是个事情(时任西坡山乡度假村运营负责人刘杰，2015 年)”。在传统的乡村生活中，剩饭用来第二天早上熬粥是很普遍的现象，“洋家乐”阿姨们觉得经理拿这个事情出来讲，是小题大做了，但是放在现代化的餐饮管理体系里面，这又是关系到本质的问题。对于生活传统和市场标准的冲突，西坡的做法是给阿姨们划出了一条红线。之后，刘杰把这个事情比较严肃地强调了，告诫阿姨们，谁要是再用剩饭来熬粥，那就会被直接开除——这是红线，就是你不要去触碰。刘杰觉得，在红线以上随便怎么发挥都是可以的，每个人都有每个人的创造力。包括西坡的管家，并没有被要求 12 小时 24 小时无时无刻地在工作，当班时间的短暂休息是被允许的，但是不被允许的是“葛优躺”的休息方式，尤其是在接待中心的沙发上，所以这是管家的红线。在西坡，诸如这样的红线还包括：被客人投诉三次，在当班期间玩手机或者玩电脑上的扑克、斗地主之类的游戏，任何人在除了吸烟区之外的地方吸烟。这些触犯红线的行为一旦被刘杰发现或者是被人举报了，都没有解释的余地，当事人只需要去收拾东西走人就好。这就是对于红线的绝对尊重和遵守。

“洋家乐”对阿姨的工作规训，第四要巧妙应对冲突。有一种相对特殊但是又比较普遍的情况，就是“洋家乐”的阿姨同时也是这个房子的房东。这种情况有利有弊，好处在于阿姨本身的主观能动性会比较强，自己家的房子照看得更加上心。坏处也是有的，房东阿姨可能不服管教，她有一种“主场意识”，觉得这是在自己的家里自己的地盘，我是出租方我是主人，你是承租方你是客人，阿姨有了更多的底气来反抗经营者提出的各种要求；同时还可能因为相对清楚“洋家乐”的经营情况，想要“理所当然”地分享红利，更加容易提出诸如涨租、房屋维修等要求，“洋家乐”的经营者可能随时处于“被监控”的境地，遇到这样的情况就比较麻烦，民宿主们可能完全就被拿住了，答应不是，不答应也不是。有的时候会碰到阿姨讨价还价，阿姨基本上都挂在脸上，说外面涨工资涨了多少钱；意思就是说，民宿主得给她涨工资啊。西坡的刘杰不同于一般的民宿主，反而入乡随俗用乡间的交往逻辑反呛一句：“那很高啊，这么好的机会你怎么不去啊？你嫌工资低还不走？”通常阿姨想了一下就不再提了。刘杰说经常会有这种情况，因为村里人会有村里人自以为是的小聪明。刘杰和阿姨拉锯的时候很有分寸，相比较之下，大乐之野的杨默涵和吉晓祥完全不能应付。

“洋家乐”对阿姨的工作规训，最后要明确晋升机制。西坡对于阿姨的规范不是乡土性的，而是市场性的；依靠的不是传统，是制度。村里面的一些阿姨来“洋家乐”工作，基本上有两种类型：一种是自己家在附近，顺便到“洋家乐”来打零工赚外快，其实没有多少工作的心思；另一种是在“洋家乐”上班。这两者在主观能动性上是不一样的，前者应付，后者负责。西坡的餐厅服务员 Wendy，1985 年出生的，有一个 9 岁的孩子。最开始 Wendy 的身份是西坡厨房清洁卫生的阿姨，她精气神很好，越做感觉越在状态，也很热情。“我们就把她培训到位，前天，她才刚刚被提上来做服务员，尽管可能有些业务的标准还没有把握好。但我觉得对于工作来讲，技能是最其次的，不会的可以慢慢学，谁都不是生下来就会的。但她所呈现出来的态度，是山里人应有的热情。像我们那个小姑娘，Amy[①]，就形象来讲，服务业餐饮业，或传统酒店，那基本上就形象上来讲她已经被打上了注定被遗漏的标签，就没有翻身机会。她自己到我们餐厅来说，我一定要来西坡，然后我们给她这样的机会。所以她也非常热情，有些事情甚至超出了我的期待，做得很好。她有这个责任心在，有这种热情在，很多事情可能就好做了（时任西坡山乡度假村运营负责人刘杰，2015

① Amy 的脸上有块疤，外貌条件并不好。

年)”。2017年,Wendy陪同刘杰一起参加《亲爱的客栈》综艺节目的录制,此时她已经是西坡莫干山的房务主管。“洋家乐”或者农家乐,对于村里就业和再就业的带动,是初级的社会效益,因为只要开业就有就业。但是一些深层次的,包括“洋家乐”带给村民职业化的教育、生活礼仪的养成等,是值得探讨的。仅举一个数字,西坡自开业至2016年共聘用了将近30位阿姨,其中直接自家开农家乐的有6—7家,帮亲戚经营的更是常事。现在地方政府和经营者们最头痛的事情是当地闲置的劳动力不够,50岁、60岁的阿姨不好找,这些人以前出去打工都是很困难的,甚至没有人要的。从这个意义上讲,“洋家乐”名副其实地可以称为莫干山阿姨们的职业培训学校,培养了一批相对规范的民宿经营者。

2. 交往规训:烹饪技能的交换/家庭分工的协作

哈贝马斯认为:“从相互理解的角度来看,交往行为是用来传播和更新文化知识的;从协调行动的角度来看,交往行为起着社会整体化和创造团结互助的功能。”[①]“洋家乐”对阿姨的交往规训,主要表现在同辈群体之间烹饪技能的交换和家庭成员之间内部分工的变化。市场的价值观念,即强调交换价值而不是使用价值,使人们对他人,尤其对自己也形成了类似的价值观念。[②] 曹阿姨是西坡最年长且资深的阿姨,1954年生,也是西坡5号楼的房东,曾经在莫干山第一家“洋家乐”裸心乡工作两年,2009年开始便在西坡工作。我在莫干山的第一次文化震惊就来自曹阿姨貌似漫不经心为我准备的早餐,一杯手压咖啡和培根煎蛋。这里请原谅我的不礼貌,按照曹阿姨这样的年资,60岁的乡村老太太会煎培根煮咖啡?这是我之前并没有料想到的事情,坦白讲,哪怕是城里这个年岁的主妇也不尽然是会做手压咖啡的。我忙不迭询问阿姨会不会做西餐?哪料到曹阿姨不经意

① 艾四林.哈贝马斯.长沙:湖南教育出版社,1999:79

② 埃里希·弗罗姆.逃避自由.陈学明,译.北京:工人出版社,1987:135

地说:“你要吃什么,意大利面、牛排、扒鸡我都会的,就是比萨现在做不大好。”“又不是我一个人会做咯,这里的阿姨会做这些的多了。最早的时候,是香巴拉的女主人自己爱吃牛排培根,就手把手教她当时的阿姨做了,让阿姨学会之后可以在她不在的时候招呼给客人吃。这个东西又不难的,人家教了几次也就学会了。后来周边开‘洋家乐’的老板就也想让自家的阿姨们会做牛排、煎培根,就把那个香巴拉的阿姨叫过来,教了一天,一家出两百块钱,把自己家的阿姨都叫过去,让那个会做(牛排培根)的阿姨教我们。私下里关系好的嘛,就拎篮草鸡蛋,后来就你教教我,我教教你,都是邻居呀。然后一教一,一教十的,再加上现在很多家‘洋家乐’早餐都会有西式的培根之类的,大家也就都会了呀(时任西坡5号楼曹阿姨,2014年)”。这是个非常有趣的交换案例,在现代契约社会之前的人情社会中,社会交换往往通过礼物赠送的方式得以实现。[①] 比如说留你吃顿饭啊,给你带几只鸡鸭啊,传统乡村的交换逻辑是人情化的礼物,它是不会做直接的金钱的计算的,这个是非常典型的基于价值认同的模糊交换,是建立在熟人社会的关系基础上的。礼物交换通常属于小群体经济,如大型家庭、小村庄、关系密切的社区、兄弟之间和部落。[②] 而现代性的发育表现在社会交往层面,就是货币逻辑对礼物逻辑作用范围的挤占和替代。用货币交换商品的经济行为扩展到私人生活和公共资源等非经济领域。[③] 香巴拉老板娘教自家阿姨煎培根,是工作规训中的技能培训。在“洋家乐”阿姨们学习煎培根的时候,外来者(“洋家乐”经营者)出面,则遵从货币逻辑的商品交换原则,同伴们(相熟的阿姨)出面,则遵从礼物逻辑的人情交换原则。给予和接受礼品的动机是多样化的,与这种多样化相反的是,在纯粹的金钱交易中我们都是

① 李秀辉.货币与礼物:社会交往的两种逻辑——兼论货币的真实起源.社会科学战线,2015(6):54

② 刘易斯·海德.礼物:创新精神如何改变世界.孙天,译.北京:电子工业出版社,2015:7

③ 李秀辉.货币与礼物:社会交往的两种逻辑——兼论货币的真实起源.社会科学战线,2015(6):60

相同的，我们都希望能得到最好的买卖。[①] 而随着这种现代城市生活技能在乡村社会日常生活中的普及，这种习得的过程重新通过一开始的技能培训得以继续，不同的地方在于，这种技能培训成为阿姨进入“洋家乐”之后要接受的规定动作，比之前的非正式教授要正规系统。“洋家乐”对当地阿姨的交往规训，从一开始的非正式教授到礼物交换逻辑，进而到货币交换逻辑，最后形成正式技能培训。正如布尔迪厄在《文化再生产理论》中所提到的，自我创造性是文化最根本的特性，即文化特有的超越自我、生产自我、更新自我、创造自我的特征。[②] 一个意外的结果是，同时带来了对“洋家乐”阿姨们的饮食培训，原来习惯喝白开水和茶的乡村妇女，对咖啡和薯片等年轻时尚的舶来食品越来越认同。我在西坡和曹阿姨聊天的过程中，曹阿姨突然从厨房里拿出一包薯片和我分享起来，吃得甚至比我还带劲。一旁才做阿姨两个月的张阿姨默默端起咖啡，深深地吸了一口气，说：“是香，怪不得他们年轻人都喜欢喝。”说完熟练地抿了一口。

自从“洋家乐”的数量越来越多，莫干山上能干的阿姨也越来越抢手，越来越多的“5060”阿姨投身民宿产业。“自从来（‘洋家乐’）做了之后，一早就出来了，客人如果不吃晚饭，回去得还能早一些；客人如果要吃晚饭，还得等客人，有的时候回去都已经七八点钟了。我自己肯定是吃过了的，剩下老头子现在也习惯自己在家里做饭吃了。原来怎么肯做饭呢？原来都是不会做饭的，现在反正也没办法。不然的话，如果我不回去的话，他就只能饿着呀（小木森森客房阿姨，2015 年）”。“因为女人在赚钱了嘛，男人自己在家里也会搞卫生，洗衣服什么都会做了。原来这边的话，像我们‘洋家乐’，像金松林里的，女的都在家里起起火烧烧饭的，家里的家务都是女人做的，男人肯定不做，现在都自己干活了，他们也就自己做饭吃（时任庙前村村主任，2015

---

① Richard Seaford (2004), *Money and the Early Greek Mind: Homer, Philosophy, Tragedy*. New York: Cambridge University Press, p. 151

② HenriLefebvre(1991), *Critique of Everyday Life*, London: Verso, p. 127

年)”。毛泽东也曾经说过,夫权这种东西,自来在贫农中就比较地弱一点,因为经济上贫农妇女不能不较富有阶级的女子多参加劳动,所以她们取得对于家事的发言权以至决定权的是比较多些。[①] 对于莫干山里多数家庭来讲,“洋家乐”带来的面向广大中老年妇女的就业岗位,影响的不仅仅是家庭分工的调整,还有可能是夫妻双方话语权的变化。“现在村子里边老头子做饭又不稀奇的喽,普遍都是这个样子的。原来的话,我就在家种种地,其他家里面的事情也不干的。现在的话,家里的事情都我来做了,让她能够出来,多赚一点,补贴家用。她回来喏,讲话声音还大点的喏(男村民 B 先生,2015 年)”。这种女强男弱的家庭协作趋势,除上述变化外,在莫干山当地也有一些民间风俗传统。江浙一带比较富庶,历史上就存在入赘的婚配形式,就是民间所说的男方到女方家做上门女婿,这在 20 世纪初就已经是非常普遍的现象,费孝通先生在《生育制度》一书中也曾经提到过。“民宿,包括农家乐和‘洋家乐’火了之后,很多年轻人回乡创业,很多家女方就把丈夫孩子带回来一起做。我们这里就有好几家的。原来好像是男方到女方的,上门当女婿了,感觉底气不足,有这种感觉的。现在呢就好多了(男村民 E 先生,2015 年)”。“一般当地的都是不进不出的多。因为当地的生两个男孩的很少的啦。那么一般招进来的都是外地的,外地的招进来,招女婿进来之后都好像是不大花钱的。像我们现在的话,娶个媳妇进来,20 万,招个女婿 12 万 14 万就差不多了(时任庙前村村主任,2015 年)”。不知是意外还是巧合,早期来莫干山开“洋家乐”的外国人都有一个中国妻子,(马克的咖啡馆)英国人马克的妻子吴宁华(乔安娜)是广州人,(法国山居)法国人司徒夫的妻子李雪琳是香港人,(裸心乡、裸心谷、裸心堡)南非人高天成的妻子叶凯欣是香港人、(香巴拉)韩国人盛惠的妻子端木是台湾人……“洋女婿”们为莫干山开启了一个新的时代。

① 毛泽东. 湖南农民运动考察报告(1927). 见:中共中央文献研究室,中共湖南省委《毛泽东早期文稿》编写组,编. 毛泽东早期文稿. 长沙:湖南出版社,1990

3. 审美规训:马赛克墙壁的退场

“洋家乐”在对莫干山村民的审美规训和艺术教育方面所起的作用,比地方政府数十年的努力见效。2007年时任德清县旅游委副主任的杨国亮分管乡村旅游,想要推动莫干山区域的“洋家乐”发展,旅游部门出台了农家乐的奖励补助办法,聘请专业设计师指导,提供补助鼓励当地居民的农家乐提档升级。但是,当时村民的审美和设计师的审美有很大的冲突,只要旅委的人离开,村民就把竹子做的装饰拆掉,嵌草的石子路面铺上水泥,留白的墙面贴上墙纸或马赛克瓷砖……改造失败了。“比方说,屋里的窗户,蛮好的木框架,为什么改塑钢的呢?他说那隔壁家刚刚改掉,他说我一起改的话便宜一点。他那个屋顶,把蛮好的瓦片都翻掉,去弄一些铁皮啊、琉璃瓦之类的东西。我说你这个又新又不好看,城里人跑过来又不是看你新的东西,我说去年来的时候还好好的嘛。他说那周围他们都改掉了,我也改掉了算了。你那个时候说得口干舌燥,气得直哆嗦,也实在是说服不了他们,想来也是,在他们眼里,马赛克比水泥看好,铝合金比木头高档,大红大绿比留白热闹,他们以为,他们觉得喜欢的,也是城里游客喜欢的(时任德清县旅游委员会副主任杨国亮,2015年)”。早期的时候莫干山“洋家乐”还没形成的时候,这个是普遍的现象,山里也有农家乐,而且很多,像后坞村就有特别多的农家乐集聚,大家你望着我,我望着你,都小心翼翼地守着低端市场。“我就问为什么你这么好的房间卖80块钱?他说那隔壁卖100咯,我当然比他卖的更便宜咯,我卖80。我说那你把里面床弄弄好,环境弄弄好,比方说卫生间弄得舒服一点,你可以卖高一点嘛!他说我不敢冒这个险,人家100块生意那么好做的,我80块肯定生意更好做了(时任德清县旅游委员会副主任杨国亮,2015年)”。彼时的村民们只看到眼前好赚的钱,没有边际成本和利润率的概念,100元钱一个人,一晚上接待20个人对于一个小型农家乐来说也就是满负荷了,20个人至少需要三四个人跟在后面服务,端盘子打扫卫生,走的时候肯定是一片狼藉,一晚上也就2000元的收入，抵不上隔壁家“洋家乐”一晚上猪圈改造后的房子的房费，人家也没有那么辛苦。个别村民意识到“洋家乐”品牌带来的高附加值，但在行动上连基础改造也懒得折腾，展现了中国乡土的朴素的狡黠，把自家农家乐名字改得洋气点一些，用不干胶把红红黄黄的招牌贴在村口“洋家乐”的指示牌上，以为这样一来便也能够跻身千元住宿的行列了。当然这样的小聪明并不能够换来实质上的收益，偶尔有两个不知情的游客顺着指示牌寻来，在门口看到马赛克瓷砖贴得整整齐齐的外墙，也多是嘟囔一句“这一看就不像是‘洋家乐’嘛”，继而转身离去。大概是2014年、2015年的时候，杨国亮发现，不需要自己再满山去说服村民了，原本执拗的村民们偷偷把自己家的马赛克瓷砖敲了，把铝合金门窗换了，也学着隔壁“洋家乐”的样子，阳台的木头扶手歪歪扭扭的，门前的院落里烧起篝火热热闹闹的。清研是位于湖州德清莫干山的一家民宿，在改造之前是农家乐，2015年改造之后，290平方米的空间做了5间房，工业风叠加竹装饰，彻底转型成了一家文艺的民宿。“洋家乐”的审美规训不仅是对当地村民，而且对外来的年长的投资人来说，也是一次有效的传达。“洋家乐”小木森森年近六旬的老板娘是20世纪90年代的下岗工人，德清县城人，和设计师的80后外甥、人到中年的室内装潢工程公司朋友合伙投资“洋家乐”，租用当地一栋农舍30年，而农舍的主人被返聘回来成为“洋家乐”的管家，衣食住行依旧在这栋农舍中进行。小木森森光构思画图就用了3个月的时间，施工建设了一年零三个月。当时高天成在三九坞上租下民居，经营已经有两三年了，在美国《时代》周刊已经刊登了，全世界最值得去的地方，三九坞是其中一个。老板娘的外甥是生活在杭州的设计师，是个很新潮的文艺青年，就循着报道来莫干山玩了几日，玩着玩着也动了心。当时西坡29和枫华都也已经在装修了，已经开业的香巴拉生意很好，主要是接待外国人的。其实小木森森的老板娘有做民宿的想法已经两年了，第一年来到三九坞没有房子。第二年再来，看县里面很重视“洋家乐”，就将租房的事情敲定了。因为价格并不便宜，总的改造费用需要300多万，就三家一起合计出资了。几家人的初衷很简单，这里阳光明媚，空气清新，倘若没有生意，就自己到这里来度假居住。如今看来恐怕老板娘是想多了，2014年开业当年，民宿的生意就很好。

二、圈子：文化实践与阶层再生产

我问过很多个被访者，你觉得哪个民宿是“洋家乐”里面最有特色的？我得到的答案各不相同，包括代表官方口径的时任德清县旅游委副主任杨国亮先生给我的回复是，“没有最能代表的，每个民宿都有特色，然后每个民宿都是莫干山的切面，从不同的切面看过去，莫干山也是不一样的”。这让我很有感触。莫干山“洋家乐”发展到今天，可以说是百家争鸣。凡是到山里做民宿的，都有各自的需求，有各自的风格，有各自的脾性，每个民宿主人都长着不一样的面孔。他做出来的这个民宿，不管是设计，还是管理，还有它里面所有能够提供的东西，都是有主人的一个影子在里面的，就是有他的烙印、有他的特质，逃不掉的。莫干山的地方包容性很强，可以让每个人有一个想象空间，可以让每个人做一个自己心中想要的这个小房子，可以让每个人在心中的这个小房子里面有自己的小圈子，这是莫干山的魅力所在。客人和“洋家乐”是双向选择的过程。来住莫干山“洋家乐”的客人，首先他要有这样的经济能力，其次他要有这样的偏好，喜欢小众一点的度假场所，他认同他所选择的这个民宿文化；而“洋家乐”对客人的选择，则是前置的，设定一个消费门槛并将它所能提供的空间、氛围、活动、主人文化等内容通过媒体宣传和网络符号清单式地呈现在客人面前。[①] 围绕着这些“洋家乐”民宿主，莫干山形成了各种各样有腔调的圈子——骑行圈、越野圈、文艺圈、书画圈……他们原来是在城市社会出现的一拨集聚的人群，但是他们现在活动的

---

① 费孝通. 乡土中国. 北京：北京大学出版社，1998：25

空间转移到了乡村社会，并带去了典型的中产阶层[1]文化活动形式。布尔迪厄说过，高雅和低级，或者精英文化和流行文化，都属于阶级现象。它们通过提供作为成员资格象征的符号标记，使阶级成员实现阶级再生产。[2] 显然的，上述莫干山“洋家乐”的“有腔调的圈子”，不会被归结到低级的阶层活动中。我们都知道，物质财富的获取是社会区隔化的主要因素，而同样文化实践也区分了人群阶层，不断支持着精英阶层高平民阶层一等的感觉。[3] 精英阶层，由于小范围内爱好、品位、乐趣等生活习性的相近，在相互认可的基础上产生群体的优越感与个体身份的认同感；而平民阶层的个人身份认同多来自于生活状况、生活方式、生活品位和上层精英阶层的差距，进而产生关系导向的群体认同，即“人们在塑造自己行为、形成各种态度时，所取向的常常不是自己的群体，而是别的群体”[4]。费孝通论述中国社会结构的差序格局，也是对“圈子”本身生动而形象的描述：“好像是把一块石头丢在水面上所发生的一圈圈推出去的波纹。每个人都是他社会影响所推出去的圈子的中心。被圈子的波纹所推击的就发生联系。每个人在某一时间、某一个地点所动用的圈子不一定相同的……这种以‘己’为中心，像石子一般投入水中，和别人所联系成的社会关系，不像团体中分子一般大家立在一个平面上，而是像水的波纹一般，一圈圈推出去，愈推愈远，也愈推愈薄。”莫干山“洋家乐”的日常生活世界，正是由这样的一个个小圈子叠加而成，这是莫干山乡村社会的关系网络，也是莫干山乡村社会的差序格局。我希望，关怀

---

① 中产阶级意义重大。它的规模扩张和收缩、它的结构和所拥护对象的变化，向我们传递着关于这个社会的多种信息；它的消费形式塑造了20世纪的城市化进程；理解了中产阶级，才能理解20世纪社会发展和城市变化的最重要、最有影响力的推动者。见：肖特. 城市秩序：城市、文化与权力导论. 郑娟，梁捷，等译. 上海：上海人民出版社，2010：237

② 马尔科姆·奥斯特. 现代社会学理论. 杨善华，等译. 北京：华夏出版社，2000：209－210

③ 热拉尔·努瓦利耶. 社会历史学导论. 王鲲，译. 上海：上海人民出版社，2009：75

④ 罗伯特·默顿. 社会理论和社会结构. 唐少杰，齐心，等译. 上海：译林出版社，2006：396

乡村主要是关注在乡村能否建构现代城市生活方式、现代城市文明和现代城市市民的生活体系，让传统乡村中的每个个体获得人性的解放，让每一个人活得有理想、有向上的价值取向[①]。一个民宿就是一个生活圈子，每个人都在寻找自己对号入座的东西。根据“洋家乐”主人呈现出来的不同姿态及其客人群体的不同特征，我认为“洋家乐”的圈子至少可以分为以下四类：一是追随式的圈子，有共同的兴趣嗜好且有一个克里斯玛式的中心人物，以后坞生活的文青圈为代表；二是示范式的圈子，有共同的责任导向和奉献精神，以庾村文化市集的乡建圈为代表；三是伙伴式的圈子，有共同的人生态度和生活轨迹，以大乐之野的设计师圈为代表；四是瞻仰式的圈子，以绝对门槛和权威地位为特征，以法国山居的贵族圈为代表。

1. 追随式圈子：后坞生活的文青圈

“早上一般5点半起来，到画室来练功，瑜伽、太极大概40分钟，然后沏茶，喝了以后就看书，看书大概是看到三五十分钟，再开始写微博，写完以后8点多钟去竹林吃早餐。之后回到我的画室，一壶咖啡，就是两个小时持续高效的工作。一般是9—11点，就每天这个时候是最高效的，最好的灵感都是来自于这个时间。中午午休以后如果天气好的话都会去游泳，我发现山上的一个秘密水库，很漂亮，就我一个人去游的。回来以后继续工作1个小时到1个半小时。通常会有很多人来参观，由很多县里领导带来、市里领导带来，或者旅游局专门也有人带来，那我要看对象，这个对象如果聊起来对上路的，可能会花上半个小时，但如果对不上号的，就10分钟打发走了。感觉自己现在有一点身体吃不消，晚饭后基本上不动脑子了，就看片。因为现在视力也不好，很累，我基本上什么片都看，基本上是带有思想性的人物纪录片。我最感兴趣的就是在我们近代史上的民国时

① 张鸿雁．论重构中国乡村的文化根柢．中国名称，2016(3)：4

期，像林语堂、叶圣陶这类人。我在中国最欣赏的一个人就是林语堂，他是用东方智慧去看这个世界，他在西方留学的时候他讲中国如何如何好，在中国他讲西方如何如何好，所以他是融合了中西方智慧的一个人，他是一辈子讲，玩生活（后坞生活创始人王旅长，2015年）”。后坞生活的创始人王旅长一天的生活记录或许就是这个民宿生活圈子文化符号的集合了：瑜伽、太极、茶、咖啡、游泳、聊天、纪录片、林语堂——活脱脱一个文艺青年的基本轮廓。如果说莫干山“洋家乐”要找几个克里斯玛式的人物，那王旅长一定是其中的一位，他是能够吸引粉丝在心中追随他一起“玩生活”的，或者说“看着他玩生活”的。以后坞生活为核心的圈子吸引了和王旅长有一样爱好或者理念的人群，并且呈现出典型的追随者的姿态。“可能有5%的客人他们到我的这个竹林画室里面来，直接来找我，而且我根本就不认识他们。来的人我都给他沏茶，和他聊天，就一聊就全有了，他可能会在这里面转转。这是一个怎么样的好奇心？所以这样培养出来的忠诚客户是一拨一拨的，像早上这几个刚带孩子出来的女孩子，就是之前来过的公司团队中的——我的客户都是这样来的，上次是单位来的，这次是家庭来的。所以这个事情也是非常有意思的，就是你会寻到同类人，就同类人会找到同类人。像这个‘80后’，他们的消费非常强劲，他们会以认识我为荣，就是他们觉得这样的产品很奇特，这里怎么会有这样的产品，那么肯定是先有这个人再有这个产品；还有政界，在官方，他要在实现美丽乡村的过程当中找这样一个恰到好处的人，他就非常难，我的这个产品就是恰到好处，我没有高大上，但是我非常有张力。只要你懂这个道理，我就有丰富的东西在里面（后坞生活创始人王旅长，2015年）”。从某种意义上来讲，后坞生活文青圈具有较高的黏滞性和相对稳定的群体关系：只要王旅长的人设不崩塌，他的崇拜者和追随者们就会与其保持较密切的关系，且从理论上讲，这个圈子里面的每个人和中心人设王旅长的联结都应当比其他人之间联结更为紧密。而这个圈子的维护通常需要两种形式的互补：一是中心人设王旅长的“日常表演”，他的行为举止时刻提醒追随者们“心中所向往”；二是召集不定期的“集体汇演”，通过竹林雅集、布艺分享等仪式性的活动将追随者们带入乡村生活的美好场景。

2. 示范式圈子：庾村文化市集的乡建圈

与其他“洋家乐”业主来到莫干山寻找的“诗意的栖居”不同，景观设计师朱胜萱的初衷显得尤为沉重和精打细算，他想要打造一个“莫干山计划”。2011 年，朱胜萱参与莫干山旅游规划的编制工作，“这里有大量所谓良田耕地，却缺乏农村的产业，除了竹笋业，残存的小耕作只够自给自足。很多土地空闲着，也未改善该区域的生态，不少耕地和房屋被废弃。算上被清空的苗圃、破败的村公所、养鸡场等，共计 60 亩农地和一些茶地，我们向乡政府一起打包租下，租期 20 年(2011—2031 年)，想在莫干山做一个乡村改造的实验”。[①] 整个莫干山计划借鉴台湾地区生产、生活、生态“三生融合”的理念，围绕土地建立农垦、乡居加集镇的乡村生态圈，推行“山间民宿、山腰农耕、山下休闲”的联动经营模式，分别对应清境原舍、清境农园、庾村文化市集三个项目，计划总投资金额是 5500 万元，于 2012 年 5 月正式启动。尤其是庾村文化市集，这是莫干山上有意识地以“乡村建设”为主题和初衷进行的开发项目典型，与传媒圈热议的碧山计划有相似之处，这个想法其实是对莫干乡村改进的一个致敬。[②] 庾村文化市集号称中国第一座乡村文创园，聚集了茧舍青年旅社、窑烤面包、花店、书坊、咖啡馆、自行车主题餐厅等多重业态，定期开展农夫市集、摄影展、音乐节等活动。这里曾是中国前外交部部长黄郛隐

---

① 朱胜萱. 从土地、民宿到文脉：莫干山乡村改造试验. 澎湃新闻，2015 - 01 - 16

② 黄郛历任民国政府外交署长、上海市长。1928 - 1950 年，黄郛与其夫人沈亦云在浙江德清县莫干山隐居期间从事乡村教育与改良事业。初始，主要是埋首书籍、吃斋念佛和零星做些善事。其后，悉心经营以“耕读并重、勤俭忠慎”为宗旨的莫干小学(1932 年)，主张“以学校为中心，谋农村之改进”。随之，依托小学开办农业种养场，以场养校，执行教育与生产实践双结合方式。见：李敢.“莫干山乡村改进”实践及其对新时期乡村建设的启示. 浙江树人大学学报，2017(1)：50 - 52

居并尝试乡村改造的故地，市集中的11座建筑，大多是当年黄郛在此兴办蚕种场遗留下的废旧厂房。“乡村综合体是一个解决很多业态生存的、我们做试验田的这么一个东西。一是我们想通过这样的业态能够让外地人和本地人之间有交流，二是我们通过这样的业态可以让本地人在里面入住，吸引青年返乡。我们又设计一个片区是创客街区，地方比较小，只有几个房间，因为只是一个初级版本，我们想试验一下。我们是希望是当地人都可以进来做。做这个业态我们不收你房租，甚至于我们有资金补贴给你。比如一家店我们给你5万块补贴，类似于这样的形式就鼓励这些年轻人回来去做这样的项目……市集3年都不赚钱，每年大概亏个大几十万，都是靠民宿的经营收益和政府文化产业类的补助[①]来弥补。我只能说它可能越来越好，但是它一定不是一个赚钱的东西(莫干宿盟创始人之一、时任清境原舍主理人崔盛，2015年)”。庾村文化市集目前业态进驻50%，外地人来参观的多，里面的咖啡厅、餐厅和书屋以本地人居多。尤其是书屋，这也算是乡村的一个公益项目，因为是对村民开放的，学校周末的时候会有老师带小朋友来看书或者是做活动。

与后坞生活文青圈的追随式圈子不同，庾村文化市集乡建圈的建构占据道德的高点和类似天职的姿态，是带有理想主义的示范式圈子。这个圈子以活化乡村的责任导向为引领，成员们致力于乡村价值的重新发现和乡村社会的再次振兴。如果没有经济效益的补充和支持，这个圈子的持续将难以为继；但是如果过度依赖资本的力量，示范式圈子可能会被诟病以乡建的名义圈地圈钱。因此，与资本市场的距离的把握对这个圈子至关重要。这个圈子的维护通常需要思想的持续灌输和透明的公开机制以确保圈子里的成员能够自愿地提供助力。

① 文化产业的补助是从县里到镇里，镇里到项目上，每一级别都有留存，分到庾村文化市集一年有两万元左右。

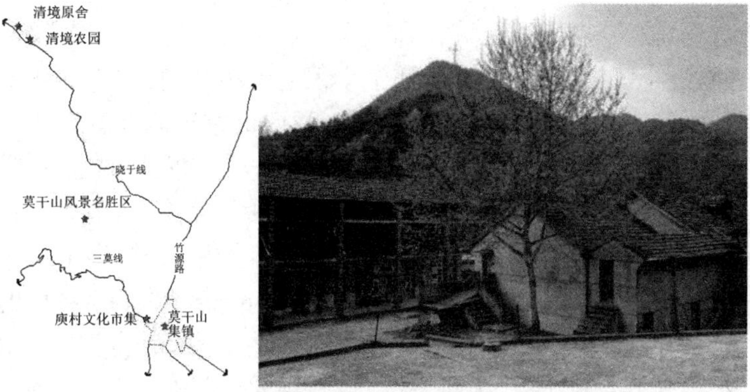

图 6－1　莫干山计划平面分布图和改造前的蚕种场

3. 伙伴式圈子：大乐之野的设计师圈

社会认同则涉及作为个体的我们如何将我们自己放置在我们所生存于其中的社会的方式，以及我们认知他者如何摆置我们的方式；它衍生自个人所参与其中的各类不同的生活关系[1]。而大乐之野或者西坡，可能是更亲民的形象——我们的价格可以再调低一点，我们的服务可以再上去一点，我们整体的管家团队，可以多照顾客人一点。大乐之野的成名，最开始便是规划建筑圈的故事。大乐之野第一年只有一个客房，入住率基本上有 90%。年轻的创始人自带亲和力，希望迎来送往的每个客人都能够成为未来大乐之野一路向前的伙伴。“像我有一个朋友他说他很喜欢画漫画，平时他会自己动手做一些漫画的明信片，我说其实很好，你在哪里不都是在画漫画吗，对吧，比如说我们去了那个周庄，江南水乡，我们就隔出一个地方给你做工作室，就画漫画的，然后我有小朋友来活动就教小朋友画漫画，对吧，这本身就是一个很好的生活方式。因为在哪里都是画漫画，对吧，而且他也乐意定期到这个地方来放松自己，然后找灵感，就我还是希望能够把更多的志同道合的人吸引到这个地方来。大家一起玩，这样的一个百花齐放的一种状态，就不是只是说我跑进来看这个房间装修得好不好我就躺在床上来享受这个床

① 孟樊. 后现代的认同政治. 台北：台北杨智文化事业股份有限公司，2001：19

的，绝对不是这个样子的。游客到这来一定是喜欢这个风格，就像其实我们去欧洲小镇旅游一样，因为那个小镇它有生活、有它的文化的东西在那里，而且那群人是愿意待在那里的，我们也希望能够有人愿意待在这里。你是创作歌剧的也好，是做设计的也好，是画漫画的也好，是写稿子的也好。现在有个很好的条件就是我们在中国乡村，目前为止地价房价基础很低，就是更给我们提供了一个先行者的机会，提供了一个很好的基础，不用花很多的成本你就能够享受到这么美好的一个乡村的一个自然条件，并且能够结合你的兴趣爱好做一些事情（大乐之野创始人吉晓祥，2015 年）”。对于“洋家乐”民宿主来说，圈子的经营是一种社会纽带的建立，和客人之间紧密的联系不仅意味着日常生活中的志同道合，也意味着市场风险中的“安全感”。“其实我还是希望努力能够把这么一个圈子，大家做成一个比较有意思的，互相交流很多的一个方式，我觉得只有这样才会持久。因为我个人觉得从赚钱的角度来说，现在是能赚钱，但不代表两年之后还能赚钱。这种社会的一种纽带状态能够建立的话，它至少能把这件事情推得更长久一点。哪怕我可能过段时间赚不了太多钱，但是能够保证运营的情况下，还是能够把这个纽带关系继续保持的，它就会有一个很强的支撑。这里像家一样的，我也不会轻易舍得把它关掉，对吧（大乐之野创始人吉晓祥，2015 年）”。大乐之野设计师圈的形成，归根到底一开始是职业团体内部形成的一股助力，之后通过年轻态的生活方式分享给更多的成员，形成伙伴式的圈子。这类圈子的成员之间以同业或者共事居多，年龄相仿，阶层相近，生活价值取向相同，彼此之间能够相互裨益，其看似松散实则紧密的关系建立在充分沟通协商的平等基础上。伙伴式圈子的关系维护主要是依靠共同的目标导向和利益分享。

4. 瞻仰式圈子：法国山居的贵族圈

法国山居和裸心谷这样的标杆“洋家乐”已经有品牌效应了，对于多数客人来讲，住法国山居和买奢侈品一样成为一种炫耀性消费，比普通“洋家乐”高三倍以上的房价已经将大多数客人拒之门外——不是客人选择法国山居，客人是被法国山居挑剔的。在法国山居仪式化的空间组合中，有多间收藏法国特定产区精选有机葡萄酒的私人酒窖，有可一年四季畅泳的恒温山泉泳池，有可学习鹅肝酱制作方法的法式烹饪学校，有超过12 000株不同品种和花色的玫瑰花园，有占地约8公顷的私家有机茶园，有私人藏书的德布冯图书馆，有各式豪华装修的29间客房，手工瓷砖、木质地板、刺绣地毯、皮质沙发、黄铜配件、橡木家具，每一个空间景观和文化符号都透露着20世纪30年代法式贵族生活的高贵与优雅。尤其是其中一处空间细节足以彰显精英阶级的文化敬畏——茶园山谷中依旧保留附近村民的公墓，在庄园范围内有一条小径通向其间，法国山居另修建了一座亭桥，让游客不会打扰到居民的祭拜，而最大的那株松树是村民的祖坟，保护得完整。这于真正的精英阶级是回归，对于其他的人群而言更多的是瞻仰式的膜拜和巅峰体验。对于多数“洋家乐”的旁观者而言，法国山居贵族圈是一个伪圈子，从头到脚透露着神秘的气息，你无法靠近它，好不容易迎头打了个照面却在当了一两天灰姑娘之后被迅速打回原形。瞻仰式圈子基本上是阶段性的弱关系，圈子成员各自生活，彼此互动不可持续。

三、猪圈：场所精神与空间再生产

马克思主义理论学者列斐伏尔指出，“空间生产[①]就是空间被开

① 列斐伏尔指出，空间的生产包含三个重要层面：空间表征(representation of space)、空间实践(spatial practice)与表征空间 (space of representation)，分别对应构想的空间、感知的空间和生活的空间。“空间表征”即构想的空间。由科学家、工程师、城市学家、政府等社会空间的主要规划者的知识或意识形态所支配的概念性的空间，是空间的主流秩序话语。“表征空间”即生活的空间。它是透过意象与象征而被直接“生活”(lived)出来的，是居住者与使用者在场所中“生活”出来的社会关系。空间表征是支配性的，而表征空间是被支配的，却又是日常生活空间中的反抗性所在。“空间实践”即感知的空间，是每一社会构成特有的生产、再生产过程及具体场景和空间体系。属于社会空间的物质建构的维度，是社会构成物生产的过程与结果。空间实践支持和体现了空间再现与再现空间，而后两者以支配或抵抗的方式同时塑造或激活了空间实践。见：孙九霞，周一. 日常生活视野中的旅游社区空间再生产研究——基于列斐伏尔与德塞图的理论视角. 地理学报，2004(10)：1576

发、规划、使用和改造的全过程”,[①]是人类社会活动的产物。“说到人和空间,这听来就好像人站在一边,而空间站在另一边似的。但实际上,空间决不是人的对立面。空间既不是一个外在的对象,也不是一种内在的体验。并不是有人,此外还有空间”。[②] 在德国哲学家海德格尔看来,本真性的空间,是聚合、容纳、安置、保护“天、地、神、人”四重整体意义上的“域”,这正是古希腊的空间概念——场所(topos)的含义。[③] 受海德格尔的影响,现象学者诺伯格·舒尔兹将建筑空间和人的生活联系在一起,认为“场所是具有清晰特性的空间,是生活发生的地方,是由具有物质的本质、形态、质感及颜色的具体的物所组成的一个整体。它由人、动物、花鸟、树木、水、城市、街道、住宅、门窗及家具等组成,包括日月星辰、黑夜白昼、四季与感觉,这些物的总和决定了一种‘环境的特质’(environmental character),亦即场所的本质”。[④] 空间是被相互联系的实体物质有限制、有目的地营造出来的,只有当它被赋予了来自文化或地域的文脉意义之后才可以称为场所。场所精神是场所表达出来的含义和气质,它是一个场所的象征和灵魂,它能使人区别场所与场所之间的差异,能使人唤起对一个地方的记忆。[⑤] 场所精神的方向感(orientation)指人明确自己与场所关系的能力,“所有文化都发展出了‘方向系统’(systems of orientation),即‘能实现良好环境意象的空间结构’”[⑥];场所精神的认同感(identification)意味着与环境为友,“与任何特定的文化景观相联系,

① Lefebvre H. (1991), *The Production of Space*, Oxford UK &Cambridge USA: Blackwell

② 海德格尔·海德格尔选集.孙周兴,译.上海:上海三联出版社,1996:1199

③ 邓波,罗丽,杨宁.诺伯格·舒尔茨的建筑现象学述评.科学技术与辩证法,2009(4):55

④ 诺伯格·舒尔茨.场所精神——迈向建筑现象学.施植明,译.武汉:华中科技大学出版社,2010:3

⑤ 张位中.国内古城镇旅游可持续发展理论模式研究——基于文化空间与场所精神理论.城市发展研究,2014(10):14

⑥ Christian Norberg-Schulz(1980), *Genius Loci: Towards a Phenomenology of Architecture*, New York: Rizzoli, p. 19

任何特定个人或群体用来建立其个人或者社会认同”[①]。民宿是典型的场所。“今后的发展,像民宿这种业态的,投资者到我这里来,也要满足两个条件:首先得有钱,这个道理很好懂的,没钱是做不了事情的;其次是得有想法。现在有很多有想法、有理念的人在做民宿,‘洋家乐’是德清民宿的一个发展方向。为什么我们德清这里叫民宿,叫‘洋家乐’;西塘也好,云南丽江也好,都叫客栈,叫酒店?我想这两个东西有很大的区别。我最简单地来理解,就‘民宿’这两个字来理解,生活在老百姓中间的才叫民宿。当然这个词是从台湾搬过来的,‘宿’就是居住的房屋,‘民’就是在老百姓中间居住的房屋,我觉得这就是民宿。我一直秉持,坚持着一个观念就是民宿可以小规模连片,但是绝对不能做大规模连片,这是区别于酒店来讲的。所以像裸心谷这样的,它本身就是酒店,不能归结为民宿(时任筏头乡党委书记杨剑炜,2015 年)”。不同于酒店,也不同于客栈,以“洋家乐”为代表的精品民宿有着指向性的生命力,带着天然的主人精神及其创造的场所精神。

原来“洋家乐”倾向于去找旧房子改造,现在不是说一定要找农民三四十年前的木结构、夯土墙的旧房子,就是 20 世纪八九十年代建造的钢筋水泥土的房子,“洋家乐”的投资者们也能够去改造,哪怕是一块坍塌的宅基地,只要投资者们看中了,他也会去建设。并不是一味追求所谓的旧和古。德清的民居,特别是德清山上农民的房子其实是没有太大特色的,并不像安徽黄山或者江西婺源,徽派建筑特色非常鲜明,都是“青砖小瓦马头墙,回廊挂落花格窗”,无论是整体建制还是局部构件都能一眼辨别。“你到筏头乡看也好,到莫干山镇看也好,哪怕是保留下来的老房子也没有太大的德清地方特色的。所以他们现在跳出这个思维了,并不是说一定要做一个古董,或者去做一个假的旧的才是好,不是这么一个概念。根据现在的实际,哪怕现在是新房子,完全是新建的,或者是农民近十几年来建的,不是那

① 乔治娅·布蒂娜·沃森,伊恩·本特利.设计与场所认同.魏羽力,杨志,等译.北京:中国建筑工业出版社,2009:6

么老的房子,都能够重新进行改造。可以利用一些当地的符号、当地的元素,但是不用改造成大家所谓的德清老房子,不是这么个概念(时任筏头乡党委书记杨剑炜,2015年)”。“洋家乐”建设的趋势从“土得掉渣”的本地化慢慢地向时尚的国际范儿转变,业主们考虑更多的也从景观的视觉冲击性转变为居住的舒适度。“我讲个很简单的例子。我们以前山里的房子,很潮湿,特别是像木头房子窗都开得很小的,门也开得很少的。为什么?就是因为潮气重。但是这种房子如果你把它改造的话,修缮成原来的这样,大白天也要开着灯的,它里面很暗,不通风,但是现在房子的改造就是大面积使用玻璃,大面积用玻璃做阳台,大面积用玻璃做窗。为什么?本身到这里来的人可能更多的是想感受这边的风景,感觉这边的生态,你何必要做个小门小窗把自己跟外界环境隔绝掉?把我完全融入到环境里面,这是两个完全不同的概念(时任德清县旅游委员会副主任杨国亮,2015年)”。我们现在得以看到各种各样的“洋家乐”,有青砖小瓦的清境原舍,是原来乡里的小学校改造的;有地中海风格的莫干山居图,藏着国内民宿界可能最大的民间图书馆,是原来的村大会堂改造的;有外部保留德清民居风格的西坡,因为一间猪圈改造的房间打动了无数人。透过这些不同的空间面孔,我们得以看到这些“洋家乐”背后的投资者和经营者们,看到他们的希望、他们的野心和他们的失落。正如美国城市建筑学大师伊利尔·沙里宁有一句名言,大意是,让我看看你的城市,我就能说出这个城市的居民在文化上追求的是什么。在莫干山,我们也可以这么说,“让我看看莫干山的‘洋家乐’,我就能说出这个地方的人们在文化上追求的是什么”。

1. 村公所和学校:清境原舍“原来的那间房子”

五栋小楼十间房,半山茶园一亩光,这就是上海世博会景观设计工程总设计师朱胜萱团队打造的清境原舍。清境原舍所在地属于村集体用地,原来是所废弃的学校,后来曾转做茶厂、养猪场,朱胜萱来到这里之后,保留它原来的房屋格局和建筑元素,将青砖、茶山、翠竹融为一体。在清境原舍的主理人崔盛看来,原来的老房子,保护得再好也没有用,因为没有人去住。很多传统村落保护一味强调建筑和构筑物,砖要是老砖,墙要是老墙,门要是老门,窗要是老窗——在无限接近于还原从前的同时,并没有想到这些庭院格局和建筑风格已经不适合现代人的居住了,老房子多晦暗、潮湿、光线差,没有独立的卫生设施和良好的隔音设备。结果就是我们把传统村落变成了博物馆,这些修复的房屋离历史很近,离现实很远,没有人愿意长期居住在里面。乡村复兴的关键在于要把人找回来,让人愿意住在乡村、住在乡村的房子里。清境原舍在改造这5栋小楼的时候,能够改建的部分尽可能进行功能上的改建和结构上的加建,维持外观上的协调和一致;改造不了的部分推倒了用现代的材料和技艺重建,但是仍旧保留原来的风味。改造之后的房屋墙壁几乎是原来的两倍厚,里面是钢筋水泥土,还放了隔音棉和保温层,外面加了砖,不是贴上去的。这个房屋质量100年是没有问题的。清境原舍的房屋租赁期限是20年,20年期满民宿的经营者们就会离开,房子交还给村里,任由村集体处置,他们可以自己做经营或者变成其他空间。单纯的空间保护,保护的是房子,是建筑,不是村落,不是村落里的人脉。为了保护房子而保护房子,实际上是一种本末倒置。清境原舍所在的自然村离德清县城武康相对比较近一点,并不是特别偏远的,还是有一些人居住在村里的,只是观念可能会固化一点。年轻人也不大愿意在村子里面干活,都愿意往城里去,哪怕去武康也不愿意呆在村子里面。我们希望能让乡村活化起来,其实乡村活化起来对民宿来说也就活化起来了。“我们希望更多的是能够提供一些力所能及的工作,可以让村里面整体观念往前走一点。不是说他的收入要提高多少,因为单单提高收入没有用的。你要帮他提高观念,让他知道:这里是你生活的地方、祖祖辈辈生活的地方,你不能让他消失掉,你是不可以让它再固化落后的,一定是要让它活下去(时任清境原舍主理人、莫干宿盟创始人之一崔盛,2015年)”。

“原舍”是“原来的那间房子”,它简单且没有遮拦,崇尚“原色乡土,原本生活”的概念。清境原舍的团队给原舍的定义是属于具有人情温度的民宿。民宿和酒店最大的区别是什么？酒店是做各种各样的标准，比如倒茶有倒茶的标准，面部表情要如何，双手姿势要如何，水温控制要如何，其实和客人之间并没有多少实质意义上的沟通。只要满足标准操作手册上的一些指标，酒店的服务就是达标的。而民宿更多强调和客人的互动，客人来山里是因为在山里有一帮朋友、有房子，你可以过来住，像自己家一样。这就是清境原舍想要有的朋友之间熟络的感觉。

清境原舍的场所精神是“原来的那间房子”，是“山里的家”，这种场所精神的构建是通过和客人在空间中的互动形成的，是社会性的交往和关系所营造的。要生产的第一个空间感觉就是“自在的”，客人能够认识清境原舍的每一个人，客人在这里是需要自己动手服务自己的。这就需要给客人营造情境氛围，让客人适应清境原舍的民宿节奏。有时候客人在城市已经习惯了各种各样的服务，他会不适应这边的服务，这就需要引导客人去改变。举个例子，在酒店里，客人需要喝水，服务员通常是“稍等，给您倒杯水”；在清境原舍，管家会告知客人，“喝水的话，杯子在那边”。第一次客人可能觉得自己倒水怪怪的，等到第二次的时候他就会不一样了，觉得这个地方像是自己家，“我不是到这个地方住酒店，我是住在我自己家”。这个客人之后再来度假，带着自己朋友过来的时候，他就会说，“哎坐坐，我来给你们倒茶”。这个时候，清境原舍的管家们就会消失，把这个地方交给了客人和他的朋友们。清境原舍冰箱里面的饮料和食物是不额外收费的，客人会觉得这个地方就是我自己的地方，我来招待朋友和家人，想吃什么喝什么，自己拿。这种环境和氛围营造出来以后，客人就会觉得和酒店不一样，“这才是民宿，这才是我在山里面的一个家”。与此同时，清境原舍里把自己的管家、阿姨通过微信网站等公共平台推广宣传出去，每一个人都有自己的个性，也有自己的粉丝，很多客人在来住宿之前就已经知道和认识民宿的成员们，知道彼此谁是谁、谁做什么；在客人离开之后，管家也会注意维护和客人之间的关系，包括生日问候、朋友圈点赞、旅行关怀等，增加客人对清境原舍的好感，吸引客人下次光临。要生产的第二个空间概念就是“纯粹的”,清境原舍的人员不会去探究客人的身份和背景,客人可以单纯地做没有面具的自然人,而不是扮演社会角色。“我从来不会问你在上海那边做的是什么,或者你在那个地方是什么身份,从来不会过问你是干什么的。然后你过来以后就是我们的朋友,我也不会顾忌你年龄有多大或者有多小,大家就会开开心心,闹在一起,玩在一起。我现在每天最大的时间消耗就是陪朋友聊天。其实是这样的,因为这些朋友过来的话都需要有沟通交流,来了之后他会把身边的事情跟我分享,我们会把山里好玩的事情跟他分享。我不管他是什么身份,而且我们没有利益关系,他跟我们分享事情的时候,就不会有心理负担,就会有很多的话愿意跟我们讲,愿意跟我们聊。我公司领导怎么样怎么样,我下面员工怎么样怎么样,我合作伙伴怎么样怎么样,跟我老婆吵架了怎么回事,甚至一些隐私,都有的。这个他不能跟别人去讲,但是他在我这里是匿名的,他可以放开去说这些问题,像一种宣泄一样,说完之后觉得特别轻松。其实来这里就是休息两天,能让客人放松下来,我的目的就真正达到了。不是说身体的这种休息,心理更需要休息。有的客人可以一杯咖啡一本书,坐在这里一下午没有人打扰他——他就是来安安静静呆在这里的(时任清境原舍主理人、莫干宿盟创始人之一崔盛,2015年)”。要生产的第三个空间概念就是“主动的”,营造不同的活动情境让客人主动要求加入进来。清境原舍的策略不是直接组织客人或让客人被动地参与,告诉客人行程中有什么活动;而是团队自己玩起来,让客人产生好奇并主动询问。比如经常性的原舍的管家团队会当着客人的面在餐厅做彩绘,客人就会好奇:“哎你们这边在干什么?”这时候管家就可以邀请客人们说:“一起玩!”人群就会聚集起来,尤其是孩子们。这样隐藏着小心机的策略屡屡得手,因为客人们觉得自己融入到山里的环境了,和山里的人们一起玩了,在参与活动的同时,内心还有一份欣欣然的成就感,“看,我多厉害”;而不是由民宿给客人一份清单,让客人选择参与或者不参与。对于山里的民宿清境原舍来说,山里有山里的生活,除了围绕客人转,民宿团队还有自己的生活:每一个在店里的员工,都是家人,就像在家里一样,扮演着不同的家庭角色,团队每天都有自己的固定生活。这种生活方式会通过微博微信等账号推送给民宿的客人，从某种意义上说，他们也是在表演和示范，告诉他们的客人们，山里的日子是怎样的。有些清境原舍的粉丝们，他们或多或少已经在公众平台上做了功课，在入住前几日就会迫不及待地联系管家，询问最近民宿有什么活动或者栏目。事实上民宿也会根据入住客人的不同需求精心设计针对性的活动，却让客人们有偶遇或者邂逅的错觉：对于年轻夫妻或者是小情侣，管家们会带他们去爬山、钓鱼，给他们拍好看的照片；对于带孩子出行的家庭，会被安排去农园采摘、挖菜，或者带小朋友打水枪，去小溪里抓鱼；对于团建出行的小团体，管家们会为他们设计好撕名牌等对抗性的活动流程，并扮演他们的活动裁判。这些活动安排在清境原舍同样不需要额外付费，在管家们精心地引导下，客人们会主动代入到场景和角色，会觉得这就是山里的生活，这就是山里面真实的日常。这种貌似无意的刻意，是由民宿人和客人们共同建构的乡村理想生活，新鲜、舒适、没有压力，摆脱了城市的紧张和物欲，只需要奔跑在田野里，和朋友们一同嬉戏。这样的生活，让客人们即使回到了城市中，也会自觉地想念，并不自觉地向周边的朋友们推荐。要生产的第四个空间概念就是“反馈的”，清境原舍把“村民—村委—民宿—客人”捆绑在一起，通过伴手礼使彼此发生经常性的联系。“我们现在尝试着跟村里做了一个合作，也其实就是一个伴手礼。我们是把村里所有这个土特产全部收集起来，收完之后我们自己设计包装，然后卖到上海。其实这样做的好处是什么？第一我们是和村里一起合营的合作社，也就是说村里也有收入。之前村民去做这种土特产他要不断地到处去销售、到处去跑，现在不用了，他只要做好产品本身就好。第二像我们在上海的或者其他地方的客人，可以买到第一手新鲜的食材或者说土特产。我们用伴城伴乡(公司)做了这个伴手礼，去年德清伴手礼大赛我们拿了第一名。这个第一名不是因为设计得好，当然包装也蛮漂亮的，第一名是因为我们的理念好，是大家共赢的一个理念。我们可以把它做成生态圈，因为村民有村民的好处，我们有我们的好处，村委有村委的好处，然后客人有客人的好处(清境原舍民宿管家小白，2015年）”。要生产的第五个空间概念就是“持续的”，既是生态可持续，也是经营可持续，更是人的可持续。清境原舍与当地村集体商议，以三四百元每亩的价格在民宿附近租赁了60亩的土地，准备用来做农场采摘和儿童游乐配套。因为相对收益高，莫干山上种树苗的情况比较多，清境原舍租赁的这块土地从前是樟树苗圃。然而树苗对土地的影响并不都是有利的：过度洒农药撒化肥，土地的肥力全部被破坏掉了；大片香樟连着泥球被挖走，地上像被地雷炸过一样，全是大大小小的坑，雨天积水，旱时干裂，根本没法进行种植。原舍团队只得把地形给清理平整，荒停一年半之后，开始种植玉米、大豆等固氮的作物，让土地的肥力依靠植物养起来。与此同时，原舍团队在整个土地上全部撒了一遍有机肥，希望能够把土地恢复到之前的状态。直到2014年夏天，清境农场才有了玉米、红薯、秋葵等首次产出。产值不到5万元，成本达20万元，主要开支是人工，比如请当地农民参与耕种、及时除草等。[①] 按照规划，这里未来是一个综合性的乡村体验空间，有池塘、花圃、果林和停车场。遗憾的是，早先尝试种植的苗木有一部分已经完全死去，那一片荒地今后会变成供小朋友玩耍的游乐园。整个片区预计能够让客人停留6小时以上，如清境原舍的管家小白所希望，不仅是住，还要有玩，这个村子未来才能吸引更多的人。

2. 生产队大会堂：莫干山居图的乡村图书馆

与清境原舍一样，“洋家乐”莫干山居图所在地也是村集体用地。投资人朱锦东先生是浙江丽水遂昌人，原来在文化馆工作，后来自己在杭州开了出版公司，偏好收藏，喜爱书画和经文。原本并没有开民宿的想法，只是喜欢这个地方，现在主要精力在莫干山经营“洋家乐”莫干山居图，并在当地新注册了德清先秦文化艺术有限公司。“我之前定居在杭州，一直想在离杭州就是个把小时车程的，然后我又很喜

① 朱胜萱.从土地、民宿到文脉：莫干山乡村改造试验.澎湃新闻，2015-01-16

欢的这样一个环境里面有一栋自己的房子，所以就一直在找。2012年我来到这里，看了以后我觉得挺喜欢的。我对莫干山这个地方就是比较感兴趣，一个它千年名山有干将的传说，另外就民国史的话应该从莫干山开始写，第三个我喜欢做瓷，德清是瓷之源，中国瓷的源头是在德清，莫干山旁有德清古窑址[①]。我当时就想自己享受享受，朋友过来在这里玩玩，有几个房间给朋友住住。就想花两三百万块钱，纯粹就是玩玩。后来一弄就没刹住车，前前后后投了1000多万了，也就被赶鸭子上架当门生意做了（莫干山居图创始人朱锦东，2015年）"。庙前村里的生产队大会堂是20个世纪60年代的建筑，早已闲置多年，2012年之前庙前村村委会办公就在大会堂前的那栋小楼里。附近的居民会把闲置的杂物堆放在大会堂，因为常年没有人看护，村委会平均每年要花费1万元对其进行修缮。2012年朱锦东向庙前村村委会租下这个院子，整个院子占地1881平方米，约定年租金是4万元，三年付一次，每三年递增10%，租期为30年。"（德清）县里面有专门做瓷这块的博物馆。所以我就专注做一个莫干山剑，就是剑文化的一个艺术馆。我是想把这些文化艺术的东西跟很现实的东西结合在一起，比如说我这里有西餐、有中餐。就像国外的很多艺术馆可以在里面用餐，不要板着一个脸让人来参观。我会把它保留得尽可能地少点商业气息，文化气息浓一点。我就把它定位成图书馆酒店，这个名字很难取，想了很多名字我觉得都不合适，后来我想干脆叫莫干山居图，为什么呢？图本身就是一个画面。你可以看到这个房子外围是个画面，你可以看到里面是一个画面，或者说就是，可以任意去想。我以后可能会请一个画家来画一幅，比如说现代版的莫干山居图（莫干山居图创始人朱锦东，2015年）"。原来的生产队大会堂加上新建的住房，总建筑面积2900多平方米。大会堂被改造成会议空间和艺术餐吧，会堂前新建了一栋三层建筑作为主题民宿，会堂后还设有煤气窑用来烧瓷制陶，来客也可前来体验。朱锦

① 火烧山窑址位于浙江省德清县武康镇龙山村，是目前已知的唯一一处西周晚期至春秋晚期的原始瓷窑址，也是目前已发掘最早的纯烧原始瓷的窑址。

东希望这里首先是艺术交流的空间,同时打破传统的空间行为界限,在图书馆可以吃饭交谈甚至跳舞;其次才是民宿。莫干山居图的典型意义在于对村里大会堂的重新叙事。

古罗马著名哲学家西塞罗曾说:“假如你拥有一座花园和图书馆,你便拥有所需要的一切了。”在朱锦东的莫干山居图,什么都有了。莫干山居图盖了整整 4 年,没有请设计师,没有设计图纸,“我也没请设计师,完全是有点随心所欲的样子……开始的感觉就是,挺自负的,就是我觉得自己就是能把它做好;原来请了一个人驻场对接,发现不行得自己住过来,就一直待在山里了,后来发现这是一个挺复杂的过程,要盖房子,还要铺水电、刷油漆,挺头疼的(莫干山居图创始人朱锦东,2017 年)”。“大会堂的结构没有动,屋顶做了加固,瓦片重新弄过,下面钉了木板做防水。原来就是瓦片,它很容易漏水;原来窗户很低,就整个面很窄,没有大的块面,朱锦东做了调整,增加了玻璃天窗,让屋内更加明亮;一整面墙壁改造成宽 16 米、高 12 米的巨大书架,放置万卷藏书;一楼展示龙泉青瓷,那是朱锦东的私藏;还有悬墙而立的巨型书法,是上届中国书法家协会副主席邵秉仁和现在的中国书法家协会副主席王丹的墨宝,都是他的老师及好友;房梁上上百个老式灯泡,到夜晚亮起暖黄色的光,营造温暖怀旧的阅读氛围。原来颓败的大会堂,被朱锦东这个地道的文人改造成了图书馆展示厅——他把一座藏书馆搬进了乡村,不仅对住客开放,也对村民开放,村民们尤其是儿童可以随时参观借阅书籍。“我其实不太喜欢热闹的,特别是一些公司年会,大家难得聚会都很兴奋,四五十个人自然是比较吵闹的,但是一个月不这样吵闹一次又不行,民宿要运营下去的,我也只能在理想和现实、商业和情怀之间做个妥协。山居图有知名度,室内活动场地也足够大气,用餐、会议和活动场地都很充分,很适合包场的年会。但是有一点我倒是可以坚持的,就是承接公司年会,人数不会超过 60 人,一个月不会超过一次,大厅里面不允许打牌、搓麻将的。我不是一个纯粹的商人,本质上就是一个文人,一个理想主义者。我来山里,就是过山里的日子的,不是来山里天天开会的。好不容易有这么个地方,安安静静多好(莫干山居图创始人朱锦东,2017年)”。“我心安处即吾乡”,是在文人信仰和经济营生之间试图做最好的平衡,这是一个顶天立地的图书馆民宿。与图书馆恢宏壮观的文化感不同,莫干山居图花园里的景致却是文艺风的格调。白房子、石砌拱门,一深一浅两个泳池边修竹环绕。大会堂改造完成之后,朱锦东开始着手客房部分,原有的老房改造加上新建楼房,一共做了25套客房,分为现代格调、传统中式格调、上下层复式套房三种,能容纳五六十人住宿。改造后的客房外部呈现欧式地中海风格的城堡式观感,白色外墙面、旋转楼梯、镂空小窗,客房内部装饰加入书法、瓷器、窗格等中式元素。与其他的“洋家乐”相比,莫干山居图除了日常的住宿服务,恐怕要接待庞大的参观流量,这里是朱锦东一个人的乡村会客厅,也是庙前村的会客厅,更是莫干山的会客厅。

3. 猪圈:“正规不正式”的西坡山乡酒店

西坡所在的劳岭村岭坑里自然村原来有30多户人家,多数出去务工,基本上属于空心村。西坡租下了其中的7栋老房子,打理出40间客房,每年大约有2000万的营业额,为当地贡献100万的税收。岭坑里现在是莫干山知名的“洋家乐”村,枫华、西坡、小木森森等“洋家乐”集聚,90%以上的农户都将房子租出去或自家开起了民宿,多数受西坡的影响甚至有在西坡从业的经历。毫不夸张地说,是西坡盘活了整个村子。西坡的创始人钱继良是德清本地人,从小在乡村长大,爷爷辈原来是泥水匠。回到莫干山之前,钱继良从事过珠宝、金融行业,原来是没有一身名牌出不去的人,头发也要烫成烟花烫。后来经历的事情多了,钱继良开始怀念小时候的生活,也会跟朋友去水库钓鱼,特别是2008年、2009年的时候就经常往山里跑。钓鱼的过程中,钱继良看到高天成建造的裸心乡,触动非常大,“原来在村子里面也是可以做这样的业态的,原来外国人那么喜欢来这边住老房子!”钱继良动心了,也想在村子里建一栋:一开始想着接待朋友,或者是自己过来住住,类似于会所的性质;后来干脆想做一间山乡酒店。所以从2009年9月份开始,老钱就把西坡玉芳家,也就是西坡最老的那一栋房子租下来,当时的房东一家人已经在上海生活了,老钱租下来房租是 4 万元,租了 30 年。一年之后,西坡第一栋民宿改建完工,老钱兴冲冲地邀请父母前来吃饭庆祝,那顿饭吃的是很沉重的,钱继良的母亲眼泪差一点就掉出来了,“这种房子怎么会有人来住啊? 儿子你以后怎么办呢?”长辈们担心钱继良租房和改造的投入会血本无归。对此,钱继良却和他的合伙人刘杰有一个共同的相反的判断,“‘洋家乐’本身是一个逆城市化的产物,本身是城市化发展到一定阶段——像上海、杭州、苏州、广州、北京,在这样大城市周边出现的。说得远点,像丽江,像大理,其实大家也就是因为环境才到这些地方去的。我没有见太多的在广元(四川省北部的一个地级市)过日子的人说是我要去丽江体验一下、去大理去体验一下那种感觉。我在四川我有这样的风景啊,我有这样的空气,我有这样的环境,我也没有太多的压力,对不对? 对上海人来说不一样,对杭州、对苏州、对南京来说当然不一样。像江浙沪这边的城市化发展得比较快,尤其是像上海,我想应该是城镇化发展最快的一个地方。城市化发展到一定阶段它下一个阶段就是逆城市化,说白了像西坡这种类型的酒店和像在西坡消费这样类型的层次,这个层次的消费者,他可能是走在逆城市化前沿的一部分。就像我以前呆在城市真的是喘不过来气的这种,我自己也不想在城市呆,我是能不去杭州就尽量不去杭州——电梯里面人挤了我也会觉得不舒服(时任西坡山乡度假村运营负责人刘杰,2014 年)”。这里面涉及两个基本的前提,一是城市化发展到一定阶段和一定层次,二是目标市场和目标消费群体发育成熟。西坡可以算是莫干山“洋家乐”民居老屋改造的典范,石膏窗花,二层平房,不新不旧容易被忽略,却是“70 后”和“80 后”群体小时候的集体回忆。最著名的当属 1 号楼那个猪圈改造的房间,巨大的今昔对比表达了诸多生活的艺术,1580 元一晚的房价让它成为“最贵的猪圈”。时任浙江省领导来西坡看过之后,可能越来越多的人,尤其是浙江省内对于“洋家乐”现象推崇备至,地方上一哄而上绞尽脑汁想要效仿。这其实是政府一厢情愿的想法。对企业而言,对投资人而言,首先要去评估风险,要去测评这个地方有没有市场,有没有人愿意到这个地方来;对于运营方而言,要去分析这个地方的住宿业态能不能管理好。市场行为需要遵循市场逻辑,市场逻辑最直接的一点就是投资回报。目前浙江省内的民宿业态愈演愈烈,有些是政府方面一厢情愿的主导,也有企业抱着赌一把的心态。或者谋地或者谋名,不是抱着真正想做民宿的这个目的去的。时任西坡山乡度假村运营负责人刘杰的想法相对纯粹,"我不是为了去做旅游度假这个行业或者为了去做一个产品。可能我们的愿望比较单纯,就是想简简单单地做好一家酒店"。与其他"洋家乐"反复强调情怀和价值不一样,西坡从不讳言想要好好做一个酒店的想法,介于精品酒店和精品民宿之间,成为行业里面专业的团队——"正规而不正式"不仅是西坡的服务准则,也是西坡"洋家乐"的场所精神。

西坡"正规"的场所精神,体现在空间上的强投入、队伍上的强分工和制度上的强管理。一是严格的硬件设施投入。房屋改造的费用主要在各种看不见的地方,尤其是基础设施的隐蔽工程,包括防潮、隔音、保暖等设施。水泥结构的房子还好,"像我们 7 号楼的话,是木楼板,你在楼上跳,楼下不会听到任何很清脆的响声的。5 号楼也是水泥的,外边看不出来,那是一层小竹子,竹子后面还有一层木板,木板上面是隔音防潮的,这个是叫彩钢板,彩钢板上再铺一层木板,木板上面再去钉条子,钉好了之后再盖瓦。所以很多钱,我经常讲,很多钱用在了客人看不见的地方。本身乡村度假酒店的改造在基础设施上投入就比较大,它不像是城市酒店——有完善的排污系统,这都好做。对我们而言,我们要去做水栓满足消防的要求,要去做我们自己的排污系统。像我们 2 号楼那边,从日本进口了一套污水处理设施,埋地下的,脏水进,流入小溪里面的水质可以达到三级饮用水的标准。这些都是看不见的。西坡投入没有那么大,跟裸心谷没法比,但是相对于同行的话,指的是莫干山这个区域范围中我们应该是投入最多的。一栋房子的改造成本都在 200 万以上,整体投入大约有 2000 万(时任西坡山乡度假村运营负责人刘杰,2014 年)"。二是公司化的专业管理团队。2012 年曾经在广州从都、杭州安缦法云、湖州裸心谷等国内顶级度假酒店供职过的酒店人刘杰加入西坡团队,负责民宿的具体运营工作。刘杰刚到西坡的时候,总共9间房,还有一栋正在装修;两个管家,现在已经成长为西坡的私人管家主管和客房主管;员工总共八九个人,其中包括老板的小舅子、老板的连襟、老板的妻子、投资人的妻子,还有老板的同学……用刘杰的话讲,“当时的状况真是一言难尽”。2013年,西坡开始几个比较大的动作:第一步是把个体经营户改成酒店管理公司,开始正规化管理道路;第二步是让所有的亲属全部退到二线,凡是能够接触到客人的部门全部不要保留,采购、人力都可以做。之前做预订的是老板的夫人,刘杰将其调整到财务出纳部门,“不合适的,拿起电话我一听就是不合适的,去做财务做出纳都可以,就是不要做预订和客人打交道”;第三步是建立酒店的各个部门,制定酒店的标准。刘杰坚持各个部门都需要有标准的,西坡的专业性就体现在每样东西都有一个标准操作流程,不是胡乱地来。2014年年底时,西坡只有20间客房,但是管理公司有40号人,管理中心在德清县城武康,是整个莫干山员工配比最高的民宿。这40号人员,不包括设计的,不包括业主方,不包括酒店开发的,全是德清县西坡酒店管理有限公司的。所有工作分部门按流程正规化管理,包括预订部门、人力资源部门、财务部门、采购部门、工程部门等。三是正规化的奖罚管理制度。西坡团队奉行“正规不正式”的服务:正规是指整个服务是有质量有效果有口碑的;不正式是指不太想给客人一种“你在被服务”的感觉,或者不想管家被客人当做服务员。西坡的运营负责人刘杰经常培训管家说:“如果客人叫你管家,说明你已经失败了;如果客人叫你服务员,说明你已经失败透顶了。”正常的情况下,一个客人从入住到第二天退房,管家至少有20个小时可以跟客人交流,如果在这20个小时时间内管家都不能让客人记住自己的姓名,毫无疑问是失败的。所以西坡在激励政策上,也会偏向于怎么从推进服务的角度去考虑。OTA平台携程网的西坡评价页面上的好评,管家是有奖励的,100元钱一条好评。这个好评怎么界定?不是说服务好、房间好、管家很热情等,这种是不会被当做好评的,好评是具体提到管家的名字,比如小毛、小蒋这种,如果客人记得住管家的名字,管家就是成功的。西坡在尽可能地去传递一种自由平等的想法，包括管家和客人之间的交往关系。这样的风格和做派肯定不适合商务酒店，但是如果是度假酒店，如果管家自己都放松不下来，怎么能够让客人放松呢？西坡的管家是有提成的，宾客活动管家有 20%的提成，房间销售一栋别墅有 3%的提成(预订一栋别墅 8000 元钱，管家有 3 个点的奖励，就是 240 元钱)，管家的工资是上不封顶，做得越好收入越高；同样的，管家也是有纪律的，一个管家在一个月时间内如果遭到两次投诉是必须要离职的，刘杰曾经亲手开除过一个自己从裸心谷带来的管家。这个我在前文管家的工作规训中也有所提及。

西坡"不正式"的场所精神，体现在楼栋氛围主题化、生活方式极简化、管理细节人性化、宾客体验化、定制服务精准化。一是西坡每栋楼都有每栋楼的风格，符合不同群体的期待；每栋楼都以原来房东的名字命名，西坡康敏家、西坡海根家、西坡玉宝家、西坡玉芳家，充满着友好的邻里记忆。1 号楼是真正能反映出田园和乡村的感觉的；5 号楼的风格比较温馨居家，像妈妈这种给人很平易近人的感觉；6 号楼更时尚、更年轻一些；7 号楼可能适合 1975 年到 1988 年、1990 年这样的年龄层次，多少有些正气，这个房屋设计比较正，也有度假休闲的氛围，介于 5 号楼和 6 号楼之间。二是个性化、减法的室内装饰追求。西坡在室内装潢的品质上坚持给客人一种舒适的体验，很多客人会这么评价西坡，"感觉这个东西就应该放在这个地方，就像这个壁炉，不是为了放一个壁炉而特意在这个地方堆砌一个壁炉"。与有些民宿想要给客人尽可能应有尽有的体验感不同，西坡走的是在做减法的一条路子：把客房里面能不要的东西统统都拿出去，留下的仅仅是能够满足客人最基本需要的东西。之前西坡的房间里有沐浴露、洗发水、润肤露、护发素，后来调整为只放洗发水和沐浴露。因为其他两样使用的人太少了，西坡也会配备，但不是放在房间里而是放在布草房，客人需要的话可以找管家要。西坡就是想把简单的生活方式传递出来：不要让日子弄得太复杂，自己到底想要什么自己都不清楚。三是管理细节上人性化的体现。"我自己也穿过制服穿过皮鞋，我知道是什么滋味。所以对我们的员工，我的要求是，你穿你自己的衣服就好了,你只要不穿大红大紫特别怪异的衣服,不要让客人感觉很难堪的衣服,都可以,随便你怎么穿。包括像我们管家的制服(我来之前有),一般酒店都会跟管家说牛仔裤之类的不能穿,我觉得有什么不能穿的呢,客人到这个地方又不是开会的,对这种传统度假酒店的做派,我个人是一个比较反传统的人,也不太安分守己,骨子里的啊,表面还是很乖的……我每个房间都住过的。我经常讲,你自己都不舒服,怎么能让客人舒服?你自己都不放松,怎么让客人放松?像我们所有吃的东西,我们所有的产品,管家都是自己体验过的。比如说一个新来的管家我问他,这个英式红茶你喝过吗?没喝过。什么味道啊?不知道。那和伯爵茶有什么区别啊?不清楚。那这样,今天下午你赶紧去自己喝喝,喝完了你再回来告诉我两种茶有什么区别,告诉我完了之后我们做一个关于红茶的培训。你来跟大家讲,材料你来出。所以我们每上一个产品,在上之前,我们自己人都先体验过。那如果不行,大家有意见,大家赶紧讲的(时任西坡山乡度假村运营负责人刘杰,2014 年)"。四是家一样的宾客感觉。西坡整个民宿里面没有太多纸质化的介绍。出于两个原因,第一个是宣扬环保,因为西坡使用的所有纸张都是特种纸,太浪费了;第二个是一直想要把西坡打造成家的感觉,就像客人推门而入是来走亲戚的,而不是像传统商务酒店那一套,管家站在前台,让客人出示身份证,这种感觉非常的疏离。同样的,客人在自己家里不会到处都是显眼的 LOGO,所以西坡在品牌宣传上的有形印刷是非常谨慎和小心的。但是有两点可以让客人在入住的过程中同样了解西坡。第一点是每个房间的欢迎水果旁边会有管家的名片,这个名片的作用非常巨大,这意味着管家和客人之间有一种非常亲密的接触,西坡提供的是 24 小时一对一全方位的管家服务,任何时间任何需要都可以寻求管家的帮助,转换插头有,润肤露、护发素有,甚至客人要去小溪边吃饭,管家都会安排好。客人提任何要求,对于管家来说无非是两个问题,一个是时间,一个是金钱。这两个条件满足了,就没有是管家不能够办到的。第二点,通过电子化手段提供引导,与其使用再生纸,不如使用 IPAD。西坡正在找工程部门做 IPAD 基座,就是一段木头，切成两半，在中间开个槽，把 IPAD 往里一放，就可以了。西坡有自己设计的 APP，对西坡所有的产品和服务进行了非常详细的解释和说明，甚至有导航功能。客人所需要知道的任何东西都可以通过这个 APP 去了解。要么是人，要么是程序，都可以弥补不使用纸质化说明所带来的问题。五是不计成本的服务。西坡管家群里有一句话深入人心，“客人提的要求，只要是不违法的，都是合理的”。很多人选择来莫干山度假住民宿，可能是一时兴起，也可能是计划已久，甚至可能是要在这里举行生命中很重要的仪式。西坡接待过一对住在 5 号楼的情侣，是男生过来准备求婚的。“这个男生打电话到我们预订部，告诉我们他这次是过来求婚的，这里有没有什么东西是可以提供给他们的？我说我们有免费晚餐可以提供给你们，蛋糕、鲜花、红酒，这是可以免费提供给你们的。客人一听，说我还希望更丰满一些。OK，没问题，告诉我你的预算。但是就为了这个事情，钱总这边还专门跟我说过，说以后不要问客人预算了，说这样的事情我们不计成本地去做。客人预算说 3000 块钱，OK，没问题，3000 块钱来做。预订部把这个要求转递给房务经理，房务经理会去策划——我们不想给客人一个统一的套餐之类的，那就谈不上什么定制了。如果你也穿这个衣服，我也穿这个衣服，那定制什么衣服呢？大家穿的都是一样的呀。所以房务经理定制好就发给客人，客人来了之后跟他女朋友一起看了房间，跟其他房间没有任何差别，任何的布置都没有，根本不知道我们在做什么，这帮人这么不靠谱哦。快到吃晚饭的时候，我们管家邀请客人和他女朋友一起出去逛逛，夏天嘛，用高尔夫球车，电瓶车，在湖边插上火把往山上开。山上是水库，水库的大坝上边，工程部的人找一把烟花摆好，电瓶车上来灯光一照，啪啪啪烟花全点起来了。女生在下面一看，傻了。看完烟火之后他们就回去，在他们回去的路上，在他们一出 5 号别墅的路上，我们的管家团队就开始布置了，从 5 号楼的门口插蜡烛摆到桥头，我们过来的时候沿着蜡烛一起走上来，走上来坐到 5 号楼客厅里面，客厅里面我们有配电箱的，管家在厨房把电一断，啪一断，蛋糕蜡烛插上，放在女生跟前。她开始很感动了。我们在山上采的野花，一般我们不太主张去店里现买那种，送到女生房间，说这是先生特意为你准备的，那男生一听，对对对。然后他们就开始吃晚饭，吃晚饭的时候管家在楼上就开始布置了，玫瑰花瓣、蜡烛、放的小礼物、红酒，全都布置好。布置好之后，到了客房发生什么我就不知道了啊。第二天结账的时候，先生问花了多少钱，管家给列了个账单，1800。先生说，这 1200 块钱我不要了，分给兄弟们吧（时任西坡山乡度假村运营负责人刘杰，2014 年）”。这样的故事发生太多了。通常为了给客人制造惊喜，西坡需要出动比客人还要多的工作人员来筹划安排。之前一个公司来团建，恰巧为其中的一名员工过生日。管家带着大部分人在 6 号楼看西坡帮忙剪辑的祝寿视频，西坡工程部的同事在楼下准备放烟火，刘杰站在 5 号楼阳台上，看着管家把视频放完之后，气势磅礴地喊了一声“点”，公司的这部分客人就簇拥到露台齐声给寿星唱生日歌。过生日的小伙子是云南保山人，当时客人的要求是希望能够有一些当地的美食，西坡就准备了云南的米线，做的长寿米线，准备了一个 IPAD 的电子相册，全是寿星家乡漂亮的风景，包括寿星小时候学校的照片也都有。与其说西坡在卖客房，不如说西坡在卖体验：我给你的体验只有西坡才有，你去别的地方看不到家乡的照片，没有人给你放烟花，也没有人给你唱生日歌。而唯独西坡有。另一个过 70 岁的老爷子，就是在 6 号楼餐厅里面过的生日，刘杰带着员工们一起去的，蛋糕捧给他，大家伙儿一起唱歌，有人在录视频……后来老爷子都感动得流下眼泪。之后刘杰跟员工说，如果老爷子有幸活到 90 岁，假设他还要出来过生日，假设他还要考虑到莫干山过生日，不来西坡他去哪儿？给我一个不来西坡的理由。

其实西坡的硬件条件在整个莫干山并不是出类拔萃的。就时间上来讲，西坡 2010 年开业，至今六七年的时间，建筑、房子等基础设施上面还是有很多不完善的地方。“我们一年当中接到的投诉绝大多数不是因为我们管理上的问题，不是因为我们服务出了多大问题，而是因为我们硬件。包括我今天来，我也知道 6 号楼跳闸了，7 号楼也跳闸了。供电所的人来排查，也找不出原因。因为这些问题，我头都大了。我绝大多数时间是跟工程耗在一起，催促他们去把工程的东西搞明白。原因就是四五年前的产品，它缺乏一个合理的统筹的规划，是做到哪个地方再去做下一步。比如说我们申请的电表的容量，将近10个千瓦，第一栋楼就用了8个，第二栋楼想要再用8个，那肯定就不够了，所以很多基础设施的问题对我们的限制比较大。我也让我们一线团队在整理，有哪些可以改进的地方。我希望我们的新项目是什么样子呢？我希望我们在床头还是有总开关，我一摁，房间所有的灯都关了。有的房间还好哦，你在床头直接能关掉的；有的房间没有总开关；隔壁203那个房间更奇怪，当我洗完了澡之后，我躺在床上，我以为我可以把所有灯都关掉啊，啪啪啪一摁，还有一个灯亮着，最后没有办法，只能起来去把那个灯关掉。这个话题我跟设计师聊过，其实你体验过之后，就知道这个有多么不舒适不便捷和麻烦了。另外一个问题是衣柜。6号楼还好一些，光线比较充足，2号楼的一些衣柜，打开是看不见的，黑古隆冬的。我的想法是，给它装感应的灯，我只能去找工程部来解决。因为前期没有排线的问题，只能用电池的，但这涉及一个维护的问题，说不定哪天那个灯就不亮了。这种可能性是有的，你也不可能天天去看它有没有电的。这就是为什么到目前为止我们想做进一步拓展的原因。因为我们知道我们的能力在哪儿，我们知道我们能做什么样的事情，但是因为什么样的条件，因为什么样的原因我们没有把它做成，所以我们想把这个事情进一步地落实下去，包括像千岛湖、安吉、龙游、大理，还有昆明，很多很多点，包括清迈，很多很多点，我们也在寻找合适的点（时任西坡山乡度假村运营负责人刘杰，2014年）”。在西坡管理团队营造的整个“正规不正式”的场所精神里面，就是简简单单地，做一个纯粹的酒店。西坡一直在宣扬一种随性自由的乡村生活理念，你喜欢这种生活方式你就来，你不喜欢你千万不要来，浪费彼此的时间。通过这样一种理念的宣导，西坡积累了良好的口碑。像2014年年底周末的房间可能在当年七八月份的时候就已经订掉了，西坡的入住率很高，全年可以达到92%。这就是西坡的态度，也是西坡的创始人钱继良和合伙人刘杰经常挂在嘴边的一句话：专心做好一件事情，别人怎么评价让别人去评价，我只专心做我自己的事情。

第七章

扎根乡村:社会秩序和文化认同

扎根(enracinement)也许是人类灵魂最重要也是最为人所忽视的一项需求。这是最难定义的事物之一。一个人通过真实、活跃且自然地参与某一集体的生存而拥有一个根,这集体活生生地保守着一些过去的宝藏和对未来的预感(presentiment d'avenir)。所谓自然地参与,指的就是地点、出生、职业、周遭环境所自动带来的参与。每个人都需要拥有多重的根。每个人都需要,以他作为自然成员的环境为中介,接受其道德、理智、灵性生命的几乎全部内容。①

——西蒙娜·薇依

一、"洋家乐"的乡村进入冲突:打成一片,真的是"打"成一片

陌生人在一定程度上是"不速之客"。本地人对于陌生人的出现

---

① 西蒙娜·薇依.扎根——人类责任宣言绪论.徐卫翔,译.北京:生活·读书·新知三联书店,2003:33

是焦虑的,因为原本清晰的群体界限和平静的社会秩序被打破,“既不能接近他,也不能远离他,既不是我们中的一部分,也不是他们中的一部分,既不是朋友,也不是敌人”[①]。本地人的焦虑可能导致如下四种敌意甚至进攻的行为结果:[②]一是驱逐,“你走开”,将陌生人赶走,从而恢复已经丢失的、清晰的领地。这个反应的极端做法是屠杀。二是隔离,“你呆在你的世界里”,从地理空间上或精神世界上,或者两者兼而有之,将陌生人限定在一定的范围之内。三是拒绝,“你不要进入我的世界”,要求地方的控制权,拒绝陌生人进入或者居住。四是回避,“我离你远一些”,与陌生人保持距离,“‘沉默’将不同的人群分开,这一原则可以保证陌生人不成为敌意和攻击的目标,逃避了被看成敌人从而被打倒的命运,但也很难进入社会的主流,更是不可能‘一起打保龄球’”[③]。从激烈程度上来讲,这四种行为的结果是逐级递减的;而在这四种行为的结果出现之前,冲突与协商可能占据了更多的生活世界。齐美尔认为,社会冲突产生于社会联结过程和社会疏离过程的混合体系之中,社会中包含了分类与等级,各种类别之间的排斥和敌意构成互动结构的一面,冲突本身就是对立各方紧张状态的解决方案。[④] 下文的讨论将立足于微观的研究视角,将社会冲突作为基本的社会互动形式之一,围绕冲突在“洋家乐”进入乡土的过程中对于其中不同群体的功能和影响展开讨论。关于“洋家乐”经营者们需要面对的群体间和群体内部冲突的产生包括三个核心的、相互联系的假定:第一个是利益,第二个是礼俗,第三个是代际关系。

---

① 齐尔格特·鲍曼.通过社会学去思考.高华,吕东,徐庆,薛晓源,等译.北京:社会科学文献出版社,2002:40

② 齐尔格特·鲍曼.通过社会学去思考.高华,吕东,徐庆,薛晓源,等译.北京:社会科学文献出版社,2002:40-60

③ 陈蓓丽,何雪松.移民的陌生人意象:三个社会学传统.华东理工大学学报(社会科学版),2012(3):42

④ Georg. Simmel. (1904)“The Sociology of Conflict”, *The American Journal of Sociology*, Vol. 4, p. 494

1. 利益争夺和资源分配:莫干山居图拉墙事件

“洋家乐”莫干山居图在施工建设的期间和当地的村民发生了个小冲突。起因是民宿主人朱锦东2013年的时候想要在改造的房子外面围个围墙,把“洋家乐”的院落感营造出来。朱锦东像庙前村政府申请,政府同意了,可是村民们就不乐意了。原因是朱锦东所租用的地块是村集体用地,出租之后,朱锦东将原来的生产大队大会堂改造为图书馆,算是公益性的投入,出于补偿投资商经营回报的考虑,村政府允许朱锦东在原来的老楼旁边空地上盖一栋新楼用于做民宿,这引发了当地村民两方面的不满:一是大家原本希望空地能够用来做绿化或者停车场,觉得属于大家的可能的绿化用地被侵占掉了;二是村民不能理解为什么外来人能加盖房子,而自己作为本村人却不能加盖。当天来了几十个村民,用车连着绳子,把朱锦东的梁柱和围墙给拉倒了。朱锦东立即中止了施工,等村政府派人来协调好。“因为老百姓眼光看得比较近,他们觉得这个房子是我们村里的东西,租给你好像感觉心里不舒服。为什么要租给你啊?我们宁愿让它放着让它空着啊。有些人有这种想法。而且改造的时候又有噪声又有垃圾,老百姓都有意见的。我们就出来协调,绿地肯定是要给大家的,绿地是在房子院落的外面的,停车场也是要弄起来的。大家就慢慢都散了。现在等它一弄起来,这么漂亮,反对声又没有了,大家都感觉比较好(时任庙前村村委会主任,2015年)”。大多数农民的心理是同情弱者的,他遇到一个比他更困苦的人、不如他的人,他会来同情你,他会来帮助你;如果遇到一个比他过得好的人,有些人心里面就不舒服了。之后,朱锦东有意识地跟村民亲近,慢慢地和他们打成一片。只要是村里人提出来想要在莫干山居图干活,但凡过得去的,朱锦东都先让人家来试一下。“最好能自己说不要干了,最好了。你不要伤他面子,他说了要来,你不让他来,那他就要找事情。原来隔壁家的老人,说要过来帮忙倒垃圾,一个月给他一些费用,我没答应,这个事情他做不了之后,他就要找出点事情来。那边有个变压器,他说装得离他的房子比较近,事实上是公共区域,并没有到他的地界,“嗡嗡嗡”的声音,他说他睡不着。原来也没说睡不着的,倒不成垃圾之后就睡不着了。突然一天早上,4点多钟,弄一个脸盆,“当当当当”,站在家门口去敲,全村人都给他吵醒了。第一天我还不知道,我说怎么这么早就开始干活了,第二天,又“咣当咣当”敲了,我才懂了……各种莫名其妙的事情都会遇到。农民有他善良的一面,也有我们所不理解的一面。但是有些农民没有我们想象的那么善良,那善良的人肯定有的(莫干山居图创始人朱锦东,2015年)”。村民的逻辑是不患寡而患不均。你在村里租地盖房子卖房间赚钱了,那是占用了我们村民的资源,你要分一点给我们的。类似的例子其他“洋家乐”民宿主也遇到过,只是可能没有那么激烈。大乐之野创始人杨默涵在改造房子的初期,也有村民来闹,理由是大乐之野运石子占了村民家门口的路了,村民进出不方便,要杨默涵拿出两万元钱补偿。杨默涵进退维谷,既担心直接拒绝日后不好相处,又恐怕服软之后周边观望的村民会群起效仿。幸好后来发现这首先张口要钱的居民自己也做些散工,砌的石头比外面来的工人砌得要好,还挺自然。杨默涵便邀请他来帮民宿砌外墙,按照市价付给工钱,这村民也见好就收。解决冲突的一个方式是把小的建设项目给村民做。村民们就会有赚钱的机会,通过“洋家乐”的项目有一些利益,便不再计较其他的事情;而对于民宿主说,请外来人也要付工资的,同样的钱或者稍高一些请当地人也是一样的,主要是省却很多摩擦和不必要的麻烦。其中的分寸在于对做工量的认定和质的把握,当地村民参与建设项目也可以,但是一定要服从指挥、保质保量,否则容易滋生新的矛盾和冲突。

对于一些常年生活在乡村的本地居民而言,他们可能最直接的感受是外来的“洋家乐”经营者们在掠夺他们的资源,拿他们的地在赚钱,很多冲突也是因此而起。地如果是荒在那里没有人管,都没问题;一旦它产生效益,或者民宿主在上面做了个什么东西,未必是房子,都会产生矛盾。大乐之野3号楼盖到一半的时候,突然有一天一个村民跑过来对杨默涵说这个房子是他的,不是民宿签约租赁的房东的。杨默涵很惊讶,聊完之后才知道这个村民曾经住在里面,多年前房东曾说要把房子给他，但是没有过户，只有口头协议。这个村民现在看房子租出去赚钱了，就跑来掺和，杨默涵只好请房东再去协调。3号楼旁边有一条小路，也是才开始整理，就有人出来说这条路4年前是自己修的，所以是自己家的，其他人不能动；之后陆陆续续地来了三四个人，人人都说这条路自己家有份。在这种混乱的局面下，大乐之野就只好不去碰这条路，结果也没看到有其他人修好它，这条路到现在都坑坑洼洼的。大乐之野也试图找村主任解决，但是村主任并没有帮着民宿主。不存在村里人刁蛮的说法，只能说每个人背后都会有利益驱动。“就不管你怎么样，他有一个偏见在那里，这个是在他心里的，他就算嘴上说，你来啦，你好啊，但是他其实就是有一个偏见摆在那边，觉得我们是资源掠夺者，你来这就是赚钱的，抢他东西的。这个我觉得是可以理解的。我们跟村民相处那么长时间，觉得有些问题是匪夷所思的，其实做这个事情对他一点好处都没有。我打一个非常小的比方，有一棵树在路边上，还蛮好的一棵水杉，不高，他把它砍了，他也不卖，就一刀下去就给砍了，反正它是我的。他宁愿双方都得不到利益，也不愿只有你拿到利益（大乐之野创始人杨默涵，2015年）”。很多时候，“洋家乐”经营者在乡村的日常，不是在处理“洋家乐”的日常，而是在处理乡村的日常，在处理乡村中各种利益争夺和资源分配的日常。在这个过程中，很多事情并不是完全一点沟通的机会都没有的，只是这个沟通的成本太高，以至于他们会选择放弃或者回避。

2. 礼俗差异和交往逻辑：大乐租路事件和西坡隧道堵车事件

在乡村，“规矩不是法律，规矩是‘习’出来的礼俗”[①]。其实村民和外来投资者之间的关系，一开始并不是特别融洽的。这个过程是能够理解的。双方如果能沟通，前提是双方能够相互理解、能够平等对话。一个显而易见的困难在于双方的层次本身就不一样，掌握的经济资本、文化资本和社会资本都不一样，通常情况下，“洋家乐”外

---

① 费孝通. 乡土中国. 北京：北京大学出版社，1998：6

来投资者是相对强势的一方，本地村民是相对弱势的一方。如果相对强势的一方进入了相对弱势的一方的领地，后者就会产生相对剥夺感，觉得自己的资源被掠夺，自己也可能受到威胁，这是动物的防御本能。在这个过程当中，外来的民宿主们没有办法要求本地村民，进行平等谈判。更需要的可能是民宿主们放下姿态去和村民们沟通，但即便是民宿主自己觉得低姿态的时候，其实自身还带着一些帮助村民的想法，还是不可避免地带着事实上的高姿态。村里人的自尊心强，也敏感，民宿主最好不要让村民们觉得好像是你在提携他、怜悯他；最好增进和村民的交往。村里的社区是典型的人情社会，要用"有求于他"的方式。有的时候在村里面，如果你跟他感情好，你做的一些事情哪怕有可能是错的，他也会说你是对的。你跟他感情不好，你做的事情再有道理，他都觉得你没有道理。大乐之野在莫干山的第二家民宿选择开在庾村，叫做"小镇姑娘"。"就像庾村有块地，正好在我们租的房子边上，我们就想把它租过来做做配套的小环境。地主 A 不情愿的，说，哎呀，我这个地就是舍不得租给你们。我说你放心，这个地租了还是你的。他说你们会在上面乱弄的。我说我们在这上面就只是种种花，顶多开一条路可以走人，就是石子铺的小路。我说我们也是想诚心做的，想把这片环境弄弄好。但他就是说我舍不得的。其实他给我说的这些只是表象，我心里很清楚，其实就是一个数字、一个价格的问题。但是在村里你不可能像上海，在城市那样子，'你就说吧，你就想多少钱租给我吧?'这个话一定不能说。这个话一说，他就会觉得你看不起他；你看不起他，他脾气就来了，就不跟你谈了，'我就是不租了!'他就这样，掉头就走。我有这个预判的，肯定是这样一个情况，他会说就是我怎么样也不租给你——这只是他一时气话。所以我现在也没想到办法怎么跟他再去沟通这个地的问题……之前是当地人 B 帮我们去沟通的，那 B 其实是想从中占点便宜。B 跟我讲，你交给我吧，大概给我多少钱，事情我帮你处理掉。我们正准备跟他说签个合同的时候，B 突然又跟我们说地主 A 又不愿意了，我们也没有办法。我们受了那么多年的教育，然后走到今天这个状态；他们几十年一辈子都在这边，可能在你们来之前都没有怎么出去过,你不能要求说他们的整个思维逻辑和你一样。其实我们进来之后,他们变化也是蛮大的,以前是完全拒绝的(大乐之野创始人杨默涵,2015 年)”。杨默涵和吉晓祥身上带着典型的书生风范,是莫干山出了名的吵架总是输的人,时任德清旅游委副主任的杨国亮调侃经常接到他们的求助去帮他们协调村民的一些责难。与之形成鲜明对比的,是有着本地老板背景的西坡。

2013 年,拜尔集团来西坡做活动,从上海坐着大巴车过来。当时莫干山的道路基础设施很破旧,司机可能是越开越没信心了,就找个骑摩托车的本地人,准备问一下路。大概的起因就是,年轻的城里小伙子问了一个乡村人。“这个骑摩托车的本地村民正好顺路,我也不知道他们当时是怎么谈的,还是当时沟通没讲清楚,这个本地人可能认为他是在提供一个有偿服务,而这个大巴车里的年轻小伙子认为是在接受一个无偿服务。他们到了隧道那边,车子太大了进不了,我们就开着自己的私家车和接驳的高尔夫车去接客人。我刚去第一趟的时候看到有个本地人很着急地要跟我讲话,我以为是开大巴车的——很多这种开大巴车的,尤其是商务酒店去惯了的,他认为商务酒店会给他一点便利,我当时猜测他来找我说这个事情。我当时想法是这么多客人等着我,我跟他讲师傅你先稍等一下,等我把客人都送完了,我再跟你谈嘛。第二趟我过去的时候发现他已经不在隧道口了,也到处找不到人。第三趟我下去再上来的时候,高尔夫球车走在前面我走在后面,因为隧道比较暗,我把灯开着让大家可以看得更清楚一些。走到桥头的时候,我看到有很多毛竹堆在路上,当时正是砍毛竹的时节,电瓶车比较窄就开过去了,但是我这个车是过不去的。我想说这是谁啊,把这个堆在路当中了。我准备下车挪毛竹的时候就发现前面停了个摩托车,有个人朝我走过来,说你给我两百块钱。当时我就感觉有些不对劲了,明显可能是故意而为之的,我说你什么意思。他说我刚刚给他们带路了,你给我两百块钱。哦,我一听带路了,那为什么要我给你两百块钱?但是我不能问这样的话,我说,师傅你确定你是要找我要两百块钱,还是找开大巴车的要两百块钱。后来我又想这样问可能还会误解,我就说你是找西坡要两百块钱,还是找旅游大巴要两百块钱。他说我找西坡要两百块钱。当时我车里面还坐了几个客人,我对客人说,几位不好意思,我这里还有事情,你们先坐电瓶车,我让他们送你们过去。客人上去之后我就把车熄了火,把所有的窗子都摇上来,把车锁了我就出来了。我说师傅,我为什么要给你两百块钱?他说我刚才带路了。我说那你也不应该找我要两百块钱,你应该要去找开大巴车的要两百块钱。他说,我不管,他们是来住你们酒店的。这个就是他的逻辑,那如果中午客人去其他地方吃了饭没给钱,不是饭店还要来找我要钱?当然讲这种已经没意义了。那天那个事情,双方就僵持着了。我肯定不能给他两百块钱。兜里面有再多钱,两百块钱也不能给。这两百块钱给了,明天有人找我要两千我也只能给咯?各种人都可以上来找我要钱的。我说你等等,这个钱我要考虑下怎么给你。后来我跟我们钱总打了电话,他正好参加完中国最佳设计酒店的论坛回来,车已开到高速路口了。我大概把事情讲了一下。这个道理其实很明白了,如果要给两百块钱,我摸出来给你就好了。这不是最重要的,重要的是今天这两百块钱摸出去了,以后会怎么样?其他的人怎么办?后来我说你等等,这个钱我是给不了。反正开始僵持,僵持到劳岭隧道全堵了,下面堵了两公里多。然后我又打了电话,让酒店的几个小伙子下来一起到路口,同时让管家打电话给派出所。我叫大家都不要动,因为谁一旦动手,这个事情就难处理了。后面有司机起哄说你给他两百块钱就好,我说你们不要看我,又不是我堵的,你要给你给啊。大家就都等着,包括我们很多阿姨都下来看了,很多人是喜欢看热闹的,围观的人越来越多。钱总车子也被堵在了外面,是自己走上来的,他到时派出所也基本就到了。钱总说,你是来提供服务还是来敲竹杠的。那个本地人就说我是提供服务的。钱总说,不要说两百,今天你要多少我就能给你多少,只要你吃得下。派出所看看那个本地人,说喝多了吧,散了散了。交通一疏通,这个事情就过去了(时任西坡山乡度假村运营负责人刘杰,2014 年)”。刘杰后来反思这个事情,觉得自己没有处理好。钱继良是劳岭村本地人,深谙其中的礼俗之道,交往边界清晰,有礼有节。乡村是个熟人社会,“聚集成群的人,他们的情感和思想全部都转到同一个方向,他们自觉的个性消失了,形成一种集体心理”[①]。群众是在传统秩序被破坏之后形成的初级社会群体,形成了明显的从众行为和非理性倾向。大乐团队等外来者进入乡村,是想拉近和村民们的距离,所以他们会和村主任聊天,请邻居喝茶,想要把自己变成村里人,大乐告诉村里人,“我是来和你做朋友的,我会遵从你的行为习惯”;西坡的路数不一样,西坡在有意地保持和当地村民的距离,不远也不近,你来正正经经,你走客客气气,西坡告诉村里人,“我是来做生意的,你要遵从我的交往逻辑”。

3. 代际矛盾和家庭沟通:谁的秘密花园眼泪事件

与上述两种利益、礼俗引发的外部群体冲突不同,“洋家乐”经营者们在进入乡村之初还需要面对代际矛盾和家庭沟通为表现的典型的群体内冲突,通常是激进革新的年轻一代和传统守旧的老一代观念上的差异,一般表现为主干家庭的两代人之间的对抗和核心家庭夫妻之间的联合。大乐之野创始人吉晓祥辞去上海浦东规划院工作的时候,父母就是不太支持的。老人觉得浦东规划院是事业单位,项目来源不愁,工作稳定,儿子工作 7 年,一年薪资差不多三四十万,待遇也不错,家人比较有安全感。如果出来单干,父母的确会有一些担忧、有一些想法。即便如今,吉晓祥和自己的父母都规避讨论这个问题,平日里只是报喜不报忧,告诉老人民宿经营不错、客源稳定,请他们放心。与长辈的悲观保守不同,吉晓祥的妻子很支持他的选择,觉得这事情本身比较有意思,又正好和同学一起做,她就很能理解。另一个典型例子是谁的秘密花园的眼泪事件。房东是一对老夫妻,老先生 73 岁,上过小学,老妇人 67 岁,并不识字,都是何村村本村人。原先的房子是 2004 年时候才翻盖的,两层半的主楼格局带两个小偏屋。两个女儿出嫁之后,老夫妻两口子就独自生活在这里。在上海

---

① 古斯塔夫·勒庞.乌合之众——大众心理研究.冯克利,译.北京:中央编译出版社,2005:12

工作的小女儿2014年时跟老夫妻商量，想和两个朋友租下家乡的这套房子改造做民宿。老妇人一开始是不同意的，主要的矛盾集中在两个方面：一是关于房屋改做民宿之后老夫妻的居所问题。女儿想让他们搬到城里住，但房东夫妇习惯了乡村的生活，希望能够继续留在房子里，最后的决定是把主楼租给女儿及其合伙人做“洋家乐”，偏房留给房东夫妇继续居住，平日里也能够帮着照看，这样双方的诉求都得到了满足。二是因为房屋改造过程中的理念和做法。年轻的女儿主张把瓷砖地面和墙面换成“洋家乐”流行的木地板和稻草漆墙面，以讨好未来游客的消费偏好；老妇人觉得地面和墙面都没有破损，全部换掉过于浪费且不符合老人的审美。双方僵持不下，甚至几度泪眼相向，老先生夹在当中两头为难，只好从中斡旋为女儿说话，最后以房屋总是要留给后辈的理由成功说服老妇人做出让步。幸好民宿开业之后，生意红火，尤其暑假几乎天天满客，一辈子生活在乡间的老两口甚至接待了来自英国、墨西哥、韩国等不同地区的外国游客，连亲戚前来走动都没有空房间接待。老两口忙着做饭、洗碗、打扫卫生，每天不亦乐乎，先前的委屈和顾虑也逐渐被家里常有人气的喜悦和忙碌所替代。原先女儿最多一周回来一次探望，老两口都是眼巴巴地望着；现在家里面天天都有客人，也没有先前那样觉得孤单了。代际关系与亲属结构的嬗变也意味着社会文化结构应对这样一种社会变迁做出“文化自觉式”的反应，最起码也是大胆的尝试。[①] 出人意料的是，“洋家乐”对于乡村的留守老人而言还有我们看不到的情感的慰藉。

二、“洋家乐”的社区融入策略：示好，还是示威

所有人都有对安全感的一种深层的心理需要，这源自于对“我在

① 陈友华.社会变迁与老年文化重构.人口与发展，2013(5)：79

哪里”的追问。但是“我在哪里”不仅是一种地点认同，更是一种社会认同。[①] 对于多数进入乡村的“洋家乐”经营者来说，他们是“怀乡者”，但他们是“异乡人”。和社会主流的人口流动方向正好相反，他们逃离的是城市，闯入的是乡村。从社会学的角度来讲，齐美尔最先提出“异乡人”(the strangers)[②]，“异乡人并非过去所述及的那种意义，即，异乡人就是今天来明天走的那种人。可以说，异乡人是潜在的流浪者：尽管他没有继续前进，还没有克服来去的自由。他被固定在一个特定空间群体内，或者在一个它的界限与空间大致相近的群体内。但他在群体内的地位是被这样一个事实所决定的：他从一开始就不属于这个群体，他将一些不可能从群体本身滋生的质素引进了这个群体”[③]。齐美尔的“异乡人”的意象最初是与犹太中间商的形象结合在一起的，“他们的出现带来了某种与习以为常的行为或价值观念不一样的东西。在现代性兴起的时代，这种因金钱而带来的客观化的生活风格，可能是共同体一时间难以接受的，因此原居民对此有着复杂的排斥情绪”[④]。作为成熟的异乡人，“他的位置既在群体之外，又在群体之中”[⑤]，“距离意味着，这个就在我们近前的人其实是从远处来的，而陌生性意味这个从远处来的人实际上就在我们近前”[⑥]。齐美尔的学生帕克在他的基础上提出了“边缘人”的概念，帕克提出边缘人是一种新的人格类型，是文化的混血儿，边缘人亲密地生活在两种不同的人群中，并亲密地分享他们的文化生活和传统。他们不愿和过去以及传统决裂，但由于种族的偏见，又不被他所不融

---

① 肖特.城市秩序：城市、文化与权力导论.郑娟，梁捷，等译.上海：上海人民出版社，2010：227

② 也译为“陌生人”：在齐美尔那里，陌生人的境遇在很大程度上是那种无家可归、注定四处漂泊的现代人的生存样式。(见：成伯清.格奥尔格·齐美尔：现代性的诊断.杭州：杭州大学出版社，1999：132)这个概念传达的是现代社会的本质特征——现代性。而本文倾向于使用“异乡人”这一译法，主要是想要强调“洋家乐”这部分群体人口流动的返乡性。

③⑥ 西美尔.时尚的哲学.费勇，等译.北京：文化艺术出版社，2001：110

④ 齐美尔.社会是如何可能的.林荣远，译.桂林：广西师范大学出版社，2002：348

⑤ 西美尔.时尚的哲学.费勇，等译.北京：文化艺术出版社，2001：111

于的新的社会完全接受。他站在两种文化、两种社会的边缘,这两种文化从未完全互相渗透或紧密交融。① 帕克认为解放了的犹太人是典型的边缘人,因为这些新移民身上存在着“分裂的自我”冲突,即新我和旧我。② 现在我们讨论很多“异乡人”的社区融入的问题,多是少数弱势群体向主流强势群体的融入,例如进城务工人员的城市融入问题、少数族裔的社会融入问题、随迁老人或者流动儿童的社区融入问题等,多是由乡到城、由低到高的“进化式”融入。本文所要探讨的“洋家乐”社区融入有相对的特殊性,是艺术家、设计师、小企业主、高级管理人员等精英人群由城市向传统乡村的一个“回流”过程,是拥有更多社会资本、文化资本、经济资本的强势人群向相对弱势人群的靠近过程。从某种意义上讲,这是一种“自上而下”的社区融入过程。但它也和其他“自下而上”的社区融入类型面临相似的问题:他们可能是文化身份上的“局外人”、经济交换中的“陌生人”和社区参与中的“边缘人”。而他们所作出的融入乡村地方社区的努力,也是在若即若离的距离把握中、或高或低的姿态选择中,呈现出的时进时退的犹豫和尝试。

1. 文化身份融入:从城市精英到乡村精英

亨廷顿将人们的社会身份/特性分成了六类:一是归属性的,例如年龄、性别、祖先、血缘家族、血统民族属性和人种属性等;二是文化性的,如民族、部落,从生活方式界定的民族属性、语言、国籍、宗教和文明等;三是疆域性的,如所在街区、村庄、城镇、省份、国别、地理区域、州和半球等;四是政治性的,如集团、派别、领导地位、利益集团、运动、事业、党派、意识形态和国家;五是经济性的,如职务、职业、工作单位、雇主、产业、经济部门、工会和阶级;六是社会性的,如友

① 贺晓星,仲鑫.异乡人的写作——对赛珍珠作品的一种社会学解释.南京大学学报(哲学·人文科学·社会),2003(1):129

② Robert E. Park(1928),“Human Migration and the Marginal Man”, *The American Journal of Sociology*, Vol. 33, p. 882

人、俱乐部、同事、同仁、休闲团体及社会地位等。[①] 要实现从城市精英到乡村精英的身份转变，意味着除了身体本原的归属性内容之外其他五个方面的涉及：一是疆域性的转移，即从城市到乡村；二是文化性的生活方式的融合，需要考虑城市和乡村两个维度；三是政治性的参与，主要是需要和地方各政府组织、利益团体打交道；四是经济性的维持，依旧要保持作为精英的物质生活基础；五是社会性的归属，需要在乡村重新组织个人的社会关系网络。

对"洋家乐"经营者们来说，首先要做的就是认同乡村，热爱乡村的日常生活。"洋家乐"清境原舍的主理人崔盛之前在上海工作，月工资税后 2.6 万元，到了山里管理民宿每个月收入比之前大概少 1 万元。"但是这边物价低，没什么要花钱的地方，我们现在大部分问题都解决了，不是说特别缺钱的时候。我可以过这样的生活，我老婆也是，我到山里面我觉得这就是我想要的生活。来这里之后我天天想穿什么穿什么，即使是开会也不会穿正装过去。人会特别喜欢这种环境是因为它能够让每个人内心都有这么一个心中向往的生活方式。现在我回上海或者是在这边跟上海原来的同事朋友聊天，他们问我在干吗，我就说我在工作，他们要晒个照片，好我就晒个照片给他们看我在草地里躺着，这里就是我工作的地方。其实有很多我之前的朋友非常向往这种生活，只是没有勇气去尝试。因为要放弃掉身边所有的生活圈子，放弃掉以前所有的工作成果，回到山里从头开始，实际上现在上海这种外迁机会也比较多，工资也比这里高，收入也比这里好。我可能不会一辈子呆在莫干山，但是我可能会回我黄山老家去搞一个类似的(民宿)，然后有朋友就来住，没有朋友我就自己住。我就可以在那边呆着，我老婆也喜欢这样的生活，我圈子里的朋友也都喜欢这样的生活(时任清境原舍主理人、莫干宿盟创始人之一崔盛，2015 年)"。乡村不仅是诗和远方，也有撒泼打诨和鸡毛蒜皮。"实践比书本上的东西重要得多，一开始你完全看不懂然后到大

---

① 塞缪尔·亨廷顿.我们是谁？——美国国家特性面临的挑战.程克雄，译.北京：新华出版社，2005：25

概能懂。就最简单的例子，我告诉他这堵墙应该怎么砌，砌完了之后过去一看，就觉得这个墙他也没有用心砌。他好好地砌那堵墙，应该是直的，应该抹出来是平的，但我实际一看，给我的感觉就是歪了。我就拿东西去测，测出来就是不对，大家都有情绪。我那时候突然觉得很累。我的生活就是我的工作，需要不断地沟通，不断地发现问题，解决问题（时任竹里馆管家 Colin，2014 年）”。其次需要重新建构新的“自我身份”，实现自我认同。在双桥的创始人 Ada 是阿里巴巴集团 7 年的老员工，对她来说，“阿里”就是她的标签，“职场白骨精”是她的角色。“因为上了一个 NLP[①] 的课程，它让你看到你内心的那颗火苗，你会清晰地看到你想要的，你会对自己的认知更清楚一些。后来经常来莫干山，觉得莫干山山好、水好，这种生活非常滋润，想想这个事情（民宿）的经济效益不比我原来做的事情差啊，而且可以做自己喜欢的事情了。人，就是年轻的时候，能够用一种方式来实现你自己的这种夙愿，是非常美好的事情，所以我当时非常果断地离职了（在双桥创始人 Ada，2015 年）”。Ada 的目标很明确，做一个像样的“洋家乐”，做一个像样的“山里人”。到莫干山之后，她花了 4 个多月的时间几乎走遍了当时知名的“洋家乐”，访问所有“洋家乐”的主人，迫切地想要知道“我想要什么？我能做什么？”这是一个打破“旧我”、塑造“新我”的过程，就是你要想割舍原来的这种生活状态、这种朋友圈、这种经济来源，割舍掉原来这种身份，然后在一个地方重新开始，不知道那个地方怎么样，不知道你这个种子种下去它能不能开花结果。你是真正要痛定思痛，然后你要下很大的一个决心。Ada 最初的“新我”是由其他“洋家乐”创始人的符号拼贴起来的，“我或许应当成为这样的山里人，或许应当可以盖这样的房子”，不同于作为阿里精英的“旧我”的娴熟与笃定，Ada 的“新我”是模糊而忐忑的，需要在不断的模仿和习得中逐渐清晰起来。再次是要真真切切地生活在乡村，和当地人发生联系。大乐之野的咖啡馆一开始是创始人自己捯饬的，很小的咖啡机，咖啡肯定没有专业人士做得好，现场也比较混

① Neuro-Linguistic Programming，神经语音程序学。

乱,打理得更多像是一个工作室而不是一个咖啡馆。一日吉晓祥去德清县城喝咖啡,咖啡师是一个不太会做生意的小姑娘,但是喜欢咖啡,很执着地想把咖啡做好。“后来我就每次到县城都会去她那里坐坐,喝点咖啡聊聊天。她的咖啡馆,非常不符合一个做生意的逻辑,根本赚不到钱:咖啡馆很大,上下两层,实际上根本用不到,不需要这么大;她还不做任何的轻餐饮,她只做咖啡。我就邀请她到山里来,我说我把我的咖啡馆给你做。我人流量还有点保证,因为大乐旺季的时候每天都可以满,每天满就有 20 来个客人,以后规模全起来之后每天满可以有 40 来个客人,这 40 来个客人每天有一半的人来喝点咖啡,就够养活你这个咖啡馆了。半年之后,她就真的过来了,我把咖啡馆交给她打理,她打理之后就完全变了样子,就真的是个咖啡馆!之前就是完全是我们的工作室一样的,客人进来我在一堆很乱的地方帮他做一杯咖啡,咖啡做得也不太好看。单是县城这一块,很多人闻名而来专门喝陈乐的咖啡。真有。而且现在明显在我这个小小的店里卖出的咖啡比以前要多很多,虽然盈利水平差不多,但是她以前的店人家更多跑过来喝个茶,喝杯果汁就打牌了,但她自己其实更希望能够把咖啡文化传递给别人(大乐之野创始人吉晓祥,2015 年)”。除了咖啡的打包业态,大乐之野还在当地的特产莫干黄茶上动脑筋。“也想和沈婵樱一起做做看的,因为她的茶文化很有意思,莫干黄芽在当地很有历史,它这个茶很小众,可是质量很不错。他们还开发了红茶,莫干红茶是之前没有的。我觉得都很好,这些东西一定要让别人知道,我这里是一个很好的平台,可以让人家知道莫干山有这个东西。所以我从刚认识她就跟她聊这个事情,我说我们有机会要捆绑起来做。我相信后面去任何地方我们都会在这方面花心思,真的要生活在那里(大乐之野创始人吉晓祥,2015 年)”。这样的“洋家乐”人不是少数:翠域木竹坞配套的咖啡馆负责人老高是上海人,村里人都认识他,他会在 3 月底 4 月初茶忙的时候去村主任家帮忙采茶;大乐之野的管家阿姗是香港人,她是真正喜欢生活在这里,除了固定的时间回去以外,基本上就呆在山里。

2. 经济交换融入:从营利独立到利益共享

异乡人和本地居民之间建立的更多的是一种功能上的联系,至少在短时间内难以基于情感的联系而形成滕尼斯所描述的共同体,最直接的方式是形成经济形式的某种合作。翠域木竹坞是上海老板来木竹坞村投资的一个"洋家乐"项目,由 4 栋房子 20 间房间构成,开业初始供应早餐和西餐,而农家餐的供应则和当地的居民采取了联动合作的模式。在房屋改造的期间,翠域木竹坞团队包括设计师、管理人员和施工人员在现场的时候就面临吃饭的问题。和其他现场作业团队请厨师做饭不同,这个上海老板带着他的团队在村里周边老百姓家里找饭吃。看家里有 50 多岁的阿姨的,就和对方商量让阿姨烧菜在村民家里吃。施工 10 个月的时间,翠域木竹坞团队基本上把村里会做饭的阿姨家都吃遍了,这样一是解决了当时人员的就餐问题,二是对当地潜在的餐饮合作机会做了个试调。翠域木竹坞开张之后,没有厨师,也没有服务员,没有洗菜所,甚至没有厨房。有客人入住了,翠域木竹坞的管家就会事先询问,需不需要吃饭,我们可以提供几个档次农家饭,人均 100 元—150 元的标准。比如客人确认 8 个人一共 800 元钱的标准之后他就会通知周边的农户,就是经过他筛选给他做过饭的阿姨,明天有 8 个人在你这边吃饭,一共给你 600 元钱,但是这 600 元钱里面,必须搞个土鸡、烧个红烧肉、煮条鱼,其他的就田里面蔬菜有什么烧什么,让客人吃饱为止。阿姨说"好的"。整个过程,翠域木竹坞没厨师没服务员,甚至没采购食材,什么都没有。但是他跟客人说了 800 元,给了阿姨 600 元,赚了 200 元;阿姨做了 600 元钱的这一桌菜,因为所有东西都是自己的,肯定也能赚 200 元。但是翠域木竹坞合作的阿姨并不是固定的,今天可能是让你做的,明天可能是让她做的,后天可能又换了一个——哪个阿姨做得好,今后就会派得多。而烧饭的阿姨们希望的是翠域木竹坞老板的客人越多越好,到自家派得越多越好,她也获得更多收益。同样的服务外包策略,除了餐饮外,还包括向导、跟拍等增值服务。客人说明天可能想去爬山，那爬山得有个向导，翠域木竹坞是没有专门的向导的。但是管家就会和客人确认人数、时间和大概的线路要求，比如说5个人爬大半天，想要陡一点的路线。好，明天9点钟从店里出发，会有向导带客人去，每人每天40元钱。随后管家找到村里面拉毛竹的，因为他们上山多，山路经验丰富，就跟他讲，明天有上海客人想去爬山，你带着他们去走，走哪条线，他们总共是多少个人，但是我向导费给你20元钱一个人。这样，游客付了40元钱一个人，翠域木竹坞的老板赚了20元钱一个人，但同时当地的向导他也赚了20元，大家都很高兴。这样一种近乎“掮客”的原始模式简单粗暴，“洋家乐”把服务介绍给了当地人，从中获取中间费用，同时提供服务的当地人也获得了收益。而且提供服务的当地人能够获取的收益是建立在“洋家乐”经营的好坏的基础之上的。以前是不相干的，“洋家乐”做“洋家乐”的买卖，如果来住店的客人开了一辆车停在村民家门口，村民是很不高兴的。但是现在停车的人很有可能是来我家里吃饭的，很有可能是明天要叫我带着去爬山的。这个时候，村民和“洋家乐”就成为实质上的利益共同体了，彼此之间的关系就比较容易相处了。作为“礼尚往来”的回馈，和“洋家乐”利益相关的村民也会积极推荐客人入住翠域木竹坞，从中获得另一部分渠道佣金。这时，“洋家乐⟶当地居民”的单方面利益输出模式增加了“当地居民⟶洋家乐”的反向关系，形成“洋家乐⟺当地居民”的双向关系，彼此之间的联结更为稳定。从投资回报率上来说，这是一次划算的联盟。莫干山多数“洋家乐”的客房数在20间以下，如果单独维持一个配套餐厅的体量运营，至少需要厨师、帮厨、服务员、清洁工等，不低于5个人的人员配置。按照50%的入住率，入住客人有一半有就餐的需求，这是比较理想的状态。每天接待的就餐人数是10个人，按照每人100元的餐费标准计算，一晚上的营业收入是1000元，一个月的餐饮收入是3万元；而这其中，需要扣除30%左右的原材料成本、场地费用、水电费用，以及2万元左右的人力成本(厨师按照每月6000元计算，其他人按照2800元—3200元计算)，勉强可以持平，甚至会面临亏损。单独配套餐厅对于多数才开业或者规模小的“洋家乐”投资者来说并不是一个划算的买卖，就以翠域木竹坞为例子，“洋家乐”如果自己去买锅碗瓢盆、自己去采购、自己请厨师，可能一桌菜还赚不了200元钱；但是和当地村民的餐饮协作模式就不同，我请隔壁的阿姨去做，什么都不用准备，什么都不用收拾，倒手一下就赚了200元钱，并且隔壁阿姨也有得赚。这是边际成本的问题，“洋家乐”首先是一个生产单元，在经营过程中多遵守最基本的投入产出逻辑，当某件事物的投入大过于它所能带来的利润的时候，这件事情已经不值得去做了。

除了“洋家乐”对当地村民的主动示好，当地村民对“洋家乐”也会有所好奇，尤其是传统农家乐的经营者们，他们会想要知道为什么“洋家乐”的客房可以卖1000元一天，而自己的客房只能卖100元。村民内心是比较排外的，但是另一方面又想从外来的“洋家乐”身上学到些什么，这是很矛盾的心态。他们想看看“洋家乐”的房子，比较开放一点的人就会主动上门来找民宿主；但还是不能主动到按照市场化的规则付费请设计师出身的民宿主画设计图纸，他是不能接受的。他只能请对方吃顿饭，然后让对方帮忙指导一下。在受到“洋家乐”高房价的刺激之后，当地的“农家乐”也会试图转型升级。“其实碧坞村是我们德清最早做农家乐的村子，因为以前有台湾开发商来做景区开发，后来失败走了。之前村里很多农家乐的模式和长兴是一样的，100块钱一晚，还包吃包住。大乐之野来了之后，它旁边的一户农家乐就跟着开始学了，把二楼、三楼提升了一下，原来每晚180元的房价提升之后调整到680元，当然和大乐1280元的房价还是有差距的。结果客人住得也不错，村民赚钱更多了，也不再愿意做早先的低端生意，后来越来越多的农家乐就都提升了（云鹤山房创始人沈婵樱，2015年）”。这样整个区域就形成了相对的梯度：千元以上的“洋家乐”——五六百元钱的精品农家乐——一两百元钱的传统农家乐，这可能是相对理想的一种生态，不同的人群能够在其中找到不同的需求。大乐之野接待过上海一户人家，司机保姆一起跟着来，家人预定了大乐之野1500元左右的房价，司机保姆安排在旁边的农家乐；类似的情况特别多。在这样的市场协作下，农家乐发展成为“洋家乐”的一个配套，“洋家乐”和乡村社区的关系会越来越融洽，这是一个好的趋势。当然这里面也要防范可能的风险,包括处于食物链下游的农家乐经营者服务品质的参差不齐、对潜在客人的争夺等。但至少有一点是应当明确和鼓励的,他们是相伴相生的、互为补充的关系,而不是直接的竞争关系。

3. 社区参与融入:从仪式参与到实质参与

社区认同是在共同生活的地域空间范围内的个体互动产生的,是对于社区空间、人际、文化及管理模式的喜好、信任和归属感。[①] 社区参与深度是个体社区认同的直接表现,有学者依据不同阶层居民的参与动机和策略,将社区参与归纳为五种模式:依附性参与[②]、志愿性参与[③]、表演性身体参与[④]、自娱性身体参与[⑤]以及权益性参与[⑥]。在这五种社区参与模式中,前三者参与属于仪式性参与,后两者属于实质性参与。参与的核心强调两个方面,一是参与的过程是主动的、多元的博弈过程,充满表达、质疑、商讨、对抗和利用,而不是被仅仅带入到已经制定好的规则的执行中;二是参与的初衷是由实现自己的兴趣爱好的情感理性或维护自己的合法权益与促进社区的公共福利繁荣目的的理性所主导的,而不单纯是展示某种抽象意义或者传达某种意识形态。[⑦] 在这个意义上,实质性参与比仪式性参与更接近参与的本质。台湾清境农场的一个民宿主提供了一个很好的从仪式参与到实质参与的借鉴。20 年前,他以外省人的身份进入当地,娶了一位

---

① 闵学勤. 社区认同的缺失与仿企业化建构. 南京社会科学,2008(9):107

② 主要指低保居民"由于领取低保金而受到权力的监控与支配,参与的事务主要局限于社区义务劳动",属于强制的被动性参与。

③ 这种参与出自于一种积极的心理和精神诉求,参与的主体是离退休党员和门栋组长,"参与的活动既包括体力性的义务劳动,也包括社区会议、居委会选举、迎接上级政府检查、代表本住区居民进行利益表达等表演性和表达性事务"。

④ 主要指文艺骨干分子参与地方政府组织的竞技与表演活动。

⑤ 主要指居民自发组织的文体活动。

⑥ "是住区权益受到侵犯的小区居民和住房将被强制拆迁的住区居民为保卫自己利益而奋起反抗的表达过程",初衷是为了保护住房产权和社区环境。

⑦ 杨敏. 公民参与、群众参与与社区参与. 社会,2005(5):89-92

当地的姑娘，开始经营家庭旅馆。一开始村民们很抵触，不给他用水。这个民宿主就自己排了20公里的管道，一直从山顶绵延到山脚下，结果没几天管道中间就被人剪了。平时他寻找各种各样的机会和村民聊天亲近，参与村民的一些仪式活动，的确和村民的紧张关系有所缓和，但他始终没有能够真正融入当地，仍被视为一个外乡人。一个转变的契机是1999年台湾大地震，震后整个清境农场地区一片狼藉，包括这个民宿主的房子。当时他成立了一个协会，自己出钱出力来组织义工，帮助大家重建家园。村民一下子对他改变了看法，觉得他就是真心以这里为家的，于是都很信任他。之后他做事情都会顺着这个思路往下走，就是尝试真正地为这个社团或者是当地人回馈的时候，村民才会给予真正的认可。并不是说莫干山缺一个地震，不是这个概念。这其实需要引起我们的反思：外来的"洋家乐"经营者们想要当地村民对自己不设防，事实是他们并没有从内心中把自己和当地村民画上等号。"我们想要让我们团队自己人在一起有时候会调侃，调侃的时候就自然把我们和村里人区分开来，这是一件很不好的事情。我们平时私下也聊天，可能我们会反复强调自己是有调调的，都是有调调的人。这是我们要检讨的地方。只有当我单独去和村民聊天的时候，我是试图跟着他们一起，也融入得还不错，但是回到了团队或者客人的圈子之后我们就又变回了城里人的模样(大乐之野创始人吉晓祥，2015年)"。外来的"洋家乐"经营者们身上存在着非常典型的"角色紧张"：一方面，日常生活中他们希望当地村民把他们看作是自己人；另一方面，具体情境中他们又下意识地把自己和当地村民区隔开来。

当然，"洋家乐"的经营者中已经有一些尝试想要更深入地融入地方。一种可能的突破方式是参与社区规划和营造，助力当地乡村发展。大乐之野的创始团队原来是上海的建筑规划师，来到莫干山之后，因为职业身份的关系，加上对地方乡村社会的熟悉，也帮助当地做了几个规划方案。这是与当地政府对话的一个过程，也是直接参与社区营造的过程。从这个意义上讲，大乐之野团队比其他"洋家乐"经营者们，可能更进了一步。"现在这个新农村规划，我们还在做，劳岭村的道路景观提升是我在做，后坞的也是我在做。原来做方案都是停留在图纸层面的,自己做了'洋家乐'之后真正生活在乡村里面,就发现不是做规划那么简单。竟然有一种建设家乡的感觉,主体性更强了,要协调村民的关系,要满足他们的需求,还要兼顾好看耐用,其实这个规划很难的。但这是一个好的势头,我们会慢慢来做这个东西。要走乡村路线,有这样一个契机,城里的资本能进入到这个农村,包括政府的投入也会倾向这边,如果土地政策能解决,我觉得'洋家乐'将会遍地开花。但又是比较坚持的,一定是要听市场经济的召唤,或者说是跟着市场经济的潮流走。无论是政府也好,还是商家也好,肯定是要不能逆这个潮流。在这点上,德清这边的政府相对来说还可以(大乐之野创始人杨默涵,2015年)"。或者是尽己所能地对当地村民进行回馈和帮助。例如西坡成立了一个西坡关怀基金会,会选村里面一些贫困的家庭,尤以有小朋友的家庭为主。西坡关怀基金资助的一个家庭,家里一个男劳动力都没有,奶奶、妈妈、姑姑,再加上小女孩自己,生活比较困难。10岁的小姑娘,小学四年级,非常可爱。在这种家庭之中,西坡一方面给到经济上的救济,承担女孩的教育费用,每逢开学前送到女孩家中;另外每年女孩过生日,或者是西坡的年会、圣诞节,或者是其他主题活动,都会带女孩家人一起玩。也有客人会把自己家里小朋友玩过的玩具、自己买的文具送给女孩。西坡关怀基金,每年都往里面投钱。西坡的运营负责人刘杰对此表述得十分直白:"民宿的收益是有限的,时间上是有限的,空间上是有限的,经济效益上是有限的。但是有些东西是无限的,如果把无限的做好了,不管是给自己、给同事,还是给整个团队都是一种助益。像这个感情不会因为时间淡忘掉,有钱有有钱的做法,没钱有没钱的做法。"这种友好的关系是双向的。人类的一切行为都受到某种或明或暗的、能够带来奖励和报酬的交换活动的支配。因此,人类的一切活动都可以归结为一种交换。[①] 刘杰孩子7个月的时候医生说营养不够,要给小孩子加蛋黄。"那天我在食堂,阿姨给我拎两塑料袋土鸡蛋,说小刘,这个给你们家小孩子吃。阿姨也没多说。她说这是我们的头窟蛋,

① 马赛尔·莫斯.论馈赠.卢汇,译.北京:中央民族大学出版社,2002:34

就是没下蛋的鸡下的第一批蛋，也比较小的。你不要看蛋小，营养很好的。这些东西，让我觉得我能够呆得住。慢慢地以心相交，很多东西就简单了。我觉得可能是，这个企业社会意义存在的同时，不仅是对企业有好处，对当地有好处，对员工也有好处(时任西坡山乡度假村运营负责人刘杰，2014 年)”。“洋家乐”里类似的公益行动和项目还包括大乐之野的“鞋盒礼物”[①]，庾村文化市集的“萱草书屋”[②]等。

三、“洋家乐”的社会网络重构：城市文明反哺乡村传统

社会学者阎云翔曾经提出过一个非常引人注目的概念——“无公德个人”，即“走出祖荫的个人似乎没有获得真正独立、自立、自主的个性。恰恰相反，摆脱了传统伦理束缚的个人往往表现出一种极端功利化的自我中心取向，在一味伸张个人权利的同时拒绝履行自己的义务，在依靠他人支持的情况下满足自己的物质欲望”[③]。“洋家乐”经营者们在经历了进入乡村发生冲突、深入乡村有效融入之后，试图实现扎根乡村的积极反哺。他们在这个过程中习得乡村人情社会的交往方式和生活逻辑，同时也将城市文明的精神带入到传统乡村社会，实践着地方社会网络的重构。马克思曾经说过，在生产、交

---

① 鞋盒礼物，是由 3 个青岛姑娘在青岛倡议推广、朴宿文旅支持的鞋盒为载体的非营利民间公益活动，活动自 2015 年第一期开始后，得到了社会各界的积极响应。2017 年，大乐之野加入“鞋盒礼物”行动，与朴宿微澜山居和山舍一起为四川省凉山彝族自治州盐源县逗乐村小学、四川省凉山彝族自治州盐源县龙洼小学、云南省丽江市宁蒗彝族自治县永宁乡上村小学送去了 287 份鞋盒礼物。

② 萱草书屋位于浙江省德清县莫干山镇黄郛西路 48 号庾村文化市集内，从属于城乡互动研究中心。其书架上的书籍全部由各城市发起的捐书活动募集而来，所有在萱草书屋的消费，其利润的 30%将全部存入萱草书屋公益基金，用于开启一间又一间的乡村书屋。

③ 阎云翔. 私人生活的变革. 上海：上海书店出版社，2009：3

换和消费发展的一定阶段上,就会有一定的社会制度、一定的家庭、等级或阶级组织,一句话,就会有一定的市民社会。[①] 在"原农业地带"创造城镇生活方式的同时,也要创造新的城市社会关系体和区域现代性——"城市性",包括城市市民关系中的契约精神、民主精神、利他主义倾向等,这就需要对农民进行启蒙教育。[②] 整个莫干山社区,要形成良好的现代社会运行机制,离不开"洋家乐"经营者们从市场、道德、价值三个逻辑维度的文化反哺,他们强调契约精神的塑造、集体良知的养成和培育。他们,想要带给莫干山,更加美好的未来。

1. 契约精神的塑造:市场逻辑的文化反哺

契约精神是市民精神的内核,是基于市场逻辑和法治导向的现代精神。"现代社会是个陌生人组成的社会,各人不知道各人的底细,所以得讲个明白;还要怕口说无凭,画个押,签个字。这样才发生法律。在乡土社会中法律是无从发生的。'这不是见外了么?'乡土社会里从熟悉得到信任。乡土社会的信用并不是对契约的重视,而是发生于对一种行为的规矩熟悉到不假思索时的可靠性"[③]。传统乡土社会是伦理本位的,农民的契约精神是非常薄弱的,经常性地提出他们认为"合理"但实际上"不合法"的要求,这是违背市场经济的诚信约定的。根据国家相关法律规定,城市居民不能购买农村集体经济组织成员的房屋,所有民宿多以租赁方式经营。出租方多是农民,注重眼前利益和个体利益,有的房主有"一女二嫁"、恶意涨租、随意中断合约等不同程度的违约行为。在莫干山,早期租房的"洋家乐"的经营者们[④]有很多是外国人,因为政策对于房屋(尤其是别墅)不出

① 马克思恩格斯列宁斯大林著作编译局. 马克思恩格斯全集(第四卷). 北京:人民出版社,1995:321

② 张鸿雁. 重构中国乡村的文化根柢. 中国名城,2016(3):5

③ 费孝通. 乡土中国生育制度. 北京:北京大学出版社,1998(5):10

④ 早期的"洋家乐"投资多以个体经营为主,外国人也一样,以法人公司的形式做的人很少。

租给外籍人士的限制，多在当地寻找代理人，以这个农民的名义来审批建房经营“洋家乐”。这种交易的达成多采用一次性经济补偿的形式。这种合作关系中，外来投资者主要需要面对经营合规风险：一旦当地村民以各种各样的名义（通常是钱少事多离家远[①]）提出不愿意继续扮演代理人这样的角色，或者不配合实际经营者办理相关手续流程，投资者将会几乎处于完全被动地位，因为投资者和当地村民之间的代理人协议原本就是不符合地方规章制度的“擦边球”行为；村民一旦反悔，“洋家乐”的经营活动就很难开展下去。中后期进入“莫干山”的经营者们主要需要面对的是租金风险，涉及早期的租金谈判以及合同期内的租金履约。地方租赁市场的价格上涨，使得已经将房屋出租出去的村民觉得既得利益受到损害，“当初出租便宜了”是普遍的心理反应，便单方违约，随意涨租；还有的村民会把个体财务危机转移给经营者，要求经营者提前预支房租或者缩短合同期限。通常遇到这种情况，当地社区为了维稳，也会充当协调人，说服投资者接受或者部分接受变更，以安抚本地村民。而投资人为了加快推动项目进程，多数也会选择作出让步、委曲求全。而少数坚持原始合同的投资者，甚至会受到个别房东诸如泼粪、锁门、封路、吵闹等不同程度的骚扰和报复。

分享一个案例。在双桥的 Ada 的房东因为赌博欠下一身高利贷债务，想大幅度上涨房租并要求经营者一次性支付 10 年的租金来缓解眼前的财务状况，彼时“洋家乐”在双桥才开业不到一年，经营者的前期投资并没有完全收回，就没有接受房东的要求。恼怒的房东隔三岔五地上门催讨房租款并多次赶跑客人阻碍民宿的日常运营。主理人 Ada 出离愤怒坚决不妥协多次报警，双方僵持有两个月的时间。这期间，地方社区和派出所都出面协调，社区劝 Ada 息事宁人，理由

① 钱少：对于之前双方约定的一次性经济补偿反悔了，觉得自己吃亏了。事多：民宿经营是非标准行业，涉及公安系统、消防系统、社区政府、旅游部门等不同组织的对接协商，各项手续烦琐杂乱。离家远：因为很多乡村民宿是在山里，而部门审批权限多在镇上甚至县里，往返通勤有一定的距离，而早年村民的交通工具也比较原始，多以摩的、公交为主。

是“与这样的房东长期纠缠下去既不理性也不经济”；Ada 拒不接受，认为“有第一次就有第二次会后患无穷”；因此事对地方社会的影响糟糕，行业和媒体都非常关注，社区乃至乡镇多位领导出面几次调解不成后“很没有面子”，反觉得 Ada 不近人情不通事理，是个“难缠的角色”。在这样拉锯的关系中，双方的逻辑不是一个维度的，村民们认为房东“合情合理不合法”，“都被逼到这个份上了，向租房的人提出涨房租是能够理解的，况且几年下来莫干山的房租早就翻倍了，就是做的事情不好看；但是那个女的一点不加，太不通情理了”。莫干山的其他外来民宿主们都称呼 Ada 是个“勇敢的战士”，但是“合法合规不合情”，“换做是我，多少会给一点的，肯定是没有勇气这么做的，一个是没有必要闹得那么僵，以后和当地怎么处呢；另一个真的耗不起这个时间精力，你没有办法和村民说道理，说不通的”。近年来，为了规避上述情况的发生，莫干山“洋家乐”的投资者多采取 20 年或者 30 年的房租一次性支付的形式；这样的确可以在一定程度上减少房东的违约可能，但对于投资者而言，前期一栋房屋要有 200 万元左右的房租成本，而这栋房屋本身的改造成本可能也就 200 万元—400 万元，前期投入大幅度增加，也就意味着投资回报的压力会更大。除此之外，“洋家乐”经营者们也会通过违约赔偿的追求来应对当地房东的不合理要求。“如果房东涨价要求过分，我们就会先他提出终止合同的要求。我就跟他说，你不讲诚信，我不租了。我把改好的房子拆掉，把你原来的房子重新盖起来还给你；你把我改造建设的费用退还给我，我们两不相欠。这么把皮球踢回去，他也没辙的，因为他一下子拿不出大几百万的现金的。再通过村支书、村主任这样的地方权威人物从中说和，基本就差不多了。有的时候对不合理的东西我们要坚持原则，合理的东西去沟通。这招也是听圈子里遇到类似情况的朋友讲的，还蛮有效的（遥远的山创始人王胡子，2016 年）”。在理想化的契约民主中，村庄中每一方在获取自身需要而归他方所有的权益之时，必须相应地让渡出自己的部分权益；换言之，在获致这一部分权益的同时，也就承诺了对这部分权益所必须履行的义务。[①] 莫干山当地旅游主管部门也意识到类似事件的恶劣影响，通过周期性的村民教育和行业监管呼吁当地居民共同维护莫干山的市场环境，诚信出租，守法出租。“血缘是身份社会的基础，而地缘却是契约社会的基础。契约是指陌生人中所作的约定。在订定契约时，各人有选择的自由，在契约行进中一方面有信用，一方面有法律。法律需要一个统一的权力去支持。契约的完成是权利义务的清算，需要精密的计算，确当的单位，可靠的媒介”[②]。费孝通早就阐明了在乡土中国实现契约关系的难度，时至今日，仍然路阻且长。

2. 集体良知的养成：道德逻辑的文化反哺

对于多数出生乡村扎根城市的人们而言，乡村成了“回不去的家乡”。原来我们说衣锦还乡，现在人们成功之后，还会找机会把生活在乡村的亲朋好友一起带到城市。乡村在供给城市发展的这些年中一直在等待复兴，却持续成为人才和人力的净流出地。在这样一个基础上，对农村社区自治抱有任何浪漫乐观色彩的想法都是有害的。当下的农村亟待城市的文化和人才的反哺，乡土精英治理模式如果得不到这种支持，它就很难取得成功。[③] 莫干山乡村地区之前也是面临一样的境遇。当地的原住民一直在向外流动，“洋家乐”才兴起的时候，村民们看到来游玩度假的外国人都是站在很远聚在一起小声地议论说，看，来了一个外国人。现在村民胆子已经很大了，会主动跟外国人说 Hi，就是打招呼。虽然说得不是很标准，但是这是一种心态的变化，完全是不一样的自信。乡贤、创客等人力不断回流，都市的精英人才“选乡”而居，使得乡村治理迎来全新阶段。“洋家乐”给了年轻人一个机会，让年轻人回到乡村；但是它同时给了乡村一个

① 邓正来. 市民社会理论研究. 北京：中国政法大学出版社，2002：27

② 费孝通. 乡土中国生育制度. 北京：北京大学出版社，1998(5)：74－75

③ 何兰萍，殷红春，杨勇. 乡村精英与乡村文化的建设. 天津大学学报(社会科学版)，2009(11)：544

机会,就是让乡村重新变年轻。以前很多农家乐都是年长者在经营,大学生是不愿意回来的,因为这个工作不体面。现在很多大学生愿意回来,是因为"洋家乐"在职业地位和价值认同上都满足了他们的期待。这些年轻人可以在"洋家乐"拿到和在城里工作一样的工资,甚至更高的工资,接触的人群比城里接触的人群还要高端,学习到的东西还要多。他不想再出去,甚至有的还会尝试自己创业,为"洋家乐"做配套业态。

每一种人类社会秩序都是作为一种道德秩序来运行的。[①] 涂尔干认为,"集体意识的深层结构所蕴含、表达的是人类社会的集体良知(collective conscience),是一种具有集体性(collective)、共同性(concomitant)的知识、科学(conscience)",[②]是人性自然和社会自然的纽带。"洋家乐"的经营者们想要向当地村民传达一种社会责任感。"所有人都应该要有这种使命感或者社会责任感,必须有这种观念就行了。我是土生土长在这个村里的人,我不能让这个村子消失掉,我不能够让这个村子越来越落后。我希望这个村子越来越好,我的孩子不用跑那么远,可以就近上班。就像我们的店长就是旁边村的。最早的时候他来做服务员,工资是2300,逐渐涨到3000、3500、4000,现在一个月工资7500。在村里已经是很好了,比在城里工作好;在外面打工一个月也就五六千,但是可能一年都见不了两面。他的父亲跟我说很高兴,'我的孩子不用太累,可以在附近找到一份不错的工作,每天可以回家'。我们希望村民一直有这种想法,支持他们的孩子外出闯荡,更鼓励他们的孩子建设家乡。越来越多观念比较开放一点的村民,也会有这种'我不能让这个村子这样下去'的想法,都支持我们去做。这样的话整个村子才会活起来(时任清境原舍主理人、莫干宿盟创始人之一崔盛,2015年)"。建设乡村很重要的一点是要引导当地的人共同参与,激发当地人的主人翁意识。就像新

---

① M.E.斯皮罗.文化与人生.徐俊,等译.北京:社会科学文献出版社,1999:123

② Emile Durkheim, Marcel Mauss(1969), *Primitive Classification*, London: Conhen & West.,p.81

中国成立初期的社会主义改造阶段，“通过各种会议、工作队向村民们宣讲政治形势和国家政策。村里办起了夜校，帮助农民扫盲。青年人被组织起来，成立了宣传队，歌颂翻身。那无疑是一个让人感到荡气回肠的激情年代。长期以来，外于政治，无组织，生活于社会底层，一向为生存奔波的农民发现自己成了国家主人。那种激动和由此而焕发出的热情是惊人的，许多老人都说，刚解放那会儿，事情特别多，一天到晚东奔西忙，但就是不感到累，浑身都充满了劲，像着了魔似的”[①]。现在的莫干山“洋家乐”也是热火朝天，或许这才是对本地真正的贡献，就是“洋家乐”让村子火起来了。2012 年西坡的运营负责人刘杰刚到莫干山的时候，在岭坑里这个小区域范围内，只有 4 家像样的“洋家乐”，当时村里开进一辆奥迪 A6 整个村都会当做一件事情来看热闹。现在，停车场停的车越来越好，来“洋家乐”的客人也越来越有意思，年轻人和小孩子越来越多，整个村子不是死气沉沉的，整个村子很有活力。“洋家乐”可以通过业态的植入改变居民的经济水平，让他们生活得更好、更有尊严；但更重要的还是引导地方居民心理层面的集体认同和公共道德，让他们知道，这里是他们的家，他们有义务和责任让这里变得更好，而不是只能选择离开。

3. 交往理性的培育：行动逻辑的文化反哺

冯友兰认为，有以家为本位的生产方式，就有以家为本位的生产制度。有以家为本位的生产制度，就有以家为本位的社会制度。在以家为本位的社会制度中，所有一切的社会组织均以家为中心。所有的人际关系，都从家的关系出发。[②] 这是单向度的行动逻辑。而在莫干山的日常世界中，是有两个文明体系的碰撞——城市文明的“洋家乐”投资者和乡村传统的本地居民，他们的商谈、约定、嬉闹乃至争吵都在寻找一种能够对话的可能性。就最日常的生活细节上讲。山

① 吴毅. 村治变迁中的权威与秩序. 北京：中国社会科学出版社，2002：47

② 梁漱溟. 中国文化要义. 上海：学林出版社，1987：77－113

里面的老百姓喜欢早睡早起的，到这边来的客人可能晚上还要唱唱歌，或者烧烤一下，彻夜的狂欢和放纵的尖叫声一定程度上也会给附近的居民造成困扰。“你生活在村民中间，你才知道老百姓是怎样生活的，怎样日落而息日出而作；但是你也可能会给他们带来一些困扰，特别是经营过程中的摩擦，也就会有一些矛盾。很多人来莫干山做‘洋家乐’其实是脑子一热的，也没有一个心理准备，比如说到农村来会碰到什么样的问题，他们也没想那么多。结果就只能是兵来将挡水来土掩，是会有很多棘手的状况，实际上时间长了下来，你会慢慢理解农村的这样一个社会过程（大乐之野创始人吉晓祥，2015年）”。其中的一个重要的行动逻辑就是用交往理性来代替工具理性，行动立场由主体性向主体间性转变，即更加关注行动者之间的交流和互动，尽可能达成不同主体之间相互理解、协调一致的关系，建构现代人的社会交往关系。

小农思维不是只有农民们有，很多城里人也有，你我都有。只能说和本地村民沟通的时候，“洋家乐”经营者们要尽可能站在当地人的角度，通过当地人的眼睛去看世界。因为如果想要相对弱势方站在相对强势方的角度看问题是比较难的，他很难做到，不是说他不愿意，是他做不到，就可能只能是我们反过来站在他们的角度，用他的语言、他的逻辑去跟他沟通。我觉得这可能是一个方向、是一个相互融合的过程。在这个过程当中虽然很痛苦，但是很有意义。投资者最怕的就是跟村民吵架，他们现在80%的精力还在跟村民们调节关系。因为始终信任问题会出来：为什么当时租房子的时候价格是一万五现在要涨到三万？施工的时候当地村民为什么到处找麻烦？‘洋家乐’投资者需要慢慢适应这个过程，也是没办法的。大家也是在过程当中理解了融洽了也不会再吵了。我自己也是农民出身，所以我有的时候能理解他们（时任德清县旅游委员会副主任杨国亮，2015年）”。客观地说，江浙一带发达的市场经济环境和便捷的交通网络，使得本地人相对中国内陆地区的居民要开化一些。大乐之野的创始人杨默涵之前因为工作的关系，也经常去各地做规划，很多中原地区或者西北地区的三四线城市，也会接触到不同的人。杨默涵选择在莫干山开民宿，很大程度上也是因为当地的群众相对来说比较开化，对市场化有一定的认识和接纳。杨默涵回忆，当年来的时候已经有人在路边挂横幅要出租房屋了，说明这个市场已经很商业化了，这一点比较好。其他地方跟当地人说准备在这里租你的房子开一个酒店，人家就会一脸疑惑；而当杨默涵到莫干山提出租村民的房子开个酒店，当地人说，不就是三九坞嘛！先前南非人的示范给了当地村民不同于一般农民的见识，对于投资者而言省下诸多解释的精力，接下来就是租金的问题。除了外来投资者给予的同理心和相对共情，也需要一些地方领袖或者活跃分子能够对于外来者的善意以一定的回馈。“刚进乡村，你会发现有的人很古板，他很抗拒你们这些外来的人。首先他抗拒，他就不会跟你去套近乎，就得不到赚钱的机会；然后他会越来越穷，他就会想尽办法用各种方式阻止你赚钱，或者说从你这里捞到点好处。另一部分人，很明显的，他是很欢迎你过来，他就想尽办法到你这里，通过付出劳动力来赚钱；他跟你关系搞好之后，就跟你说，我这里农家乐，你帮我推荐点客人来吃饭。原先康家寨就是这个样子，主要做餐饮，他的客房卖得不太好的。周边的西坡、香巴拉就愿意帮康家寨推广，康家寨的主人很开放，就愿意跟各种民宿老板聊天，然后交朋友，说你介绍点人来我这里吃饭啊。他的确土菜做得蛮好的，也会去研究。这样开放的心态和各家民宿关系也不错，自家生意也就越来越好。这两拨人会形成非常鲜明的对比。时间久了，就会发现获得利益的后一拨人肯定是更积极的；更积极，就会把之前怀有敌意的那拨人蚕食到后来越来越少。这样这个乡村到最后就会变成我们想要的样子，它自己会形成换血。最怕就是，怀有敌意的那拨人渐渐把积极的这拨人给蚕食掉，鼓励他们，影响大家，这是最怕的。但是到目前为止，事情发展的导向性还是好的。如果怀有敌意的那拨人继续弄下去，时间长了，是会有问题的。这就需要政府来表明态度了，政府一定要鼓励积极的这拨人去教育怀有敌意的那拨人(大乐之野创始人吉晓祥，2015年)”。交换理性是双方各往前一步的逻辑，是重构人与人之间友好关系的逻辑。我们在探讨城市精英帮助乡村居民建设地方社会的时候，经常会质疑他们是不是带着上帝视角和中产姿态，建设“他们的”乡村而不是当地村民需要的乡村。这取决于双方的共同努力，有好的思想和示范，为什么不结合着地方实际情况试试看呢？至少这是一个变好的趋势，或者说进化的趋势，因为“洋家乐”的外来投资者们让本地村民看到了未来生活的多种可能性。

第八章
博弈乡村:动力机制和权力运作

哲学家们只是用不同的方式解释世界,而问题在于改造世界。①

——马克思

一、地方政府的行动逻辑:无为而治

莫干山“洋家乐”是由投资者、运营者、服务者、建设者、配套者和分享者等不同群体共同建构的“生产-消费”场域;这个场域中,两股不可忽视的力量在相互制衡,市场这只“无形的手”,以及政府这只“有形的手”。市场调节通过供求关系、价格自发调节和自由竞争等相互作用,协调经济主体之间的相互关系,激活微观经营主体的能动性,引导经营方向和规模,是资源配置的基础性手段;政府调控通过政策、法律等经济管理和宏观调控手段,直接或间接影响经济主体的

① 马克思恩格斯列宁斯大林著作编译局. 马克思恩格斯全集(第三卷). 北京:人民出版社,1957:6

利益关系，诱导、干预经济行为，是资源配置的重要补充手段。伴随着城市化和现代化的进程，市场经济大规模导入传统乡村，必然会引发乡村的产业基础、人口结构、生态环境和文化内涵等不同维度的震荡和变化。令人扼腕的是，强势的现代生产方式和市场逻辑的入侵，使得传统农业和传统乡村溃败式地后退。面对乡村的衰落，政府是听任新自由主义的意识形态指导、采取市场导向的公共政策，还是将乡村视为城市生产、生活方式的另一种选择，对农业、农村与农民给予有效的保护，是一种艰难选择。政府的公共政策往往在这两个相互矛盾的方向上展开，而乡村的兴衰有时则取决于哪种导向占主导。[①] 或许是不是可以有第三条道路，尊重市场经济对乡村社会地域生产力结构和经济产业方向的选择，地方政府助推新兴非农或涉农业态的有效增长？同样是市场经济和地方政府共同绘制的权力图谱，莫干山“洋家乐”的生长应该算是“蛮自然的一个过程”。我们已经讨论了市场经济对莫干山的引导和渗透，我们还想知道的是，地方政府如何估量、讨论、应对这些变化，要不要和能不能通过有效的政策引导和体制改革助推乡村地区的产业升级，并在尽可能保留传统文化根底的基础上实现乡村社会的现代化转型过程。

1. “积极的无为”和“消极的无为”：地方政府的无为策略

多数情况下，在探讨地方政府干预市场经济问题的时候，各方往往就行动的边界，即所谓的“度”的把握上面产生分歧。德清“洋家乐”在发展的过程当中，坦率地讲，并不是政府招商引资过来的。就像船到桥头自然直一样，经济社会发展到这种程度，有这样的人来，有这样的需求，就这样自然产生的。但是在这个自然产生的过程当中，各级的党委政府中可能很多人对这个事情的认识都是不

① 毛丹，彭兵．市场推动、政府干预与农民行动——加拿大乡村的兴衰及启示．浙江大学学报（人文社会科学版），2010(6)：34

一样的，从德清政府的角度来说，强调“有所为和有所不为”两个维度。在“洋家乐”发展的初期，地方政府更多的是观望、维持和谨慎培育的无为策略，是尝试的过程，其中有值得肯定的积极的无为，也有囿于当时认识和体制限制的消极的无为。

“洋家乐”地方政府积极的“无为”可以从两个维度来理解：一是“被动做事情”或者是“让市场做事情”，市场强，政府弱；二是“一味强调规模复制和扩张的不做”，民宿发展“重质不重量”。一方面，民宿本身是市场选择的结果，“洋家乐”的市场认可度高，地方政府的“无为”其实是对于自身定位的认知，在“洋家乐”这个“生产-消费”场域中，市场调节是决定性因素，自由竞争是核心精神，而政府调控只是配合作用。民宿是市场主导的，德清地方政府不希望太多地去干扰。“洋家乐”能成功，只是政府做了该做的事情，即顺水推舟，引导了该引导的东西。因为民宿本身就是市场化的结果，是个性化时代的产物，如果很刻意地由政府去打造，到一定的时候会经营不下去的，因为最终是市场来认可产品——只有市场说了算，政府说了不算。先是“洋家乐”获得了市场的认可，成功了，才是媒体或者政府关注和重视——这才是正确且健康的因果顺序，而不是政府重视了之后“洋家乐”才成功的。“从某种意义上讲，这些年‘洋家乐’最成功的地方，恰恰在于至少像它小孩一样很健康，政府没有过多地去拔苗助长。德清地方政府的‘无为’，核心的智慧在于‘假他人之手’，营造良好的市场经济环境和地方政策环境，并使双方达到可能的平衡状态，让更多的人能够参与到‘洋家乐’的建设之中。它完全是一个摸索的过程，做成了，某种程度我觉得是无为，就是不是主动地作为。但是这个无为其实幕后是有为的，但是面上是无为的嘛，这样就形成了‘洋家乐’。因为我们不用干，让别人去干了事情，让别人去顺利地干事情，那我们就成了。……如果我们一开始就大张旗鼓地说这个模式好，鼓励大家马上复制，那这个地方会迅速地变成千篇一律的度假村，会每个村都一样。所以我们先不说，至少现在，莫干山这里每个村都是一个点两个点（的‘洋家乐’）；等长成气候了，有实际效应了，我们再宣传。所以前些年也没有人去学他们（‘洋家乐’经营者),一是当地人也学不来,就是学来了也不一定经营得好。因为你还没有市场、没有文化、没有创意。这里的人他很安逸,他也不想去干这个事情,连房子出租他也不愿意,很多地方开始是利用农村的原来的一些闲置资产来盘活的。慢慢的,村民们看到好处了,他就想参与了(时任德清县旅游委员会副主任杨国亮,2015年)”。在这个过程中,政府有意识地缄默其实是对市场的尊重和鼓励。如果贸然地表态,在中国特色的乡村建设背景下,可能会带来不可收拾的结果。无为的背后是选择性地作为,是一种掌握了传统乡村村民心理的、把握地区发展大方向的以退为进的狡黠的地方社会策略。另一方面,莫干山想要引导的是生长在乡村里的“洋家乐”,部分乡镇政府坚持一条操作红线,区别于纯粹的旅游景点,拒绝把原住民完全搬离乡村,“整个村都做成民宿了,那我觉得作为一个旅游景点是可以的,但是作为一个旅游景点呢,也卖不出一个晚上两三千块钱的价格了。就像我到这个地方来,体验体验这个东西的时候,我更多的是想逃离城市里的喧嚣和繁华。但是到了这样一个所谓的生态环境之后,又是一个很集中、很繁华、很烦恼、很热闹的地方,这可能跟我所需要的东西是冲突的。所以有人经常跟我讲,这边基础这么好,为什么不把老百姓都搬出去,为什么不把这整个山头整个村子都搞成民宿村?我是坚决不赞成这样搞的。作为政府来讲,可能要做的在于提高质量、控制数量,我觉得村里面的民宿就应该是散落的,就是一个个珠子那样是‘啪’地散落在那个地方的,每一个民宿都有它的特点,都有它和地方结合的方式(时任筏头乡党委书记杨剑炜,2015年)”。这种取“质”舍“量”的操作策略,把现代度假体系和生活方式的个性化住宿产品植入到传统乡村中,无异于引发了一起鲶鱼效应[①],使得原本奄奄一息的乡村重新振作起来。

地方政府的无为既有来自于对市场经济的尊重,上述所讨论的

① 鲶鱼效应(Catfish Effect),也称鲇鱼效应(Weever Effect)。挪威人爱吃沙丁鱼,尤其是活鱼。市场上活鱼的价格要比死鱼高许多。所以渔民总是千方百计地想办法让沙丁鱼活着回到渔港。一个好的方法是在装满沙丁鱼的鱼槽里放进一条以鱼为主要食物的鲶鱼。鲶鱼进入鱼槽后,由于环境陌生,便四处游动。沙丁鱼见了鲶鱼十分紧张,四处躲避,加速游动。如此沙丁鱼缺氧的问题就迎刃而解了,沙丁鱼也就不会死了。

“积极的无为”，是值得鼓励的；也不排除一些行政体制下的无奈、地方保护主义的护短，甚至薅羊毛式的索取，这种“消极的无为”，是需要反思的。虽然地方行业主管部门（县旅游委为代表）和各乡镇一把手领导积极地在幕后做一些推进工作，并在过程中不断完善；但不可避免的是，因为责任权限和聚焦矛盾的不同，面对同一个问题，不同职能部门所采取的反应是不一致的。“地方政府上，旅游委相对比较开放，你跑过去跟他聊两句，你就感受出他是支持你还是不支持你。镇上的很多事情就是你做你的好了，反正又不关我事，没什么态度。镇政府层面做的事情比较复杂，会从民生民风包括农民是否和谐等角度来统筹考虑；旅游局相对比较单一，就是把这个事扶持好就行了。举个最简单例子，山上有个房子是很好的老房子，农民已经按照村庄规划搬出去了，房子空置在那里。从旅游委的角度来看，房子就是一个很好的利用，可以开发的，但是镇政府肯定就不会同意这样的事情，因为对镇政府来说有政策问题，他的政策就是要把这房子拆了（某民宿投资者，2015 年）”。旅游委作为行业主管部门，从旅游发展的维度审视问题；而镇政府作为区域管理的职责部门，必须统筹多方利益和问题焦点，系统性地去思考解决的办法。“洋家乐”的投资者和经营者夹在两难之中，进退维谷。尤其地方政府在引导和维护“洋家乐”发展的过程中，还有很大一部分的精力用于处理协调当地村民和外来投资者之间的矛盾。大部分情况下，地方政府的姿态都是中立的，既要维护外来投资者的利益，又要保护本地村民不受伤害，所以通常扮演协调者的角色。但是当村民抱团提出不符合市场契约精神的集体要求时，尤其是乡镇政府以下的基层政府的少数人员往往会选择妥协，帮助村民来游说外来投资者。“我个人觉得政府的确是要作为，但很多时候，提到这个东西我也蛮怕的。不知道什么事情他是要作为的，什么事情是不作为的。因为，保证法律底线这件事情，这是至少的应该的，不需要特别作为——如果他触犯了法律底线，我会去通过法律程序来解决问题。这个时候政府是被动作为的，其实就足够了。像之前出现过，村民他们也有捆绑意识，集体找到村里，要求涨租金，要求涨地价。这个时候政府就没有果断的态度，觉得是不是该顺从这些老百姓。毕竟老百姓是弱势群体嘛,都说要保护他们;反正资本就是来玩的。这种思想就很可怕了,一旦说,当地政府代表村民跟老板商量,我们当初的合同签了 10 万块钱,现在市场涨了那么多,改成 20 万吧——一旦开了这个口子,莫干山就完了(大乐之野创始人吉晓祥,2015 年)”。这种地方保护主义不仅纵容了乡村居民的无契约意识,使得他们成长为丧失了独立思考能力的“乌合之众”[①];也使得外来“洋家乐”投资者对莫干山当地的认同感和安全感逐渐削弱。更可怕的是,个别基层的政府人员也参与到对“洋家乐”的“薅羊毛”中。权力的个别基层行使者利用面子、风俗、人情世故等日常生活原则和民间观念,使得外来的“洋家乐”经营者因为“初来乍到,人生地不熟”等原因有所顾忌,获得零散的、碎片化的利益。

2. “引领还是托底”:地方政府的有为行动

“洋家乐”逐步壮大,各种发展利好和地方弊端也都伴随而来。地方政府的行动策略也逐渐转变为树标杆、强配套、积极引导的有为行动上。“莫干山能够起来,其实最开始要感谢政府的不作为;可是现在发展太快了,政府就要拿出一点作为了。在这个过程中,一个很大的抉择和感触在于我们政府到底是管托底还是做引领。我想,莫干山做的,不是教那些很差的农家乐,告诉他怎么才能做好;而是不声不响地把很好的竖起来,让他们自己偷偷地学(时任德清县旅游委员会副主任杨国亮,2015 年)”。莫干山选择的,不是费尽口舌地说教,而是默默地竖起了一面旗。

德清县乃至莫干山镇级(县以下政府)政府对于“洋家乐”的有所为主要体现在规划协调、环境整治、配套完善、行业规范和政府服务五个维度上。注重多规融合的实践。2011 年,《莫干山国际休闲旅游

---

① 个人一旦融入群体,他的个性便会被湮没,群体的思想便会占据绝对的统治地位,而与此同时,群体的行为也会表现出排斥异议,极端化、情绪化及低智商化等特点。见:古斯塔夫·勒庞. 乌合之众——大众心理研究. 吕莉,译. 北京:电子工业出版社,2015

度假区总体规划(2010—2020)》出炉,明确了环莫干山区域以原生态为依托、以民宿产业为主导、以“洋家乐”品牌为支撑、以“裸心养生”为特色发展高端乡村旅游产业的思路。2016年莫干山国际旅游度假区正式获批省级旅游度假区。德清县是国家四部委确定的“多规合一”试点市县之一,落实城乡建设用地必须统筹满足土地利用总体规划、城乡建设规划、生态保护规划和产业发展规划的要求,在避免美丽乡村无序发展的同时,最大限度保护和利用生态资源,围绕“一套指标体系、一张空间蓝图、一个信息平台、一套审批流程、一套考核体系和一个协调机制”六方面的工作内容,实现了项目审批流程的标准化、扁平化、规范化管理,有效推进了“最多跑一次”①改革。生态环境的整治。2000年前后,莫干山作为德清西部山区,还是以竹为生,仅以筏头乡西南端的勤劳村为例,就有大大小小的拉丝厂21家,全村常住人口700人,外来务工人员有800人,产业最为繁荣的那两年,每个工人的年收入能够达到5万元。高效益带来的是高运转,原本勤劳村冬季伐竹的惯例被废弃,取而代之的是四季砍伐。更糟糕的是,简陋的工厂设备并不具备污水的达标处理,甚至未建成任何水污染防治设施,竹拉丝企业产生大量高浓度废水直排进入河道,莫干山中大小溪流水库受到严重的水污染,而德清县的饮用水源对河口水库就在莫干山。2005年1月1日,德清县制定出台了《德清县人民政府关于建立西部乡镇生态补偿机制的实施意见》,这是浙江省乃至全国第一份县级层面针对山区生态的补偿,对境内104国道以西的304平方公里区域西部乡镇生态环境的保护和生态项目的建设实施补偿。具体举措包括:一是把原来3平方公里的莫干山生态保护区扩大到43平方公里,把当时周边的莫干山、筏头和南路三个乡镇的工业园区全部取消,原有的工厂陆续搬迁,已经引进的工业项目转介到德清经济开发区或其他乡镇。二是被列入莫干山生态保护区的乡

① 在浙江省第十二届人大五次会议上,省领导提出加快推进“最多跑一次”改革。所谓“最多跑一次”,就是指群众和企业到政府办事,事先就可以从网上获知所需材料,即使涉及多个部门,也只需要到一个窗口,一次性办理,最多只要跑一次。见:郁建兴.“最多跑一次”开启政府自我改革新篇章.人民网,2017-04-21

镇，干部考核指标中较其他乡镇工业经济增长指标减半，环境保护指标（包括森林覆盖率、矿山土地复垦率、化肥农药施用强度、单位GDP耗水量、畜禽粪便处理率、秸秆综合利用率、农用薄膜回收率等）翻倍，财政收入与乡镇支出实施“两条线”管理，支出不足部分将由县财政补助。2012年，德清县成立联合调查整治组，关停、异地搬迁筏头乡境内的41家竹拉丝企业，同时对笋厂、矿山进行全面整治。2013年浙江打响了“五水共治”攻坚战，德清探索“九法治水”的地方化经验，即工业污染全面治、矿山污染重点治、农业面源污染彻底治、城乡污水综合治、河道污染系统治、饮用水源严格治、河长领衔治、部门联动治、社会共同治。全域范围内实施县、乡镇、村“三级河长”制度，34位县级领导分别担任“一级河长”，1211条河道实行多级“河长制”。[①]德清创造性地探索出“一把扫帚扫到底”“一根管子接到底”的环境治理模式，理顺了部门间的权责关系：形成以县、镇（街道）、村、农户及第三方“五位一体”的长效运营管理模式，生活污水处理池一端连着村民的厨房、厕所，另一端连着屋外的污水处理池，所有污水纳入同一根管子，长期困扰乡村的污水问题得以破解。[②] 2015年，德清县被评为全国休闲农业与乡村旅游示范县，农业现代化发展水平综合评价列全省第一位。三是配套设施的完善。“我们清楚地知道，投资人之所以选择到莫干山，最重要也是最直接的一点在于，他可以在莫干山赚更多的钱。我们（‘洋家乐’的）房价可以卖得比其他地方高，来的人也比其他地方多，因为我们的环境比其他地方好。有的地方政府又是减税又是贴补，但是村里环境一塌糊涂，对于外来投资人来说是没有用的——他拿政府给的这个钱做环境都不够！所以这些年莫干山地方政府最大的努力在于整体环境的营造，包括生态绿化、基础设施等，也包括媒体宣传，都是政府在做（时任德清县旅游委员会副主任杨国亮，2015年）”。德清县政府从2008年左右开始有意识地引

① 仲瑶卿. 以改善环境质量为核心 筑起绿水青山德清梦. 浙江环保新闻网，2016-06-01

② 项乐民. 德清：打造农村生活污水运维管理新模式. 政策瞭望，2016(10)：21

导西部山区莫干山发展乡村旅游，按照相关标准完善基础设施、道路建设、污水处理①、乡村改造和绿化提升等诸方面，强化防洪、防火等防灾设施，城市基础设施已基本覆盖到农村地区。值得肯定的是，这些设施的增设不是一味地推倒重来，而是在结合实际情况的基础上做出的有选择的保全。仅以交通道路建设为例，具体问题具体对待，对于通往莫干山的最主要道路三莫线，坚决拓宽，并设莫干山旅游集散中心以实现未来上下山游客电瓶车的换乘；对于普通乡道，通过增设车辆交会点取代拓宽道路来进行改善，保持乡村土路的原始状态，避免大刀阔斧地改造；对于过于狭窄经常堵塞的劳岭、紫岭两条隧道，在隧道两端安装红绿灯并在隧道内增加照明来解决堵塞问题；对于停车位严重不足的问题，根据地形地貌分散增设小型生态停车场替代大型停车场，保持乡村风貌；结合旅游资源增设自行车骑行道、登山步道等休闲观光路线，打造特色的环莫干山慢行交通环线。四是民宿行业的规范。民宿既不是星级酒店，也不是连锁旅馆，有别于传统住宿产品，强调个性化设施和服务，是介于旅游局、商务局、农委、发改委等多重管辖范畴之间的非标准住宿业态。政府对民宿而言的关键作用是在非标准化的产业模式下寻求标准化的监管与引导，尤其在消防、污水和公安系统网络植入上强化规范和补助，莫干山地方政府的几个关键动作在不同维度上确立了"洋家乐"品牌和莫干山民宿的行业规范。2012 年，完成"洋家乐"品牌商标注册。2014 年，《德清县民宿管理办法(试行)》出台，突破了民宿消防和特种行业许可证问题，提出耐火等级超过 2 级的木结构房子就可以用于经营，是国内第一部县级民宿管理办法。2015 年，由德清县旅游委员会、德清县市场监督管理局、浙江省标准化研究院、国际休闲产业协会休闲

① 2016 年 6 月，莫干山镇启动民宿污水集中整治行动，要求全镇 7 间客房以上和二级水源保护区内的民宿，半年内完成污水处理设施安装，其余民宿进行污水统一纳管和达标排放处理，所有涉及餐饮的民宿还要安装隔油池。生活污水从每个房间引流到化粪池后，沉淀后进入处理池，在池内大量微生物形成生物膜，可分解污水中的有机污染物，实现达标排放。见：董梁. 不让生活污水污染绿水青山 莫干山民宿建独立污水处理池. 湖州晚报，2016－09－22

乡村专业委员会、伴城伴乡上海城乡互动发展促进中心共同起草的国内第一部《乡村民宿服务质量等级划分与评定》地方标准正式发布,适用于在德清县域内开展经营的乡村民宿,规定了乡村民宿的术语和定义、服务质量基本要求、等级划分条件及评定规则。2017年年初,《德清县乡村民宿服务标准质量等级划分与评定》被国家标准化委员会列入城乡统筹国家标准制定项目,意味着德清乡村民宿标准正式成为国家标准。2017年3月,"德清洋家乐"成为全国首个服务类生态原产地保护产品。五是政府服务的创新。莫干山乡镇一级政府成立民宿经济发展领导小组,对新建民宿项目实行部门联合审批,加强对项目全程指导跟踪服务。为促使民宿规范健康发展,避免无序竞争情况的出现,提高民宿项目准入门槛,对引进投资的民宿实行项目化、公司化建设管理。"我们现在可以做规范,可以做引导,但是在农民的自发意识上面,政府管理和治理的力度是有问题的。农民依样画葫芦的,或者是哪个方面做得不太规范的,但是他也在接待客人,他也在做。你怎样让他能增加收入,回过头来又能够让他规范起来?在这一方面,我们整个政府的管理是有欠缺的。经营者开始有精品化、高端化这种意识,包括现在到我乡里来投资项目的,凡是这两年外地客商来投资的,哪怕就是整修一幢农民房子,你也必须要在这里注册公司,我是按照你公司化来管理你的。但是我对本地农民的这些东西,真的也没有太好的抓手,就是他开了也还不是一家两家(时任德清县旅游委员会副主任杨国亮,2015年)"。可见,此种项目管理办法对于外来投资者有良好的规范作用,但是对于当地居民的成效甚微。早期的时候多数民宿办的都是个体经营户的执照,个体经营户的税收是很低的;现在要求各家成立公司来正式交税,这是市场发展的一个阶段性问题。

3. 民宿+:地方政府的"洋家乐"操盘逻辑

地方政府对民宿,尤其是精品民宿"洋家乐"品牌的基本态度源于其对地方产业结构转型的深刻认知:环莫干山乡村产业经济需要跳出传统一产的发展窠臼，引入包含住宿、餐饮、文化体验等功能在内的乡村旅游业，促使乡村经济复苏，引导和推动更多资本、技术、人才等要素向乡村集聚，支持和鼓励村民就业创业，推动一二三产融合发展。作为浙江省“绿水青山就是金山银山”的生动实践，莫干山乡村旅游的产业发展至少经历了三个阶段：一是 20 世纪八九十年代盛行一时的省内景点观光旅游，以山顶上的莫干山风景区为中心；二是 21 世纪初的国内乡村休闲旅游，围绕筏头乡后坞村、莫干山镇碧坞村等乡村集聚；三是近 10 年的国际乡村度假旅游，至 2017 年年底环莫干山区域共集聚了约 1000 家不同形态的民宿，其中“洋家乐”有 190 家。

地方政府在“洋家乐”的生长过程中意识到，为了保持民宿长久的新鲜感和体验感，单纯的住宿业态是不够的，还需要做一些合作内容的拓展和外延，我们姑且称之为“民宿＋”。当地政府对于莫干山“洋家乐”的“民宿＋”顶层设计，基本上进行了三条路径的探索。一是民宿＋户外运动。莫干山的山脉环境和竹林风光能够吸引游客前来参与各类户外活动，典型的区域如筏头乡集镇，是接待参加野外体验活动游客的重要门户。筏头乡区域的休闲活动包括各类极限运动：山地自行车、越野、徒步、涉水、登山等。除了裸心谷有亚洲最大的路虎体验中心外，水库边上还有一些野道能够提供给越野爱好者们；区域内有环莫干山的骑行道和捷安特的速降赛道，是华东唯一的自行车速降赛道，每年都举办莫干山自行车爬坡赛和捷安特的速降比赛；仅筏头乡境内能够登山的步道线路就有 159 公里，莫干山国家登山步道[①]于 2014 年建成，为地方争取到诸多举办国家甚至国际级赛事的机会，包括 2014 年中国首届莫干山登山步道比赛等；还有一

① 2014 年 10 月，莫干山国家登山步道顺利通过了国家体育总局登山运动管理中心的国家步道资质认证，正式向公众开放。步道位于浙江省德清县筏头乡，总长 45.1 公里，4 条分级步道构成大型生态运动休闲路网，串起了村落、竹海和户外运动场地。“莫干山国家登山步道是国家目前为止唯一一条分级步道，通过国家登山协会验收的大概有 20 几个地方，但是分级的，唯一五级的登山步道就是我们这一条，目前为止就是还是只有我们这一条（时任筏头乡党委书记杨剑炜，2015 年）”。

些漂流以及涉水的项目。当地的民宿主题也围绕着户外运动、野味等主题形成特色联动，如裸心谷、西坞里73号、后坞生活、水墨山居等。“你想做户外运动或者你想到户外去的，基本上不管你是在什么的点位上，就是像一些徒步啊、爬山啊、玩汽车的、玩自行车的都能在这里找到你想玩的东西，就能基本满足你的需求。这个群体很庞大，而且坦率地讲，搞这些活动的人都有经济实力。除了一些专业运动员以外，就是真正的靠跑步在吃饭的人，业余在跑马拉松的、在玩户外的，都是一些企业老板，至少是白领里面的白领。你要玩越野车，没钱你玩不起；玩自行车也一样的，没钱你也玩不起；徒步你不要以为走路不花钱，走路也很花钱的，还要有装备，大几千起步。就是玩这些的人，他得有这些时间来玩，有这份闲心（时任筏头乡党委书记杨剑炜，2015年）”。户外运动正在成为城市精英交往的方式和圈子，而这批户外爱好者们和“洋家乐”消费群体有钱有闲的前置特征是重叠的。民宿＋户外成为莫干山“洋家乐”的首属逻辑。二是民宿＋文化。典型的如庙前村的莫干山居图，很难明确定义它是民宿、是餐厅，还是图书馆，或者是烧窑坊。创始人朱锦东的初心，也并不是做一个民宿，而是满足自己的文人梦想，有一个乡野里的文化交流空间。在这种类型的逻辑里面，文化可能是主体，而民宿作为配套或者表现形式；尤为重要的一点在于，必须结合莫干山本地的文化进行历史的传承和演绎，莫干山居图最早起的名字是叫“剑瓷园”，是想要把本地的两种文化要素进行结合，就是莫干剑和德清瓷，文化的氛围很浓郁。三是民宿＋农事体验。德清西部都是山区，水稻之类的种植分散且量小，农业产业相对来说比较单一。就拿毛竹举例子，毛竹是一年一年长粗的还是它本来就那么粗，其实很多人都不知道。毛竹出来，笋有多大，毛竹就有多大——它是不会长粗的，它只会长高，今后只会长老。人们只有经过挖毛笋、砍伐毛竹这样的活动之后才会有真正的对毛竹的看法。所以未来民宿和农事体验相结合可能也是莫干山今后的一个方向。代表例子有缨田生态农业园[①]，将民宿和生态园结合在一起；或者是阳光生态园[②]、义远有机农场[③]、莫干山花花世界[④]等独立的农业观光、体验项目，与周边的民宿形成共享配套。此类型的操盘逻辑和目前国家倡导的“田园综合体”有类似的地方，民宿作为其中的一个环节构成整个“田园意象”的体验流程。

基于“民宿+”的线下主导产业发展逻辑，未来莫干山乡村旅游产业的发展方向应该是从民宿融合向产业融合，从线下到线上，形成多元化和多业态的内容组合。早些时候莫干山是卖产品的，下一步就是要卖服务了，而且要是多元定制的服务。通过地缘的关联，整合旅游过程中各个环节上的产品要素，形成莫干山的地域服务平台和品牌。对外，向游客输送路线定制、活动安排和旅游过程中的个性化服务，“比方说你来度假的，那么度假有多种度假方式，有老的小的，有想骑马的，有想爬山的，有想骑车的，有想水果采摘的，还有想亲子游的。你想来这里求婚或者过生日，这个地方又没有蛋糕，又没有乐队，你怎么办。那旅行社是解决不了这个问题的，包括 OTA[⑤] 都解决不了细化的在地化的这个事情。我作为一个在地的服务商，会根据他们的需求安排他们的行程、路线和节点性事务(时任莫干山管理局局长助理刘建林，2015 年)”。对内，引导地域多元业态的分化，提供

① 莫干山缨田生态度假酒店位于一个视野开阔的山坳里，坐拥 300 亩生态园，目前一期拥有 4 栋别墅 31 个房间。

② 位于莫干山镇高峰村，是结合亲子游乐的花卉+园艺+休闲农业观光的体验空间。

③ 浙江省最大的有机农场之一，包含 800 亩的有机稻园、200 亩的有机茶园、400 亩有机蔬菜园、70 亩自由牧场、义远有机餐厅，构成义远有机农场崇尚的“从农场到餐桌”的有机安全理念。义远有机农场的产品有三个理念：选用本地种子，自己堆肥留种，原料本地化，因地制宜，充分利用周边设施。将“土地-产品-废弃物-再生资源利用”作为有机生态循环链，把农场资源利用最大化。农场采用特殊的共生模式，将鸭、蛙、鱼和水稻一起放稻田共生养殖，引流莫干山的水源灌溉，它们为水稻除虫施肥，增加水的溶氧量，让水质更加温和，生长环境也更加健康。

④ 位于五四村村口，是亿丰花卉基地改造成的亲子乐园，以玫瑰花为主题，分为玫瑰摄影区、花海舞台区、玫瑰花环制作区等。

⑤ Online Travel Agency，在线旅行社。

中介配套,包括客源的输送和信息的整合供应等内容。“比方说编制一个竹篮,他高兴去编了,我一年给他卖掉 1 万个篮子,一年他就有 10 万块钱挣,他就不会去开民宿了。开民宿不会多挣钱的,最后会恶性竞争的。所以我们一直提出,不要整个莫干山一起搞民宿,要多元化,只有多元化,大家才都会活。比方说你种菜,那么多民宿他都要菜,你就把青菜种好,把番茄种好,把茄子种好,把你的土鸡养好,统统卖给民宿去,你就能一年卖很多的钱。再比方说,我喝的茶是当地最好的茶叶,有人会去摘的,不可能靠民宿的主人去摘茶叶,你又不是全才,又没时间去摘,那自然有人去摘。你要采多少菜,你要摘多少茶叶,你是不知道的,一定要按照市场去衡量的;但是如果通过平台前一天统计出来各家民宿需要多少的量,你心里就有数了。采购物资也好,采购劳动力也好,就是旅游活动的组织也好,这种信息的交换和沟通,可能会养活山里抬轿子的,也会养活山里种菜的,还会养活山里卖花的(时任莫干山管理局局长助理刘建林,2015 年)”。一旦区域需求多样化,那么区域产品也会多元化,区域的生态会更加健康完善,从同质化的产业要素集聚向产业链上下游协同发展,同时结合数据平台管理延伸线上配套服务。

二、流转或租赁:资产、土地与房屋的获取

土地是一切生产和一切存在的源泉。[①] 土地是农民的衣食之源,是村庄的载体和组成部分,农业是农民所以为“农民”的安身立命的职业。不同的土地所有制度和农业经营方式,以及农业的特性,都对农村的社会经济关系和农民的文化及行为方式有重要影响。土地问题和农业问题是理解农村和农民问题的关键。欲了解农村和农民,

① 马克思恩格斯列宁斯大林著作编译局.马克思恩格斯全集(二十三卷).北京:人民出版社,1972:56-57

必先了解土地和农业。人类社会的历史在相当程度上是围绕土地问题展开的土地关系的历史。有关土地归属和利用的制度设置和运用,始终与社会的安定和发展紧密相连。围绕土地和土地产出物的争夺,构成了人类历史的主线。土地关系是社会制度和社会经济形态的基础。在原始社会,除了血缘关系之外,氏族土地公有是维系氏族组织存续和群体生存的最重要条件;在奴隶社会,土地归奴隶主所有,奴隶无地,而且人身被奴隶主占有;在封建制度下,土地归领主所有,农民依附于领主,束缚于土地;在资本主义制度下,所有者将土地出租给资本家经营,依靠雇佣工人耕种。任何一场根本性的社会变革都表现为土地关系的变革。土地制度和土地关系的变迁不仅是生产方式变革的先导或成果,也是社会制度和社会形态变革的先导或结果。

土地所有权的确立是人类历史上意义深远的制度变革。其法律意义上的所有权类型不外乎国家所有、集体(村社或共同体)所有和个人所有。但基于土地的至关重要性,很少有国家只存在单一的所有形态,而往往是以某种土地所有制为主导,辅之以其他形式。同时每种所有制又存在着两种以上的农业经营形式。因此,土地制度的类型多种多样,包括国家土地所有制、集体公有制、合作社的土地所有制、封建土地所有制、个体农民小土地所有制和资本主义土地所有制等。不论古代还是现代,许多国家都存在土地由村社公有的制度,其特征是土地系集体财产的观念强烈。这种传统在世界各地的不同时期有不同的形式——宗/氏族、酋邦、部落、自然村社、人民公社、行政村等等,都曾经代表集体对土地控制发挥极大的影响力。中国在战国时期实行“份地授田、年老归田、三年为期换土易田”的制度,以避免贫富分化,即是一种类型。根据1982年《宪法》(第10条第2款)的规定,目前的中国实行土地的国家所有和集体所有两种所有制度。“农村和城市郊区的土地,除由法律规定属于国家所有的以外,属于集体所有;宅基地和自留地、自留山,也属于集体所有”。这里的“集体”在多数情况下是指行政村下面的村民小组,其实质是村庄集体占有制——村庄组织控制着土地的所有权,依据平等的原则以农户为单位向村民分配使用权,并根据人口的变化定期或不定期地调整。而农户理论上都有权获得与其人口相应的大致均等的土地。这种土地所有权和承包权以及由承包权带来的经营权相分离的土地制度,明确农民作为农业生产的主体,可以家庭承包的形式获得土地承包经营权,给农民提供了安全阀,对农村稳定有保障作用,却也不可避免地造成农业生产的碎片化和零散化。中国当代农业和农村改革始于1978年年底安徽省凤阳县小岗村等地农民私下实施的"家庭联产承包责任制",即在集体土地所有制不变的前提下,由个体农户实行农业生产和经营的承包。农村实行家庭联产承包责任制实质是"半截子改革",国家并没有恢复和承认农民在20世纪50年代初期土改中所得到的"完整土地产权"——主要包括土地自由买卖、出租、典当、抵押、赠予、继承等权利。[①] 根据中央对于农村土地"三权分置"的意见,在原有集体土地所有权和农民家庭承包经营权二权分离的基础上,将农民家庭承包经营权分解为承包权和经营权,从而实行所有权、承包权、经营权三权分置并行。现行的农村土地流转是指农地(包括宅基地和自留地、自留山)经营权的流转,包括转包[②]、出租[③]、借用[④]、互换[⑤]、

① 张正瑞.农村集体土地流转的政府主导与法律规制.江苏农业科学,2011(2):41

② 转包是农民集体经济组织内部农户之间的土地承包经营权的租赁。转包人对土地经营权的产权不变。受转包人享有土地承包经营权的使用权,获取承包土地的收益,并向转包人支付转包费,转包无需发包方许可,但转包合同需向发包方备案。

③ 出租是农户将土地承包经营权租赁给本集体经济组织以外的人。出租是一种外部的民事合同,出租人对土地经营权的产权不变。承租人通过租赁合同取得土地承包经营权的承租权,并向出租的农户支付租金。农民出租土地承包经营权无需发包方许可,但出租合同需向发包方备案。

④ 借用是出借人将土地承包经营权借给他人使用。借用是一种无偿合同,借用人无需向出借人支付土地承包经营权的使用费。农户将土地承包经营权借给本村人或借给外村人均无需发包方许可,但出借合同需向发包方备案。

⑤ 互换是农民为了耕作方便或出于其他考虑,将自己的土地承包经营权交换给本集体经济组织内部的其他人行使,自己行使从本集体经济组织内部的其他人处换来的土地承包经营权,承包方不能与其他集体经济组织的农户互换土地承包经营权。双方农户达成互换合同后,需报发包方备案,且应与发包方变更原土地承包合同。同时,互换后的土地承包经营权人仍要按发包时确定的该土地的用途使用土地,履行该地块原来负担的义务。

转让[①]、入股[②]等不同形式，土地所有权属于集体是不容许转让的，承包权由承包农户保留并基于此收取流转租金。温铁军认为中国落后的乡村地带会长时期存在“人地矛盾”[③]。改革开放 30 年以来，我国经济取得了举世瞩目的成就，工业化、城市化进程显著加快，随之而来的，大量农村劳动力离开土地外出务工，导致农村综合产权资源的利用效率低下，耕地弃耕，祖屋破败，这一现象随着城市化进程的加深而日趋严重。农村土地流转是一种资源再分配的过程，有利于解决土地分散和土地碎片化的问题，推动现代农业规模化经营，加快乡村剩余劳动力转移。“洋家乐”发生在乡村，依附于土地和农舍得以成长，是对土地承包经营权的再创造，也是某种“异化”的土地流转形式。不同的地方在于，法律规定土地流转的农用地只能用于规模化的农业开发，不能改做他用，不涉及土地性质和所有者的转变；而“洋家乐”租赁而来的房屋和土地，更多用于住宿、餐饮为主的服务业和观光休闲农业，原有土地的用途发生变化，也可能牵涉到之后的土地性质的变更。

1. 关于土地和房屋的可能风险

莫干山“洋家乐”目前的土地、房屋获取方式有三种。第一种最原始，是同村民个体直接发生租赁契约关系，租用村民的宅基地，合同期限一般是 10 年到 30 年。第二种是向村集体或地方政府租用集体土地，安全性和稳定性都更高一些，清境原舍、莫干山居图

---

① 转让是指土地承包经营权人将其拥有的未到期的土地经营权，经发包方许可后，以一定的方式和条件转移给他人的一种行为，并与发包方变更原土地承包合同。土地承包经营权的受让对象可以是本集体经济组织的成员，也可以是本集体经济组织以外的单位和个人。转让将使农户丧失土地承包经营权，因此对转让必须严格条件，转让的农户必须有确实的非农生活保障。

② 入股是农户在自愿联合的基础上，将土地承包经营权以入股的形式组织在一起，从事农业生产，收益按股分红，是一种具有合作性质的流转形式，而不是入股组成公司从事经营。

③ 温铁军.“三农”问题与制度变迁. 北京：中国经济出版社，2009：4

都采用此路径。第三种是点状出让土地，裸心谷、裸心堡均采用此方法，优点是土地性质的变更和产权的获取，缺点是耗时长流程繁琐。地方政府不干预市场。通常的做法是，投资者看中相关的房屋或者土地之后直接和个人或者村里谈，达成协议后请村政府或者乡镇政府公证，以避免日后潜在的纠纷。大项目可以供地，但是不能够违背土地利用规划、水利保护规划和风景名胜区总体规划等方方面面的条款。无论是以上哪条路径，都涉及契约关系的建立和执行，目前“洋家乐”投资经营过程中关于产权问题面临的主要风险集中在两个方面：主要是房屋契约风险，可能涉及土地契约风险。

就房屋契约风险而言，核心问题是宅基地的确权问题。不同的表现形式带来不同程度的风险。首先也是最严重的就是土地和房屋权属的不清晰，“洋家乐”投资者可能租赁未经确权的房屋或违建房。根据国家相关法律规定，城市居民不能购买农村集体经济组织成员的房屋，且农民只能拥有一处宅基地。土地确权使得农民的承包地经营权有经营权证，宅基地的使用权有使用权证，宅基地上盖的房子有房产证。其中对于宅基地的确权严格执行“一户一宅”[①]，每户只能确认一处合法宅基地，除合法继承、正常分户、依法过户等情况外，多出的宅基地予以收回。早年在莫干山投资建设“洋家乐”的经营者，倾向于租用当地农户的老房子，且租用农户房屋的时间早于这一轮土地和房屋确权。房东农户在确认自家宅基地的时候，多倾向于确认自住的新房，而非已经出租的老屋，这就使得“洋家乐”经营者们租用的老屋陷入了一种非法的境地，可选的结果是要么拆掉要么向房东退租，“基本上他也赔不出什么钱，所以一定要谨慎”。莫高路上有一栋老宅，是上海的投资人租下来准备建设经营的，意外失火被烧掉

① 《中华人民共和国土地管理法》规定，“农村村民一户只能拥有一处宅基地，其宅基地的面积不得超过省、自治区、直辖市规定的标准。”《国土资源部关于进一步加快宅基地使用权登记发证工作的通知》（国土资发[2008]146号）规定，“严格落实农村村民一户只能拥有一处宅基地的法律规定。除继承外，农村村民一户申请第二宗宅基地使用权登记的，不予受理”。

之后，因未被房东确认为宅基地，根据相关政策无法重盖，投资人的损失也难以追回。其次是“洋家乐”投资者受制于当地建房用地的标准控制，在改造建设过程中困难重重。农村的土地权属非常模糊，莫干山地区的农民手上有一本证，是土地证，不是房产证，大多是这样。很多土地证颁发的时间是1995年分田的时候，在后面的20年当中，当地村民在周边加建了违章建筑。这在农村比较普遍。根据《德清县人民政府关于进一步加强农村建房管理的意见》：农村居民一户只能拥有一处宅基地，每户建房用地（包括附属用房等）面积标准为：小户（1人）使用耕地不超过40平方米、使用其他土地不超过50平方米；中户（2—3人）使用耕地不超过90平方米、使用其他土地不超过105平方米；大户（4人以上）使用耕地不超过125平方米、使用其他土地不超过140平方米。“多数宅基地能盖三层到三层半，每层140平方米，一户一宅，就有将近400平方米的宅。同样的面积为什么不能盖两层呢？第三层的空间摊到第一层去，实际上是为了想限制用地面积。但是其实这个政策不灵活，比如说，我以开发商的角度来讲，租用农民的宅子，我觉得盖三层很丑，我就盖两层，因为我希望大一点，这是很合理的要求，但是不允许。因为我自己是做规划的，所以这个概念我就会很强，应该还是有一个审批制度的。我们也经常跟旅游局或者地方政府在沟通，应该有这样一套制度，只不过他们现在能力所限，或者说精力所限。我觉得比如说，给一个指标，一共是400平方米，我可以有个审批制度，按照规定或者开发商自己出图纸额外审批。应该有这样一个细化的过程，对‘洋家乐’的设计师来讲可以发挥的自由度就会更高一些。我是这样理解这个问题的（大乐之野创始人杨默涵，2015年）”。其三是边角地的权属不清带来的诸多纠纷。“洋家乐”经营者租下农房之后，在农房周边出于围墙、花境等需要进行环境营造和通道建设，乡村户与户之间的细碎土地甚至于联结道路根本没有产权认证，大多数与村民的问题是因这些边角料地块发生的。“铺路嵌石子嵌到一半，跑过来跟我说这个路爷爷辈是他的，但其实可能三四十年都和他没有关系了；有个村民跑来说砌围墙的那块空间要跟他租，实际上是集体用地的一部分，这个村民只是里面的很小部分……边边角角的地方要用,就要和居民去协商。无非就是出钱,但是这个钱也不是简简单单的我跟你谈一个价钱……不能够按照正常的市场经济或者法律体制来走,也没有一个市场价来衡量就是你这个一亩土地,这个农用地应该值多少钱,就是村民张口随意要的(大乐之野创始人杨默涵,2015 年)”。除宅基地确权不清之外,租赁房屋还会面临代理人要挟、房东涨租等人为因素的风险,之前的章节也有所提及。需要补充的是,《中华人民共和国合同法》第 214 条规定:“租赁期限不得超过二十年。超过二十年的,超过部分无效。”莫干山“洋家乐”经营者们出于投资回报的需要,多希望房屋租赁的时间越久越好,甚至发展到后期有相当一部分投资人为了规避房东随意涨租的风险一次性付了 30 年的房租,却掉入了另一个容易忽视的陷阱——合同期的后 10 年是不受法律保护的。如果房东 20 年后来收回房屋,投资人可能“房钱两空”。

如果“洋家乐”除了餐饮住宿等经营内容,还通过土地流转的形式承租周边农地进行农业生产养殖,并配套以农业观光、农事体验等活动,典型的类型如义远有机农场、莫干山花花世界等,需要面临的风险就多是土地契约风险。最主要的原因可能是违反国家相关法律和地方政策而导致的土地契约关系无效。一是无处分权的人未经授权私自流转他人的承包土地。[①] 传统乡村这种情况比较普遍,例如父辈在子辈不知情的情况下把外出打工的子辈的承包土地转包给他人或者代管人将替人代管的土地私自过户到自己名下等。二是未经发包方(村委会)同意私自转让土地经营权。[②] 三是承包方以

① 根据《合同法》第 51 条规定,只有“无处分权的人处分他人财产,经权利人追认或者无处分权的人订立合同后取得处分权的,该合同有效”。

② 根据《农村土地承包法》第 18 条“承包方采取转让方式流转农村土地承包经营权的,经发包方同意后,当事人可以要求及时办理农村土地承包经营权变更、注销或重发手续”和《最高人民法院关于审理涉及农村土地承包纠纷案件适用法律问题的解释》第 13 条“承包方未经发包方同意,采取转让方式流转其土地承包经营权的,转让合同无效。但发包方无法定理由不同意或者拖延表态的除外”规定,以转让方式流转土地的契约关系必须经村委会同意才生效。

地抵债或以土地承包经营权进行抵押借款。① 四是超过承包期限流转土地。②

2. “洋家乐”经营者的防范式应对

不同于城市里相对完善的开发建设报备程序，乡镇里的“洋家乐”开发初期游走在违规和违建的边缘。面对在土地与房屋获取的过程中面临的诸多风险，“洋家乐”投资者的反应是被动的。一是应对宅基地风险的时候，尽可能通过摸底来确保租赁的是已确权的合法房屋。莫干山的民宿主们现在对于房屋的开发和改造都很谨慎，不合法的房屋是不会动的。有些农户，把老宅出租后又到外面盖个新宅，这种情况也是有的。二是在确定租赁关系的时候，试图通过公证、备案等辅助手段明确租赁关系受合法保护。初期地方政府在出租报备和宅基地确权方面是监管的空白，并不愿意来承担村民违约的连带责任；投资商在和农户签了出租合约之后，会想方设法到村集体公证，之后到乡镇备案。三是应对房屋和土地合同漏洞的时候，通过事后协调和补充合同尽可能减少损失。初期投资“洋家乐”的项目多会用补充合同的形式出现，之前没有考虑到的问题和疏漏的情况，通过补充合同而不是推翻原始合同来解决。随着民宿主经验的丰富和职业团体的确立，逐渐表达出统一的意愿，即签好合同是不能变的。发生矛盾和争议之后，民宿

① 《最高人民法院关于审理涉及农村土地承包纠纷案件适用法律问题的解释》第 15 条规定，“承包方以其土地承包经营权进行抵押或者抵偿债务的，应当认定无效。对因此造成的损失，当事人有过错的，应当承担相应的民事责任”。

② 这里面主要是依据《农村土地承包法》两个条款，其一是第 20 条规定，“耕地的承包期为三十年。草地的承包期为三十年至五十年。林地的承包期为三十年至七十年；特殊林木的林地承包期，经国务院林业行政主管部门批准可以延长”；其二是第 33 条第（三）项规定，“流转的期限不得超过承包期的剩余期限”，我国第二轮农村土地承包发生在 1998 年，因此耕地、草地、林地等不同类型农地的承包期限分别到 2027 年、2047 年和 2067 年结束，相应的土地流转期限应当控制在内。

主能通过自己打交道就自己先处理,如果处理不了,就再找村里帮忙。通常民宿主是不会寻求镇上帮助的,因为村里的老百姓镇里根本管不了;反而有些村的支书、村主任会比较强势,还能管得了,多多少少能说上些话。莫干山区村经济包括镇经济本身比较弱,村民历来自力更生,受地方政府的束缚相对比较小,政府的权威性和话语权并没有那么强。四是应对房屋改造过程中农户举报的问题,尽可能配合地方政府安抚举报居民。大乐之野在碧坞村就有点树大招风的意思,凡是有举报大多是冲着大乐之野来的,哪怕是举报别人家也会捎带上他们。有将近两三个月的时间,每隔几天,就有政府人员来告知说这个房子不能建了、那个墙不能砌了,新起的阳光房要拆了,不能给办证了……很多时候,村民举报也并非冲着大乐之野,很有可能是自己家要拆建改建的诉求没有得到满足,或者是想给某个村干部找些麻烦,但只要是村民一举报,社区就必须来人处理,副镇长也来过好多次。因为村民通过向地方政府施压来阻碍"洋家乐"经营者施工,地方政府考虑到风俗和维稳需求,通常都会倾向于本地村民,要求"洋家乐"投资者整改,造成施工时间的延长和投资成本的增加。

人地关系的力量支撑着这历久未衰的中国文化。[①] 土地的公有化,或者说农村土地集体所有的模式,有时制约中国小型经济的发展。后续的民主们矛盾多数源于此。"洋家乐"经营者的防范式应对是一种抗议和无奈之举,但从历史发展的进程来看,这样的被动的防范式应对是有积极的意义的,正是"洋家乐"的初期实践者们在倒逼地方政策,包括土地制度的日益完善。可以想象,当"洋家乐"和村民签署的租房协议在当地政府公证备案之后,这就是对某一宗地块的确权,若干年后,当这样的租房协议越来越多的时候,被确权的土地和房屋也就越来越多。这是市场经济对地方政策的倒逼机制。同样的,目前乡村地区边角料地块的争议主要是源自

① 费孝通.中国士绅——城乡关系论集.赵旭东,秦志杰,等译.北京:外语教学与研究出版社,2011:159

于级差地租。因为“洋家乐”的出现,突然一下子原来闲置或者休眠的土地能产生很高的价值,村民们一下子迷失了,想要借这个机会赚一笔。“我个人以为最好、最完美的解决方式就是私有化,先私有化之后,再市场化,让市场来决定这块地该值多少钱。土地一旦有市场平均价格了,就比较好谈。土地没法到这个市场化的程度的话,就必然会出现很多问题的(大乐之野创始人杨默涵,2015年)”。或者是开发商从农民这里攫取他们的利益,以很低的价格拿到这个土地;又或是农民漫天要价,和开发商胡搅蛮缠——两个极端的后果都不是理想的。这个博弈的过程,也是“市场无形的手”和“政府有形的手”相互作用的过程。

3. 地方政府的破冰式探索

李大钊在1925年论述中国的土地问题的时候就曾经说过:“苟能按耕地农有的方针,建立一种新土地政策,使耕地尽归农民,使小农场渐相连结而为了广大农场,使经营方法渐由粗放的以向集约的,则耕地自敷而效率益增,历史上久久待决的农民问题,当能谋一解决。”[①]目前国家的土地改革思路基本上以此为借鉴。德清县在农村产权制度改革方面的探索最早可以追溯到1999年钟管镇的“股票田”制度。当时钟管镇沈家墩村以集体的名义把160户农民家的210亩成片土地以“入股”的形式,与农民签合同,倒包过来,然后再通过招标反租给养殖户,平均每亩每年640元,村里留下90元服务费,其余的550元返给农户。[②] 2014年,德清县被确定为浙江省唯一的城乡体制改革试点县,其中一项重要任务就是推进农村产权制度改革。从地方经验来看,这里面包含着两方面的任务:一是基础的确权,即明确产权权能归属;二是在确权基础上的活权,即完善产权权能处置。改革就是要将农民土地承包经营权、农户宅基

① 李大钊.土地与农民.政治生活,1925-12-30

② 陆志松.德清农民首创股票田.湖州晚报,2009-10-09

地用益物权、农民对集体资产股份权等农民财产权利精准确权,通过登记、颁证等工作将权利量化到人(户),再通过各级流转交易体系,让死产变活权,再让活权变活钱。后来德清当地的土地制度改革中,与"洋家乐"发展直接相关的大致有三个比较大的尝试和探索。

第一个探索是农村产权流转交易平台和交易体系的搭建。2014年德清当地根据自身情况,构建了以四级农村产权流转交易平台[①]为载体的农村产权交易体系:以推动土地流转为基础,同步引进和发展第二三产业,不仅加速规范农村土地流转,提高农业生产效率,并且结合自身优势,利用旅游资源,推动当地闲置或产能低下的农村综合产权流转,有效将农村劳动力向第三产业转移。德清县人民政府于2014年8月22日颁布《德清县农村综合产权流转交易管理办法(试行)》,鼓励农民个人以及农村集体经济组织的产权进行流转交易,规定了十类交易产品:一是农村土地承包经营权;二是农村集体经济组织其他资源(荒山、荒沟、荒丘、荒滩)使用权;三是农村集体经济组织养殖水面(鱼塘)承包经营权;四是农村集体林地使用权;五是农业类知识产权;六是农村集体经济组织股权;七是农村房屋所有权;八是农村宅基地使用权,农村集体经营性建设用地使用权;九是农业生产性设施使用权、设备所有权;十是农林产品所有权。并且规定了交易的方式和程序,为"洋家乐"所需要的土地或房屋的产权流转提供了行政依据。虽然各级政府对土地流转以及农村综合产权流转都极为重视,出台了相关的政策,但是,在操作层面仍然有诸多问题存在,特别是在综合产权流转方面:一是流转的激励机制不完善。应加大扶持力度,加速闲置农村综合产权的流转,积极配合投资者,提供相关的政策优惠。二是农村综合产权流转的服务机制尚未健全,许多地区缺少专门的农村综合产权流转服务平台,或者服务平台不规范,使得流转信息不通畅。三是农村综合产权流转管理机制

① 县农村综合产权流转交易中心-乡镇(开发区)农村综合产权流转交易分中心—村级综合产权流转交易服务站—农户显示平台,四级农村产权流转交易平台。

不健全，当地政府应该对流转双方进行监管，确保权利义务的实施和履行，并且在流转双方出现纠纷时，沟通解决。四是增强当地村民的契约精神，严格执行流转双方签订的流转合同，确保良好的投资环境。

第二个探索是农村集体经营性建设用地入市。2015年2月，德清进入全国33个农村集体经营性建设用地入市改革的试点县(市、区)名单。围绕着"谁来入市、哪些地入市、怎么入市、钱怎么分"四个核心问题进行了相关的政策规范(见表8-1)，建立了"一办法、两意见、五规定"农村集体经营性建设用地入市制度体系，形成入市申请书、入市审核表、入市决议、入市核准呈报表、入市核准书、委托书、德清县集体经营性建设用地使用权出让(租赁)公告、德清县集体经营性建设用地使用权出让(租赁)须知、成交确认书、德清县集体经营性建设用地使用权出让(租赁)合同10个范本，通过协议出让试制度、拍卖出让试市场、挂牌出让试平台、租赁入市试观念、调整入市试集成完善体系化建设。2015年8月19日，德清县公共资源交易中心门户网站，公示了仙潭村地块的协议出让，即德集协示(2015)第1号。[①]该地块原是仙潭村的废弃厂房，属于镇级集体经营性建设用地，占地面积6.06亩(4040.88平方米)，协议出让价307.1084万元，亩均价格达到50.66万元。其用地属性从工矿调整为商服，有40年使用权，本土投资商赵建龙成为该地使用权的新主人，准备首期投资7000万元做民宿。2015年9月8日，德清首次以公开招拍挂的方式，以1150万元的价格成功出让一块面积为20亩的村级集体经营性建设用地，使用权40年，亩均价格达到57.5万元。[②] 按规定，这笔收入将列入集体公积公益金专户管理，由村监委监督，可对外投资、股份合作、购买政府性债券等，用于发展壮大集体经济。这宗土地曾经租给一个开矿的企业，自从2014年砂村采矿停止后就一直荒芜：按照当

① 邓国芳，霍建虹，潘宗敏，赵方正. 德清集体经营性建设用地入市改革唤醒农村沉睡资产. 浙江日报，2015-09-09

② 赵晔娇. 浙江首次拍卖出让农村集体经营性建设用地. 中国青年报，2015-09-08

年每平方米 4 元钱的租金，40 年的 200 万元总租金费用不到 1150 万元使用权拍卖价格的五分之一。截止到 2017 年 7 月底，德清全县已完成入市土地 131 宗 855.55 亩，成交金额 1.88 亿元，农民和农村集体经济组织获得土地入市收益 1.53 亿元，已惠及 49 个村集体经济组织和 88 000 余农民，覆盖面达 35%。①

表 8－1　德清县农村集体经营性建设用地入市政策要点

核心问题	主要思路	具体措施
谁来入市	坚持农民主体地位，分类明确	落实农民集体的市场主体资格：德清县域 150 个村级经济组织全面完成了股份制改革，成立股份经济合作社，实行工商注册登记。 明确三级入市主体：乡镇集体土地由乡镇资产经营公司等全资下属公司或其代理人实施入市，村集体由村股份经济合作社实施入市，村民小组可委托村股份经济合作社等代理人实施入市。 强化土地入市的民主决策：建立“三会三公开”制度，对入市前、中、后涉及的宗地情况、入市方式、交易形式、起始地价、合同条款、收益分配等重大事项进行全程公开、民主决策、民主管理。
哪些地入市	坚持集约高效利用，多规合一	确定存量：开展集体经营性建设用地“一村一梳理，一地一梳理”，摸清了 1881 宗 10 691 亩的集体经营性建设用地存量底数。 优化布局：符合条件的 1036 宗 5819 余亩地块就地入市，其余结合浙江省“三改一拆”“五水共治”等行动，纳入异地调整和整治入市，促进产业集聚升级。 供需对接：引导西部山区发展以“洋家乐”为代表的民宿旅游；中部丘陵地带依托主城区发展商贸、高新制造；东部平原服务工业块状经济，积极打造特色小镇和“小微企业众创园”。

①　江宜航，赵旭．“农地入市”改革的德清密码——浙江省德清县农村土地制度改革调查．中国经济时报，2017－08－07

续表

核心问题	主要思路	具体措施
怎么入市	坚持市场配置资源，五个统一	建立城乡统一的交易平台。将全县的农村集体经营性建设用地与国有土地统一纳入县公共资源交易中心，实行一体化管理。 实行城乡统一的地价体系和评估制度。建立了全县城乡统一的建设用地基准地价和租金体系，试点期间明确每个地块必须选择两家评估公司进行评估。 实行城乡统一的交易规则。参照国有土地交易规则建立了与国有土地基本一致的集体经营性建设用地交易规则，强化了入市核心环节的民主决策；并针对集体经济组织的主体性和需求多样性特征，通过合同条款进行规范。 实行城乡统一的登记管理。完善不动产统一登记系统，将集体经营性建设用地纳入不动产统一登记范围；落实了集体经营性建设用地使用权抵押权能，实现了全覆盖。 实行城乡统一的服务监管。结合"简政放权、放管结合"和"最多跑一次"改革要求，全面做好平台搭建和审批监管等工作，实现了城乡统一的"申请、审批、交易、颁证"全程服务。引入"第三方机构服务"机制，培育、引导从事国有土地调查、测绘、评估、交易代理等中介机构，为农村集体经营性建设用地入市提供服务。
钱怎么分	坚持收益均衡共享，差别调节	合理确定调节金征收比例：工业用地和商服用地的比例，县城规划区内为 24%和 48%；县城规划区外、乡镇规划区内为 20%和 40%；乡镇规划区位的其他土地为 16%和 32%。 差别化落实集体内部入市收益分配：乡镇集体入市收益用于辖区内农村基础设施建设、民生项目等支出。村集体入市收益不直接分配，追加量化农户股权，年底享受收益现金分红。 加强资金流向监管：开发"农村集体经营性建设用地入市一体化信息管理平台""成交价款依申请代收、调节金依申报代扣"。

第三个探索是"坡地村镇"建设用地试点。浙江是全国首批开展低丘缓坡荒滩等未利用土地开发利用的试点省份之一，但削峰填谷式的平地开发逐渐不适应越来越严格的生态保护要求。2015 年起，在严格保护耕地和生态环境的条件下，"七山一水二分田"的浙江探

索“坡地村镇”建设用地试点,为新型城镇化、美丽乡村生态休闲旅游观光项目的开发,提供了政策便利:对交通便利、紧邻城镇周边、纳入城镇建设用地开发的低丘缓坡土地,可以点状布局建筑、进行单宗地开发,也可以多宗地组合开发,促进新型城镇化建设;对结合生态移民、下山脱贫、地灾避险、农房改造和中心村建设等工作,通过规划引导纳入村庄建设的低丘缓坡用地,可以实行点状农房建设用地或带状农房建设用地布局开发,打造生态型、集聚型村居,促进美丽乡村建设;对充分依托山林自然风景资源,开发生态(农业)观光、休闲度假、生态养生、露营运动等生态休闲旅游观光建设项目用地。[①] 按照“用多少、征多少,建多少、转多少”的原则,将农用地转用和土地征收进行分离,项目内不同用途的土地,按类别进行管理,既减轻了投资商的经济负担,又不浪费稀缺的土地资源。德清西部山区低丘缓坡资源占到县域总面积的三分之一,适宜开发的山坡地资源占县域总面积的16%。“毛竹价格非常便宜,而且莫干山区坡度大,地理条件是不适合种其他经济作物的,因此毛竹流转的意义不大。你说水田流转,全部去种苗木或者搞养殖还有点意义,毛竹山流转了以后也还是毛竹山。现在毛竹也没办法做到大面积的规模化机械化生产,毛竹还是长在山上的,必须一支一支去把它拉下来——除了一些林间道路以外,其他的还是要一支一支拉下来的,做不到大规模的。人力成本和市场价格都不合适,流转的意义没有,又不能搞其他的东西(时任筏头乡党委书记杨剑炜,2015年)”。在“零占耕地、少占农用地,充分利用林地、园地和未利用地”的前提下,实施“点状供地、垂直开发、差别供地”,德清巧借山水,探索出“挖、避、抠、租、调、限、禁”的“坡地村镇”建设的七字工作法。[②] “挖”,即存量挖潜。优先利用村庄废弃粮厂、学校、村公所等闲置资产或现有农居住房,盘活存量建设用地,减少新增建设用地数量。“避”,即避开耕地,耕地零占用。

① 浙江省国土资源厅办公室.浙江省国土资源厅等9部门关于开展“坡地村镇”建设用地试点工作的通知(浙土资发〔2015〕13号).2015-05-22

② 李风,刘波.德清:巧借山水建“坡地村镇”.中国土地,2016(11):55-56

“抠”，即点状布局，精准用地。“租”，即创新土地供应，生态用地租赁。“调”，即调整规划，多规融合。“限”，即限制道路宽度和停车场面积。“禁”，即禁止大开大挖。2015—2016年，德清县裸心堡、竹隐舍得等8个项目先后被列入省“坡地村镇”试点名单，总投资额达49.03亿元，总用地面积7424亩，其中建设占地面积仅690亩。[①] 如“洋家乐”的标杆裸心谷是全国首家尝试点状供地的项目，茶园和林地采取租赁的形式，围绕百年历史的香樟树进行项目规划设计。又如裸心堡项目总面积450亩，实际建设用地15亩，建成之后含95个客房，包括活动中心、水疗村等配套设施。如裸心堡就选址在著名的莫干山绿荫别墅遗址上，山顶上的复建城堡和山坡上的新建别墅，采用点状供地；半山腰的改造农房，通过存量建设用地盘活；其余生态用地采用租赁方式；采用垂直开发模式将停车场拆成7个，依山阶梯式分布。

三、乡村利益共同体:“洋家乐”与乡村自治

仅仅实行土地改革、减收地租、平均地权并不能最终解决中国的土地问题。最终解决的办法，不在于紧缩农民的开支，而应该增加农民的收入。[②] 在市场“无形的手”和地方政府“有形的手”的共同作用下，外来投资者和当地居民因为“洋家乐”的项目联系形成紧密的经济利益共同体:外来投资者获得投资性收益，主要是“洋家乐”民宿的经营性收入和未来对外扩张可能的品牌性溢价收入；本地居民依托“洋家乐”主要能够获得三方面的收益，一是“死产”变“活权”的财产性收入(或称资本性收入)，二是在“洋家乐”就业或为“洋家乐”供应农副产品的劳务性收入，三是自主创业开办“洋家乐”或类“洋家乐”

① 夏叡. 打造坡地村镇建设的“德清样本”. 国土资源，2016(9):48

② 费孝通. 江村经济. 上海:世纪出版社，2007:15

的经营性收入。这种紧密的利益共同体关系,意味着双方"一荣俱荣,一损俱损",对"洋家乐"利益链条的维护有着共同的责任和义务。"洋家乐"对带动居民致富增收发挥了积极作用,实现了旅游福民、旅游富民的红利分享。

1. 财产性收入:房屋租赁收入和土地流转收入

莫干山"洋家乐"的发展,大大提升了区域内土地和房屋的市场价值。"死产"变"活权"的财产性收入主要包括当地居民的房屋租赁收入和土地流转收入,据不完全统计,德清县旅游共计带动农民财产性收入近亿元。

一是房屋租赁收入。分为莫干山区内的农房(特别是闲置旧房)租赁和莫干山风景区管理局的老别墅租赁。2016 年年底德清莫干山山区农房出租共计 260 栋,租金年收入 1000 余万元,平均每栋年租金为 6 万多元。比 2007 年高天成经营"洋家乐"裸心乡的农房 3000 元每栋的租赁价格,翻了 4 番多;同样的房子,2011 年租金大概 6000 元的房子,2015 年上涨到 5 万元,2017 年租金价格已经超过 7 万元。"2012 年一开始的时候我租了两个楼,其他的楼都是 2013 年租的,当时也是因为资金受限。我一租下来就把楼改造了,现在想起来很失败的,大家都没有想到这两年涨这么快;如果当时租下来不动的话,后面的房租也不会涨那么多(大乐之野创始人杨默涵,2015 年)"。除了直接的房租上涨,一次性付款带来的"洋家乐"成本的增加更加疯狂。2012 年之前房屋租赁多是 3 年一付,每 3 年上浮 10% 的租金;2013 年之后很多投资者倾向于一次性付清 20 年或者 30 年的房租,通常房东能够获得一次性 150 万—200 万的租金收入。与山下农房一样,山上的莫干山老别墅租赁价格也从 2000 年之前每年 5000 元左右的租金上涨到 2015 年的 25 万。莫干山老别墅应当是四大避暑地中保存得比较理想的,山上也存在一些外来投资者自己做的小众的精品民宿,综合环境比山下好,改造装修也不比山下差,但是因为山上体制原因,没有对外打包宣传。"山上做'洋家乐'太难了,因为像我租的老别墅是国家文保单位,什么都不能动。我第一次装修的时候,它还不是文保单位,因为它的门已经没有了,是被人拆掉了,我做了一个门上去。这个门现在已经很旧了,我想把它换掉,也不能换——它已经被列入国家文保单位了(颐园创始人夏雨清,2015年)”。莫干山顶上200多栋别墅:一部分作为职工宿舍使用;一部分在莫干山管理局单位名下运营,有五六家用餐点;一部分是省政府各个厅局(公路、财政、工商、水利等)和部队在山上的休养点;剩下一部分周边没有连成片的一些单体的建筑,租赁给私人、企业经营或者自住,包括雷迪森旅业集团、乌镇的总操盘手陈向宏等,是典型的稀缺资源。

二是土地流转收入。比如武康五四村,依托农业乡村旅游,平均每户每年增加收入15 000元;又比如兰树坑村分水岭小组和裸心谷签了50年协议,流转的土地大多是荒山林地,流转费用是每亩每年500元,且每5年递增10%,累计费用200多万元,涉及90多户村民,平均每家能分到2万多元。[①]

2. 劳务性收入:劳务收入

莫干山“洋家乐”为当地乡村创造了大量的就业岗位和就业机会,并有效拉动了相关配套行业的市场价格。大体说来,“洋家乐”为当地带来的劳务收入主要包括三个部分:一是直接在“洋家乐”就业人员劳务收入;二是商店、交通等旅游相关行业就业人员劳务收入;三是服务于“洋家乐”的当地传统手工匠人劳务收入。

第一类受惠的群体是直接在“洋家乐”就业的当地人员。根据2016年的统计,莫干山“洋家乐”直接吸纳德清县内从业人员4000余人。其中有两个群体尤其值得关注:一是原乡村闲散的“50后”“60后”后中老年妇女群体,这部分人原来外出打散工或者赋闲在家做全职主妇,每个月的收入在2000元以下,“洋家乐”迅速发展之后,对清

① 根据访谈资料记录整理。

洁、做饭的阿姨们的需求量增大,普遍月薪在3000元左右,年终还有奖金。二是不断有年轻的"80后""90后"大学生回乡,在"洋家乐"中担任管家或者主理人,管家年收入在七八万元,主理人年薪在12万—20万,发展得好的成为合伙人或者按销售提成,就不仅仅单纯是工资性收入。谁的秘密花园的房主老夫妻原先做园艺工人,在广东人开设的苗木公司做工,每天早上7点出门管午饭,老爷子每天做工八九个小时,一天能赚130元,老妇人每天做工10个小时,一天能赚50元。2015年家里的房子做民宿之后,老夫妻两人都不出去打零工了。除了出租房租的每年10万元租金收入,老爷子做民宿的看护,每个月有额外1500元的收入,老妇人负责民宿的饭菜,每个月有2500元的收入,另外两人还有每天30元的餐饮补贴和年终红利。粗略计算,夫妻两人一年的收入在17万—20万,是之前外出打工收入的4倍。

第二类受惠的群体是乡村旅游配套的商店、交通等旅游相关行业从业人员。"洋家乐"累计带动周边旅游服务业就业1万多人,从业人员平均年收入约为4.5万元。

第三类受惠的群体是服务于"洋家乐"的当地传统手工匠人。由于"洋家乐"租赁的房屋都是老房旧屋,涉及诸多碎片化的工作内容,多是请地方上的工匠参与改造建设。随着"洋家乐"施工项目的增加,地方上的工匠越来越稀缺,特别是熟练匠人的酬劳也越来越高。通常一栋房屋改造的周期在4—6个月,涉及的工种包括泥工、瓦工、木工、油漆工、水电工等,人工费用一般在30万—40万。以泥工为例,2014年的时候,按一天8小时计算,大工(熟手师傅)的日薪在250元—300元,小工(学徒或助理)的日薪在180元—220元,2017年小工的日薪上涨到280元—300元,大工的日薪涨到400元—500元,手艺好的师傅工作日程甚至已经排到年后。市场上鱼龙混杂,"我们这一带全都在装'洋家乐',师傅忙得都是几个项目一起做,根本请不到,相对来说什么不会做的人也充当师傅了(康家寨老板娘,2015年)"。"洋家乐"匠人的供不应求也带来了一个意外的效果——原来面临萎缩的传统工匠行业吸引了越来越多的青年人加入。

3. 经营性收入:旅游收入和农产品销售收入

“洋家乐”带给当地乡村的经营性收入主要是直接的民宿营业收入和农产品销售收入。

一是直接的民宿营业收入。2016 年德清县乡村接待游客 558.4 万人次,旅游营业收入 16.7 亿元,其中以“洋家乐”为代表的特色高端民宿接待游客 34.8 万人次,其中境外 10.8 万人次,直接营业收入 4.5 亿元。仅“洋家乐”所在地——莫干山镇,2016 年国庆期间民宿接待游客达 5.5 万人次,实现营业收入 1.9 亿元。以劳岭村 63 岁的村民曹水英为例。曹水英曾经在西坡等“洋家乐”做过 6 年阿姨,2016 年和女儿女婿将自家农房改造成“涧栖”乡村度假民宿,仅有 7 房 12 个床位的民宿一年下来盈利 50 多万元,每个床创收平均 4 万多元。

二是农产品销售收入。最直接的,“洋家乐”帮助当地的村民销售农产品,包括笋干、茶叶、土鸡、土鸡蛋等,例如裸心谷大量收购附近村民种植的蔬菜、食材,法国山居则每年会以高于市场价 20%的价格收购当地果农的水果用于酿酒等;或者把客人引流至当地茶园、梨园、农场等。劳岭村是远近闻名的“洋家乐”集聚区,2015 年村里房屋和土地租金收益超过 300 万元,“洋家乐”产业链收入超过 5800 万元。当年,“洋家乐”接待的 15 万人次游客中,有超过 3 万人次的境外游客,游客带走的茶叶、笋干等土特产就价值约 600 万元。

第九章
乡村城市化的可能与未来

就物质生活而言，我的村庄就是世界；就精神生活而言，世界就是我的村庄。[①]

——甘地

一、一个乡村转型的旅游社区：被建构的莫干山乡村意象

马克思说："从乡村这个历史的舞台出发，""然后，它的进一步发展是在城市和乡村的对立中进行的；现代的历史是乡村城市化，而不像在古代那样，是城市乡村化。"[②]传统乡村与城市在某种意义上有种文化的内在联系，在芒福德看来："城市的胚胎构造却已经存在于村庄之中了。房舍、圣祠、蓄水池、公共道路、集会场地——此时尚无专

① 转引自：熊培云．一个村庄里的中国．北京：新星出版社，2011：自序

② 马克思恩格斯列宁斯大林著作编译局．马克思恩格斯全集（第四十六卷）．北京：人民出版社，1957：472

门化的集市——这一切都形成于村庄环境之中。”[①]这似乎是中国文化的一种乡愁起因，正是这样一种文化和原因，新的文化在城市与传统乡村之间就形成了本原的发展动力，传统乡村面临着“现代性”的改变和发展，演绎了多元的“文化乡愁”，是“一种伴随现代全球化运动而产生的文化传统的失落感和追忆情绪，它是‘现代性’文明和文化的副产品，对于现代社会和现代人来说，具有‘家’的意识形态的性质”[②]。在这一层面，区域性空间有时是文化凝固的甚至是“文化折叠”的。从人类发展的历史来看，总是城市向乡村扩张，或者说，人类文明也是城市扩张的历史。“人类的历史是文明的历史，不可能用其他任何思路来思考人类的发展”[③]，而城市恰恰是文明的表达和载体。现代化城市化的必然，决定乡村文化变迁的必然，对传统的社会结构来说，“所谓走向现代化，指的是从一个以农业社会为基础的人均收入很低的社会，走向着重利用科学和技术的都市化和工业化社会的这样一种巨大转变”[④]。这个进程的表现是全球范围的，不同发展水平的地区都经历了乡村城市化历史。而我们看到的是，“全球化不再是一个单纯的经济、政治和社会学问题，它更是一个文化的问题”[⑤]，是一个从传统社会向现代社会转型的过程，也是一个社会中农民的市民化问题。乡村城市化在中国社会发展语境下呈现出制度型城市化的一种制度安排：很多乡村变成了城市，然而也有很多乡村是以文化衰败为特征的，一些地区出现的空心村与城市的繁荣则是这个时代的写照。中国区域社会的发展不平衡，在高速城市化以及后来提出的新型城镇化的区域性发展过程中，社会不平衡状态差距还在拉

---

① 刘易斯·芒福德. 城市发展史——起源、演变和前景. 宋俊岭，等译. 北京：中国建筑工业出版社，1989：14

② 万俊人. 经济全球化与文化多元论. 中国社会科学，2001(2)

③ 塞缪尔·亨廷顿. 文明的冲突与世界秩序的重建. 周琪，刘绯，等译. 北京：新华出版社，1999：23

④ 吉尔伯特·罗兹曼，主编. 中国的现代化. “比较现代化”课题组，译. 南京：江苏人民出版社，1995：1

⑤ Sharon Zukin. 城市文化. 包亚明，译. 上海：上海教育出版社，2006：1

大,中国地域的"多梯度社会形态结构"①在部分地区依旧在深化。随着传统农业的衰败和乡村生产功能的逐渐弱化,乡村的多元价值被不断地挖掘和呼唤。未来的乡村转型也正如我们现在所面临的世界一样,充满着不确定、未知和无限可能;唯一可以肯定的是,它不会只遵循一条道路前行。在未来的区域城镇体系结构中,也必然会存在着不同地理区位、资源禀赋、社会发展水平和价值取向差异的乡村地区或类乡村地区,它们同样在这个区域体系中占据各自的生态位,扮演各自的角色,就像后现代乡村性论述中所提及的,有的会精细化发展成为现代工业主导的社区,有的仍会保留规模农业生产,有的开始转向生态田园观光,有的依靠文创介入到全球生产网络,还有的甚至会逐渐衰败直至消失……乡村城市化的道路是多样的,不同的乡村会给出不同的回应。费孝通的《江村经济》所描述的,是以工厂代替了家庭手工业系统实现了传统乡村工业化的道路;而在莫干山,我们已经看到由传统农业乡村转型而来的功能逐渐完善的旅游社区:全球化和城市化双重动力下的服务业,尤其是围绕乡村旅游延展开来的餐饮业(农家乐)、住宿业("洋家乐")等原先以城市或专业市场为载体的产业形态对传统乡村农业的侵入,冲撞了原先的区域社会组织和结构,使得家庭重新成为值得关注的经济生产合作单位,全家动员的民宿社区正在生长。它离城市化和现代化更近,却仍然是人们心目中理想乡村的样子。

沿海地区特别是江浙一带在推动小康建设和区域现代化发展上取得明显的成果。而其乡村城市化、美丽乡村建设和城市文明的普及,也是旅游经济能够发展的基础。乡村城市化和城市现代化发展的结果,使中国乡村旅游出现近10年的增长,仅2016年国务院关于针对农村旅游颁布的政策文件就达20多个。推动中国乡村旅游、民宿经济和"洋家乐"的这一新型事物在以莫干山为典型的江浙一带发展起来,主要有这样十类原因:一是扎实的经济发展基础。改革开放

---

① 张鸿雁.论当代中国城乡多梯度社会文化类型与社会结构变迁——依据"社会事实"对"二元结构"的重新认知.南京社会科学,2007:11

前江浙一带就是中国经济发达地区，之后更是成为中国经济发展的前沿地带，群众思想观念较为开明。二是先导式的地方政策引领。在改革创新过程中，江浙一带是出经验、出新政策的地方，如温州模式、义乌模式、浙江模式等，包括苏南模式和率先实现小康策略等，使之成为中国较发达地区，由此而来的基层创新建设，推动了中国旅游经济的新发展。三是充分的城镇化发展程度。处于长三角城市群内的江浙地区，区域城市化水平超过 60%，有的地方已经到了 70%。实际上，乡村旅游的发展，取决于城市化整体水平的提高，只有城市人口多于乡村人口，城市回流乡村才会成为可能。四是领先的传统文化保护和村镇文化建设。浙江国家级历史文化名镇名村数量全国第一，江苏紧随其后，成为乡村旅游的基础。五是快速发展的私家汽车普及和高速公路网络。据相关统计，自驾游游客占游客总数的一半以上，其中有三分之一以上是乡村旅游，这是促进民宿发展的前提之一。江浙一带自驾游起步早，普及化程度高，2010—2015 年的 6 年间，私家车保有量以每年 2000 万台的速度在增长，有效助推了乡村旅游和郊区游。六是发达的个体经济。江浙一带个体经济的投资驱动较为普遍，早年民宿经济的投资多依赖于个体的情怀输出和价值变现；且个体经济是“时间自由人”，可以相对随意地支配时间，这也是中产阶级高端旅游的特定前设。七是独特的自然风土人情。江浙一带历史文化悠久，山水风光秀丽，旅游资源密集且具有江南特有的风土人情。到 2017 年 2 月，全国有 5A 级景区 236 家：其中江苏 23 家，全国第一；浙江有 14 家排第二；上海有 3 家。这些丰厚的文化土壤的旅游资源，是民宿经济“洋家乐”发展的土壤和基础，“洋家乐”之所以能够发生在莫干山区，不是偶然的，除了与上海的“海派文化”相关联外，得天独厚的文化资源、历史资源和自然的环境是其主要原因。如前述，一般民宿的选址都是在旅游景区附近，或者虽然不是景区但都是自然资源、空气质量和景观比较好的地方，创造所谓“无景点旅游”，而江南之地可以说无处不景点。八是“消费革命”的发生。从本质上说，消费革命，就是消费方式和消费价值观的变革。随着乡村的农业生产功能弱化，乡村的休闲观光价值、生态旅游价值和商贸服务价值等非生产型价值逐渐受到关注，乡村成了消费客体，同时也是消费场域。九是普遍化的美丽乡村建设。农村经济的增长和农民收入的增长，使得传统农村的空间发生质的变化，建设、改造传统的农村空间成为美丽乡村建设运动的抓手，一些地区生态条件变好了，自然山水资源得到有效开发，成为城里人去居住和观光的空间，发展乡村旅游成为乡村产业转型的一条可行道路，农民不离开农村而成为市民已经成为事实。十是共同的创业致富诉求。无论是民众还是政府都把农家乐建设和“洋家乐”式的民宿建设当作创业致富的一条路径：政府视之为政绩，民众视之为致富的理想，两者在目的和利益上实现了高度统一。区域性社会的某种特色文化和特色经济要素的发展，其中特有的文化创新和传播构成了不同经济形态成长和发展的土壤，构成现代化进程中的特色表现形态。浙江得天独厚的外向型经济文化建构了地方经济创新发展的土壤，因此，我们可以这样认为：除了有较好的外向经济机制和文化传统外，更重要的社会整体观念的解放，即在市场经济发展过程中，创造了一种好的文化治理关系和机制。

那么，“洋家乐”或者说民宿作为一种新文化类型，如何嵌入这个社会旅游过程呢？深度业态结合、深度服务体验和深度文化探索是其发展的动力，其渐进式的嵌入过程表现出如下几方面的特色转变：① 目标受众上，是从满足大众平民化到追求高端精致化的过程。早期的民宿以农家乐为主，价格低廉，设施不足，环境较差。“洋家乐”带来城市生活方式和城市生活场景化的一部分，更多是向中高端市场的拓展，为追求品质生活的人群提供休闲住宿场所，因而也成为当地居民想要成为市民的空间改造样板。② 文化内涵上，是从表现形式同质化到突出主题个性化的过程。农家乐类型较为单一，以往的中高端民宿又大多注重客观建筑空间求奇求异的营造，而缺少文化主题及家庭内涵的渲染和突出。“洋家乐”侧重摆脱这些弱点，以文化主题作为灵魂依托，追求个性化、定制化，注重“洋”文化的打造，又巧妙融入当地文化创新，这已经成为下一阶段民宿发展的核心突破口。③ 选址要求上，是从成熟旅游地到半开发区域，再到偏远山区的过程。民宿的选址正在经历一个转变期，过去民宿往往选址在大型的旅游景区、旅游城市、古镇等，依赖旅游景点的人流来培育自己的消费群。与近年来中国出现的“逆城市化”的现象同步，空心村改造、乡村文艺复兴、乡村文化自觉、“乡建”的浪潮不断涌现，投资者将目光转向了尚未开发、半开发的自然风光地带和乡村的处女地。民宿实现了资源依托型向市场驱动型的转变，“洋家乐”就是这一过程的一种成果和表现。④ 经营管理上，是从自由无序化到规范管理化的过程。民宿或者是“洋家乐”的发展，从自发的个体，到民间组织自治，基本上形成了一个良性的有美好愿望的发展过程。从某种意义上说，政府最初是个旁观者，民宿发展到一定程度后，政府发现了这一富民经济的现象，初期只是从管理法规入手，还没有完整的、统一的市场管理体系。但是，抬眼望世界，民宿发展良好的国家和地区，基本都有了统一的民宿协会和明确的法律制度，相关民间协会有比较强大的影响力；而我国大陆民宿业的协会组织和制度法律在国家层面是个空白。民宿过去呈现出“散点化”、无序化的发展特征，政府的介入较少，可喜的是，国内部分地区已率先进行了相关的管理规范试验：2008 年成立的鼓浪屿家庭旅馆协会是全国第一家相关协会组织；杭州市出台《关于加快培育发展农村现代民宿业的实施意见》等；深圳市出台《大鹏新区民宿管理办法（试行）》；厦门市出台《厦门市鼓浪屿家庭旅馆管理办法》……未来中国大陆的民宿必然朝着规范化、制度化的方向发展。其中，浙江省关于民宿出台的相关政策法规种类最多、覆盖最全。2017 年 2 月，国家标准化委员会将德清县与浙江省标准化研究院联合申报的《乡村民宿服务质量规范》国家标准列入实施计划，这意味着，全国民宿的发展有了顶层的建设运营依据。而这一国标以浙江省德清县在 2015 年制定的《德清县乡村民宿服务标准质量等级划分与评定》为蓝本。⑤ 业态功能上，是从单一型业态到民宿综合体的过程。单纯的住宿功能已满足不了游客日益增长的休闲需求，业态单一造成的营利模式单一、休闲设施不足等情况也不再适应民宿的拓展需求。“民宿＋”的概念不断深入，越来越多的民宿建造者使民宿自带休闲、商业、娱乐空间，在住宿基础上，拓展文创产品销售、美食餐饮、商业休闲娱乐等多重业态，打造民宿综合体，使其本身成为旅游目的地。⑥ 实施主体上，是从村民自发性到多元市场性的过程。近年来中国民宿的投资建设者呈现出由农民、普通市民向外地投资者、社会资本的转变；其经营者呈现出由农民、普通市民向高层次知识型人才的转变。

美国芝加哥大学社会学系教授丝奇雅·沙森在《全球城市：纽约、伦敦、东京》一书中说：具有某种世界性的城市，正逐渐成为"全球性服务中心"，其周边地区的文化和经济形态的成长，也必然受国际化文化的驱动，"全球化不是一个没有严重模糊性和局限性的概念。我们可以从全球化的一个定义开始，'行为活动的世界性扩散、洲际关系的扩张、社会生活全球范围的组织，以及共有的全球意识的增长'"[①]。像上海这样的国际化大都市，越来越强调地域关系整合功能，随着经济规模的扩大，其影响越来越显著，"并引起人们大量的思考和研究"[②]。我们也不难理解为什么莫干山成长为一个民宿经济集聚的生产消费社区，甚至有些人把这里叫做"民宿社会"——在国际化大城市的边缘，有人才、有需求、有市场、有国际化的文化环境、有典型的市民文化生活方式的直接传播。至少，莫干山民宿社区给我们一个启示，在全球化面前，即使是偏远山区，也正在自觉不自觉地融入世界体系，而这仅仅是经济社会发展的一种类型，世界必须形成新的多样性和多元化模式，城市文明作为一种现代性的表达，将触及世界的每一个角落。这也是中国莫干山作为"地方—全球"的一个链接点成为世界文化和旅游关注焦点的原因之一。莫干山乡村地区转型成为以"洋家乐"为主导的旅游社区，既有市场经济的自由选择，也有地方社会主动参与的自觉。在这个过程中，乡村能够留住年轻人，年轻人也愿意回到乡村，他们共同建构了作为消费对象的莫干山；而这样的乡村意象

① 丝奇雅·沙森.全球城市：纽约，伦敦，东京.周振华，译.上海：上海社会科学院出版社，2005：83-116

② 乔治·里茨尔.虚无的全球化.王云桥，宋兴无，等译.上海：上海译文出版社，2006：99-100，110

也符合大众的期待——没有什么比年轻的乡村更让人心动。

二、一个克里奥尔化的混合社区:谁的乡村? 谁的乡愁?

全球化的发展给了我们很多启示和选择,也带来新的区域经济模式和思维方式。舍勒认为:全球一体化已经形成了“价值颠覆”,并且形成地方性文化多样化的应对方式。世界一体化导致某种程度上的“地方感”的丧失,而采取的文化对策也出现多样性和非典型性的反应。他认为:“历史上没有一个时代像当前这样,人人对于自身这样的困惑不解。”[①]是的,人们在迫不及待投身世界经济文化一体化的浪潮并从中攫取相应的文化收获的同时,又在这样的浪潮中力图创造“身份识别”,寻找到地方感和“我”及“我们”的存在感。很多学者在研究全球化问题时都看到了“地方感”文化的存在问题并以多种诉求方式来表达观点。戴维·哈维等人在“空间再生产”“地方论”等理论中都提出了“本土化”“地方性”的矛盾和冲突的文化空间整合问题,似乎越是在世界一体化中,越能更多地看到地方性文化的成长与各种各样的文化冲突。海德格尔“地方性理论”体系,很强调“去地方化”和“资本的世界化”,在某些学者看来,全球化是一种现代性过程,地方性的文化适应性应该成为主导。特别是其“存在”(being)与“栖居”(dwelling)[②]的观念强调,群体在异地他乡的经济与文化活动的世界化背景是非常重要的。琳·马西的地方感中包含着多种认知方式,如“进步地方感”“全球地方感”,其理论方法旨在消除“地方性”与

① 马克斯·舍勒.资本主义的未来.罗悌伦,译.北京:生活·读书·新知三联书店,1997:57

② Heidegger. M. (1971), *Poetry*, *Language*, *Thought*, New York: Harper and Row, p. 08,114

“全球性”某种分离与对立。[①] 分析经典学者的一般性理论，我们可以看到，过于强调某一方面的文化存在往往失于偏颇。事实上，地方性的文化成长与全球性的文化一体化，在本质上是不完全对立的——无论是过去还是现代，实质上多样化的世界才真正构成世界的整体性特色。

“地方感”具有某种文化之根的意义，是一种文化生长、发展的基础，也是区别于其他类文化的本质之一。从一般意义上说，强调“地点”、强调某种“区位和场所文化”，即：“我是谁？我从哪里来？我要到哪里去？”[②]就是在全球化面前，人们力倡的“地点精神”也是希望本地文化不会被外来文化所吞噬：这个“地点精神”“地方性”是人类活动最重要、最基本的发生地和本土意义的特定文化价值圈。在某些学者看来，“地点精神”包括了诸多内容。其一，在一个文化中的，特别是在世界文化中的“身份感”和“认同感”是个体和群体价值的表达，其中包括如何“被识别”、如何被社会所建构。幸运的是，莫干山“洋家乐”作为一种特有的新的经济现象和地点符号，很早就被识别出来，具有鲜明的品牌性。其二，是“社区感”和地理“空间意向”。在莫干山这个“地方—地点”，民宿经济，特别是以“洋家乐”为代表的精品民宿，其投资者和运营者多数是外来群体——外地的甚至是外国的，本地人和外来者不可避免地会发生文化冲突，这需要外来者以多路径的行为策略融入地方文化，实现文化认同。由于“洋家乐”的存在联系，双方已经形成紧密的利益共同体，实现双赢的前提只有一个：就是双方能够融合成一个“大集体”、一个命运“共同性”，有共同的文化价值取向、共同的思想理论和主张。“洋家乐”提出的环保、绿色、低碳和国际化新生活方式的价值主张，既不是凌驾于地方文化的

① Doreen. Massey, *Space*, *Place*, *and Gender*, Minneapolis: University of Minnesota Press, p. 104, 145

② 费孝通论述文化自觉是从一连串的问题开始的，即“我们为什么这样生活？这样生活有什么意义？这样生活会为我们带来什么结果？……我们的文化是哪里来的？怎样形成的？它的实质是什么？它将人类带到哪里去？”见：费孝通. 从实求知录. 北京：北京大学出版社，1998：6

高高在上，也不是完全附和传统乡土的因循守旧，它以选择性亲和的姿态与莫干山乡村社会共谋可能的发展。这一价值主张更容易被地方群体所接受，与以共同体为归属感的传统乡土文化在互相依存的关系中实现区域共同价值。其三，形成一种“过去和将来感（时间感）”价值取向。这里的“时间感”是个体与群体的“共生性的存在感”，越是传统社会越有“历史的时间感”，传统的文化和时间往往是凝固的，即有一种“身后和我们面前的地点感”，外来人和本地人在文化冲突、互动和融合中找到一个共识，这个“本地”是“可以创造发展的地方”。清末民初，外国人在莫干山休闲、度假和避暑，是一种“地点感”的存在形式；百年后的今天，“洋家乐”聚集的莫干山进入现代生活体系的时候，无论是外国人、外地人，还是本地人，都试图寻找和创造“在家里的感觉”和“一种舒适感”。[①] 这里曾经是外国人聚居生活的社区，现在是世界游客旅居消费和“洋家乐”从业者生产工作的场所，作为一个创业和就业集中的地方，其“本地性价值”在全球化潮流中就充分显示出来。此乡村建设和当前提出的“文化治理”(governance)有异曲同工之妙，“它是使相互的冲突的或不同利益得以调和并且采取联合行动的持续的过程。这既包括有权迫使人们服务的正式制度和规则，也包括各种人们相同意见或以为符合其利益的非正式的制度安排”[②]。因此，至于“地方感”削弱还是“地方性”的文化增强的问题，这其实和一般问题的存在是一样的[③]：在现存的差异化世界中，有的地方“地方感”在消失或淡化，有的地方“地方感”在增强，这与当地的文化国际化程度、人才的集聚程度和经济文化发展水平相关联；但是就地方性创造来说，区域性文化表达是关键。

地方性文化和区域性发展，在一定意义上取决于其全球性的链

---

① 安东尼·M.奥罗姆，陈向明.城市的世界：对地点的比较分析和历史分析.曾茂娟，任远，等译.上海：上海人民出版社，2005：15－16

② 俞可平.引论：治理与善治.见：俞可平，主编.治理与善治.北京：中国社会科学出版社，2000：4－5

③ 尹才祥.地方的褪色与中国特色.社会科学家，2017(3)

接程度、区域竞争力核心价值和地方文化根植程度。[1] 换言之，在一般意义上表达为城市的全球化指数、地方性的开放指数和地方特色文化显示度。莫干山处于上海和杭州之间，居于全球化指数相对比较高的长江三角洲核心位置。"地方性"的文化认同和现代性意义上的"我们感"是比较充分的，而现代化的发展告诉我们，世界一体化过程中，地方性的区域社会文化的新崛起正成为一种特有的文化现象[2]，这也是在全球化过程中，对那些"外来者"一般采取的对策行动逻辑所造成的区域性文化成长。面对全球化所带来的文化冲击，正确的做法是直面并参与"全球城市文化价值链"[3]分工，并在通过全球的"新文化产业分工"的理论前提下创造自为优势。因为，网络社会的形成，无论是个体还是群体，无论是城市还是乡间村镇，都可以参与全球的新文化新产业分工，如现在大家熟知的"淘宝村"、个体"小网店"等就是在全球一体化发展中的一种经济类型。在参与全球分工中分一杯羹，每个人都可以成为全球文化价值链中的一个环节。早在 1994 年杜克大学教授格里芬等人提出全球商品链(global commodity chain，GCC)逻辑概念："通过一系列国际网络，将围绕某一商品或产品而发生关系的诸多家庭作坊、企业和政府等紧密地联系到世界经济体系中。"[4]中国的民宿经济及莫干山"洋家乐"现象能够在全球化中发展起来，就是通过全球网络形成节点文化区域，在全球范围内创造"我们感"并在世界的民宿经济网络中寻找到了位置。"商品链中任何节点的集合都包括投入(原材料和半成品等)组织、劳动

---

① 于涛方，刘娜. 中国城市全球化与地方化程度分析. 地理与地理信息科学，2005(5)

② 钱俊希，钱丽芸，朱竑."全球的地方感"理论述评与广州案例解读. 人文地理杂志，2011(6)

③ 张鸿雁. 全球城市价值链理论建构与实践创新论——强可持续发展的中国城市化理论重构战略. 社会科学，2011(10)

④ Porter (1985), *The Competitive Advantage*, New York: Free Press, pp. 25 - 29

力供应、产品运输、市场营销和最终消费等内容”。[①] 在传统经济的发展中,世界经济处于工业化的分工体系中,“一个显著的特征是不同地点在国际劳动分工和资本积累中的非公平性。……因此,全球化不是暗示地点之间的同一性,而是对不同疆土差异性的保留”。这是强调“地点精神”的开始,也是一种“人文区位”精神,就是学者们反复强调的“场所精神”(genius loci)。这一“地点精神”的文化是有历史渊源的。“根据罗马人的信仰,每一种‘独立的’本体都有自己的灵魂(genius)”,每一个地点和建筑都有自己的人文指向,并赋予了人文精神的本质和灵魂,“这种灵魂赋予人和场所生命”[②]。在这样的空间,或者在这样的被理解的空间里,被规范了的行为可以创造人性价值、创造民族文化价值和地方性文化价值表达,因而往往能够创造“地点精神”所具有的唯一性文化属性,正因如此,世界才出现了多样化的世界,越是具有独特性的民族优秀的空间,“越具有人类认同感”,让人们在这样的空间里感到这是“浓缩的小宇宙”。[③] 在帕克等人编写的《城市社会学》里,其中一个例子是哈莱姆铁路把 Quaker Hill 一个五业杂居的社区,里边有“(农民、工匠、商人、工业家和消费者),变成一个专门从事农作物的地区”“封闭的、纯一社区逐渐趋于解体”,在这里出现了很多外来人。这些变化中包括新型业态的出现,特色手工业的出现,关键是:当地的文化在“新经济基础侵入之后,原有居民很少原地居住不流动”“该社区人口会发生根本的变化”。[④] 但是,这也是本土文化被初期“侵入”以后的一种文化反映和“接替”。正如有学者研究的:居民对外来人口的“敌意和歧视”是“以自卫、精神支持和保

---

① Gary Gereffi & Miguel Korzeniewicz(1994), *Commodity Chains and Global Capitalism*, London: Praeger, pp. 96 - 98

② 安东尼·M.奥罗姆,陈向明.城市的世界:对地点的比较分析和历史分析.曾茂娟,任远,等译.上海:上海人民出版社,2005:112

③ 诺伯舒兹.场所精神——迈向建筑现象学.施植明,译.台北:田园城市文化事业有限公司,1995:18,65,78

④ R. E. 帕克,E. N. 伯·吉斯,R. D. 麦肯奇.城市社会学——芝加哥学派城市研究文集.宋俊岭,吴建华,王登斌,等译.北京:华夏出版社,1987:71

护地方文化传统为目的”的社会认同和文化认同及身份认同过程。[①]因此，奈斯比特认为：“我们越是全球化并在经济上相互依存，我们就越是做着符合人性的事情；我们越是承认我们的特性，我们越想紧紧依靠我们的语言，越想紧紧抓住我们的根和文化。”[②]

如果在一个传统的封闭社会体系内，相异文化的“侵入与变化”从学术的角度被认知为“异质性”的文化，而这种文化“进入”“他者文化”，被“侵入者”所采取的方法和策略要么是“拒绝”，要么是对外来的“吞噬”。[③] 而无论哪种形式，都只是一个“中间过程”，最终的文化融合才是发展的本质。区域性的文化叠加、空间折叠和文化冲突是一种客观存在。特别是当传统社会的一套规范和礼俗是凝固化的，并且习得而来的历史如此僵化的时候；公与私之间的空间，包括现代社会提供的公共空间和共享空间遇到传统抵制的时候，必然产生区域性的文化冲突或互动。在传统社会文化里公共空间不是严格存在的，要么是“私空间”，要么是典型的“权力者空间”。费孝通在谈到中国农民的“家”的文化时说：“为自己可以牺牲家，为家可以牺牲族……这是一个事实上的公式。在这种公式里，你如果说他私么？他是不能承认的，因为当他牺牲族时，他可以为了家，家在他看来是公的。……在差序格局里，公和私是相对而言的，站在任何一圈里，向内看也可以说是公的。”[④]而在莫干山的现代文化体系中，理论上是来建造公共空间的，甚至在理论上是一种“公共空间的再生产行为”，当一个私有的房子被用来做民宿而被租用后，或被改造成民宿、咖啡馆和乡间图书馆的时候，这只有外来人或者城市人里的文化才可以这样。虽然这样的空间多数是为了追求利润和经济价值最大化，但是作为空间的公共性却表达出来了。而在一般的传统社会中，不会把

---

① 孟庆杰．从社会地理学视角对上海市外来流动人口的居住空间研究．安徽教育学院学报，2007(6)

② 林本椿．文化全球化和对外翻译．福建师范大学学报，1999(2)：78

③ 齐格蒙特·鲍曼．流动的现代性．欧阳景根，译．上海：上海三联书店，2002：52

④ 费孝通．乡土中国生育制度．北京：北京大学出版社，1998：30

自己“家”的空间演化成社会性的空间，只有在市场经济的意义上，这种空间才会有资本性价值的扩张和新文化价值的发展。金耀基说：“中国传统社会，由于家过分发达，以至于一方面没有能产生如西方的‘个人主义’，压制了个人的独立性；另一方面没有能够开出会社的组织形态。”[①]但是，在现代的大城市边缘区，如上海和杭州之间的乡村，文化的变化与城市里文化变迁正出现一种典型的“文化堕距”[②]，大城市近郊的乡村文化和经济观念的变化虽然比城市里慢，但在其结构上与大城市是“时差性同步”，离大城市越近，思想文化观念和行为变化越大；距离旅游景区越近，变化也越大，这在全世界都显示了文化影响力的作用。在距离大城市较近的莫干山区历史上就是国外游人往来之地，本地居民中不少都有外出打工或接待外宾的经历，用当地话说这里的农民“是见过世面的农民”。他们既是城市生活方式的学习者，也是现代城市生活和市民生活方式的传播者。因此，在这里所说的“时空折叠”，在一定意义上表达了乡村存在的“文化矛盾”和“文化矛盾空间”。[③] 当你走进一个你以为的民宿，或许看到是典型的农民住宅，但是进入眼帘的是一个农家民宿内在空间“变了模样”，有的竟然是世界某种文化的集合空间——壁炉、酒窖、现代投影设备，有各种各样皮肤的人，有说各种语言的人。给你冲咖啡的乡村的老阿姨或回乡的大学生，客厅正在交替着传统音乐和西方音乐，或许你不经意会看到一个金发碧眼的外国模特在中国摄影师的镜头下摆弄着茶具……是的，在这里，在这个空间里感觉被“折叠”，似乎都在重新开始。弗朗索瓦·佩鲁是“增长极”概念创始人，他认为“增长并非同时出现在所有的地方，它以不同的强度首先出现于一些点或增长极上，然后通过不同的渠道向外扩散，并对整个经济产生不同的终

① 金耀基.从传统到现代.北京：中国人民大学出版社，1999:25

② 威廉·奥格本.社会变迁：关于文化和先天本质.王晓毅，陈育国，等译.杭州：浙江人民出版社，1989:106－107

③ 费孝通.乡土中国生育制度.北京：北京大学出版社，1998:40

极影响”[①]。“洋家乐”民宿出现在莫干山，是一个新的增长点。现代区域社会的发展与进化，正在打破“地方—全球”二元对立分析框架，一体化成为一个发展的形态和主流，正在整合、消除文化差距或冲突，却也在培育“本地化”文化的成长，全球化和地方性正以相互建构的方式演化成一个完整多样的世界。“全球本土化”源自一个市场概念，它描述了全球模式/文本/产品在适应本土环境时的方式。[②] 一种新文化的形成，是对传统文化与外来文化的选择与重新解释而达到的“叠合”，故而，不可能存在绝对意义上的“全球化”或“本土化”。[③] 里茨尔曾描述的一种现象：“坐在伦敦的一家‘星巴克’咖啡店里（现在，它们在那里非常普遍了），伴随美国的‘海滩男孩’乐队的演唱‘但愿她们都是加利福尼亚姑娘’，喝着一位阿尔及利亚的侍者送上来的意大利浓咖啡。”[④]这是全球化过程中出现的经济和文化的“混杂性”，而这种现象在莫干山的村庄里正在重新演绎。

三、一个经济共同体的民宿社区：市民社会文化自觉的集体行动

从地方到全球，我们看到现代高度发达的信息化、网络化和通信技术的全球化，特别是“物联技术”、智能机器人技术和全球网络化销售体系的形成，已经使全球化成为一种不可抗拒的潮流和现实。任

---

① Perroux F. “Note Sur la Notion de PÉle de Croissance”, in I. Livingstone, ed. (1955), *Development Economics and Policy: Selected Readings*, London: George Allen & Unwin, pp. 89 - 104

② 单波，姜可雨.“全球本土化”的跨文化悖论及其解决路径.新疆师范大学学报(哲学社会科学版)，2013(1)

③ 朱炳祥.“全球化”与“本土化”相互关系的发生学阐释.武汉大学学报(社会科学版)，2002(10)

④ 乔治·里茨尔.虚无的全球化.王云桥，宋兴无，等译.上海：上海译文出版社，2006：110

何一个人，只要有网络系统，就可以买到世界上任何一个地方的产品；而任何一个人，只要通过网络销售，商品就可以被卖到世界任何一个地方。每个人，只要你愿意使用网络就可以从中享受、获取世界各地的各类信息。美国经济学家莱斯特·瑟罗有些夸张地描述全球化："人类历史上第一次出现了任何东西都可以在世界上任何地方生产并销售到世界各地的现象。"全球化前提下的电子和智能网络"创造着一个崭新的、全球性的社会结构"。① 有西方学者提出了一种担忧的假设：世界范围内的全球一体化"隐含"某种"假定"的结果——"某种主导文化（假定是西方文化或美国文化）——将征服地球的每一个角落"。② 在现实中，这显然已经不是一种假设了，我们现实生活处处能够看到西方某种文化"符号化"地展示在我们面前，如日常生活的文化符号：星巴克、肯德基、可口可乐……即使在穷乡僻壤也可以看到这些广告和商品，这是西方文化符号全球传播的一个现实。正如英国学者汤林森所指出的："全球化的效果，势将削弱'所有'民族国家的文化向心力，即使经济上强势的国家，亦不能幸免于此。"③ 就人类的科技与文化交流来说，东西方文化传播的世界性，从某种意义上说是具有进步意义的，也是不需要讨论的，需要讨论的是在全球化的发展中，地方如何进入现代化而又不失去本土地方文化的现代性意义，其实这也是全球面临的共同问题。埃文斯总结了20世纪90年代城市结构化变迁的类型和取向，认为文化导向是城市再生的动力和催化剂。④ 葛兰西在对马克思"经济基础决定上层建筑"的意识形态进行独自的分析，是从"文化霸权"认知视角出发提出的，他在《狱中札记》说："最重要的职能就是把广大国民的道德文化提高到一

① 莱斯特·瑟罗.资本主义的未来：当今各种经济力量如何塑造未来世界.周晓钟，译.北京：中国社会科学出版社，1998：112

② 王宁，薛晓源.全球化与后殖民批评.北京：中央编译出版社，1998：57

③ 汤林森.文化帝国主义.冯建三，译.上海：上海人民出版社，1999：328

④ Giorgio Tavano Blessi, Pier Luigi Sacco , Giorgio Tavano Blessi (2007), "Urban Regeneration, Culture and Happiness, Bridging Communities through Cultural Policies: A Theoretical Framework", *Policy for Happiness*, Venice : IUAV University

定的水平，与生产力的发展要求相适应，从而也与统治阶级的利益相适应。”[①]“文化工业”将文化商品化、批量化、标准化，指出“消费变成了快乐工业的意识形态，而后者的生产机制却是它永远摆脱不掉的”。[②] 而民宿经济就是以个性的非标准化的方式生产出来。因此，在现实的经济体系中，个性化的消费恰恰是消费时代的一个普遍的成果。

民宿经济在当代中国的崛起，也作为一种经济体形式，是全球一体化经济和网络经济发展的结果之一，作为一种产品和商品，特别是“洋家乐”从一开始就定位为“全球本土化”产品和一种发展模式，从全球的视角来思考“地方”问题，如何把“地方”问题——经济现象纳入到全球文化和营销整合的网络体系之中。在寻求一种共性和统一的同时，创造个性的文化和产品，特别是在战略性元素上，如产品定位、品牌培育、形象塑造等往往是国际化和差异化的，这一代经营者开始就把自己和产品放在世界网络范畴内加以思考。21 世纪以来，一些学者在研究乡村建设时，更多的是注意到从社会和文化建设的角度来发展乡村，正如梁漱溟认为的，乡村的生活模式和文化传承从更深层次上代表了中国的历史传统。但是，由于乡村的传统惯性，有些旧俗和习得的落后文化行为很难一下子得到改变。从乡村建设的文化视角看，乡村建设的切入点很多，参与者也是多种多样，而这种文化视角的参与，特别是通过某种建设性——如民宿的建设——的参与，可以潜移默化地改变乡村、改变乡村人的文化生活和习惯。城市精英来投资建设的以“洋家乐”为代表的精品民宿，在很大程度上是以一种经济文化、消费发展和城市生活的行为方式为切入点，逐渐影响乡村生活，重构乡村生活，给乡村带来了城市文明、城市生活符号、城市生活细节，甚至成为乡村生活的样板，推动乡村生活方式的变迁。一般意义上理解的城市化理论认为，除了人口向城市集中外，城市化更重要的是生活方式传播与变迁、价值观传播与变迁和就业

---

① 安东尼奥·葛兰西.狱中札记.曹雷雨，等译.北京：中国社会科学出版社，2000:214

② 阿多诺.否定的辩证法.张峰，译.重庆：重庆出版社，1993:176－177

方式传播与发展，是城市现代性向乡村地带推进的过程，是城市文明的一种文化扩张，也是城市化的必然。

浙江的农村改革创新一直走在中国的前列，地方出台了很多政策，浙江曾提出“五水共治”“三改一拆”等政策，对浙江的自然环境保护起到很好的促进作用。浙江新近又率先提出“特色小镇”“家庭农场”“乡村旅游”“淘宝村”“创客乡绅”和“资本回流”等创新模式，使浙江的大地上出现了很多新生事物。浙江的民宿起步早，发展快，“拥有最大绿水青山的丽水市，将用3年时间打造成拥有5万个床位的全省第一民宿大市”。① 这不仅给外来者创收、改变乡村土环境，而且“民宿经济是绿水青山奉献给农民的财富盛宴”。《浙江日报》以《浙江民宿经济深度调查——民宿经济让农村“风景这边独好”》为题说：“经营民宿的农户，少者每户年毛收入在10万元上下，多者二三十万元不等，更好者上百万元。从某种意义上说，只有让创业性和财产性收入成为一个人收入的主体，他才算真正进入了富裕者之列。民宿经济，让农村的一切资源都有可能转化为市场要素，是广大农民获得财产性和创业性收入最便捷的通道。”②这是民宿得以发展的真正动力：一个民宿，就是一个中等收入家庭。“据统计，2016年以来，杭州全市2885户民宿带动就业17 310人，创收10.5亿元。桐庐富春江镇芦茨村共有民宿111家，2016年接待78万人次游客，其中过夜游客达到41万人次，住宿收入达到4380万元左右，户均近40万元，户均利润在24万元以上”。③ 2015年浙江民宿产业调查报告显示，浙江民宿经济已经出现区域性发展特色，“块状经济”的表现十分清晰。“块状经济是指在一定地域范围内，围绕某类产品，众多企业通过集聚，协作形成专业化的供产销基地的组织形式”。④ 如跨镇跨乡跨村

①② 徐峻. 浙江民宿经济深度调查——民宿经济让农村“风景这边独好”. 浙江日报，2016-02-25

③ 王国京，涂仕贵. 杭州市大力发展现代民宿业 倾力打造美丽乡村金名片. 新农村，2017(1)

④ 浙江省经贸委课题组. 浙江块状经济发展报告. 北京：社会科学文献出版社，2004:173-191

的纽扣产业、袜子产业、打火机产业等。浙江的民宿经济也与“块状经济”相适应，在某一区域空间以特定文化为表现形式：以“花开乡宿”为临安乡村形象，成就“中国乡宿第一县”；“离岛民宿”以“离岛·微城·慢生活”等为代表性，表现了沿海的民宿经济特质；奉化大堰的特点是“一间民宿就是一个景点，拥有一颗独立的灵魂”。“丽水农家乐综合体”“松阳民宿 SONGYANG”“最后的江南秘境”等都具有样板性。浙江民宿的发展听起来有些让人震惊，越来越多的具有强大资产、知识和社会背景、具备专业建筑设计、经营管理、产业发展、文化艺术背景的人士将目光投入到民宿中。但是，更让人震惊的是，越来越多的巴黎人、伦敦人、纽约人、首尔人、上海人、北京人、杭州人、南京人……来到莫干山投资开发民宿、开发“洋家乐”，其整体服务接待水平和市场意识比之前一批更强。浙江省德清县莫干山麓，在“中国美丽乡村”建设的基础上，参与全球的“新文化产业分工”，鼓励、扶植外籍人士创办的“低碳旅游新业态”——“洋家乐”，很快在全国产生影响，并成为一种时尚。由于“洋家乐”的发展和地方迅速积累的知名度、美誉度，莫干山形成以精品民宿和品质旅游为代表的块状经济体，在打造“全省一流的国际休闲旅游度假区”的同时，建设“莫干山民国风情小镇”，“奠定了德清乡村旅游在国内的引领地位”[①]。另一个不能够忽视的意义在于，德清“洋家乐”的发展，还创造了文化创意人才成长的环境，为文化创意产业的发展创造了文化氛围。一般意义上的文化创意产业园都在大中城市里，如北京的“798”、上海的“8 号桥”等，北京有 100 多家文创园，[②]上海有 120 多家文创园，南京有 60 多家文创园……因为大中城市里就业机会多，文

① 德清县休闲旅游发展“十三五”规划.(2016 年 11 月)

② 北京市：“全市文化创意产业收入合计 15 877.8 亿元，同比增长 13.6%；资产总计 31 893.9 亿元，同比增长 20.6%；从业人员 202.3 万人，同比增长 5.6%。其中，规模以上文化创意产业收入合计 13 451.3 亿元，同比增长 14.0%；资产总计20 140.2 亿元，同比增长 20.6%；从业人员 122.3 万人，同比增长 6.2%”。见：北京市国有文化资产监督管理办公室、中国传媒大学文化发展研究院. 北京文化创意产业发展白皮书(2016)，2016

化创意人才多。[①] 而在德清地区及莫干山的文化创意产业生长的环境不同于大城市，甚至比大城市更有优势，即在远离大城市的深山里，在更广泛的意义上构建了城市生活和文化艺术创新、创业的土壤：中国首个乡村文创园“清境·庾村 1932”就发生在这里。在莫干山镇的乡村文创园里，来自阿根廷的艺术家费德罗·贝克，成为首个“‘一竹一世界’——国际竹创意设计工作营”的驻地创作者。费德罗·贝克设计用 150 根细竹搭建独特的六角凉亭[②]曾引起国内外的广泛关注。还如“莫干山国际影视文创园”“莫干山艺术创客基地”“莫干山民国文化小镇”“全国最大的自行车主题餐厅‘乡食’”“乡村文化艺术展厅”“莫干山艺术邮票馆”“光合作用创意邮局”“茧咖啡”“茧舍”“蚕宝宝乐园”“萱草书屋”，以及“黄郛莫干农村改良展示馆”等。我们看到，在德清莫干山这样的山里，形成了与杭州等大城市一样的文化产业发展环境，形成了典型的具有城市文明意义的“乡村里的文明生活”，这也是城市人、城市里的文化“落脚乡村”的一个理由。德清莫干山兴起的生态休闲旅游业，不仅使得“洋家乐”形成了良好的示范效应和品牌影响，而且使得那些农家乐、青年旅舍和一些小型的客栈，都以“生态”“有机”和精品观光农业等旅游为业态打造内涵。

浙江的民宿经营者和投资者，在特定的经济社会发展环境中，获得的文化支持是不一样的。既有民间农民的参与，又有外来者的文化输入，更有政府的文化环境、政策主张和经营环境的营造。杭州为了发展民宿经济，教育农民自觉创业，除了政策上的持续支持外，“近两年共举办大型业务培训 20 余期，年均培训 5000 多人”，从文化自觉的意义上启发农民和外来投资者的创造力。还组织不同类型民宿的主管、经营者、投资者和地方政府的官员赴台参观学习，在台湾当地办民宿培训班。其更有特色的一句口号是：“民宿开在哪里，培训

① 理查德·佛罗里达. 创意阶层的崛起. 司徒爱勤，译. 北京：中信出版社，2010：44

② 王福田. 阿根廷艺术家献艺文创园. 德清新闻网，2016-04-18

指导就跟到哪里。”[①]这一举措的深刻意义在于，办民宿不仅仅是做营利型民宿，不仅仅是富民经济，更重要的是发展一种文化，推广一种文明，创造一种新的生活方式，是一种乡村建设的深化行为。当特定的文化体系没有被外来文化入侵的时候，这个“文化体”会与其经济基础和上层建筑形成一个“逻辑自洽”(logic self-consistency)体系。也就是说，“如果没有外来文化的冲击，在长期的实践中，每个文化体应该都会是器物、组织、价值三个层次自洽的实体”[②]。显然，民宿经济的发展，从“器物”“组织”和“价值观”方面带来新的转化。特别是“洋家乐”的发展，不仅是旅游资源的整合和补充，更重要的是给这个地方的农民唤起了一种“文化自觉”，带来一个城市生活方式学习的机会，也为“洋家乐”的投资者和经营者创造了一个新的文化空间。布尔迪厄提出的社会资本“是实际的或者潜在的资源集合体，那些资源是同对某种持久性的网络的占有密不可分的，这一网络是大家共同熟悉的，得到公认的，而且是一种制度化关系的网络”。[③] 让“洋家乐”和农家乐融合为“大家乐”，让“洋家乐”成为社区的一部分。但是这一过程不是一蹴而就的，在“洋家乐”的发展中，出现了各种各样的矛盾，且层出不穷。林语堂说：“中华民族是一个由个人主义者所组成的民族，他们只关心自己的家庭而不关心社会，而这种家庭意识又不过是较大范围内的自私自利。”[④]“洋家乐”和民宿的经济者、管理者、投资者与村民形成一个互动、融合和共同发展的过程，尽管在具体的建设中遇到的问题十分复杂，但是在各方的共同努力下，已经出现多方共赢的局面：既要培养民宿管理人的经济头脑，又要鼓励经营者的文化素养和情怀，同时又要保障当地村民的利益诉求

---

① 王国京，涂仕贵. 杭州市大力发展现代民宿业 倾力打造美丽乡村金名片. 新农村，2017(1)

② 林毅夫. 经济发展与中国文化的复兴. 北京大学学报(哲学社会科学版)，2009(5)

③ 皮埃尔·布尔迪厄. 文化资本与社会炼金术. 包亚明，译. 上海：上海人民出版社，1997：189，166，191

④ 林语堂. 中国人. 上海：学林出版社，2000：17

和参与积极性。浙江民宿发展协调领导小组积极创造条件，联合各地高校软件及硬件资源，举办民宿从业人员专业培训、服务培训、安全培训等各种类型的岗位培训，引导经营户更新管理理念，提升服务技能、安全意识和应急处置能力，为游客提供贴心满意的个性化服务，给游客"家"的感觉和当地生活体验；扶持支持机构，配套服务形成闭环，由政府牵头，培育建设培训、咨询、评估、研究、推广、法律、财会、税务支持等专业支持性机构，为民宿经营者提供专业外包服务。

雷切尔·波茨曼在《我的就是你的：协同消费的崛起》中说："共享模式如所有制的巨业革命一样伟大。"[①]德清"洋家乐"的发展已经创造出一种模式，但是在开发之初也是困难重重。如营销渠道不畅、目标市场不明、知名度低等等，种种弊端都指向市场渠道的缺失。现在的经营主体已经从传统的经营方式中出来，创造了现代意义上的全球网络营销体系。从民宿经营主体的角度来看，充分利用网络自媒体和智能化管理体系是一个重要的模式。消费者和经营者在一个共同平台互动，是一个家庭生活补充模式。但也存在着营利模式单一的问题，多数为单点营利，即单纯通过住宿营利，缺少文创产品销售、美食餐饮、休闲娱乐等多种衍生业态，影响民宿和"洋家乐"的可持续发展。从目前民宿和"洋家乐"的情况看，仍然存在消防设备等配套设施不完善、人文内涵不足、设计与经营水准参差不齐等问题。胡适说：中国文化的"复兴的结晶看起来似乎使人觉得带着西方色彩。但剥开它的表层，你就可以看出，构成这个结晶的材料，在本质上正是那个饱经风雨侵蚀而可以看得更为明白的中国根底——正是因为接触新世界的科学、民主和文明而复活起来的人文主义与理智主义的中国"。[②] 民宿经济看起来仅仅是一个经济现象，当然它也是一个典型的经济现象，类似"洋家乐"这种现代文明、城市生活方式的符号事物，能够在深山里发芽、生根、开花并结果，远比其本身存在的

---

① 王振华. 共享经济的商业未来. 光彩，2011(9)：56 - 57

② 胡适. 中国的文艺复兴. 北京：外语教学与研究出版社，2001：151

意义更深刻，这一过程在自觉不自觉地影响农民、教育农民，使乡村社会尽快地转化为市民社会。“洋家乐”的投资人、管理人与农民融为一体。如“洋家乐”客人爆满的时候，就主动把客人介绍给村里的农家乐；“洋家乐”的经营者成为全村的“熟人”，有的甚至被提名为村里的村主任。从文化冲突到文化互动，再到文化融合，形成互相依赖性的社会关系是“洋家乐”得以在传统乡村生存下去的前提。以往乡村，当傍晚的时候，一个十几户的人家早早就睡觉了，整个乡村安静极了。可如今的山村，咖啡馆聚集了国内五湖四海的游人，也有世界各地慕名而来的旅客；他们有着不同的身份，有饱读诗书的大学教授，有自由浪漫的艺术家，有积极务实的投资客，有跋山涉水的旅行家，有不谙世事的孩子，也有精明能干的企业家，当然还有当地的农民和从城市返乡的打工者；更有可能，返乡的打工者已经成为民宿的主人，有的成为民宿的主理人或经理人。夜晚的乡村将城市的生活复制得几乎并无两样。区域发展离不开个性化灵魂的创造，需要一个时代的某一阶层能够走出城市、走进深山、创造自我、影响他人、培训农民，让农民在深山里习得城市的生活方式和行为，同时，又能够与世界联系在一起，成为不同民族、不同国家的人共同创造的经济共同体。

四、简短的结语

5年的莫干山跟踪研究，我从亲历者、观察者、参与者到最后的建设者，体会到了当年费孝通先生提出的乡村“文化自觉”的深刻意义，而且也在莫干山看到了这种新兴的文化自觉。一是，我们看到城里的一批现代“知识青年”，他们有活力，有独立思考的能力，有一定的经济基础和社会地位，他们落脚乡村——可能一开始是过来过各自的生活，或是来这里投资，但自觉或者不自觉地成为莫干山经济社会发展的推动者和创造者。二是，这个过程中，我们也看到当地的农民正在自觉或者不自觉地接受城市文明，也表现出带有时代特征的文化自觉，甚至自觉参与城市文明、城市文化的传播，因为他们多数都进过城，在城市里打过工，具有典型的时代烙印。马克思在《路易·波拿巴的雾月十八日》里曾经批判当时的农民强烈的复古和反现代化倾向，“不是力求摆脱由小块土地所决定的社会生存条件的农民，而是想巩固这些条件和这种小块土地的农民；不是力求联合城市并以自己的力量去推翻旧制度的农村居民，而是愚蠢地拘守这个旧制度并期待帝国的幽灵来拯救他们和他们的小块土地并赐给他们以特权地位的农村居民”。[①] 庆幸的是，中国改革开放以来的第二代、第三代农民是“开化的且见过世面的”；当他们从打工的城市回到乡村的时候，本身就带着一部分城市文化自觉的感知。“洋家乐”在莫干山的生长过程中，渗透着城市文化自觉的力量，也渗透着乡村文化自觉的力量，还有弥漫着城市文明和全球化的力量。三是，在整个社会的发展过程中，利益共同体成为外来人与本地人的“黏合剂”。在乡村传统向城市文明过渡的时候、城市文明向乡村传统普及的时候、城里人和村里人在同一块土地上共同生活的时候，最初是矛盾的、冲突的，但是最终在共同利益的驱使下走向融合，成为合作共赢者。外来者是这个土地的建设者和主人，原住民也是建设者和主人——这样一个文明的土地讲述着一个地方化和全球化同构的故事。四是，政府在这个过程中起了强烈的催化作用，特别是浙江这块土地上，从最早兴起的美丽乡村建设到近年来提出的“五水共治”，创新了很多地方建设的经验模式，政府能够明确地表述如何“有所为有所不为”，为乡村现代化提供了有效助推的政策土壤。另外，我们也看到“洋家乐”发展至今，外来者和当地人在区域性的社会建设中仍然存在着一些显性的问题，也体会到传统乡村转型到现代社会的一些艰难，甚至在现代性的建构中，未来可能比我们想象得还要艰难。因为随着城市文明的深化和普及，我们会遇到更多的问题，甚至更深刻的社会矛

① 马克思恩格斯列宁斯大林著作编译局．马克思恩格斯选集（第二卷）．北京：人民出版社，1966：92

盾。其中很重要的一个问题就是土地,因为在农村的社会结构变迁与进化中,关键点就是土地所属关系,它长期影响着乡村的发展走向,也是改革的难点和关键。我们去思考或必然面临着关于土地的性质、土地的所有权、土地改革的种种问题。另外,乡村建设和乡村社会变迁还有一个不可忽视的就是人的问题,人们的价值观,人们的契约精神。从农民变成市民,在中国还有很长的一段路要走。

我们已经习惯这样的城市化场景。大量的乡村人口拥向城市,"见到的都是原本生长于乡村的人口,心思与志向都执着于他们想象中的城市中心,深陷于一种巨大的奋斗当中,目的是在城市里为自己的子女争取一片基本但长久的立足之地"[①]。而莫干山反其道而行,异质化的城市人口在传统的乡村地区创造出了一个"自发型"的国际社区。这个社区是市场自主选择的,不是规划设计安置的。它的包容性非常强,能够兼顾到乡村的自然环境和城市的现代文明;它的影响力可能会比传统乡村要大很多。莫干山"洋家乐"或者说莫干山民宿已经上升到了经济生产单元或者说文化符号的概念了,而不仅仅是作为传统的村落形态而存在。事实上它更多地已经逐渐自演变成一个城市化社区。在我看来,在莫干山,落脚乡村实质上是"乡村里的城市"。人们通常认为落脚乡村就是单纯把城市的人口结构和交往惯例搬到乡村里来,但我们不能忽略落脚乡村回归自然的初衷及其快速变迁的本质,也无法完全认识到落脚乡村如何重新定义了乡村城市化的核心内容。落脚城市的文化不尽然是乡村也不尽然是城市,而是两者的互动、争夺与妥协。在这个过程中,我看到了几个希望:一是落脚乡村所创造的生活能够把自然生态的馈赠和科技文明的馈赠有效结合在一起,是一种智慧的保全;二是这里真的可以吸引年轻人重新回到乡村,但同时又未尝不是给乡村一个机会,让乡村重新年轻,通过文化自觉建立现代文明;三是"洋家乐"给当地居民带来可观的富民收益,使他们能够更加有尊严地生活而非仅仅活着,并快速地接受生活审美和艺术输入。我们没有必要去回避,因为文明与

① 道格·桑德斯.落脚城市.陈信宏,译.上海:上海译文出版社,2012:2

利益在某种意义上是携手并进的。这过渡性的空间,“可能是下一波经济与文化盛世的诞生地,也可能是下一波重大的暴力冲突的爆发地。究竟走上哪条路,则取决于我们是否有能力注意到这样的发展,以及是否愿意采取应有的行动”[①]。显然,在中国的上海、杭州等城市区域,已经显示了后工业社会初期特征,城市生活方式和影响正以其特有的方式影响着农村生产。丹尼尔·贝尔在《后工业社会的来临》中说道,“未来的城市无底、无形、无边”“(过去是通过大量的城市集中)今天是通过大规模的通信交往,一个大规模的社会特征才显示出来”……社会发展会出现无边界城市和无边界的城市生活方式区域。[②] 在莫干山,因为“洋家乐”,我们看到了这样的影子。

---

① 道格·桑德斯.落脚城市.陈信宏,译.上海:上海译文出版社,2012:3

② 丹尼尔·贝尔.后工业社会的来临——对社会预测的一种探索.高铦,王宏周,魏章铃,等译.北京:商务印书馆,1984:348

参考文献

外文文献

[1] Albert H. Stone & J. Hammond Reed (1921), *Historic Lushan-The Kuling Mountains*, Hankow: the Arthington Press

[2] Arthur Schlesinger (1999), *The Rise of the City:1878—1898* , Columbus: Ohio State University Press

[3] Bowler I. R. (1992), "The Industrialisation of Agriculture", In I. Bowler (ed.), *The Geography of Agriculture in Developed Market Economics*, London: Longman

[4] Buttel F. (2001), "Some Reflections on Late Twentieth Century Agrarian Political Economy", *Sociologia Ruralis*, Vol. 41, No. 2

[5] Christian Norberg-Schulz (1980), *Genius Loci: Towards a Phenomenology of Architecture*, New York: Rizzoli

[6] Cloke P. (1977), "An index of Rurality for England and Wales", *Regional Studies*, Vol. 11, No. 1

[7] Cloke P. (1997), "Country Backwater to Virtual Village? Rural Studies and 'The Cultural Turn'", *Journal of Rural Studies*, Vol. 13, No. 4

[8] Cloke P. , Edwards G. (1986), "Rurality in England and Wales 1981: A Replication of the 1971 Index", *Regional Studies*, Vol. 20, No. 4

[9] Cloke P. & N. Thrift (1990), "Class and Change in Rural Britain", In T. Marsden, P. Lowe & S. Whatmore, *Rural Restructuring: Global Processes and Their Responses*, London: Fulton

[10] Curry J. (2000), "Community Worldview and Rural System: A Study of Five Communtites in Iowa", *Annals of the Association of American Geographer*, Vol. 90, No. 4

[11] Dahrendorf, Ralf (1958), "Out of Utopia: Toward a Reorientation of Sociological Analysis", *American Journal of Sociology*, Vol. 64, No. 2

[12] Doreen M. (1994), *Space, Place and Gender*, Minneapolis: University of Minnesota Press

[13] Emile Durkheim, Marcel Mauss (1969), *Primitive Classification*, London: Conhen & West

[14] Evans N. , C. Morris & M. Winter (2002), "Conceptualizing Agriculture: A Critique of Post-productivism as the New Orthodoxy", *Progress in Human Geography*, Vol. 26, No. 3

[15] Freedman M. (1962), "Sociology in and of China", *British Journal of Sociology*, Vol. 11, No. 2

[16] Gary Gereffi & Miguel Korzeniewicz (1994), *Commodity Chains and Global Capitalism*, London: Praeger

[17] Gary King (2009), *The Changing Evidence Base of Social Science Research*, New York: Routledge

[18] Georg. Simmel(1904), "The Sociology of Conflict", *The American Journal of Sociology*, Vol. 4

[19] Giorgio Tavano Blessi, Pier Luigi Sacco, Giorgio Tavano Blessi (2007), "Urban Regeneration, Culture and Happiness,

Bridging Communities through Cultural Policies: A Theoretical Framework", *Policy for Happiness*, Venice : IUAV University

[20] Goodman G. (1986), "Capitalism, Petty Commodity Production and the Farm Enterprise", *Sociologia Ruralis*, No. 3

[21] Halfacree K. (1995), "Talking about Rurality: Social Representation of the Rural as Expressed by Residents of Six English Parishes", *Journal of Rural Studies*, Vol. 11, No. 1

[22] Halfacree K. (2006), "Rural Space: Constructing a Three-fold Architecture", In P. Cloke, ed. , *Handbook of Rural Studies*, London: Sage

[23] Halfacree K. (2006), "From Dropping Out to Leading On? British Counter-cultural Back-to-the-land in a Changing Rurality", *Progress in Human Geography*, Vol. 30, No. 3

[24] Heidegger M. (1971), *Poetry, Language, Thought*, New York: Harper and Row

[25] HenriLefebvre (1991), *Critique of Everyday Life*, London: Verso

[26] HenriLefebvre (1991), *The Production of Space*, Oxford UK &Cambridge USA: Blackwell

[27] Ilbery B. & Bowler (1998), "From Agricultural Productivism to Post-productivism", In I. Bowler (ed.), *The Geography of Rural Changes*, London: Longman

[28] J. E. Spencer , W. L. Thomas (1948), "The Hill Staions and Summer Resorts of the Orient", *Geographical Review*, Vol. 38, No. 4

[29] Kogut B. (1985), "Designing Global Strategies: Comparative and Competitive Value-Added Chains", *Sloan Management Review*, Vol. 11, No. 4

[30] Lin, Yuri, Jean-Baptiste Michel, AidenE. L. , etal. (2012), *Syntactic Annotations for the Google Books Ngram Corpus*,

Proceedings of the ACL 2012 Demonstration, Association for Computational Linguistics

[31] Lipietz A. (1988), *Mirages and Miracle*, London: Verso

[32] Lowe P., Murdoch, J., Marsden, T., Munton, R. & Flynn, A. (1993), "Regulating the New Rural Spaces: The Uneven Development of Land", *Journal of Rural Studies*, No. 9

[33] Mark Kitto (2009), "A British coffee shop on a mountain in China", *The Times*, 2009-03-24

[34] Marsden T. (1998), "New Rural Territories: Regulating the Differentiated Rural Spaces", *Journal of Rural Studies*, Vol. 14, No. 1

[35] Marsden T., P. Lowe & S. Whatmore (1990), *Rural Restructuring: Global Processes and Their Responses*, London: Fulton

[36] Martindale, Don (1981), *The Nature and Types of Sociological Theory*, Boston: Houghton Mifflin Company

[37] Munton R. (1990), "Farming Families in Upland Britain: Options, Atrategies and Futures", Paper Presented to the Association of American Geographers, Toronto, April

[38] Murdoch J. & Pratt (1993), "Rural Studies: Modernism, Postmodernism and the Post-rural", *Journal of Rural Studies*, Vol. 20, No. 2

[39] Murdoch J. (2000), "Networks: a New Paradigm of Rural Development?", *Journal of Rural Studies*, Vol. 16, No. 4

[40] Murdoch J., P. Lowe, N. Ward & T. Marsden (2003), *The Differentiated Countryside*, London: Routledge

[41] Perroux F. "Note Sur la Notion de PÉle de Croissance", in I. Livingstone, ed. (1955), *Development Economics and Policy: Selected Readings*, London: George Allen & Unwin

[42] Porter（1985），*The Competitive Advantage*，New York：Free Press

[43] Richard Seaford（2004），*Money and the Early Greek Mind*：*Homer*，*Philosophy*，*Tragedy*. New York：Cambridge University Press

[44] Robert E. Park（1928），"Human Migration and the Marginal Man"，*The American Journal of Sociology*，Vol. 33

[45] Robert E. Park（1994），*Race and Culture*，Illinois Glencoe：Free Press

[46] Robert O. Keohane & Joseph S. Nye，Jr（1998），"Power and Interdependence in the Information Age"，*Foreign Affairs*，Vol. 77，No. 5

[47] Schubert，Gunter & Anna L. Ahlere（2012），"County and Township Cadres as a Strategic Group：'Building a New Socialist Countryside' in Three Provnces"，*The China Journal*，Vol. 67

[48] Shubin S（2006），"The Changing Nature of Rurality and Rural Studies in Russia"，*Journal of Rural Studies*，Vol. 22，No. 4

[49] Shucksmith M.（1993），"Farm Household Behavior and the Transition to Post-productivism"，*Journal of Agricultural Economic*，Vol. 44，No. 4

[50] Troughton M. J.（1986），"Farming Systems in The Modern World"，In M. Pacione（ed.），*Progress in Agricultural Geography*，London：Croom Helm

[51] Wilson G. A.，Rigg，J.（2003），"Post-productivist Agricultural Regimes and the South：Discordant Concepts"，*Progress in Human Geography*，No. 5

[52] Woods M.（2007），"Engaging the Global Countryside：Globalization，Hybridity and the Reconstitution of Rural Place"，*Progress in Human Geography*，Vol. 31，No. 4

[53] Zografos C.（2007），"Rurality Discourses and the Role

of the Social Enterprise in Regenerating Rural Scotland", *Journal of Rural Studies*, Vol. 23, No. 1

[54] 坊安恵,中村貴子. 体験教育旅行における受入農家民泊の普及過程に関する研究. 農林業問題研究,2013(9)

中文文献

[1] D. P. 约翰逊. 社会学理论. 南京大学社会学系,译. 北京:国际文化出版公司,1988

[2] E. H. 卡尔. 历史学是什么. 陈恒,译. 北京:商务印书馆,2012

[3] H. 孟德拉斯. 农民的终结. 李培林,译. 北京:社会科学文献出版社,2010

[4] I. 罗伯逊,黄育馥. 社会变迁和现代化. 国外社会科学,1987(11)

[5] M. E. 斯皮罗. 文化与人生. 徐俊,等译. 北京:社会科学文献出版社,1999

[6] R. E. 帕克,E. N. 伯·吉斯,R. D. 麦肯奇. 城市社会学——芝加哥学派城市研究文集. 宋俊岭,吴建华,王登斌,等译. 北京:华夏出版社,1987

[7] Sharon Zukin. 城市文化. 包亚明,译. 上海:上海教育出版社,2006

[8] 阿多诺. 否定的辩证法. 张峰,译. 重庆:重庆出版社,1993

[9] 阿格妮丝·赫勒. 日常生活. 衣俊卿,译. 重庆:重庆出版社,1990

[10] 阿里研究院,阿里新乡村研究中心. 淘宝村新突破——中国淘宝村研究报告(2016)

[11] 埃里克·霍布斯鲍姆. 民族与民族主义. 李金梅,译. 上海:上海世纪出版集团,2006

[12] 埃里克·霍布斯鲍姆. 资本的年代:1848—1875. 张晓华,

等译. 南京:江苏人民出版社,1999

[13] 埃里希·弗罗姆. 逃避自由. 陈学明,译. 北京:工人出版社,1987

[14] 埃米尔·迪尔凯姆. 自杀论. 冯韵文,译. 北京:商务印书馆,2000

[15] 埃米尔·涂尔干. 社会分工论. 渠东,译,北京:生活·读书·新知三联书店,2000

[16] 艾伦·巴比. 社会研究方法(第十一版). 邱泽奇,译. 北京:华夏出版社,2009

[17] 艾四林. 哈贝马斯. 长沙:湖南教育出版社,1999

[18] 爱弥尔·涂尔干. 职业伦理与公民道德. 渠东,付德根,等译. 上海:上海人民出版社,2001

[19] 爱因斯坦. 爱因斯坦文集(第一卷). 许良英,范岱年,等译. 北京:商务印书馆,1976

[20] 安东尼·M. 奥罗姆,陈向明. 城市的世界:对地点的比较分析和历史分析. 曾茂娟,任远,等译. 上海:上海人民出版社,2005

[21] 安东尼·吉登斯. 失控的世界. 周红云,译. 南昌:江西人民出版社,2001

[22] 安东尼奥·葛兰西. 狱中札记. 曹雷雨,等译. 北京:中国社会科学出版社,2000

[23] 奥古斯特·孔德. 论实证精神. 北京:商务印书馆,1996

[24] 巴勒克拉夫. 当代史学主要趋势. 杨豫,译. 上海:上海译文出版社,1987

[25] 巴特·穆尔,吉尔·伯特. 后殖民批评. 杨乃乔,译. 北京:北京大学出版社,2001

[26] 包亚明. 译丛总序. 见:Sharon Zukin,城市文化. 张廷佺,杨东霞,等译. 上海:上海教育出版社,2006

[27] 波·尼·米罗诺夫. 历史学家和社会学. 王清和,译. 北京:华夏出版社,1988

[28] 波洛玛. 当代社会学理论. 孙立平,译. 北京:华夏出版

社,1989

[29] 波普诺. 社会学(第十一版). 李强,译. 北京:中国人民大学出版社,2007

[30] 卜凯,主编. 中国土地利用统计资料. 南京:南京金陵大学,1937

[31] 布赖恩·特纳. 社会理论指南. 李康,译. 上海:世纪出版集团,上海人民出版社,2003

[32] 陈蓓丽,何雪松. 移民的陌生人意象:三个社会学传统. 华东理工大学学报(社会科学版),2012(3)

[33] 陈炳辉. 福柯的《权力观》. 厦门大学学报(哲学社会科学学报),2002(4)

[34] 陈朝晖. 论近代庐山牯岭避暑地:一个殖民主义空间的生成. 贵州社会科学,2015(2)

[35] 陈炜,张骥鸿,颜成. 莫干山现象背后的民宿江湖. 杭州日报,2017-03-16

[36] 陈向明. 质性研究的新发展及其对社会科学研究的意义. 教育研究与实验,2008(2)

[37] 陈友华. 社会变迁与老年文化重构. 人口与发展,2013(5)

[38] 成伯清. 格奥尔格·齐美尔:现代性的诊断. 杭州:杭州大学出版社,1999

[39] 崔同祖. 清代地方政府. 北京:法律出版社,2011

[40] 丹尼尔·贝尔. 后工业社会的来临——对社会预测的一种探索. 高銛,王宏周,魏章铃,等译. 北京:商务印书馆,1984

[41] 丹尼尔·贝尔. 资本主义文化矛盾. 赵一凡,等译. 北京:生活·读书·新知三联书店,1989

[42] 单波,姜可雨. "全球本土化"的跨文化悖论及其解决路径. 新疆师范大学学报(哲学社会科学版),2013(1)

[43] 道格·桑德斯. 落脚城市. 陈信宏,译. 上海:上海译文出版社,2012

[44] 邓波,罗丽,杨宁. 诺伯格·舒尔茨的建筑现象学述评. 科

学技术与辩证法,2009(4)

[45] 邓国芳,霍建虹,潘宗敏,赵方正. 德清集体经营性建设用地入市改革唤醒农村沉睡资产. 浙江日报,2015-09-09

[46] 邓正来. 市民社会理论研究. 北京:中国政法大学出版社,2002

[47] 丁原波. 莫干山下的"洋家乐"为乡村带来了时尚蜕变. 钱江晚报,2014-11-13

[48] 杜赞奇. 文化、权利与国家——1900—1942 年的华北农村. 王福明,译. 南京:江苏人民出版社,1996

[49] 樊欣,王衍用. 国外乡村旅舍开发与经营研究综述. 旅游科学,2006(3)

[50] 斐迪南·滕尼斯. 共同体与社会:纯粹社会学的基本概念. 林荣远,译. 北京:北京大学出版社,2010

[51] 费成康. 中国租界史. 上海:上海社科院出版社,1991

[52] 费建琴,张建国. 德清西部山区发展民宿经济的若干思考. 浙江农业科学,2016(57)

[53] 费孝通,王同惠. 花篮瑶社会组织. 南京:江苏人民出版社,1988

[54] 费孝通,吴晗. 皇权与绅权. 天津:天津人民出版社,1988

[55] 费孝通,张之毅. 云南三村. 北京:社会科学文献出版社,2006

[56] 费孝通.《中国乡村考察报告》总序. 社会,2005(1)

[57] 费孝通. 百年中国社会变迁与全球化过程中的"文化自觉"——在"21 世纪人类生存与发展国际人类学学术研讨会"上的讲话. 厦门大学学报(哲学社会科学版),2000(4)

[58] 费孝通. 从实求知录. 北京:北京大学出版社,1998

[59] 费孝通. 费孝通文集. 北京:群言出版社,1999

[60] 费孝通. 江村经济:中国农民的生活. 北京:商务印书馆,2001

[61] 费孝通. 乡土中国. 北京:生活·读书·新知三联书

店,1985

[62] 费孝通. 乡土中国生育制度. 北京:北京大学出版社,1998

[63] 费孝通. 中国士绅——城乡关系论集. 赵旭东,秦志杰,等译. 北京:外语教学与研究出版社,2011

[64] 费正清. 剑桥中国晚清史:1800—1911(上卷). 北京:中国社会科学出版社,1993

[65] 费正清. 美国与中国. 北京:世界知识出版社,2008

[66] 风笑天,等. 费孝通实地研究法探析. 江苏社会科学,2000(1)

[67] 冯钢. 非西方社会发展理论与马克思. 杭州:浙江人民出版社,1992

[68] 福柯. 规训与惩罚:监狱的诞生. 刘北成,杨远婴,等译. 北京:生活·读书·新知三联书店,2003

[69] 富永健一. 社会结构与社会变迁. 董兴华,译. 昆明:云南人民出版社,1988

[70] 格拉芙梅耶尔. 城市社会学. 徐伟民,译. 天津:天津人民出版社,2005

[71] 格莱茨. 城市的胜利. 刘润泉,译. 上海:上海社会科学院出版社,2012

[72] 葛学溥. 华南的乡村生活. 周大鸣,译. 北京:知识产权出版社,2006

[73] 古斯塔夫·勒庞. 乌合之众——大众心理研究. 吕莉,译. 北京:电子工业出版社,2015

[74] 顾艳. 到莫干山看老别墅. 武汉:湖北美术出版社,2003

[75] 郭建光. 江村变迁. 中国青年报,2012-05-23:第十二版

[76] 海德格尔. 海德格尔选集. 孙周兴,译. 上海:上海三联出版社,1996

[77] 韩明漠. 中国社会与现代化. 北京:中国社会出版社,1998

[78] 郝天石. 电商适应了"快餐时代". 中国储运,2016(1)

[79] 何兰萍,殷红春,杨勇. 乡村精英与乡村文化的建设. 天津大学学报(社会科学版),2009(11)

[80] 贺晓星,仲鑫.异乡人的写作——对赛珍珠作品的一种社会学解释.南京大学学报(哲学·人文科学·社会),2003(1)

[81] 贺雪峰.富有想象力的郝堂模式.决策,2013(9)

[82] 贺雪峰.论中国农村的区域差异——村庄社会结构的视角.开放时代,2012(10)

[83] 贺雪峰.乡村治理的社会基础——转型期乡村社会性质研究.北京:中国社会科学出版社,2003

[84] 贺雪峰.乡村治理与秩序.武汉:华中师范大学出版社,2003

[85] 贺雪峰.新乡土中国.北京:北京大学出版社,2013

[86] 赫茨勒.世界人口的危机.何新,译.北京:商务印书馆,1963

[87] 胡适.中国的文艺复兴.北京:外语教学与研究出版社,2001

[88] 胡小武.中国城市社会学研究的发展轨迹与地域格局.中国名城,2017(11):32

[89] 黄郛.莫干山指南(增订本).1934

[90] 黄陵东.西方经典社会变迁理论及其本土启示.东南学术,2003(6)

[91] 黄石.黄石:民俗学论集.上海:上海文艺出版社,1999

[92] 黄宗智.中国的隐性农业革命.北京:法律出版社,2010

[93] 吉登斯.社会理论与现代社会学.文军,赵勇,等译.北京:社会科学文献出版社,2003

[94] 吉登斯.失控的世界——全球化如何重塑我们的生活.周云红,译.南昌:江西人民出版社,2001

[95] 吉尔伯特·罗兹曼,主编.中国的现代化."比较现代化"课题组,译.南京:江苏人民出版社,1995

[96] 江宜航,赵旭."农地入市"改革的德清密码——浙江省德清县农村土地制度改革调查.中国经济时报,2017-08-07

[97] 姜舒雅.乡村旅游背景下的乡村文化变迁探析——以德

清三九坞“洋家乐”为例.经济研究导刊,2015(16)

[98]蒋文龙,朱海洋.乡村振兴看湖州——浙江省湖州市发展乡村旅游的启示.农民日报,2017-12-07

[99]金太军.村级治理中的精英分析.齐鲁学刊,2002(5)

[100]金耀基.从传统到现代.北京:中国人民大学出版社,1999

[101]景军.神堂记忆:一个中国乡村的历史、权力与道德.福州:福建教育出版社,2013

[102]科塞.社会冲突的功能.孙立平,等译.北京:华夏出版社,1989

[103]来光和.莫干山志.上海:上海书店出版社,1994

[104]莱斯特·瑟罗.资本主义的未来:当今各种经济力量如何塑造未来世界.周晓钟,译.北京:中国社会科学出版社,1998

[105]雷蒙·阿隆.社会学主要思潮.葛志强,胡秉诚,王沪宁,等译.上海:上海译文出版社,2005

[106]雷蒙德·保罗·库佐尔特,艾迪斯·W.金.二十世纪社会思潮.张向东,等译.北京:中国人民大学出版社,1991

[107]李大钊.史学要论.见:李大钊文集(下册).北京:人民出版社,1984

[108]李大钊.土地与农民.政治生活,1925-12-30

[109]李丹超,林仁状.我省出台民宿规范发展指导意见.浙江民宿,告别“野蛮生长”.浙江日报,2016-12-27

[110]李风,刘波.德清:巧借山水建“坡地村镇”.中国土地,2016(11)

[111]李敢.“莫干山乡村改进”实践及其对新时期乡村建设的启示.浙江树人大学学报,2017(1)

[112]李敢.另辟蹊径的城镇化——基于浙江“钢琴之乡”双重产业集群化路径的案例研究.北京社会科学,2015(9)

[113]李金铮.定县调查:中国农村社会调查的里程碑.社会学研究,2008(2)

[114]李景汉.北京郊外之乡村家庭.上海:商务印书馆,1929

[115] 李景汉. 定县社会概况调查. 北京：中华平民教育促进会出版社，1933

[116] 李路路. 社会变迁：风险与社会控制. 中国人民大学学报，2004(2)

[117] 李南. 莫干山，一个近代避暑地的兴起. 上海：同济大学出版社，2011

[118] 李南. 中国近代避暑地的形成与发展及其建筑活动影响. 浙江大学博士学位论文，2011

[119] 李培林. 村落的终结. 北京：商务印书馆，2004

[120] 李培林. 二十世纪上半叶社会学的中国学派. 社会科学战线，2008(12)

[121] 李平，刘晴. 德清县西部山区"民宿"发展与存在的消防安全问题探讨. 消防技术与产品信息，2015(5)

[122] 李强. 职业共同体：今日中国社会整合之基础——论"杜尔克姆主义"的相关理论. 学术界，2006(3)

[123] 李强彬，向生丽. 转型社会中乡村精英的变迁与乡村社区治理. 兰州学刊，2006(4)

[124] 李强彬. 乡村精英变迁视角下的村社治理. 甘肃理论学刊，2006(11)

[125] 李欣. 国内民宿研究综述. 旅游管理，2017(1)

[126] 李秀辉. 货币与礼物：社会交往的两种逻辑——兼论货币的真实起源. 社会科学战线，2015(6)

[127] 李燕琴，于文浩，柏雨帆. 基于 Airbnb 网站评价信息的京台民宿对比研究. 管理学报，2017(1)

[128] 李泽厚. 历史本体论·己卯五说. 北京：生活·读书·新知三联书店，2003

[129] 李峥峥. 莫干山避暑地发展历史与建筑活动研究(1986—1937). 浙江大学硕士学位论文，2007

[130] 理查德·佛罗里达. 创意阶层的崛起. 司徒爱勤，译. 北京：中信出版社，2010

[131] 理查德·斯威德伯格. 马克斯·韦伯与经济社会学思想. 何蓉,译. 北京:商务印书馆,2007

[132] 力心. "重回"莫干山. 经济观察报,2014-04-08

[133] 梁仁. 莫干山志. 浙江省人民政府办公厅、莫干山管理局内部资料,1987

[134] 梁漱溟. 东西文化及其哲学. 北京:商务印书馆,1999

[135] 梁漱溟. 乡村建设大意. 梁漱溟全集(第一卷). 济南:山东人民出版社,2005

[136] 梁漱溟. 中国文化要义. 上海:学林出版社,1987

[137] 廖泰初. 变动中的中国农村教育. 山东汶上县个刊,1936

[138] 林本椿. 文化全球化和对外翻译. 福建师范大学学报,1999(2)

[139] 林惠祥. 文化人类学. 北京:商务印书馆,1991

[140] 林耀华. 金翼. 庄孔韶,林宗成,等译. 北京:生活·读书·新知三联书店,2008

[141] 林毅夫. 经济发展与中国文化的复兴. 北京大学学报(哲学社会科学版),2009(5)

[142] 林语堂. 中国人. 上海:学林出版社,2000

[143] 刘传喜,唐代剑. 乡村旅游新业态的族裔经济现象及其形成机理——以浙江德清地区为例. 经济地理,2015(11)

[144] 刘奇. 乡村旅游:中国农民的第三次创业. 中国发展观察,2016(2)

[145] 刘书宏. 台湾民宿的特色、空间与型态. 厦门:厦门大学出版社,2009

[146] 刘易斯·海德. 礼物:创新精神如何改变世界. 孙天,译. 北京:电子工业出版社,2015

[147] 刘易斯·芒福德. 城市发展史——起源、演变和前景. 宋俊岭,等译. 北京:中国建筑工业出版社,1989

[148] 刘勇. 别墅烟雨莫干山. 文明,2002(9)

[149] 鲁传一,李子奈. 企业家精神与经济增长理论. 清华大学

学报(哲学社会科学版),2000(3)

[150] 陆益龙.后乡土中国.北京:商务印书馆,2017

[151] 陆志松.德清农民首创股票田.湖州晚报,2009-10-09

[152] 露丝·本尼迪克.文化模式.何锡章,黄欢,等译.北京:华夏出版社,1987

[153] 吕晓玲.近代在华外国人避暑度假之风探析.湖南科技大学学报(社会科学版),2012

[154] 吕祖宜,林耿.混杂性:关于乡村性的再认识.地理研究,2017(10)

[155] 罗伯森.全球化:社会理论和全球文化.梁光严,译.上海:上海人民出版社,2000

[156] 罗伯特·默顿.社会理论和社会结构.唐少杰,齐心,等译.上海:译林出版社,2006

[157] 罗永昌.黄郛与莫干山.北京:中国文史出版社,2013

[158] 马尔科姆·奥斯特.现代社会学理论.杨善华,等译.北京:华夏出版社,2000

[159] 马克斯·舍勒.资本主义的未来.罗悌伦,译.上海:生活·读书·新知三联书店,1997

[160] 马克斯·韦伯.经济与社会.林荣远,译.北京:商务印书馆,2004

[161] 马赛尔·莫斯.论馈赠.卢汇,译.北京:中央民族大学出版社,2002

[162] 毛丹,彭兵.市场推动、政府干预与农民行动——加拿大乡村的兴衰及启示.浙江大学学报(人文社会科学版),2010(6)

[163] 毛丹,王萍.英语学术界的乡村转型研究.社会学研究,2014(1)

[164] 毛泽东.湖南农民运动考察报告(1927).见:中共中央文献研究室,中共湖南省委《毛泽东早期文稿》编辑组,编.毛泽东早期文稿.长沙:湖南出版社,1990

[165] 孟樊.后现代的认同政治.台北:台北杨智文化事业股份

有限公司,2001

[166] 孟庆杰.从社会地理学视角对上海市外来流动人口的居住空间研究.安徽教育学院学报,2007(6)

[167] 孟元老.东京梦华录.郑州:中州古籍出版社,2010

[168] 闵学勤.社区认同的缺失与仿企业化建构.南京社会科学,2008(9)

[169] 莫干山志编纂委员会.莫干山志.上海:上海书店出版社,1994

[170] 尼尔·斯梅尔瑟.经济社会学.方明,折小叶,等译.北京:华夏出版社,1989

[171] 诺伯格·舒尔茨.场所精神——迈向建筑现象学.施植明,译.武汉:华中科技大学出版,2010

[172] 欧宁.碧山共同体:乌托邦实践的可能.新建筑,2015(1)

[173] 欧阳桢.传统未来的来临:全球化的想象.见:王宁,薛晓源,等主编:全球化与后殖民批评.北京:中央编译出版社,1998

[174] 帕森斯.社会行动的结构.张明德,译.南京:译林出版社,2003

[175] 彭开福.牯岭地区的建筑活动.南昌:江西美术出版社,1996

[176] 皮埃尔·布尔迪厄.文化资本与社会炼金术.包亚明,译.上海:上海人民出版社,1997

[177] 皮蒂里姆·A. 索罗金.爱之道与爱之力:道德转变的类型因素与技术.陈雪飞,译.上海:上海三联书店,2011

[178] 齐尔格特·鲍曼.通过社会学去思考.高华,吕东,徐庆,薛晓源,等译.北京:社会科学文献出版社,2002

[179] 齐格蒙特·鲍曼.流动的现代性.欧阳景根,译.上海:上海三联出版社,2002

[180] 齐美尔.社会是如何可能的.林荣远,译.桂林:广西师范大学出版社,2002

[181] 乞拉可思·刚扎克赛,鄂多立克,火者·盖耶速丁.海屯

行纪——鄂多立克东游录:沙哈鲁遣使中国记. 何高济,译. 北京:中华书局,2002

[182] 钱俊希,钱丽芸,朱竑. “全球的地方感理”论述评与广州案例解读. 人文地理杂志,2011(6)

[183] 乔启明. 山西清源县143农家人口调查之研究. 上海:世界书局,1932

[184] 乔启明. 中国乡村人口问题之研究. 东方杂志,1928

[185] 乔治·里茨尔. 虚无的全球化. 王云桥,宋兴无,等译. 上海:上海译文出版社,2006

[186] 乔治娅·布蒂娜·沃森,伊恩·本特利. 设计与场所认同. 魏羽力,杨志,等译. 北京:中国建筑工业出版社,2009

[187] 秦晖. 传统中国社会的再认识. 战略与管理,1999(6)

[188] 渠岩. “归去来兮”——艺术推动村落复兴与“许村计划”. 建筑学报,2013(12)

[189] 热拉尔·努瓦利耶. 社会历史学导论. 王鲲,译. 上海:上海人民出版社,2009

[190] 塞缪尔·亨廷顿. 变化社会中的政治秩序. 王冠华,等译. 北京:生活·读书·新知三联书店,1989

[191] 塞缪尔·亨廷顿. 文明的冲突与世界秩序的重建. 周琪,刘绯,等译. 北京:新华出版社,1999

[192] 塞缪尔·亨廷顿. 我们是谁?——美国国家特性面临的挑战. 程克雄,译. 北京:新华出版社,2005

[193] 商务部服务贸易和商贸服务业司. 中国住宿行业发展报告2015. 中国饭店协会,2015

[194] 沈亦云. 亦云回忆(第二版). 台北:传记文学出版社,1980

[195] 沈云龙. 黄膺白先生年谱长编(两册). 台北:联经出版事业公司,1976

[196] 施坚雅. 中国农村的市场和社会结构. 史建云,徐秀丽,等译. 北京:中国社会科学出版社,1998

[197] 史蒂文·瓦戈. 社会变迁(第五版). 王晓黎,等译. 北京:

北京大学出版社,2007

[198] 史国衡.昆厂劳工.上海:商务印书馆,1946

[199] 丝奇雅·沙森.全球城市:纽约,伦敦,东京.周振华,译.上海:上海社会科学院出版社,2005

[200] 斯宾格勒.西方的没落.吴琼,译.上海:上海三联书店,2006

[201] 苏国勋.社会理论的开端和终结.上海:华东师范大学出版社,2005

[202] 孙本文.当代中国社会学.北京:商务印书馆,2011

[203] 孙九霞,周一.日常生活视野中的旅游社区空间再生产研究——基于列斐伏尔与德塞图的理论视角.地理学报,2004(10)

[204] 汤林森.文化帝国主义.冯建三,译.上海:上海人民出版社,1999

[205] 汤因比.历史研究.刘北成,郭小凌,等译.上海:上海人民出版社,2005

[206] 童志锋.论社会变迁——经典社会学家对社会变迁理论的思考.甘肃政法成人教育学院学报,2002(6)

[207] 万俊人.经济全球化与文化多元论.中国社会科学,2001(2)

[208] 王国京,涂仕贵.杭州市大力发展现代民宿业 倾力打造美丽乡村金名片.新农村,2017(1)

[209] 王汉生.改革开放以来中国农村的工业化与农村精英构成的变化.中国社会科学季刊,1994

[210] 王梦琬.莫干山地质旅游资源评价及旅游开发策略研究.浙江师范大学硕士学位论文,2015

[211] 王宁,薛晓源,主编.全球化与后殖民批评.北京:中央编译出版社,1998

[212] 王宁.旅游、现代性与“好恶交织”——旅游社会学的理论探索.社会学研究,1999(6)

[213] 王秋明.德清“洋家乐”:乡村旅游转型升级的样板.光明日报,2013-02-21

[214] 王卫星.美丽乡村建设:现状与对策.华中师范大学学报(人文社会科学版),2014(1)

[215] 王伟强,丁国胜.中国乡村建设实验演变及其特征考察.城市规划学刊,2010(2)

[216] 王伟全,赵丽萍.国内外民宿发展历史研究.江西建材,2017(1)

[217] 王旭瑞.认识中国,建设社会:中国社区学派对质性社会学的启示.见:石英.质性社会学研究.北京:社会科学文献出版社,2014

[218] 王雅林,董鸿杨.闲暇社会学.哈尔滨:黑龙江出版社,1992

[219] 王振华.共享经济的商业未来.光彩,2011(9)

[220] 威廉·奥格本.社会变迁:关于文化和先天本质.王晓毅,陈育国,译.杭州:浙江人民出版社,1989

[221] 威廉·莎士比亚.莎士比亚全集(二).朱生豪,译.北京:人民出版社,1994

[222] 韦伯.支配的类型:韦伯选集(Ⅲ).康乐,等编译.台北:远东出版事业股份有限公司,1989

[223] 温铁军."三农"问题与制度变迁.北京:中国经济出版社,2009

[224] 吴承涛.莫干山别墅往事.上海:同济大学出版社,2017

[225] 吴毅.村治变迁中的权威与秩序.北京:中国社会科学出版社,2002

[226] 西美尔.时尚的哲学.费勇,等译.北京:文化艺术出版社,2001

[227] 西蒙娜·薇依.扎根——人类责任宣言绪论.徐卫翔,译.北京:生活·读书·新知三联书店,2003

[228] 夏叡.打造坡地村镇建设的"德清样本".国土资源,2016(9)

[229] 项乐民.德清:打造农村生活污水运维管理新模式.政策瞭望,2016(10)

[230] 萧公权.中国农村:十九世纪帝国政权对人民的控制.北

京:中国人民大学出版社,2014

[231] 萧统. 昭明文选(全五册). 于平,等注释. 北京:华夏出版社,2000

[232] 肖特. 城市秩序:城市、文化与权力导论. 郑娟,梁捷,等译. 上海:上海人民出版社,2010

[233] 熊培云. 一个村庄里的中国. 北京:新星出版社,2011

[234] 熊元斌,王婷. 美丽乡村视角下度假旅游发展模式研究——以德清“洋家乐”为例. 荆楚学刊,2016(10)

[235] 徐峻. 浙江民宿经济深度调查——民宿经济让农村“风景这边独好”. 浙江日报,2016-02-25

[236] 徐澜. 留住传统的“工匠精神”. 浙江日报,2015-12-11

[237] 徐赛华. 民宿经济如何持续繁荣? 业界大咖“莫干论剑”. 杭州日报,2012-12-12

[238] 许纪霖,编选. 内圣外王之境——梁漱溟文集. 上海:上海文艺出版社,1998

[239] 阎云翔. 私人生活的变革. 上海:上海书店出版社,2009

[240] 晏阳初. 晏阳初全集. 长沙:湖南教育出版社,1992

[241] 杨开道,许世廉. 清河:一个社会学的分析. 北京:燕京大学出版社,1930

[242] 杨敏. 公民参与、群众参与与社区参与. 社会,2005(5)

[243] 杨庆堃. 市集现象所表现的农村自给自足问题. 大公报,1934-07-19

[244] 杨欣,殷燕. 两岸民宿比较研究. 经济研究导刊,2012

[245] 杨振华. 黄郛在莫干山的农村改良. 纵横,2009(6)

[246] 叶茂,兰鸥,柯文武. 封建地主制下的小农经济——传统农业与小农经济研究述评(下). 中国经济史研究,1993(10)

[247] 叶南客. 边际人. 上海:上海人民出版社,1998

[248] 叶全良. 世界饭店业的形成与发展. 中南财经政法大学学报,2003(1)

[249] 叶全新,刘建林,仲向平. 莫干山. 杭州:西泠印社出版

社,2015

[250] 尹才祥.地方的褪色与中国特色.社会科学家,2017(3)

[251] 于涛方,刘娜.中国城市全球化与地方化程度分析.地理与地理信息科学,2005(5)

[252] 俞可平.引论:治理与善治.见:俞可平,主编.治理与善治.北京:中国社会科学出版社,2000

[253] 郁建兴."最多跑一次"开启政府自我改革新篇章.人民网,2017-04-21

[254] 裕尔,考迪埃,等修订.东域纪程录丛——古代中国闻见录.张绪山,译.北京:中华书局,2008

[255] 袁中金,王勇.小城镇发展规划.南京:东南大学出版社,2001

[256] 张鸿雁,等.传统村落"精准保护与开发一体化"模式创新研究——特色文化村落保护规划与建设成功案例解析.中国名城,2016

[257] 张鸿雁.论当代中国城乡多梯度社会文化类型与社会结构变迁——依据"社会事实"对"二元结构"的重新认知.南京社会科学,2007

[258] 张鸿雁.论重构中国乡村的文化根柢.中国名城,2016(3)

[259] 张鸿雁.侵入与接替.南京:东南大学出版社,2000

[260] 张鸿雁.全球城市价值链理论建构与实践创新论——强可持续发展的中国城市化理论重构战略.社会科学,2011(10)

[261] 张京祥,申明锐,赵晨.乡村复兴.生产主义和后生产主义下的中国乡村转型.国际城市规划,2014(5)

[262] 张镜予,编辑.社会调查——沈家行实况.上海:商务印书馆,1924

[263] 张位中.国内古城镇旅游可持续发展理论模式研究——基于文化空间与场所精神理论.城市发展研究,2014(10)

[264] 张希.乡土文化在民宿中的表达形态:回归与构建.闽江学院学报,2016(3)

[265] 张正瑞.农村集体土地流转的政府主导与法律规制.江苏农业科学,2011(2)

[266] 张仲礼.中国绅士——关于其在19世纪中国社会中作用的研究.上海:上海社会科学院出版社,1991

[267] 赵君豪.莫干山导游.台北:文海出版社有限公司,1971

[268] 赵君豪.莫干山消夏记.旅行杂志,1931(7)

[269] 赵君豪.消夏通讯.旅行杂志,1931(9)

[270] 赵霞.乡村文化的秩序转型与价值重建.河北师范大学博士学位论文,2012

[271] 赵兴宽.莫干山为何能成为避暑胜地.浙江日报,1980-07-28

[272] 赵晔娇.浙江首次拍卖出让农村集体经营性建设用地.中国青年报,2015-09-08

[273] 浙江省经贸委课题组.浙江块状经济发展报告.北京:社会科学文献出版社,2004

[274] 中共中央马克思恩格斯列宁斯大林著作编译局.马克思恩格斯全集(第二卷).北京:人民出版社,1966

[275] 中共中央马克思恩格斯列宁斯大林著作编译局.马克思恩格斯全集(第二十三卷).北京:人民出版社,1972

[276] 中共中央马克思恩格斯列宁斯大林著作编译局.马克思恩格斯全集(第三卷).北京:人民出版社,1957

[277] 中共中央马克思恩格斯列宁斯大林著作编译局.马克思恩格斯全集(第四卷).北京:人民出版社,1995

[278] 中共中央马克思恩格斯列宁斯大林著作编译局.马克思恩格斯全集(第四十六卷).北京:人民出版社,1957

[279] 中国社科院舆情实验室.中国乡村旅游发展指数报告.2016-10-29

[280] 中华职业教育社.黄炎培教育文集.北京:中国文史出版社,1995

[281] 仲瑶卿.以改善环境质量为核心 筑起绿水青山德清梦.浙

江环保新闻网,2016-06-01

[282] 周其仁. 城乡中国. 北京:中信出版社,2017

[283] 周庆云,原著,周延礽,续补. 莫干山志. 上海:大东书局总厂,1936

[284] 周晓虹. 理想类型与经典社会学的分析范式. 江海学刊,2002(2)

[285] 朱炳祥."全球化"与"本土化"相互关系的发生学阐释. 武汉大学学报(社会科学版),2002(10)

[286] 朱建明. 风情万种莫干山别墅群. 中国文化遗产,2006(6)

[287] 朱胜萱. 从土地、民宿到文脉:莫干山乡村改造试验. 澎湃新闻,2015-01-16

[288] 邹农俭. 当代农村:变迁、分化、矛盾、整合. 江西社会科学,2005(1)

附　录

附录 1:访谈系列提纲

“洋家乐”访谈系列提纲共包含六个分提纲,根据不同访谈对象的群体特征、社会分工和参与程度进行分类设计。

1. “洋家乐”经营者适用

适用说明:访谈对象为“洋家乐”投资者或实际经营者(即主理人)

访谈提纲:

(1) 基础信息:姓名;性别;出生年月;国籍;家乡;职业(经营“洋家乐”之前,之后);居住地(城市:原居住地、现居住地)

(2) 你是什么时候知道“洋家乐”这个概念的?它是怎么出现的?你认为“洋家乐”有哪些特征?

(3) “洋家乐”是否授牌?是否有考评、监督和退出机制?

(4) “洋家乐”彼此之间有无联系?有无组织?你是否参与?

(5) “洋家乐”和农家乐的区别在哪里?你认为“洋家乐”给当地带来了哪些变化?

(6) 你是什么时候开始经营“洋家乐”的？什么时候通过“洋家乐”验收？是第几批通过的？从设想到行动再到经营，花费了多长的时间？什么时候客流量最大？（淡旺季平均每月客流量）

(7) 为什么会开设“洋家乐”？现在看来，和初衷相比较，差异大吗？

(8) 为什么选择莫干山？如何选择如今的这个位置？房子是租还是买的？过程如何？

(9) 为何确定当下的主题概念？有什么意涵？在整个经营过程中如何凸显这样的主题？自身特色在哪里？有哪些特色的活动？迄今为止获得了哪些荣誉？当地发生了怎样的变化？

(10) 如何组建经营的团队？他们的背景如何？（来自哪里？职业背景？投资背景？年龄构成？是否当地人？有否外国人？薪资待遇如何？）接待的游客是哪些人？（来自哪里？如何预定？新老客构成？年龄构成？）

(11) 请描述典型的“洋家乐”的一天？自经营以来，遇到的最大的困难和最难忘的事情是什么？如何解决？如何申报成为“洋家乐”？过程中要和哪些人打交道？和政府如何维系？未来发展的构想如何？税收如何缴纳？

(12) 经营了“洋家乐”之后，你的生活发生了哪些变化？最大的感触是什么？

(13) 开业时间，接待的总游客数，年接待游客数，占地面积（亩），房屋数，房间数，床位数，平均客单价，投资规模，年收入，年利润，这些数据分别是多少？

2.“洋家乐”服务者适用

适用说明：访谈对象为“洋家乐”服务人员，主要是管家或阿姨。

访谈提纲：

(1) 基础信息：姓名；性别；出生年月；家乡（是否当地人，所属行政村）；职业（经营“洋家乐”之前，之后）；居住地（城市：原居住地、现

居住地）

（2）什么时候开始做“洋家乐”的？谁介绍你做阿姨的？家里人支不支持？喜不喜欢这个新职业？

（3）做阿姨一天的主要工作是什么？工作制度、休假制度如何？最基本的技能要求怎么样？工资、福利待遇怎么样？

（4）做“洋家乐”之后自己的生活发生了哪些变化？哪些东西是在做“洋家乐”阿姨之后学会的？休息时间做什么？下班时间做什么？家里的活儿谁来做？

（5）家里还有没有地了？自己还种不种了？如果种，每年收入如何？如果不种，如何处理？

（6）家里有哪些人？都从事什么工作？儿子/女儿在不在身边？

（7）家里自己有没有开设农家乐？什么时候开办的？投资情况如何？土地和房屋的权属关系？什么人在家经营？现在经营情况怎么样？

（8）“洋家乐”阿姨之间有没有联系？平时怎么交流互动？发生矛盾怎么处理？

（9）接触的客人以哪些居多？

（10）村里开了“洋家乐”之后，发生了哪些变化？

（11）说一件做“洋家乐”阿姨之后最难忘的事情。

3.“洋家乐”监管者适用

适用说明：访谈对象为“洋家乐”监管人员，主要是行业主管部门和乡镇地方政府。

访谈提纲：

（1）莫干山民宿（尤其是“洋家乐”）的现状：范围、数量、分布、接待游客量、增长速度、投资者来源、投资规模、带动当地就业数量。

（2）分布在几个乡镇，多少个行政村？分布的一般规律是什么？为什么集中在这些地方？

（3）莫干山民宿（尤其是“洋家乐”）发展的历程：为什么叫“洋家

乐”？什么时候开始的？分为几个阶段？每个阶段的特征是什么？发展过程中遇到的最大问题是什么？什么时候从民间行为上升为政府行为的？对当地的传统产业是否产生影响？最能代表德清“洋家乐”的是哪几家？它们的特色分别是什么？“洋家乐”和农家乐的区别在哪里？

（4）莫干山民宿（尤其是“洋家乐”）未来规划方向是什么？

（5）莫干山民宿（尤其是“洋家乐”）的管理办法：“洋家乐”的名录、准入机制、退出机制、监督措施、管理机构等。“洋家乐”是否授牌？是否有考评、监督和退出机制？“洋家乐”彼此之间有无联系？有无组织？如何参与？村、镇和“洋家乐”有无管理控制关系？税收如何交？当地政府如何推动“洋家乐”的发展？有哪些优惠政策来扶持？

（6）莫干山发展民宿旅游和“洋家乐”以后为乡村和乡村居民带来的发展和变化。游客驻留时间和周边资源的关系如何？这些“洋家乐”给当地行政村带来的影响：原先的就业结构是怎样的？生产方式是怎样的？当地乡绅/乡村经营起到什么作用？农家乐和“洋家乐”的区别是什么？本地人为什么不做“洋家乐”？回乡创业的发展如何？这些年有什么变化？

（7）莫干山乡村旅游的土地管理办法和鼓励机制。所在的行政村和自然村，租赁的用地和房屋甲方是谁？个人还是集体？如果是个人，需不需要村书记签字？每家多少土地？土地怎么分？

4.“洋家乐”消费者适用

适用说明：访谈对象为“洋家乐”消费人员，包括本地游客和外地游客。

访谈提纲：

（1）基础信息：姓名；性别；学历；出生年月；家乡（是否当地人，所属行政村）；职业；居住地（城市：原居住地、现居住地）

（2）第几次来莫干山？为什么来莫干山？来莫干山做什么？几人同行？待几天时间？行程如何（吃住在哪里）？消费多少（人均）？以后还会不会来？

(3) 通过何种渠道了解莫干山？对莫干山印象如何(来之前和来之后有什么差别，山上别墅和山下“洋家乐”有什么差别)？

(4) 知不知道“洋家乐”？如何评价“洋家乐”？觉得“洋家乐”和传统农家乐有什么不同？莫干山地区和你接触的其他乡村地区有什么不同？

5. “洋家乐”建设者、配套者或红利分享者适用

适用说明：访谈对象为“洋家乐”建筑工人和木工、瓦工等匠人(建设者)以及水电、布草清洗等各环节的供应商(配套者)和非“洋家乐”从业人员但是分享旅游经济的村里人或者是外村人(可以是农家乐经营者、特产经营者、运输人员、导游等，红利分享者)。

访谈提纲：

(1) 基础信息：姓名，性别，学历，出生年月，家乡(是否当地人，所属行政村)，职业，居住地(城市：原居住地、现居住地)。

(2) 目前从事和“洋家乐”的相关工作是什么？什么时候开始从事这份工作的？投资经营情况如何？在这之前是从事什么职业的？收入如何？为什么选择现在的工作？从事和“洋家乐”的相关工作之后发生了怎样的变化？包括收入、居住方式、家庭关系、心态、日常作息等等。家里人有没有共同参与到目前的工作中？

(3) 家里房子在哪里？如果是村里的房子，什么时候盖的，多大面积，现在用途是什么？家里有多少田地、多少林地，距离房子有多远，现在如何处置(闲置、自己耕种还是出租)？

(4) 如何评价“洋家乐”？自己的亲朋好友如何看待你现在的工作？以后有何打算？

6. “洋家乐”旁观者适用

适用说明：访谈对象为尚未参与到旅游经济里的本地人，比如说环卫工人、赋闲留守老人等。

访谈提纲：

(1) 基础信息：姓名；性别；学历；出生年月；家乡（是否当地人，所属行政村）；职业；居住地（城市：原居住地、现居住地）

(2) 目前的工作是什么？从事目前的工作多少年了？收入状况如何？

(3) 家里房子在哪里？如果是村里的房子，什么时候盖的，多大面积，现在用途是什么？家里有多少田地、多少林地？距离房子有多远？现在如何处置（闲置、自己耕种还是出租）？

(4) 为什么不从事“洋家乐”相关的工作？家里人有没有人从事“洋家乐”相关的工作？未来有没有相关的打算？

(5) 知不知道“洋家乐”？觉得“洋家乐”给当地乡村带来了什么变化？

附录 2：2015 年莫干山“洋家乐”不完全统计

所属乡镇	所属村	项目名称	业主国籍（地区）	联系人	备注
莫干山镇	庾村集镇	陆放版画藏书票馆	杭州	费美珍	营业
		飓风越野俱乐部	德清	黄奇峰	营业
		庾村文化市集	中国（台湾）	段晓谦	营业
		法国山居·庾村别院	法国	马　晖	营业
		莫干小筑	德清	傅亚丽	营业
	燎原村	吉姆工作室	美国		营业
	仙潭村	御庭·安缇缦度假区	香港	杜　总	营业
		山中小筑	杭州	姚大炜	营业
		大乐之野	上海	杨默涵	营业
		自然居	嘉兴	谢　伟	营业
		漫时光乡村旅店	德清	李兴勇	营业

续表

所属乡镇	所属村	项目名称	业主国籍（地区）	联系人	备注
莫干山镇	南路村	清境原舍	中国（台湾）	崔　盛	营业
	劳岭村	义远水上有机餐厅	杭州	郑福珍	营业
		裸心堡	南非	朱　燕	在建
		比利时会所	比利时		营业
		鸟の巢度假酒店	杭州	朱菊华	营业
		老树林	湖州	何利群	营业
		西坡 29（8 幢老房子）	德清	钱继良	营业
		小木森森	德清	章娟华	营业
		香巴拉	韩国	孙盛惠	营业
		枫华会所	德清	陆志华	营业
		田园曼居	德清	陈燕芬	营业
		裸心泰	上海	李永平	营业
		鸭蛋坞山庄		张翠华	营业
		天然谷	德清	江　平	营业
		遥远的山	德清	宁海斌	营业
		岚舍	德清	张伟明	营业
	四合村	双桥牧歌		汪丽雅	在建
	紫岭村	法国山居	法国	马　辉	营业
		竹里馆		姚宏波	营业
	何村村	简单生活	德清	蒋煜超	营业
		方村坞养生民宿	上海	李富胜	营业
		何村山居	德清	沈培宝	在建
		杨村坞 59 号			在建
莫干山景区		天籁之梦	月亮酒店业主		营业
		马克咖啡屋	英国		营业

续表

所属乡镇	所属村	项目名称	业主国籍（地区）	联系人	备注
莫干山景区		501号别墅“云咖馆”	杭州		营业
		枫鹛谷	杭州		在建
		颐园	杭州		在建
筏头乡	兰树坑村	裸心谷	南非	朱 燕	营业
		陆虎体验中心	英国	王文霞	营业
		南山驿	德清	蒋煜超	营业
		水样年华			在建
	瑶坞村	云喜酒店	杭州		在建
	勤劳村	天真乐元		许小曼	在建
	筏头村	蓝萨庄园		金伟强	在建
		青溪度假酒店			在建
	庙前村	隐·莫干	德清、韩国	许悠扬	营业
		客堂间	上海		在建
		金松林家园山庄	上海	姚爱松	营业
		清泉谷	德清		在建
		栖居酒店		王 总	在建
		莫干·山居图		朱锦东	营业
		西部时光		沈立强	营业
		溪泉居			在建
		马坞里9号			在建
	后坞村	西坞里73号	韩国	许悠扬	营业
		骑迹单车俱乐部	上海	张林源	营业

续表

所属乡镇	所属村	项目名称	业主国籍（地区）	联系人	备注
筏头乡	后坞村	后坞生活青年旅舍	杭州	王天鹏	营业
		锐巳腾户外活动	英国		营业
		捷安特山地公园	杭州		在建
		十里竹海项目	德清		在建
		山氧·开态		邵亚钢	营业
		水墨山居		邱云峰	在建
	大造坞村	翠域木竹坞	上海	贾晓凡	营业
		无界·莫干	上海	茅　总	在建
武康镇	五四村	瓷之源体验馆	德清	王利敏	营业
		莫干剑坊	杭州	季邵聪	在建
	对河口村	山水谈	杭州	吴金海	在建
		半坡生活	杭州	盛争朝	在建
		朴宿西岑	德清	张华	在建
		隐居 39		叶子	在建

截止到 2015 年 7 月。

附录 3:2017 年莫干山民宿不完全统计

序号	所在村	民宿名称	客房数	床位数	餐位数	办证进度	污水处理情况	房价(元)	房屋(幢)	经营类别	等级
1	兰树坑	裸心谷	121	162	260	五证齐全	污水处理系统	3500—16000	7	公司	精品民宿
2	紫岭	法国山居	28	90	140	五证齐全	污水处理系统	3082—9200	7	公司	精品民宿
3	劳岭	西坡饭店	20	25	40	五证齐全	污水处理系统	1180—7800	7	公司	精品民宿
4	仙潭	大乐之野	12	18	38	五证齐全	污水处理系统	1100—2000	6	公司	精品民宿
5	大造坞	翠域木竹坞	26	35	35		系统	1080—1880	5	公司	精品民宿
6	大造坞	云溪上	7	10	12		系统	900—2000	4	公司	精品民宿
7	仙潭	山中小筑	26	32	50	五证齐全	污水处理系统	600—950	3	公司	精品民宿
8	瑶坞	栖溪姚庄	30	17	30	办证中	系统	500—1380	3	公司	精品民宿
9	勤劳	天真乐元	33	65	70	五证齐全	污水处理系统	1280—2500	3	公司	精品民宿
10	筏头	缦田生态农业园	8	15	30	只差特种	接入村级管网		3	公司	精品民宿
11	南路	清境原舍	10	12	20	五证齐全	污水处理设备	装修	2	公司	精品民宿

续表

序号	所在村	民宿名称	客房数	床位数	餐位数	办证进度	污水处理情况	房价(元)	房屋(幢)	经营类别	等级
12	庙前	栖居酒店	22	45	35	办证中	污水处理系统	1080—1500	2	公司	精品民宿
13	仙潭	莫梵度假酒店	15	20	20	五证齐全	污水处理系统	700—1800	2	公司	精品民宿
14	大造坞	无界莫干	17	25	25		系统	800—1500	2	公司	精品民宿
15	庙前	莫干山居图	30	49	50	五证齐全	污水处理系统	880—1800	2	公司	精品民宿
16	劳岭	遥远的山	15	19	0	办证中	系统	1280—1680	2		精品民宿
17	紫岭	红树湾山庄	8	10	50	办证中	接入村级管网	650—1500	2		待培育精品
18	仙潭	莫干书院	未申报				接入村级管网	900—4200	2		待培育精品
19	庙前	村暖隐莫干	13	25	30	五证齐全	污水处理系统	580—1580	3	公司	待培育精品
20	劳岭	老地方(原裸心泰)	15	34	40	五证齐全	系统	800—1200	3		待培育精品
21	仙潭	漫时光	34	48	80	五证齐全	系统	360—1120	2		待培育精品
22	劳岭	枫华咖啡厅	15	20	40	五证齐全	接入村级管网	装修	2		待培育精品
23	劳岭	香巴拉生态休闲农庄	7	14	20	五证齐全	系统	1500—2250	2		待培育精品
24	庙前	云镜	27	42	60	五证齐全	污水处理系统	880—1500	2	公司	待培育精品
25	四合	在双桥	9	16	20	办证中	污水处理系统	1200—1800	2		待培育精品
26	劳岭	天然谷	15	26	30	五证齐全	接入村级管网	800—1380	1	公司	待培育精品

续表

序号	所在村	民宿名称	客房数	床位数	餐位数	办证进度	污水处理情况	房价(元)	房屋(幢)	经营类别	等级
27	劳岭	鸭蛋坞山庄	12	24	20	五证齐全	接入村级管网	1000—1300	1		待培育精品
28	庙前	西部时光	9	25	25	五证齐全	接入村级管网	680—1680	1		待培育精品
29	劳岭	小木森森	7	10	20	五证齐全	系统	560—1600	1		待培育精品
30	劳岭	田园曼居	7	17	26	五证齐全	系统	680—1080	1		待培育精品
31	劳岭	老树林宾馆	8	9	20	五证齐全	自建	装修	1		待培育精品
32	劳岭	康家寨	5	10	100	五证齐全	接入村级管网	600—1080	1		待培育精品
33	何村	南山驿	7	12	20	五证齐全	系统	615—1280	1		待培育精品
34	紫岭	竹里馆	4	8	8	五证齐全	接入村级管网	1080—1380	1		待培育精品
35	劳岭	黄金树山庄	12	24	24	五证齐全	接入村级管网	780—2580	1		待培育精品
36	劳岭	依篁阁	8	15	20	五证齐全	接入村级管网	780—2580	1		待培育精品
37	燎原	竹久居山庄	19	25	0		污水处理系统		1		待培育精品
38	庙前	西田山雨	5	7	20		接入村级管网		1		待培育精品
39	仙潭	柒竹	7	10	20		污水处理系统		1		待培育精品
40	紫岭	莫干·山中	10	12	10		污水处理系统		1		待培育精品
41	兰树坑	大樟宿下	7	9	1	办证中	接入村级管网	700—1100	1		待培育精品

续表

序号	所在村	民宿名称	客房数	床位数	餐位数	办证进度	污水处理情况	房价(元)	房屋（幢）	经营类别	等级
42	何村	丽庐·养生	3	5	0	办证中	接入村级管网	220—600	1		待培育精品
43	仙潭	乐溪竹坞	6	10	12	五证齐全	接入村级管网	800—1280	1		待培育精品
44	何村	谁的花园	5	8	10	办证中	接入村级管网	580—1780	1		待培育精品
45	劳岭	森喜酒店	15	15	30	办证中	系统	969—1980	1	公司	待培育精品
46	仙潭	清研酒店	5	7	10		接入村级管网		1		待培育精品
47	劳岭	岚舍山庄	7	9	10		系统	1080—1500	1		待培育精品
48	筏头	竹源居	9	11	20		接入村级管网				
49	筏头	青樾里	24	34	60		接入村级管网	600—1800	1		待培育精品
50	何村	游子驿站	8	16	24		污水处理系统		1		待培育精品
51	东沈	溪上文化	24	24	120		污水处理系统	980—1800	1	公司	待培育精品
52	何村	莫干净舍	8	10	20		设备已购待安装		1		待培育精品
53	仙潭	栖食號	5	6	8		接入村级管网				待培育精品
54	筏头	蓝萨庄园	43	80	100		建设中		6	公司	待培育精品
55	庙前	亲泉谷	25	40	50	一期	系统		2	公司	待培育精品
59	庙前	怡然山庄	9	12	30	五证齐全	接入村级管网	320—580	1		一般民宿

续表

序号	所在村	民宿名称	客房数	床位数	餐位数	办证进度	污水处理情况	房价(元)	房屋(幢)	经营类别	等级
60	庙前	养心谷	20	34	30	办证中	系统	260—822	1		一般民宿
61	仙潭	潘家园山庄	11	17	100	五证齐全	系统	328—465	2		一般民宿
62	劳岭	石颐山庄	10	18	80	五证齐全	接入村级管网	232—928	1		一般民宿
63	仙潭	红豆杉饭店	5	10	50	五证齐全	接入村级管网	432—601	1		一般民宿
64	仙潭	依家山居	6	12	50	五证齐全	接入村级管网		1		一般民宿
65	仙潭	紫竹林山庄	6	20	60	五证齐全	接入村级管网	181—362	1		一般民宿
66	仙潭	竹韵山庄	10	20	80	五证齐全	接入村级管网	193—273	1		一般民宿
67	南路	翠竹园山庄	9	16	50	五证齐全	系统	447—449	1		一般民宿
68	佛堂	登仙楼	14	27	100	五证齐全	接入村级管网		1		一般民宿
69	高峰	绿野山庄	4	7	80	五证齐全	接入村级管网		1		一般民宿
70	仙潭	红房子山庄	27	69	120	五证齐全	系统		1		一般民宿
71	仙潭	快乐老家郎国强饭店	6	12	60	五证齐全	自建		1		一般民宿
72	仙潭	古银杏山庄	25	50	120	五证齐全	系统		1		一般民宿
73	仙潭	悠然山庄(自然居)	14	23	45	五证齐全	系统		1		一般民宿
74	四合	四合山庄	5	9	40	五证齐全	接入村级管网		1		一般民宿

续表

序号	所在村	民宿名称	客房数	床位数	餐位数	办证进度	污水处理情况	房价(元)	房屋(幢)	经营类别	等级
75	燎原	小小农家	6	10	10	五证齐全	接入村级管网		1		一般民宿
76	劳岭	芳芳农庄	5	5	50	五证齐全	接入村级管网		1		一般民宿
77	仙潭	石坑山庄	8	8	20	五证齐全	接入村级管网		1		一般民宿
78	仙潭	翠野林居山庄	5	10	20	五证齐全	接入村级管网		1		一般民宿
79	仙潭	天福饭店	5	10	30	五证齐全	接入村级管网		1		一般民宿
80	仙潭	陈氏山庄	5	6	14	五证齐全	接入村级管网		1		一般民宿
81	仙潭	大阳山庄	5	10	20	五证齐全	接入村级管网		1		一般民宿
82	仙潭	朱湾里山庄	6	12	20	五证齐全	接入村级管网		1		一般民宿
83	仙潭	石廊花溪	9	18	36	五证齐全	接入村级管网		1		一般民宿
84	燎原	清研居	20	22	0	五证齐全	接入村级管网		1		一般民宿
85	兰树坑	乔老爷驿站	4	6		五证齐全	接入村级管网		1		一般民宿
86	兰树坑	古语今舍	7			五证齐全	接入村级管网		1		一般民宿
87	兰树坑	溪山原宿	8	16	25	五证齐全	接入村级管网		1		一般民宿
88	佛堂	莫干山水人家	4	6	30	五证齐全	接入村级管网		1		一般民宿
89	佛堂	大平堂(葛岭山里人家)	5	9	30	五证齐全	接入村级管网		1		一般民宿
90	筏头	西竹涧	6	9	50	五证齐全	接入村级管网		1		一般民宿

续表

序号	所在村	民宿名称	客房数	床位数	餐位数	办证进度	污水处理情况	房价(元)	房屋(幢)	经营类别	等级
91	筏头	山涧客栈	3	6	10		接入村级管网				一般民宿
92	筏头	清溪山庄	21	42	30	五证齐全	系统		1		一般民宿
93	筏头	竹溪雅居	12	22	30	五证齐全	接入村级管网	203—320	1		一般民宿
94	筏头	明台	6	9	10		接入村级管网				一般民宿
95	筏头	静水闲居客栈	4	4	10		接入村级管网				一般民宿
96	佛堂	绿溪农庄	8	14	80		接入村级管网		1		一般民宿
97	燎原	鹤莱山庄	0	0	10		接入村级管网		1		一般民宿
98	南路	竹乡苑度假村	5	10	20		接入村级管网		1		一般民宿
99	兰树坑	伟仙山居	3	7	100		接入村级管网		1		一般民宿
100	仙潭	山里人家	0	0	80		接入村级管网		1		一般民宿
101	劳岭	义远生态有机餐厅	0	0	80		接入村级管网		1		一般民宿
102	仙潭	海林山庄	12	24	80		接入村级管网		1		一般民宿
103	劳岭	石颐寺水库管理所	7	13	40		接入村级管网		1		一般民宿
104	南路	观安餐馆	14	24	60	只做餐饮	接入村级管网		1		一般民宿
105	劳岭	森山农居	8	10	40		接入村级管网		1		一般民宿
106	劳岭	香樟树农家乐	0	0	40		接入村级管网		1		一般民宿